法学教育研究

Legal Education Research

2020

第三十一卷　　杨宗科 主编

法律出版社
LAW PRESS·CHINA

法学教育研究（第31卷）

目录

理论探讨

教学研究

比较研究

管理经纬

教育法制

法务反哺

Contents

· Comparative Study ·

· Management Framing ·

· Education and Law ·

理论探讨

社会治理及其专门人才培养*

杨宗科**　张永林***

摘　要：社会治理是国家治理的重要方面，社会化、法治化、智能化、专业化是其未来发展方向。培养社会治理专门人才，既是实现社会治理和国家治理现代化的必然要求，也是服务国家发展的重大需求。社会治理制度是中国特色社会主义制度体系的重要组成部分，为适应共建共治共享的社会治理制度体系，必须培养纠纷调处化解人才、社会治安人才、公共安全人才、基层治理人才、国家安全人才等五种类型的社会治理专门人才。社会治理发展方向决定了社会治理专门人才必须是懂社会、懂法治、懂科技、懂治理的"四懂"型人才。培养高质量社会治理专门人才，必须坚持理论教学与实践教学相结合、业务素质和政治素质培养相结合、学校教学和校外协同相结合的人才培养模式。

关键词：社会治理　社会治理现代化　社会治理专门人才培养模式

---

* 基金项目：国家社会科学基金重大研究专项课题"中华优秀传统文化传承发展的立法对策研究"（项目编号：18VHJ009）。

** 杨宗科，西北政法大学校长、二级教授、博士生导师，研究方向：法理学、立法学、法治理论、国家安全法治。

*** 张永林，西北政法大学博士研究生、陕西警官职业学院讲师，研究方向：国家安全法治和公安法学。

千秋基业,人才为本。党的十八大以来,党中央对推进国家治理体系和治理能力现代化做出了一系列重要战略部署,社会治理是国家治理的重要方面,人才是促进发展的第一资源,社会治理现代化离不开社会治理专门人才的支撑,必须把培养社会治理专门人才作为实现社会治理现代化的重要途径。社会治理专门人才是一种新型人才,目前学界对培养这类人才的重要性已经达成共识。提高社会治理专门人才治理能力,是社会治理现代化的内在要求。为此,培养社会治理专门人才,必须适应实现社会治理现代化的现实需求。党的十九届四中全会将共建共治共享的社会治理制度纳入中国特色社会主义制度体系之中,并且阐明了社会治理制度体系构成,这为培养社会治理专门人才指明了方向。本文就社会治理现代化对社会治理专门人才培养的具体要求做一分析。

一、社会治理是国家治理的重要方面

“社会治理”是“社会管理”的升级。2013年,党的十八届三中全会通过的《中共中央关于全面深化改革若干重大问题的决定》明确指出:“全面深化改革的总目标是完善和发展中国特色社会主义制度,推进国家治理体系和治理能力现代化。”[①]围绕全面深化改革总目标的实现方式,该决定专设一个部分研究创新社会治理体制问题,这也是中国共产党政治文献中首次使用“社会治理”的概念。与此前的“社会管理”相比,二者的范围、目标、主体、方式以及重心都明显不同。相比之下,社会治理更加注重社会各个领域的协调发展,旨在建立一种国家与社会、政府与非政府组织、公共机构与私人机构等多元主体协调互动的治理状态,是在科学规范的规章制度的指引下,强调各行为主体主动参与的社

① 《中共中央关于全面深化改革若干重大问题的决定》,载《人民日报》2013年11月16日,第1版。

会发展过程。[②] 2013 年以后,“社会治理”不仅取代了“社会管理”,而且多次出现在党和国家的重要政治文献当中,逐渐上升为国家发展战略,党中央也多次就这一问题进行专门部署,引领我国社会主义建设事业进入一个全新的历史阶段当中。

2019 年,党的十九届四中全会通过的《中共中央关于坚持和完善中国特色社会主义制度　推进国家治理体系和治理能力现代化若干重大问题的决定》(以下简称《决定》)强调:“社会治理是国家治理的重要方面。”[③]“社会治理”概念从提出到发展,切实体现了中国共产党执政理念的转变。《决定》不仅明确了社会治理在国家治理中的重要地位,而且明确将社会治理制度作为中国特色社会主义制度体系的重要组成部分,作为坚持和完善中国特色社会主义制度的十三项“坚持和完善”的重要任务之一,指明了加强和创新社会治理的具体目标和实现方式,开启了社会主义社会建设的新纪元。《决定》将社会治理制度纳入国家治理制度体系,体现了国家治理制度体系的重大创新。

从政治思想角度看,治国理政是中国历代政治文化中的重要命题,对于“治理”的认识,通常是指统治者处理政务、治理国家,这也是我们对“国家治理”的一般理解。中华人民共和国成立以来,中国共产党团结带领全国人民在治理国家过程中形成了“中国之治”。“中国之治”是中国共产党人运用马克思主义指导国家治理活动成功实践的理论成果,与以去除政治权威为核心内容的西方治理有着本质的不同,坚持中国共产党的领导是“中国之治”的本质特征。其中,社会治理主要是针对社会公共事务的专门治理,是“中国之治”的国家治理体系重要组成部分。[④]

---

② 向德平、苏海:《“社会治理”的理论内涵和实践路径》,载《新疆师范大学学报(哲学社会科学版)》2014 年第 6 期。

③ 《中共中央关于坚持和完善中国特色社会主义制度　推进国家治理体系和治理能力现代化若干重大问题的决定》,载《人民日报》2019 年 11 月 6 日,第 1 版。

④ 我国国家治理体系是在党领导下治理国家的制度体系,包括经济、政治、文化、社会、生态文明和党的建设等各领域体制机制、法律法规安排,也就是一整套紧密相连、相互协调的国家制度。参见习近平:《切实把思想统一到党的十八届三中全会精神上来》,载新华网:http://www.xinhuanet.com/politics/2013-12/31/c_118787463.htm,最后访问日期:2020 年 6 月 2 日。

相比国家治理,社会治理的治理对象、治理主体、治理方式和治理体系都明显不同。就治理主体而言,社会治理是政党、政府、企事业单位、社会组织和公民多元参与的过程;就治理对象而言,社会治理是针对国家治理体系中“社会”领域而言的;就治理方式而言,社会治理要求“坚持系统治理”,“实现政府治理和社会调节、居民自治良性互动”;就治理体系而言,社会治理坚持“党委领导、政府负责、民主协商、社会协同、公众参与、法治保障、科技支撑”的治理体系。国家治理以社会治理为基础,规定和引领社会治理的目标方向和基本要求,社会治理水平是国家治理水平的客观反映,实现国家治理现代化,首先要推进社会治理现代化。

当前,我国社会主要矛盾发生了根本性转变,人民群众参与社会治理的意愿日益强烈,这迫切需要我们聚焦人民群众的期待,找准各方利益的结合点,更好满足人民群众多层次、差异化、个性化的需求,⑤不断完善社会治理制度,增强人民群众的幸福感、安全感、获得感。《决定》提出的十三个“坚持和完善”不仅科学地界定了社会治理制度在国家治理中的地位,而且部署了加强和创新社会治理的重点任务,为各方主体参与社会治理奠定了制度基础。从《决定》的部署来看,加强和创新社会治理,必须重点坚持和完善以下五个方面的制度:完善正确处理新形势下人民内部矛盾有效机制;完善社会治安防控体系;健全公共安全体制机制;构建基层社会治理新格局;完善国家安全体系。因此,正确处理新形势下人民内部矛盾、提高社会治安防控水平、加强基层社会治理、保障公共安全、捍卫国家安全就是当前社会治理的重要方面。

加强和创新社会治理,离不开社会治理制度的保障。自党的十八届三中全会以来,党对社会治理规律的认识不断深化。《决定》聚焦坚持和完善中国特色社会主义制度,重点对坚持和完善我国根本制度、基本制度和重要制度的方向和要求作出了战略部署,明确了社会治理制度在中国特色社会主义制度体系中的重要地位。其中,由国家根本制度和基本制度派生而来的包含法治体系、政府治理体系、文化体制、民生保障体

⑤ 参见郭声琨:《坚持和完善共建共治共享的社会治理制度》,载《人民日报》2019年11月28日,第6版。

制、社会治理体制、生态文明体制等涉及国家治理各个领域的各类制度，都是国家重要制度。所以，社会治理制度是国家重要制度，是国家根本制度和基本制度的延伸，是中国特色社会主义制度体系的重要组成部分。对于社会治理制度而言，是推进社会治理现代化的重要保障，对于维护人民安宁、社会安定和国家安全具有重要意义。将社会治理制度纳入国家治理制度体系当中，丰富了国家治理制度体系的内涵，体现了国家治理制度体系的理论创新。

二、"四化"是社会治理的发展方向

随着我国社会主要矛盾的变化，国内社会发展进入了一个全新的历史阶段，加上全面深化改革进入攻坚期和深水区的现状，各种社会问题错综复杂，面对艰巨繁重的治理任务，当前社会治理面临着新的机遇和挑战。2016 年 10 月，习近平总书记就加强和创新社会治理作出重要指示："提高社会治理社会化、法治化、智能化、专业化水平。"⑥ 2017 年，党的十九大报告再次对"四化"发展方向予以确认，这既是中国共产党对当前社会发展特征的深刻总结，也是新时代加强和创新社会治理的目标和方向。

（一）社会治理社会化

"社会化"是社会治理的本质，⑦主要体现在社会治理主体的参与方式方面。传统的社会管理模式强调政府对社会的"管控"，参与主体单一，"管控"方式以单向管理为主，追求经济增长是最主要的目标。新时代，面对多样化的社会治理需求，创新社会治理模式，要求坚持党的领导，遵循宪法法律规定，坚持以人民为中心，转变社会治理理念，建设服

---

⑥ 《习近平：完善中国特色社会主义社会治理体系　努力建设更高水平的平安中国》，载新华网：http://www.xinhuanet.com//politics/2016-10/12/c_1119704461.htm，最后访问日期：2020 年 6 月 8 日。

⑦ 参见肖丹：《四维视角：社会治理现代化的困境和对策研究》，载《广西社会科学》2019 年第 2 期。

务型政府,实施多元社会治理主体的协商共治,让人民群众广泛参与社会治理决策过程。相比于“社会管理”,“社会治理”更加开放和包容,更加重视社会治理主体之间的协商和互动,这也是社会治理社会化的根本要求。“社会化”在加强和创新社会治理过程中发挥着基础性作用,为社会治理的发展进步奠定重要基石。⑧ 国家治理现代化和社会治理社会化的关系密切,社会治理社会化是破解国家治理现代化可能遭遇“社会失灵”难题的关键一招。由于社会治理常常与维护社会稳定、社会治安、综合治理、政法工作等专业术语联系在一起,人们对“社会化”的认识也多局限在引导社会成员广泛参与社会治理的范畴,导致人们思考“社会化”实现途径时更多地关注技术操作问题。这也是为何目前“居民自治”“协同治理”“合作治理”等理论工具颇受关注,反而“冷落”了“社会化”的原因所在。需要明确的是,“社会化”命题不仅是中国共产党应对当前中国社会形势变化的国家治理思路的新转变,也是促进国家治理理论发展和知识转型的新起点,所以绝不能将“社会化”仅仅视作应对社会变迁的一个技术性工具,或者是一种口号式的修辞表达,忽视其深层次的治理价值,错失构建新型政社关系的良机。必须超越“社会化”的工具性认识,将“社会化”放置于现代化大背景之下,思考和探索“社会化”在构建国家与社会间良性关系中的重要意义,引导多方主体共同构建未来社会共同体。

(二)社会治理法治化

法治是推动社会发展进步的动力源泉,是现代国家治国理政的基本方式。社会秩序能否实现安定平稳,社会矛盾问题能否得到有效化解,现代社会治理体系能否有效运转,都离不开法治这一强有力的保障。⑨ 实现国家治理现代化,必须提高社会治理法治化水平。法治化既是社会治理现代化的重要标志,也是社会治理现代化的必由之路,依法治理、程序治理、责任治理是其本质要求。主体多元是现代社会治理的一大突出

---

⑧ 参见周舟:《新时代社会治理的“四化”问题》,载《理论与当代》2018 年第 1 期。

⑨ 参见胡一峰:《困境与对策:关于提高社会治理法治化水平的思考》,载《领导科学论坛(理论)》2014 年第 4 期。

特点，提高社会治理法治化水平，首先要求国家机关、企事业单位、社会组织、公民等社会治理主体遵循宪法法律规定，在法治的框架下和轨道上共同合作、良性互动，既服从善治理念抑或美好生活的需要，也遵循包括法治在内的各种公共事务的属性和规律。[⑩] 实践表明，只有充分发挥法治在化解社会矛盾、协调利益关系、保障社会秩序、维护国家安全等方面的积极作用，才能够为加强和创新社会治理奠定坚实基础，实现社会治理现代化。因此，必须重视社会治理领域的法治建设，建立健全社会治理法治化运行机制，发挥好法治在社会治理中的积极作用，自觉运用法治思维和法治方式解决社会治理难题，实现社会治理领域的“科学立法、严格执法、公正司法、全民守法”。

（三）社会治理智能化

随着移动互联网、云计算、云存储、大数据、区块链等现代信息技术的快速发展和以智能手机为代表的智能终端的广泛应用，智能化时代已经到来，人们的生活方式也因此发生了诸多改变，社会生活空间从线下拓展至线上。现代信息技术的快速发展不仅给人们社会生活带来了极大的便利，而且给社会治理带来了诸多新问题新机遇新挑战。尤其是在智能互联技术日益普及和我国经济社会加快转型的背景下，我国社会治理面临跨区域、跨行业、跨群体的社会治理需求层出不穷，网络虚拟空间治理水平急需规范提升等新挑战。[⑪] 这就要求社会治理必须跳出传统的思维和方式，能够跟得上智能化的社会发展趋势，深刻认识到破解新型社会治理难题对于智能化的迫切需要，在网络技术发展的基础上，利用互联网、云计算、大数据、区块链、物联网等现代信息技术，依法科学重构社会治理主客体之间的关联形态，科学、及时、智慧、专业、精准地回应人民群众对社会治理智能化的现实需求，提高社会治理智能化水平。事实上，如果不是智能化的社会治理，必然不可能是现代化的社会治理。

---

⑩ 参见周建军、刘明宇：《迈向新时代的社会治理法治化》，载《云南民族大学学报（哲学社会科学版）》2019 年第 1 期。

⑪ 参见袁方：《以智能化推动社会治理现代化》，载《人民日报》2018 年 6 月 20 日，第 7 版。

在智能化的时代背景下,党中央作出提高社会治理智能化水平的部署和要求,不仅能够适应我国现代信息技术快速发展的现实情况,而且符合社会治理现代化的时代要求。提高社会治理智能化水平,必须充分发挥现代信息技术的助推器作用,不仅要树立社会治理智能化的发展理念,而且要建设智能化的治理平台、治理机制、治理流程,提高智能化服务水平。

(四)社会治理专业化

专业化是社会发展过程中社会分工精细化的必然结果,随着科技的进步,社会各个领域的事务越来越复杂,只有通过精细化的专业分工,才能凝聚专业力量解决专门事务。而且,让专业人才从事专业的工作,也是人类社会进步的一大重要标志。社会治理有其自身的规律和特点,提高社会治理的效率和水平,必须借助专业的社会治理专门人才运用专业的社会治理知识和技能。社会治理专业化程度越高,社会治理的效率和水平就会越高。在促进社会治理现代化过程中,专业化能够有效整合社会化、法治化、智能化三大要素,能为社会治理现代化提供重要支撑。社会治理是一个全新的时代命题,面对社会治理领域广泛和复杂的特点,加上我国社会治理专门人才培养起步较晚,目前不仅缺乏类型多样的专业化社会治理组织以及数量充足的高素质专业化社会治理专门人才队伍,而且缺乏一套比较成熟的人才培养方案,难以满足社会治理现代化的专业化需求,距离形成专业化的社会治理专门人才队伍还有一段路要走,这在很大限度上制约了社会治理现代化水平。要提高社会治理专业化水平,必须培养一支专业化社会治理专门人才队伍,这意味着必须要有系统、有计划、有组织、有目的、有步骤地培养和训练专业化社会治理专门人才。

三、培养社会治理专门人才是国家重大需求

人才乃治理之关键。提高社会治理水平,既离不开法治的保障作

用,也离不开社会治理专门人才的支撑。教育必须与社会发展相适应,这是教育外部关系规律的基本要求。法学高等教育要实现内涵式发展,不仅要树立正确的办学导向和明确的办学定位,而且要更好地面向国家战略需求、面向社会、面向市场、面向学生,培养适应经济社会发展和社会治理现代化的高级人才——社会治理专门人才。社会治理是国家治理的重要方面,培养社会治理专门人才,是国家治理现代化的重大现实需求。

法治是最有效的治理模式,社会治理法治化是社会治理现代化的必然要求,这决定了社会治理专门人才是法治人才的本质特征。并且,社会治理专门人才是专业型人才,是推进国家治理体系和治理能力现代化的重要保障。《决定》通盘考虑坚持和完善社会治理制度问题,无论是对完善社会治理体系、建设平安中国,还是对于培养社会治理专门人才,都具有十分重要的导向意义。具体而言,坚持和完善社会治理制度的方向和要求,不仅决定了培养社会治理专门人才的必要性,也明确了社会治理专门人才的需求方向。也就是说,必须培养与坚持和完善共建共治共享的社会治理制度相适应的社会治理专门人才。为适应教育外部关系规律的基本要求,社会治理专门人才至少应当包含但不限于纠纷调处化解人才、社会治安人才、公共安全人才、基层治理人才、国家安全人才等五个方面的人才。

第一,纠纷调处化解人才。调解制度包括人民调解、行政调解、司法调解三大组成部分,是社会矛盾纠纷多元预防调处化解综合机制的核心内容,不仅为纠纷双方提供了判决之外的其他选项,⑫而且构成了法院判决的有益补充。调解制度是一种诉讼外的矛盾纠纷化解方式,源于"和为贵"和"止讼息争"等古代民间调解的文化传统,深受中华和合文化的影响,人民调解在国际社会更是享有"东方之花"美誉。调解制度重在化解民间纠纷,随着矛盾纠纷主体日益多元化和纠纷类型日益多样化,除了需要大量的人民调解员之外,还需要大量具有跨学科知识、掌握

---

⑫ 参见苏力:《关于能动司法与大调解》,载《中国法学》2010 年第 1 期。

调解技能的职业调解员。不足的是,现有高等教育专业学科的设置,无论是社会学、法学还是心理学等,都没有根据社会职业和社会需求培养人才,不能适应多样化的职业调解员培训、培养的要求。⑬ 发展调解事业,需要培养专门的职业调解人才。《决定》要求以坚持和发展新时代"枫桥经验"为契机,完善人民调解、行政调解、司法调解联动工作体系,而且此前中央相继出台了《人民调解法》《人民调解委员会组织条例》《人民调解工作若干规定》《中共中央办公厅、国务院办公厅关于完善矛盾纠纷多元化解机制的意见》《中央政法委、最高人民法院、司法部、民政部、财政部、人力资源和社会保障部关于加强人民调解员队伍建设的意见》《中共中央办公厅、国务院办公厅关于加快推进公共法律服务体系建设的意见》等一系列政策法规,这些为发展调解事业和培养职业调解人才提供了重要的法治保障和政策支持。因此,迫切需要加强法学教育部门和人民法院、司法行政部门、各类调解组织之间的通力合作,加大职业型纠纷调处化解人才培养力度,为加强和创新社会治理储备有用人才。

第二,社会治安人才。社会治安状况不仅和我们每个人的日常生活有着密切的关系,而且关乎社会秩序稳定和国家兴旺发达。社会治安好坏与否,和社会治安人才的社会治安防控水平和治安治理能力有很大关联。党的十八大以来,党中央始终将提升人民群众的安全感和满意度作为社会治安防控的根本目标,不断完善社会治安防控体系。党中央于2015年2月审议通过了《关于全面深化公安改革若干重大问题的框架意见》。一方面,明确将"到2020年,基本形成系统完备、科学规范、运行有效的公安工作和公安队伍管理制度体系",作为改革的总体目标之一。另一方面,明确将"完善现代警务运行机制,提高社会治安防控水平和治安治理能力"作为改革的具体指向之一。而且要求"围绕创新立体化社会治安防控体系,建立健全更加注重源头预防、综合治理的社会治安治理模式"。为创新立体化社会治安防控体系,中共中央办公厅、国务院办公厅印发了《关于加强社会治安防控体系建设的意见》,明确了加强社

⑬ 参见汪世荣:《新时代改革完善人民调解制度的思考》,载《人民调解》2018年第2期。

会治安防控体系建设的目标任务和五个方面的具体要求。⑭《决定》也将完善社会治安防控体系作为坚持和完善共建共治共享的社会治理制度的一项重点任务。因此,我们培养的社会治安人才必须能够满足加强社会治安防控体系建设的基本要求,如果我们培养的社会治理专门人才不能面向完善社会治安防控体系的现实需要,这样的专门人才培养活动不仅是违背教育基本规律的,而且可能出现方向性错误。

第三,公共安全人才。维护公共安全是加强和创新社会治理的重要前提,需要专门的公共安全人才,公共安全人才因此也是社会治理专门人才的重要组成部分。党和国家历来重视公共安全维护,目前公共安全体系建设方面也取得了许多可喜的成果,公共安全法律制度建设也在逐步完善,⑮内容涵盖安全生产、食品安全、道路交通安全、公共场所安全、重大突发自然灾害应对、重大突发安全事故、重大突发公共卫生事件、重大突发政治危机等多个方面,这些都有助于明确公共安全人才的培养目标。暨南大学、电子科技大学、华南农业大学、中国刑事警察学院、昆明理工大学等高校相继开设公共安全应急管理专业,开始培养专门的公共安全人才,为加强和创新社会治理作出了重要贡献。虽然我国公共安全形势总体稳定,应对和处置突发公共安全事件的能力明显增强,但是我国幅员辽阔,人口众多,自然灾害和安全事故多发在所难免,公共卫生和社会安全等领域的突发公共安全事件也是层出不穷,尤其在全球化时代背景下,我们面临的公共安全形势极其复杂严峻,风险社会导致公共安

---

⑭ 《关于加强社会治安防控体系建设的意见》的目标任务是:形成党委领导、政府主导、综治协调、各部门齐抓共管、社会力量积极参与的社会治安防控体系建设工作格局,健全社会治安防控运行机制,编织社会治安防控网,提升社会治安防控体系建设法治化、社会化、信息化水平,增强社会治安整体防控能力,努力使影响公共安全的暴力恐怖犯罪、个人极端暴力犯罪等得到有效遏制,使影响群众安全感的多发性案件和公共安全事故得到有效防范,人民群众安全感和满意度明显提升,社会更加和谐有序。另外该意见从加强社会治安防控网建设、提高社会治安防控体系建设科技水平、完善社会治安防控运行机制、运用法治思维和法治方式推进社会治安防控体系建设、建立健全社会治安防控体系建设工作格局等五个方面提出了加强社会治安防控体系建设的具体要求。

⑮ 参见彭彦强:《中国公共安全管理:问题、国际经验与对策》,载《中州学刊》2009 年第 3 期。

全面临着风险源繁多、风险项连锁反应、风险文化牵制管理成效等问题,⑯不仅增加了应对和处置突发公共安全事件的难度,而且严重影响经济社会良性健康发展。正如2019年年底突发的新冠肺炎疫情,给公共安全维护和经济社会发展带来了极大的挑战。公共安全人才是维护公共安全的重要依靠,既要加强日常的公共事务管理,也要不断提高突发公共安全事件应急和处置的能力。因此,加强公共安全人才培养,既是维护公共安全的必然要求,也是加强和创新社会治理的内在要求。提高公共安全人才培养质量,不仅有利于提高应对和处置突发公共安全事件的能力,而且有利于维护人民群众的切身利益、社会秩序稳定和国家安全。

第四,基层治理人才。随着社会主要矛盾发生变化,实现人民群众对美好生活的向往就是我们的奋斗目标,也是基层社会治理的根本追求。社会治理的重心在基层,基层社会治理是国家治理的基础,推进国家治理体系和治理能力现代化,提高基层社会治理水平是关键一环。基层社会治理关键在人,基层治理人才是一种稀缺资源,也是制约基层社会治理制度水平的关键因素,要提高基层社会治理水平,必须高度重视基层治理人才培养工作。为了提高基层社会治理水平,促进城乡基层社会发展,国家先后出台了《中共中央、国务院关于加强和完善城乡社区治理的意见》《乡村振兴战略规划(2018~2022年)》《中共中央办公厅、国务院办公厅关于加强和改进乡村治理的指导意见》等重要政策予以指导,一致强调人才在基层社会治理中的重要作用。⑰ 事实上,培养造就

---

⑯ 参见唐钧:《风险社会公共安全的八大原则》,载《中国机构改革与管理》2014年第6期。

⑰ 《中共中央、国务院关于加强和完善城乡社区治理的意见》强调:将社区工作者队伍建设纳入国家和地方人才发展规划,地方要结合实际制定社区工作者队伍发展专项规划和社区工作者管理办法,把城乡社区党组织、基层群众性自治组织成员以及其他社区专职工作人员纳入社区工作者队伍统筹管理,建设一支素质优良的专业化社区工作者队伍。《乡村振兴战略规划(2018~2022年)》要求:通过本土人才回引、院校定向培养、县乡统筹招聘等渠道,每个村储备一定数量的村级后备干部。《中共中央办公厅、国务院办公厅关于加强和改进乡村治理的指导意见》要求:坚持专业化、职业化、规范化,完善培养选拔机制,拓宽农村社工人才来源,加强农村社会工作专业人才队伍建设。各级党委和政府要加强乡村治理人才队伍建设,充实基层治理力量,指导驻村第一书记、驻村干部等围绕乡村治理主要任务开展工作,聚合各类人才资源,引导农村致富能手、外出务工经商人员、高校毕业生、退役军人等在乡村治理中发挥积极作用。

一批熟悉基层社会治理规律、掌握基层社会治理技能的本土化、乡土化的基层治理人才，不仅能够提高基层社会治理水平，而且能够促进基层社会良性健康发展。目前，四川省出台了《关于加强基层治理人才支撑的若干举措》，开始了培养基层治理人才的探索。为坚持和完善共建共治共享的社会治理制度，《决定》强调“构建基层社会治理新格局”，这不仅明确了基层社会治理新格局的构建要求，而且为培养政治觉悟高、业务能力强、群众满意的基层治理人才提供了科学指引。

第五，国家安全人才。国家安全涉及领域广泛，与社会治理关系密切，二者互相作用、相辅相成。一方面，国家安全是安邦定国之基石，是社会治理的前提和基础；另一方面，社会治理现代化水平直接反作用于国家安全。坚持和完善共建共治共享的社会治理制度，《决定》强调“完善国家安全体系”，既体现了对国家安全问题的高度重视，又反映了对社会治理与国家安全之间关系的准确界定。加强和创新社会治理，必须完善国家安全体系，培养国家安全人才。国家安全人才既是增强国家安全能力的专门力量，也是加强和创新社会治理的重要保障。《国家安全法》第74条规定：“国家采取必要措施，招录、培养和管理国家安全工作专门人才和特殊人才。根据维护国家安全工作的需要，国家依法保护有关机关专门从事国家安全工作人员的身份和合法权益，加大人身保护和安置保障力度。”目前，我国国家安全人才培养体系尚未形成，现有的国家安全人才培养方式不能满足“总体国家安全观”下国家安全战略对人才队伍在知识、技能和经验等方面的新要求，更没有针对国家安全战略在选人、育人和用人等环节的平台、机制和制度。⑱ 贯彻落实总体国家安全观，必须结合国家的政策和法律的导向，尽快完善国家安全人才培养体系，加大国家安全人才培养力度。

需要补充说明的是，结合《决定》可见，之所以要培养上述五个方面的社会治理专门人才，主要是为了满足当前历史发展阶段实现社会治理现代化的现实需求，也希望通过这种探索能够为解决“应当培养什么样

---

⑱ 参见黄四民：《构建国家安全人才培养体系》，载《学习时报》2015年3月30日，第6版。

的社会治理专门人才”这一问题提供些许借鉴。当然,这并不是说社会治理专门人才只能局限于上述五个方面。由于社会治理涉及不同领域和方面,《决定》关于社会治理的五个部分,每一部分又可以细分为多个方面,所以从社会治理所需专门人才和学科发展的角度看,社会治理专门人才培养的具体方向还可以根据行业或者专业等其他标准再加以细分。加上社会治理现代化对于专门人才的需求方向并非一成不变,所以在社会治理专门人才培养实践中,相关高等院校必须密切结合经济社会发展形势和社会治理现代化的现实需要,积极探索培养造就一批数量充足、结构合理、素质优良的社会治理专门人才的规律和方法。从国家层面来说,为加快推进我国社会治理专门人才队伍建设,切实增强实现社会治理体系和治理能力现代化所需的人才支撑能力,有必要制定“社会治理专门人才队伍建设中长期规划”,全面、系统、科学地制定社会治理专门人才发展规划体系,在今后一个时期更好地适应社会转型发展和社会治理现代化的现实需要。

四、社会治理专门人才的基本素质要求

提高社会治理专业化水平要求加强社会治理专门人才培养,培养社会治理专门人才是高等教育的一项基本任务,既要遵循教育外部关系规律,还要遵守教育内部关系规律——教育必须适应和促进人的德智体美和谐发展。就教育外部关系规律来看,教育必须与经济和社会发展相适应,这意味着高校的人才培养首先必须以社会的需求为价值取向。⑲ 就教育内部关系规律来看,必须坚持把立德树人作为教育的根本任务,全面实施素质教育,培养德智体美全面发展的社会主义建设者和接班人。《高等教育法》和我国高等教育方针对这两大教育基本规律予以了确认。培养社会治理专门人才,一方面,必须根据社会主义现代化建设需

⑲ 参见刘焕阳:《需求导向:地方高校应用型人才培养改革的价值抉择》,载《山东高等教育》2015年第5期。

求来改革人才培养模式，提供多元化教育，培养多样化人才，以满足国家需求；[20]另一方面，必须把法治人才培养的一般要求和社会治理的特殊要求结合起来，明确社会治理专门人才的基本素质要求，进而提高人才培养质量。结合教育基本规律，从满足社会治理的现实需要角度看，要实现社会治理“四化”发展方向，我们培养的社会治理专门人才必须是懂社会、懂法治、懂科技、懂治理等方面知识的“四懂”人才。[21]

第一，社会治理专门人才是懂得社会运行规律方面的知识的人才。目前，中国社会正处于从传统社会向现代社会转型的关键时期，社会矛盾纠纷日益多样化，无论面对社会问题还是问题社会，都需要社会治理。社会治理的核心是有效预防化解社会矛盾纠纷，客观分析转型期社会矛盾纠纷的形态特征和形成机理，[22]有利于社会矛盾纠纷的预防化解。与以民间冲突、民族冲突、阶级冲突等冲突为主要类型的传统社会矛盾纠纷不同，现代社会矛盾纠纷主体日益多元化，所涉社会矛盾纠纷类型也日益复杂，既有阶级对抗和利益冲突型的，也有情感对立和心理失衡型的，有效预防化解社会矛盾纠纷的难度不断增加。如果我们培养的社会治理专门人才不能植根于社会，就不能正确把握社会矛盾纠纷的形成机理和基本特点，也就很难有效预防化解社会矛盾纠纷，必然制约社会治理现代化水平。要能够准确把握社会矛盾纠纷的形成机理和基本特点，必然要求社会治理专门人才懂得社会结构及其运行规律，能够运用所学

---

[20] 参见刘兴全、刘琳：《订单定向：需求导向视角下的民族高校人才培养模式创新研究——以西南民族大学“订单定向式”人才培养模式为例》，载《民族高等教育研究》2017年第3期。

[21] 这里需要注意的是，“四懂”的“懂”是就所有社会治理专门人才应当掌握的知识结构而言的，而非针对社会治理专门人才的专业能力而言，因此“懂”并不等于具有相应的专业能力，专业能力必须结合不同方向的社会治理专门人才的特点有针对性地加强。由于当前社会治理领域面临的问题越来越复杂，这对社会治理专门人才的知识结构提出了更高要求，如果只懂得某一学科的知识，是很难适应现实工作需要的，在法学专业人才培养朝着大综合、大交叉、大融合方向发展的背景下，社会治理专门才的培养也应当遵循这一路径，对于社会治理专门人才而言，不能只强调“专”的意义，相应的是，每个方向的社会治理专门人才都应当是“一强多懂”“一专多能”的复合型人才。

[22] 参见邓少君：《论转型期社会矛盾形态与归因》，载《暨南学报（哲学社会科学版）》2015年第4期。

社会学专业知识,正确分析社会发展、社会变化、社会格局、社会秩序、社会主体、社会利益、权力结构、社会关系、社会矛盾、社会特点、生产方式、生活习惯、社会心理、文化传统等问题。我们培养的社会治理专门人才是面向社会的,所以懂得社会结构及其运行规律,也是社会治理社会化的必然要求。

第二,社会治理专门人才是具有法治思维,懂得如何运用法治方式的人才。治理和法治的关系密切,二者是有机统一的整体。党的十九届四中全会深刻地阐释了"中国之治"的伟大成就、显著特征、重要优势和发展方向,"中国之治"的根本在于坚持党的领导,关键是良法善治。全面依法治国是中国特色社会主义的本质要求和重要保障,法治是一切治理活动的根本遵循,社会治理活动必须在宪法法律的框架内开展,这不仅是全面依法治国的必然要求,也是确保社会健康和谐发展的内在要求。法治是人类社会发展进步的文明标志,法治化是社会治理现代化的重要时代特征,这决定了社会治理专门人才是法治人才的本质特征。社会治理现代化要适应全面依法治国的要求,必须提高社会治理法治化水平,用法治精神引领社会治理;用法治思维谋划社会治理;用法治方式调节社会关系、维护社会秩序、规范人的行为,在法治轨道上维护社会秩序、解决社会问题、协调各种社会利益关系、推动各项社会事业发展。㉓这必然需要提高社会治理专门人才依法治理的能力,特别是要提高运用法治思维和法治方式化解社会矛盾纠纷、维护社会稳定的能力,适应社会治理制度的现实要求。所以,我们培养的社会治理专门人才,必须要掌握相应的法律知识。

第三,社会治理专门人才是懂得如何运用现代智慧科技的人才。现代社会生活已经进入信息化、网络化时代,互联网和大数据的快速发展为社会治理智能化提供了重要的技术支撑,雪亮工程、物联网、区块链、人工智能等现代智慧科技在现代社会治理中发挥了十分重要的作用,可以预见的是,随着现代智慧科技的发展和成熟,在不久的将来,社会治理

㉓ 参见徐汉明、张新平:《提高社会治理法治化水平》,载《人民日报》2015年11月23日,第7版。

一定是高度智能化的。智能化是现代化的表现形式，提高社会治理智能化水平，有利于提高社会治理的预见性、精准性和高效性。打造现代化社会治理体系，必须要适应社会治理智能化的发展方向，离不开一支懂得灵活运用现代智慧科技的社会治理专门人才队伍。不会运用大数据、人工智能等现代智慧科技的社会治理专门人才，不仅不是现代化人才，而且必然无法适应社会治理智能化的现实需求，必将为时代所淘汰。因此，社会治理专门人才必须掌握现代科技知识、懂得灵活运用现代智慧科技，能够适应时代发展具有社会治理创新能力的人才。社会治理现代化，离不开现代智慧科技和社会治理专门人才，这要求我们培养的社会治理专门人才，必须将智慧科技的运用和社会治理基本技能的掌握结合起来。

第四，社会治理专门人才是懂得社会治理理论与实践的专业人才。社会治理是一门立足于社会基础之上，研究如何实现政府治理和社会调节、居民自治良性互动的学问，内容涉及社会治理基础理论、社会管理、社会自治、社会基础建设等多个方面的内容，与法学、社会学、政治学、经济学、管理学、心理学、统计学等学科都有密切的联系。高等教育是一种分学科分专业的教育活动，以受教育者完成中等教育为前提和基础，为社会培养专门的职业人才是其重要使命。社会治理专门人才是专业的治理人才，必须掌握基本的社会治理规律、社会治理方式、社会治理手段等专业知识。我们培养的社会治理专门人才，不仅要能够掌握相关学科的基本理论和基本知识，而且必须熟悉党和国家社会治理相关方针、政策和法律法规，具有在与社会治理相关的党政机关、事业单位、社会组织从事社会治理工作以及科研工作的能力。[24] 社会治理现代化是国家治理现代化的重要支撑，既包括社会治理体系的现代化，也包括社会治理能力的现代化。中国特色社会主义进入新时代，伴随社会主要矛盾的变化，要实现社会治理现代化，首先要提高社会治理专门人才的社会治理能力。具体到社会治理专门人才的实践能力方面，必须适应加强和创新

㉔ 参见殷昭举主编：《社会治理学·第一卷社会治理导论》，广东高等教育出版社2014年版，第8页。

社会治理的基本遵循——坚持系统治理、依法治理、综合治理、源头治理。也就是说,社会治理专门人才应当也必须是懂得社会治理理论的人才,必须是掌握"坚持系统治理、依法治理、综合治理、源头治理"的社会治理方式的人才。

五、创新社会治理专门人才培养模式的基本方向

培养社会治理专门人才是国家重大需求,基于治理和法治的密切关系,决定了社会治理专门人才是法治人才的本质特征。加大社会治理专门人才培养力度,既是推进社会治理现代化的必然要求,也是实现全面依法治国的重要任务。由于对社会治理专门人才的专业性和实践性要求都很高,所以在人才培养过程中,有必要借鉴卓越法治人才培养经验,创新社会治理专门人才培养模式,将理论教学与实践教学、业务素质和政治素质、学校教学和校外协同有机结合起来。

第一,坚持理论教学与实践教学相结合。当前,我国法学教育主要目的是着力为全面依法治国培养德法兼修、明法笃行的高素质法治人才,社会治理专门人才作为一种新型法治人才,具有很强的实践性,人才培养活动必须能够满足国家对社会治理专门人才的重大需求。理论联系实际的重要理论,为我们提供了社会治理专门人才培养的根本遵循。为更好适应社会治理现代化,必须遵循法治人才培养的一般规律,处理好理论教学和实践教学之间的关系——坚持理论教学与实践教学相结合,而且要更加重视实践教学。实际上,理论联系实际,不仅是马克思主义优良学风的精神内核,而且是中国共产党团结带领全国人民取得一系列伟大历史成就的成功经验,对社会治理专门人才培养具有重要的指导意义。如何坚持理论教学与实践教学相结合呢？这对社会治理专门人才培养过程提出了更高要求:首先,高校教师必须深入社会治理一线,通过实地调研考察,准确把握社会治理实践对社会治理专门人才的基本要求,推动社会治理教学科研更深地扎根于社会治理实践,在社会治理实

践基础上推动社会治理理论的丰富和发展，进而运用社会治理理论阐释和指导社会治理实践，实现理论教学和实践教学的良性协调互动，确保社会治理专门人才培养能够服务于社会治理的实践需求。其次，科学制定社会治理专门人才培养方案，知识教学过程不仅要增加案例教学的内容，还要坚持问题导向增加实践教学环节，合理设置多元化实践教学课程，强化学生社会治理实践能力的培养。再次，深刻认识课堂教学和课外教学的相互关系，通过开展学生喜闻乐见、内容丰富、形式多样的第二课堂活动，寓教于乐，促进社会治理专门人才创新能力和综合素质的提高。最后，建立健全学生到实务部门进行实习实践的制度，让学生能够近距离观察和了解社会治理实践。

第二，坚持业务素质和政治素质培养相结合。社会治理专门人才是社会治理现代化的重要保障，培养社会治理专门人才是专业的教育活动，旨在通过专业教学使其掌握社会治理知识和专业技能，在社会治理实践中服务社会治理现代化、促进国家治理体系和治理能力现代化、推进中国特色社会主义现代化建设。社会治理专门人才肩负着崇高的职责使命，其政治素质高低直接关系中国特色社会主义事业的兴衰成败。[25] 坚持正确的社会治理专门人才培养政治方向，就显得尤为关键，提高社会治理专门人才的政治素质成为人才培养活动的一大基本要求。国无德不兴，人无德不立。培养社会治理专门人才，必须将提高政治素质放在首位，并贯穿于人才培养全过程、全环节。这就要求我们培养的社会治理专门人才，不仅需要具备较好的业务素质，而且必须具有坚定的社会主义信仰和过硬的政治素质。我国高等教育最大的特色和优势就是始终坚持社会主义办学方向，全面贯彻落实党的教育方针，遵循高等教育基本规律，坚持立德树人，为中国特色社会主义事业发展需要培养各类人才。坚持立德树人，既是发展中国特色社会主义教育事业的根本任务，也是培养德智体美全面发展的社会主义事业建设者和接班人的本质要求。培养社会治理专门人才，必须坚持把立德树人作为人才培养

㉕ 参见黄蓉生、崔健：《坚持把立德树人作为中心环节》，载《国家教育行政学院学报》2017 年第 1 期。

的中心环节,将提高社会治理专门人才政治素质作为最根本的价值取向。培养社会治理专门人才,必须高度重视政治素质培养,将业务素质和政治素质培养有机结合起来。

第三,坚持学校教学和校外协同相结合。社会治理专门人才培养是一项系统性工程,不仅仅是高校的职责任务,也离不开相关科研单位、社会治理实务部门乃至社会各界的共同参与。在培养社会治理专门人才过程中,必须改变传统的人才培养模式,加强高校与社会的合作交流,不仅要重视高校人才培养的主体作用,而且要积极吸纳各类校外社会治理资源的协同参与,形成社会全员协同培养社会治理专门人才的育人体系。各类社会治理实践主体都是社会治理专门人才培养质量的检验员,培养社会治理专门人才,应当积极借鉴《教育部、中央政法委关于坚持德法兼修实施卓越法治人才教育培养计划2.0的意见》,打破院校与社会在人才培养方面的机制壁垒,明确社会治理主体在社会治理专门人才培养中的责任义务,充分发挥社会治理实务部门的实践优势,组织有较高理论水平和丰富实践经验的实务专家参与社会治理专门人才培养过程,共建社会治理教学科研实践基地,推动学校和校外社会治理实务部门之间的深度协同、实现资源共享,切实发挥各类社会治理主体在社会治理专门人才培养中的积极作用,共同促进社会治理专门人才培养工作稳步发展。

总而言之,社会治理专门人才培养必须面向社会治理“四化”发展方向的实践需要。要求在社会治理专门人才招收和培养过程中,必须结合“四化”特点进行科学、系统地统筹规划。一方面,基于文科生普遍对“科技化”“智能化”兴趣不大的特点,在高等学校招生时,应当将社会治理专门人才培养的专业设置为文理兼收类专业,并侧重于招收具有理工科背景的学生,进而改善社会治理专门人才的知识结构,满足国家和社会对复合型人才的需求。另一方面,围绕“四化”发展方向,科学构建社会治理专门人才培养的课程体系,促使我们所培养的社会治理专门人才,既要掌握系统的社会学理论和社会工作知识,也要掌握大数据、人工智能、区块链等现代科技手段,还要掌握相关的法学知识、掌握法律方法并具有法治思维。具体而言,既要开设社会学理论、社会治理学、社会工作概论、社会研究方法、社会心理学、社会统计学等社会学课程,又要开设高等数学、线性代数、计算思维、数据结构与算法、数据库原理与应用、操作系统与Linux系统应用、大数据技术原理与应用等信息科学课程,还要开设宪法、法理学、刑法、民法、经济法、行政法以及三大诉讼法等法学课程。

最后要强调的是,社会治理学科体系建设是培养社会治理专门人才的基础。目前,包括法学领域“五院四系”在内的一大批高校开启了社会治理专门人才培养的探索,不仅积累了社会治理专门人才培养经验,而且为创建社会治理学科体系奠定了重要的理论基础。比如,中南财经政法大学专门设置了“社会治理法学”专业,为发展社会治理法学新兴学科、创新社会治理专门人才培养模式作出了重要贡献;西北政法大学的专家学者们长期关注“枫桥经验”等基层社会治理实践,形成了面向基层社会的社会治理研究的“西北特色”。社会治理学科体系建设是一项复杂的工程,为避免学科建设问题成为培养社会治理专门人才的掣肘因素,必须在全国层面加大社会治理理论体系研究力度,加快发展社会治理学科,形成科学的学科体系、学术体系、话语体系,早日在更多高校设置社会治理专业,培养更多更高质量的社会治理专门人才。

On Social Governance and Its Cultivation

Yang Zongke　Zhang Yonglin

Abstract: Social governance is an important aspect of national governance. Its future developing direction lies in socialization, rule of law, intelligence, and specialization. The cultivation of special talent for social governance is not only an inevitable requirement for the realization of social governance and modernization of national governance, but also a major demand for serving the development of the country. The social governance system is an important part of the socialist system with Chinese characteristics. In order to adapt to the social governance system of co-construction, co-governance and sharing, it is necessary to cultivate five types of professional talent in such areas as dispute resolution, social security, public security, grassroots level governance, and national security. The development direction of social governance determines the cultivation of its talent who need to meet the "Four Knowing Standard"-knowing the society, knowing the rule of law, knowing science and technology, knowing the governance. To cultivate high-quality social governance professionals, it has to be insisted the cultivation mode to collaborate the theoretical teaching and practical teaching, professional cultivation and political cultivation, on-campus and off-campus cooperation.

Key Words: social governance, modernization of social governance, cultivation of the talent of social governance

中国女性法学教育的发展、问题及反思

李　勇*

摘　要：1898年，经元善等维新先驱创办的“中国女学堂”开创了中国女性法学教育的先河。近代中国女性法学教育，也在政权的更迭中辗转沉浮。1949年，中华人民共和国的成立为中国女性接受法学教育开辟了新道路。如今，随着法学院校中女性人数的增加及其处境的改善，中国女性法学教育取得了巨大的进步。然而，人数增加背后的隐性性别歧视，仍然掣肘着法学教育性别平等的实现。法学教育性别平等的实现还应当通过改变传统文化针对女性的刻板印象、逐步完善法律保障体系及建立高校教育性别歧视的申诉机制，进而清除法学教育中的隐性性别歧视。

关键词：女性　法学教育　发展　隐性歧视　教育平等

千百年来，中国女性在公私领域都处于从属地位。上学被认为是男性的特权，女性大多被排除在

---

* 李勇，西南政法大学行政法学院2019级博士生，研究方向：法理学、女性主义法学。特别感谢赵树坤教授就本文提出的修改建议。

了正规教育系统外。直到近代,随着社会的发展和西方民主思想的引入,中国高等教育体系才开始接收女性。那么,对法学教育而言,女性的情况又如何呢?在西方,女性主义法学的产生与女学生和女教师进入法学院紧密相关。随着女性主义法学的兴起,法学教育随即也成为女性主义法学研究的重要内容。① 反观我国,1995 年联合国第四届世界妇女大会在北京召开以后,我国开始展开了以"法律与性别"为核心的女性主义法学研究。然而,"中国目前的状况是,女性主义意识持续增长,法律女性主义或曰女性主义法学却进步甚微。很少有法学学者有兴趣参与到女性主义法学的研究中来。几乎没有人被称为女性主义法学家",②作为女性主义法学重要组成部分的女性法学教育更是鲜有人问津。③事实上,"把性别意识引入法学教育,用社会性别分析方法重新审视中国法学教育的观念与实践,消除法学教育中的性别刻板模式,将社会性别观念纳入法学教育改革,应成为法学教育研究的新视点"。④ 鉴于此,本文拟在既有有限研究成果的基础上,通过调查、访谈、查阅相关年鉴资料

---

① 参见[澳]马格丽特·桑顿:《不和谐与不信任:法律界女性》,信春鹰、王莉译,法律出版社 2001 年版,第 68 ~ 69 页;D. Kelly Weisberg, "Barred from the Bar: Women and Legal Education in the United States 1870 - 1890", *Journal of Legal Education*, 28, 1977, pp. 485 - 507; Christine M. Wiseman, "The Legal Education of Women: From 'Treason Against Nature' to Sounding a 'Different Voice'", *Marquette Law Review*, 74, 1991, pp. 325 - 344; Elizabeth M. Schneider, "Violence Against Women and Legal Education: An Essay for Mary Joe Frug", *New England Law Review*, 26, 1992, pp. 843 - 875; Sari Bashit, Maryana Iskandertt, "Why Legal Education Is Failing Women", *Yale Journal of Law and Feminism*, 18, 2006, pp. 389 - 449。

② 於兴中:《女性主义法学在中国:现状与前景》,载[美]辛西娅·格兰特·鲍曼、於兴中主编:《女性主义法学:美国和亚洲跨太平洋对话》,中国民主法制出版社 2018 年版,第 94 页。

③ 目前,仅有的研究中国女性法学教育的文章是刘小楠教授的《走出私人领域:法学教育、法律职业中的女性》和"Chinese Women in Legal Education"。参见刘小楠:《走出私人领域:法学教育、法律职业中的女性》,载《政法论丛》2008 年第 6 期;Liu Xiaonan, "Chinese Women in Legal Education", *Indiana Journal of Global Legal Studies*, 20, 2013. 除此之外,陈明侠和黄列主编教材《性别与法律研究概论》的最后一章也探讨了法学教育中的社会性别问题。参见陈明侠、黄列主编:《性别与法律研究概论》,中国社会科学出版社 2009 年版。

④ 刘小楠:《走出私人领域:法学教育、法律职业中的女性》,载《政法论丛》2008 年第 6 期。

等方法，揭示法学教育中中国女性的处境，提出其间存在的问题，进而指出解决的路径设想。

一、近代中国女性法学教育的历史审视

（一）女性法学教育的萌芽、初步发展与早夭

19世纪末期，面对国家救亡图存的现实处境，维新知识分子首次将女子教育与民族国家的危亡联系起来，指出“女学最盛者，其国最强，不战而屈人之兵”。[⑤] 早期维新派对女子教育的强调虽未跳出“贤妻良母”的框架，但也在西学思潮的影响下展开了积极探索。王韬拟将教学内容设定为“六经六学”，六学中即包含“公法学”。[⑥] 基于对域外经验的审视和国内现状的考察，康有为、梁启超等人试图将“兴女学”作为救亡图存的重要途径。1898年，在经元善、康梁等人的主导下，“中国女学堂”在上海建立。20余名8～15岁的女孩开始进入学堂，学堂设有专门学科算法、医学、法学三科。[⑦] 事实上，“在女子教育起步时将师范列为专科，本不足为奇。将算法作为各门自然学科的根基，专修研习也属合理。问题在于，对法学的特别看重，即便在今天也很不寻常。当然，法学专业的出现恰恰反映了维新派人士取法西方、变法图强的迫切心理”。[⑧] 法学科目的设置既迎合了维新变法的时代需要，也拉开了中国女性法学教育的帷幕。但“戊戌变法失败，维新事业重归沉寂，女学堂被迫停办”，[⑨]女性法学教育的萌芽也随之早夭。

戊戌政变等系列救亡图存的举措也未能改变清政府的命运，西方的坚船利炮打开了中国大门，随之而来的是以基督教文化为主导的西方文

⑤ 梁启超：《论女学》，载《饮冰室文集》，中华书局1989年版，第37页。

⑥ 参见周廷勇、张兰：《中国女子高等教育》，中国传媒大学出版社2014年版，第46页。

⑦ 参见陈雁：《近代中国女性教育是如何发展起来的》，载《人民论坛》2018年第8期。

⑧ 夏晓虹：《晚清女性与近代中国》，北京大学出版社2004年版，第21页。

⑨ 褚季能：《第一次自办女学堂》，载《东方杂志》1935年第32卷第3号。

化的传播。西方传教士创办的三所女子教会大学成为中国女性高等教育的最早实践者。然而，以传教为目的的女子教会学校在专业设置方面存在诸多局限，其课程设置主要围绕基督教经典展开。与此同时，也重视英语、文学的教育和西方科学知识的传播。问题在于，华北协和女子大学、华南女子大学、金陵女子大学等女子高等院校及初期招收女性的其他教会女子大学，均未开设法学专业课程。以华北协和女子大学为例，其设置的专业主要包括“高等物理化科、高等道学科、高等师范科、高等幼稚科，其中理化科主要为女子中学培养物理、化学老师，而高等师范科主要培养教会女中的语文、历史等方面的教师。道学科则主要培养教会人才”。⑩ 在我国女子教育的自主实践方面，1903年湖南当局曾向日本派出女留学生学习法学专业，⑪也是在“求法西方”的历史大背景下中国在女性法学教育方面作出的积极探索。

与女子教会学校相比，我国本土女性高等学校的建立较晚，多是中华民国之后才开始。“壬子癸丑学制”⑫颁布后，由于当时政府的支持，中国女性法学教育在较短的时间内得到了较快的发展。彼时中国特别强调女性法学教育的原因有二，一是增加女性的政治法律知识；⑬二是“主张女子参政，遂至有女子法政学校之设立”。⑭ 临时大总统孙中山对开办女子法政学校也持支持态度。1912年，他在致女界共和协进社批中指出：“该社员才学优美，并不追求参政，而谋联合全国女界，普及教育，研究法政……”⑮同年，教育部规定在“女子师范本科第一部的科目

---

⑩ 安树芬主编：《中国女性高等教育的历史与现状研究》，高等教育出版社2002年版，第2页。

⑪ 参见万琼华：《近代女子教育思潮与女性主体身份建构——以周南女校（1905～1938）为中心的考察》，中国社会科学出版社2010年版，第76页。

⑫ “壬子癸丑学制”，即民国临时政府从1912年（壬子年）9月到1913年（癸丑年）8月颁布的各项有关教育改革、学校章程、课程设置等的法令。这标志着中华民国现代学制的建立。

⑬ 参见乔素玲：《教育与女性：近代中国女子教育与知识女性觉醒》，天津古籍出版社2005年版，第124页。

⑭ 杜学元：《中国女子教育通史》，贵州教育出版社1995年版，第389页。

⑮ 杜学元：《中国女子教育通史》，贵州教育出版社1995年版，第390页。

中增加教育、博物、法制经济等六科”。[16] 1913 年,教育部公布的中学课程表中亦包含了“法制经济”。[17] 女性先驱唐群英在经过辛亥革命的立马横刀后转向女界知识的普及,创办了南洋女子法政大学和长沙女子法政学校等女子学校。[18] 当时影响最大的还有上海女子法政学堂。[19] 此外,潘素清、朱澹等人在南京发起创办的金陵法政女校得到了孙中山及临时政府的支持。当时法政部还创设了女子完全法政学堂,为女子参政培养骨干力量。培养女子政治才能的学校在当时发展很快。仅南京一地,民国初期就曾有过民国女子法政大学、女子法政专门学校、女子法律学校、女子监狱法政学校等。这些学校对培养女子的参政才能作出了积极的贡献,也为当时的女子革命运动培养了一批政治活动家和组织管理者。[20]

然而,“袁世凯上台后,推行了一系列倒行逆施的复古倒退政策,摧残女子革命,解散女子参政团体,勒令停办女子法政学校,并在法律上严格限制女子的自由权”。[21] 此后,顽固派开始极力主张,“女子只可从事文学、绘画、医药、音乐及种种轻便的手工,而农、工、理、矿、法、商诸科‘非吾国女子所宜’”。[22] 至此,依傍于救亡图存而创建的女子法政学校,亦如昙花般消失在中国历史的长河中。

(二)女性高等法学教育的发展

中国女性高等教育步入正轨始于 1917 年成立的北京女子高等师范学校。在专业设置方面,北京女子高等师范学校共分为四部。1920 年后,女高师将四部改为了十系。[23] 然而,无论是修改前的四部还是修改

---

[16] 卢燕贞:《中国近代女子教育史》,文史哲出版社 1989 年版,第 83 页。

[17] 卢燕贞:《中国近代女子教育史》,文史哲出版社 1989 年版,第 77 页。

[18] 参见万琼华:《近代女子教育思潮与女性主体身份建构——以周南女校(1905~1938)为中心的考察》,中国社会科学出版社 2010 年版,第 79 页;乔素玲:《教育与女性:近代中国女子教育与知识女性觉醒》,天津古籍出版社 2005 年版,第 244 页。

[19] 参见杜学元:《中国女子教育通史》,贵州教育出版社 1995 年版,第 394 页。

[20] 参见杜学元:《中国女子教育通史》,贵州教育出版社 1995 年版,第 394 页。

[21] 杜学元:《中国女子教育通史》,贵州教育出版社 1995 年版,第 395 页。

[22] 杜学元:《中国女子教育通史》,贵州教育出版社 1995 年版,第 401 页。

[23] 参见杜学元:《中国女子教育通史》,贵州教育出版社 1995 年版,第 466 页。

后的十系,均未包含与法学相关的学科。此外,随着大学女禁的解除,不少女性也开始进入综合性大学,但“与法科等有关的专门大学不招收女性,女性仍然被局限在了以师范培养为主的高等教育范围内”。[24] 作为首开女禁的北京大学,招收的首批女学生所在的专业亦没有法学。新疆俄文法政学院、江西法政专门学校、广西法政专门学校等高等法政专门院校也将女性排除在外。[25]

1922年,“壬戌学制”[26]的确立表明了法律对男女平等受教育权的确认。此后,其他高校也逐步接纳女性。但相较之男性,女性进入法科学校学习的情况非常罕见。1922年,北京政法大学共招收7名女学生。同年,根据中华教育改进社统计,女生在法科学校的占比约为0.12%。[27] 1922年至1923年,统计亦显示全国的法科院校中共有男学生10,851名,女学生只有13名(见表1),女学生占比亦约为0.12%。

表1　1922~1923年全国大学校数和学生数一览

学科		师范	农科	工科	商科	医科	法学	其他
校数(个)	男校	7	7	13	8	7	33	14
	女校	1	0	0	0	0	0	0
学生数(人)	男生	2809	1271	2018	1887	815	10,851	1650
	女生	284	0	8	3	17	13	131

资料来源:中华教育改进社编:《中国教育统计概览》,上海商务印书馆1927年版,第12页。

具体方面,“长沙木达法专、长沙群治法专、江西豫章法专,各招收了

[24] 安树芬主编:《中国女性高等教育的历史与现状研究》,高等教育出版社2002年版,第14页。

[25] 参见程谪凡编:《中国现代女子教育史》,中华书局有限公司1936年版,第181~183页。

[26] “壬戌学制”,即指北洋政府1922年(壬戌年)8月1日,以大总统黎元洪的名义颁布的一套学制系统改革草案。“壬戌学制”的特点是在教育的各方面同等对待男女两性。

[27] 参见周予同:《中国现代教育史》,良友图书公司1934年版,第226页。

3名、6名、3名女学生”。[28] 广东法政专门学校也招收女学生。1928年至1929年,教育部在编高等法学校中只有4所学校、共招收37名女学生(见表2)。

表2 1928~1929年各法科院校男女生人数

单位:人

性别	学校			
	国立北平大学俄文法政学院	浙江省立法政专门学校	山西公立法政专门学校	云南公立法院专门学校
男生	298	100	268	95
女生	14	3	2	18

资料来源:卢燕贞:《中国近代女子教育史》,文史哲出版社1989年版,第133~134页。

此时,还有首都女子法政学院和成都女子法政学院等女子法政专门学校的出现。上海法政大学和上海法律学院也都招收女学生,但女学生的数量总体较少。据毕业于上海法政大学,后成为中华人民共和国第一任司法部长的史良回忆,1927年,她于上海法政大学毕业时,全校只有3名女毕业生。[29] 同时,据该校毕业生登记簿的记载,1927年至1932年,法政专业444名毕业生中只有18名女性;1931年至1948年,法律系747名毕业生中只有62名女性(8%)。[30] 还有统计显示,1938年至1945年专科以上法学院校中的女学生总体呈逐年上升态势,但因受战争的影响,女学生的占比仍然较低(见表3)。

---

[28] 安树芬主编:《中国女性高等教育的历史与现状研究》,高等教育出版社2002年版,第20页。

[29] 参见孙慧敏:《民国时期上海的女律师(1927~1949)》,载《近代中国妇女史研究》2006年第14期。

[30] 参见孙慧敏:《民国时期上海的女律师(1927~1949)》,载《近代中国妇女史研究》2006年第14期。

表3 1938~1945年专科以上法学院校中的女生人数和占比

人数/占比	年份							
	1938	1939	1940	1941	1942	1943	1944	1945
女生人数(人)	813	944	1277	1614	1874	1698	1940	1989
占比(%)	17.16	18.37	17.64	19.47	19.89	19.19	18.60	18.81

资料来源:杜学元:《中国女子教育通史》,贵州教育出版社1995年版,第609~610页。

民国时期有不少女性留学他国,旨在为中国女学培养师资,故专业集中在教育、文学、美术、音乐等方面。时至1931年,才有15位女留学生学习法学。[31] 清末留日女学生较欧美多,虽因宗旨未确定而导致"留学生之大半所学者,速成法政耳,速成师范耳"等弊端,[32]但可见其中有学习法政的女生。在学制层面,"民国时期女性高等教育的体制分为预科、专科、本科和研究生四个层次"。[33] 预科中没有与法学有关的专业。1931年至1932年,女性接受法科专科教育的人数为零;1933年至1934年,接受法科专科教育的女性人数分别为22人和25人。[34] 相较之法学预科、专科和研究生教育,女性接受本科教育的比例较大。有人预测,1933年和1934年度的本科生分别占到了全国女学生总人数的90%以上。[35] 虽然很难找到女性接受法学本科教育情况的数据,但基本可以得出结论:在当时的时代背景下,女性接受法学本科教育的情况并不乐观。女性接受法学研究生教育的情况亦是如此,仅能够查到的数据显示,1946年的研究生法学教育中没有学生;1947年,共有7名学生(见表4)。

---

[31] 参见教育部中国教育年鉴编审委员会编:《第一次中国教育年鉴》,开明书店1934年版,第1114页。

[32] 参见杜学元:《中国女子教育通史》,贵州教育出版社1995年版,第361页。

[33] 安树芬主编:《中国女性高等教育的历史与现状研究》,高等教育出版社2002年版,第94页。

[34] 参见安树芬主编:《中国女性高等教育的历史与现状研究》,高等教育出版社2002年版,第96页。

[35] 参见安树芬主编:《中国女性高等教育的历史与现状研究》,高等教育出版社2002年版,第98页。

表4　1947年各专业研究生人数

单位:人

性别	学科			
	艺术	法律	教育	科学和工程
男	87	91	26	162
女	19	7	1	31

资料来源:安树芬主编:《中国女性高等教育的历史与现状研究》,高等教育出版社2002年版,第100页。

谈及女性法学教育,不能忽视的还有女性法学教师群体。然而,由于国家女性法学教师统计数据的缺位以及其他相关资料的不详备,有关此阶段女性法学教师的研究相当困难。事实上,随着政府对女性教育的重视以及"壬子癸丑学制"和"壬戌学制"等的颁布,女性高等师范教育得到了快速发展,高校女教师的队伍也有所扩大。但正如刘小楠教授所言,二战之前的中国法学院中并没有女性教师。时至20世纪40年代末,法学院校才开始聘请女教师。[36] 例如,时至1947年,近代中国最著名的法学院东吴大学法学院的教职员工中共有5名女性,其中4人是该校法律专业的毕业生,但只有两人教授法律,她们分别是Cecilia Sieu-ling Zung(1934级)和Grace M. T. Tan(1937级)。[37] 此后,二人分别于1939年和1942年获得纽约大学博士学位(S. J. D)。[38] 虽然没有有确切证据加以佐证,但综合相关因素不难发现:在法学专业女学生非常少、针对女性的歧视仍根深蒂固、女性"贤妻良母"的角色预设未曾改变的时代里,女性参与法学教学活动的情况不可能有较大的突破。

总之,清末以来,中国女性高等教育在历史的风云变幻中取得了不朽的成绩。但当用女性主义法学的视角审视这段历史时,可见其中被忽

---

[36] See Alison W. Conner, "Training China's Early Modern Lawyers: Soochow University Law School", *J. CHINESE L* 24, 1994, pp. 1-46.

[37] See Alison W. Conner, "Training China's Early Modern Lawyers: Soochow University Law School", *J. CHINESE L* 24, 1994, pp. 1-46.

[38] See Alison W. Conner, "Training China's Early Modern Lawyers: Soochow University Law School", *J. CHINESE L* 24, 1994, pp. 1-46.

视的重要面向,即女性法学教育。经过胡适的论述,“超贤妻良母”主义虽然已经在民国女子教育中产生了重要影响,但旨在培养“贤妻良母”的女子教育理念已经根深蒂固。同时,“中国文化形成的历史惰性,使得中国的女性教育不得不处于传统氛围的笼罩之下”。[39] 在中国,法学专业经常被称为“政法”,“法”与“为政”紧密相关。“男性是政权的代表,法律是最接近政治权力中心的地方,必然也是男人的专属领地,男性是实践理性的实践者,是法律的代表人。女性获得接受法学教育的权利意味着接近国家政权,这是男性难以接受的”。[40] 故法学教育中女性被忽视也就不足为奇了。

二、中华人民共和国成立以来女性法学教育的现实考察

中华人民共和国的成立“开启了中国历史的新纪元,从而开始谱写中国女性高等教育的新篇章”。[41] 此后,高等院校中女学生和女教师人数不断增加,但整体性和官方性的统计仍然缺位。本文仅根据所收集到的少数法学院校的数据,并在参照我国高等教育之总体性别统计数据的基础上,对中华人民共和国成立以来女性在法学教育中的处境加以探讨。

(一)法学院校中的女学生

中华人民共和国成立之初,由于女性在法律上获得受教育权并在经济上得到了更大程度的保障,女性高等教育开始迅速发展起来。在1949年至1957年,高等学校中女学生的数量在总体上呈上升状态。[42] 经过1961年至1963年的全面调整后,高等教育在院校数目、在校人数

---

[39] 谷忠玉:《中国近代女性观的演变与女子学校教育》,安徽教育出版社2006年版,第100页。

[40] 刘小楠:《走出私人领域:法学教育、法律职业中的女性》,载《政法论丛》2008年第6期。

[41] 安树芬主编:《中国女性高等教育的历史与现状研究》,高等教育出版社2002年版,第131页。

[42] 参见《中国教育年鉴》编辑部编:《中国教育年鉴》(1949~1981),中国大百科全书出版社1984年版,第974页。

和招生人数方面均进行了压缩。但女大学生的占比仍然在逐步上升,1965 年比 1963 年上升了 1.04 个百分点。[43] “文化大革命”期间,包含女性法学教育在内的中国女性高等教育受到了冲击。

1977 年高考恢复以后,高校学生人数中女学生的占比开始实现更大幅度的增加。[44] 1980 年,高校女学生的占比为 23.44%,[45] 2010 年这一数字上升到 50.86%。[46] 2016 年,普通高等院校中女生占比已上升至 56.16%。[47] 至此,高校女学生人数超过了男学生。那么,此种性别比的转变能否适用于法学专业,仍有待考证。随着中国高等教育的发展,进入法学院的女学生也越来越多。但实际上直到 20 世纪 90 年代,女性接受法学教育的情况仍不乐观。1993 年,上海一项调查显示,在女学生认为最适合女性学习的专业排名中,“法律类”只排到了第 9 位。[48] 安树芬教授也对同年的情况得出了“女大学生在专业选择上与男生存在明显差别,女学生多选择师范、医学、外文、财会等;男学生多选择理工、政法、农林等专业”[49]的结论。刘艳红教授申明,“在 1998 年,法学还不是热门专业,其中女学生极少”。[50] 值得庆幸的是,在这一期间,有些女子高等院校和干部学校已开设了与法律相关的专业(见表 5),它们在女性法学教

---

[43] 参见安树芬主编:《中国女性高等教育的历史与现状研究》,高等教育出版社 2002 年版,第 141 页。

[44] See Liu Xiaonan, “Chinese Women in Legal Education”, *Indiana Journal of Global Legal Studies* 20, 2013, p. 1316.

[45] 参见《中国教育年鉴》编辑部编:《中国教育年鉴》(1949 ~ 1981),中国大百科全书出版社 1984 年版,第 974 页。

[46] 参见教育部发展规划司:《中国教育统计年鉴》(2010),人民教育出版社 2011 年版,第 5 页。

[47] 参见李代、王一真:《科学专业中的女生:高等教育机会与专业选择的性别差异》,载《社会发展研究》2019 年第 3 期。

[48] 参见华泽主编:《面向 21 世纪上海女性高等教育研究》,上海大学出版社 2000 年版,第 106 页。

[49] 安树芬主编:《中国女性高等教育的历史与现状研究》,高等教育出版社 2002 年版,第 141 页。

[50] 宋韬:《法学院院长:学术理想与学术责任——访东南大学法学院院长刘艳红》,载澎湃新闻网:https://www.thepaper.cn/newsDetail_forward_3250307,最后访问日期:2020 年 1 月 12 日。

育中发挥了重要作用。

表5 1984~1998年女子高等院校和干部学校中开设法学专业的情况

院校	名称	专业名称	年份
高等院校	中华女子学院	法律	1984
	中华女子学院山东分院	法律	1984
	湖南女子职业大学	法律系	1989
	湖南女子学院	法律	1993
干部学校	黑龙江妇女干部学院	法律	1983
	辽宁女子职业学院	律师与法律顾问	1995
	天津女子进修学院	法律	1996
	四川妇女干部学校	法律	1985
	广西妇女干部学校	法律	1985
	湖南妇女干部学校	法律	1985
	上海妇女干部学校	法学	1998
	江苏妇女干部学校	法律	1985
	广东妇女干部学校	政法	1998

资料来源:安树芬主编:《中国女性高等教育的历史与现状研究》,高等教育出版社2002年版,第219~222页;周廷勇、张兰:《中国女子高等教育》,中国传媒大学出版社2014年版,第123~125页。

1999年开始,中国高等教育进入了全面扩招时期,法学院校数量暴涨,法学院校中的女学生人数也开始呈现直线上升的趋势。许多小范围的统计或研究已表明了"法学院女生多已成为不争的事实"。[51] 诸如1998年,北京大学法学院中的女学生的占比为40.2%;2000年,占到61%;[52]2005年,占到61.3%;[53]时至2014年,已占到

---

[51] 杨国华:《女生与法学院》,载《法制资讯》2014年第4期。

[52] 参见周廷勇、张兰:《中国女子高等教育》,中国传媒大学出版社2014年版,第130页。

[53] See Liu Xiaonan, "Chinese Women in Legal Education", *Indiana Journal of Global Legal Studies* 20, 2013, p. 1319.

75%。[54] 中国政法大学法学院2009年新入学的男女学生比例为2∶3，这也意味着女学生已占到60%。[55] 在厦门大学法学院，本科学生中的2/3是女性；研究生中的女性更是高达3/4。[56] 如今，法学院校本科生和硕士生中女学生占多数已成为普遍现象（见表6）。

表6　近年来传统政法大学毕业生性别统计数据

学校	年份	学生（人）					
		本科生		硕士生		博士生	
		男	女	男	女	男	女
中国政法	2018	740	1352	605	1221	80	65
	2015	743	1259	695	1188	76	67
西南政法	2018	2134	4115	1438	2941	69	43
华东政法	2018	969	1817	400	772	24	16
	2017	1000	1921	403	811	44	28
	2016	1012	1921	364	668	24	19
西北政法	2018	1351	2186	262	552	4	0
	2017	1447	2454	262	544	0	0
	2016	1521	2547	273	501	4	0

注：中南财经政法大学2017年、2018年、2019年的毕业生统计数据只笼统地显示了男女学生的比例约为1∶2。

资料来源：《中国政法大学毕业生就业质量报告（2015）》《中国政法大学毕业生就业质量报告（2018）》《华东政法大学毕业生就业质量年度报告（2016）》《华东政法大学毕业生就业质量年度报告（2017）》《华东政法大学毕业生就业质量年度报告（2018）》《西北政法大学2015届毕业生就业质量年度报告》《西北政法大学2017届毕业生就业质量年度报告》《西北政法大学2018届毕业生就业质量年度报告》《西南政法大学2019届毕业生就业质量报告》等。

[54] 参见《北京大学法学院金华校友2014年茶话会顺利进行》，载北京大学校友网：www.law.pku.edu.cn/xysw/gdxyk/14871.htm，最后访问日期：2020年1月9日。

[55] See Liu Xiaonan, "Chinese Women in Legal Education", *Indiana Journal of Global Legal Studies* 20, 2013, p. 1319.

[56] 参见《法律专业男女比例》，载育路高校招生网：http://www.yuloo.com/mbgx/1510/1368512.shtml，最后访问日期：2020年1月7日。

(二)法学院校中的女教师

1949年至1957年,我国高等学校中女教师人数和占比均呈逐年上升态势,1958年至1961年同样呈上升态势。[57] 由于“大跃进”等因素的影响,1962年至1965年,高校女教师人数和占比逐年递减,但总体水平仍高于20世纪50年代。[58] “文化大革命”虽然对我国高等教育造成了冲击,但1973年至1976年,女教师的数量依然不断增加。改革开放后,我国高等教育事业重新步入正轨,高校教师队伍建设得到了迅速的恢复和全面的发展。1977年至1995年,高校女教师的数量亦呈逐年上升趋势。时至1995年,高校女教师人数已达13.24万人,占比为30.04%。[59] 到2008年,女教师已占到45.32%。[60] 如今,据教育部统计,普通高等学校专职女教师的人数已达到841,680人,占比超过了50%。[61]

随着高等院校女教师人数的不断攀升,法学专业女教师的情况如何?由于官方统计数据缺位,本文只能根据既有的研究成果和统计数据来回答这个问题。1987年的一项调查显示,在各专业中,法律专业女教授的占比最低;法律专业女教师在各专业教师总人数中的占比亦是最低(见表7)。

---

[57] 参见《中国教育年鉴》编辑部编:《中国教育年鉴》(1949~1981),中国大百科全书出版社1984年版,第974页。

[58] 参见《中国教育年鉴》编辑部编:《中国教育年鉴》(1949~1981),中国大百科全书出版社1984年版,第974页。

[59] 参见中华全国妇女联合会妇女研究所、国家统计局社会与科技统计司编:《中国妇女统计资料》,中国统计出版社1998年版,第313~314页。

[60] 参见教育部发展规划司:《高等教育学校(机构)教职工情况(总计)》,载教育部官网:http://www.moe.gov.cn/s78/A03/moe_560/s4958/s4960/201012/t20101230_113561.html,最后访问日期:2020年1月15日。

[61] 参见教育部发展规划司:《各级各类学校女教师、女教职工数》,载教育部官网:www.moe.gov.cn/s78/A03/moe_560/jytjsj_2018/qg/201908/t20190812_394229.html,最后访问日期:2020年1月10日。

表7　1987年各专业女教授、教师占比

单位：%

学科	职位									
	医学	农学	文艺	教育	理科	经济	历史	哲学	工科	法律
女教授	20.0	11.0	8.2	7.6	7.6	4.8	4.4	3.6	3.3	1.6
女教师	52.0	7.1	9.2	2.4	13.9	2.5	1.3	0.6	10.5	0.4

资料来源：Liu Xiaonan，"Chinese Women in Legal Education"，*Indiana Journal of Global Legal Studies*，Vol. 20，2013。

到了2008年，根据刘小楠教授及其科研团队的统计数据显示，26所法学院能够确定性别的1821名教师中，只有566名是女性（占比31.8%）。其中，法学院中女教师最多的占到52.17%，最少的仅占14.91%。2012年，同样26所法学院的统计数据显示，能够确定性别的教师中的女教师人数减少到504名（占比为29.84%）。其中，女教师最多的是中央民族大学法学院，占比为51.11%；最少的是清华大学法学院，占比为14.55%（见表8）。

表8　2012年26所法学院校中女教师占比

单位：%

法学院	北京大学	清华大学	中国人民大学	中国社会科学院	中国政法大学	吉林大学	中山大学	厦门大学	南开大学
占比	22.99	14.55	21.54	24.51	29.76	39.58	26.53	30.38	26.32

法学院	同济大学	上海大学	复旦大学	武汉大学	中南大学	南京大学	济南大学	贵州大学	云南大学
占比	34.09	39.13	20.00	19.00	34.21	33.33	47.06	46.15	33.33

法学院	中央财经大学	上海交通大学	大连海事大学	中央民族大学	南京师范大学	西南政法大学		
						行政法学院	民商法学院	经济法学院
占比	26.67	18.52	48.00	51.11	20.37	26.76	30.16	38.78

资料来源：Liu Xiaonan，"Chinese Women in Legal Education"，*Indiana Journal of Global Legal Studies*，Vol. 20，2013。

那么,8 年过后,中国高等院校法学院中女教师的情况如何? 以 2020 年 1 月 8 日为截止时间,本文继续以刘小楠教授确定的 26 所高校中的 24 所为对象(社科院法学所和中央民族大学法学院未公布其教员的性别),对法学院校中的在职女性教师进行了不完全统计(见表 9)。

表 9　2020 年 24 所法学院校中女教师占比

单位:%

法学院	北京大学	清华大学	中国人民大学	中国政法大学	吉林大学	中山大学	厦门大学	南开大学
占比	17.94	17.14	23.07	41.23	41.05	32.26	35.00	27.27
法学院	同济大学	上海大学	复旦大学	中南大学	南京大学	济南大学	贵州大学	云南大学
占比	37.84	38.30	34.78	30.36	29.03	46.15	50.98	30.00
法学院	中央财经大学	上海交通大学	大连海事大学	南京师范大学	武汉大学	西南政法大学		
						行政法学院	民商法学院	经济法学院
占比	28.98	24.63	50.79	26.56	21.56	26.67	34.57	26.67

资料来源:各学校官网。

相比 8 年前,16 所法学院的女教师占比均实现了增长。其中,增幅最大的是复旦大学法学院,上升了 14.78 个百分点。8 所法学院的女教师占比有所下降。其中,下滑幅度最大的是西南政法大学经济法学院,下降了 12.11 个百分点。除此之外,还需要注意的是,法学院中女教师的占比高于 40% 的只有 5 所;占比在 20% ~40% 的有 17 所;占比低于 20% 的有 2 所。换言之,女教师依旧是法学院校中的少数群体,女教师在法学院校中的总体情况未有根本改观。

考虑到传统法学"五院四系"在今天仍然是我国法学人才培养的重镇,本文也以这 9 所法学院校为基础,对法学专业女教师的职称情况进行了统计,如表 10 所示:

表10　9所政法院校女教师职称情况

单位:%

职称		北京大学	中国人民大学	武汉大学	吉林大学	西南政法大学	西北政法大学	中国政法大学	华东政法大学	中南财经政法大学	总计
		法学院									
教授	女教师数	35.71	40.00	54.55	43.59	18.87	15.85	44.09	46.43	15.85	34.99
	总人数	6.41	9.23	11.76	17.89	5.62	6.60	18.18	14.28	5.05	10.56
副教授	女教师数	57.14	46.67	31.87	35.90	41.51	59.75	36.22	32.14	39.02	42.25
	总人数	10.26	10.77	6.86	14.74	12.36	24.87	14.93	9.89	12.40	13.01
讲师	女教师数	7.14	13.33	13.58	20.51	39.63	24.39	19.69	21.43	45.13	22.76
	总人数	1.28	3.08	2.94	8.42	11.79	10.15	8.12	6.59	14.34	7.41

注:华东政法大学仅收集到三个法学院的信息。
资料来源:各学校官网。

首先,在总的教师人数中,女教授占比仅为10.56%,低于副教授(13.01%),高于讲师(7.41%)。其次,在女教师内部来看,女教授占比34.99%,低于副教授(42.25%),高于讲师(22.76%)。换句话说,从性别视角看,法学院教授职称主要为男性所垄断;而法学院女性教师的职称分配基本符合“三三制”平衡原则。

中华人民共和国成立以来,我国女性高等教育迅猛发展,女性法学教育也有了较大突破。当然,在看到良好发展势头的同时,亦需要认真反思我国女性法学教育中存在的问题。第一,为什么法学院校中高职称和高学历的女性只是凤毛麟角?第二,女学生人数的增加是否意味着法学教育性别平等的实现?

三、中国女性法学教育的问题反思

(一)法学教育中女性会面临“玻璃天花板”

何为“玻璃天花板”(Glass Ceiling)?西方女权主义者在分析女性的职业处境时提出了“玻璃天花板”,其通常被视作一种无形的组织障碍,此种障碍往往与性别或者性别角色有关。女性在职业流动和晋升上经常会面临这些“无形障碍”,只有冲破“玻璃天花板”,打破女性向高层流动的限制,才有可能最大限度地实现自我发展。我国法学教育中女性面临“玻璃天花板”的情况主要体现在如下三个方面:

第一,法学专业女博士生较少。上文表4已显示,在统计的所有学校中,女本科和硕士生人数均超过了男学生。但无一例外的是,女博士生均少于男博士生。影响女性攻读法学最高学位的原因是多样的,其中包括女博士之“第三性”角色污名和传统女性生育者角色定位的张力。不知何时起,女博士被冠以“第三性”称谓,其突出的特点是,女博士是没有婚姻,没有家庭,没有生活的。换言之,倘若想寻求职业晋升,女博士只有放弃家庭、放弃孩子,成为“非女性”。“按照正常最短的学习时间推算,女性22岁本科毕业、25岁硕士毕业、28岁博士毕业,这也是女性恋爱、结婚、生育的最佳时期”。[62] 而这与女性作为生育者的社会角色定位产生了巨大冲突。繁重的学业与轻松的婚恋及高付出的生育之间似乎无法兼容。女性作出读博决定以及完成攻读面临家庭、社会等重重压力。

第二,法学专业女教授较少。正如上文表8显示,9所法学院校有教授职称的女性仅占10.56%。阻碍法学专业女教师勇攀职业高峰的原因有以下两点:一是“男主外,女主内”的家庭分工[63]将女性长期塑造成

---

[62] 罗萍、徐炜:《我国高等教育中性别构成的现状与建议》,载《武汉大学学报(社会科学版)》2003年第2期。

[63] 参见杨剑利:《女性与近代中国社会》,中国社会出版社2007年版,第203页。

“贤妻良母”的形象。这种“贤妻良母”的社会期待和角色认同，促使或迫使女性选择放弃晋升。二是传统性别角色分工及由此导致的性别歧视仍然存在，加大了她们晋升的难度。2018 年，在“女性与法律发展圆桌论坛”临近结束时，某位女副教授将领导以性别为由数次拒绝其晋升的文字资料公布出来。[64] 此事虽为个例，但也反映出实践中，女教师晋升中隐秘地受歧视不易被发现，即便被发现也难以获取救济。

第三，法学院校行政职位上女性的失落。“中国女性不仅在法学教育的学术权力方面处于相对弱势地位，在行政权力方面亦如此。”[65]笔者对 65 所“211 工程”大学的法学院领导进行了性别统计。结果显示，只有 6 所法学院的院长是女性，正职院领导仅占了 9.23%。法学院党委书记中女性有 16 位，占比为 24.61%。这个数字虽然高于女院长的占比，但远远低于男性党委书记的占比（75.39%）。可见，法学院的领导职位上男性占据绝对优势。对此种现象产生的原因探讨，也非常多。例如，男主女从的传统管理模式；女性无法像男性那样努力做好组织领导工作。如今，女性担任法学院领导的做法虽已逐渐被接受，但人们对女性担任领导可能带来之不利影响的担忧并未消失。[66]

（二）数字掩盖的问题

当下，我国法学院校中女学生人数远超过男学生，法学院校中的性别图景有了量上的重大改变。但是，这些反映生理性别的数据并不意味着法学教育中性别平等的实现。“男女进入同一所学校，学习相同的课程，使用相同的课本，接受相同教师的指导，并不意味着教育平等。”[67]隐性歧视的存在导致了男女学生实际的不平等，主要表现为以下三方面：

第一，教育机会不平等。随着教育部招生规定禁止高校设定男女录

---

[64] 参见关仕新：《“法律与女性发展”圆桌论坛在京举办》，载《检察日报》2018 年 5 月 31 日，第 3 版。

[65] Liu Xiaonan，“Chinese Women in Legal Education”，*Indiana Journal of Global Legal Studies* 20，2013，p. 1333.

[66] 参见高惠蓉：《女权与教育：美国女子高等教育发展研究》，上海三联书店 2010 年版，第 1 页。

[67] 刘小楠：《走出私人领域：法学教育、法律职业中的女性》，载《政法论丛》2008 年第 6 期。

取比例,高考录取阶段的性别不平等已在很大程度上得到缓解。然而,硕士和博士招生过程中的歧视与偏见依然存在,甚至还会随着女学生人数的增加变得更严重。一项研究表明,在“导师招收法学专业研究生时是否存在性别偏好”问题的回答中,有45.8%的研究生认为导师优先考虑男生。[68]

第二,教育资源分配不均。教育资源的平等分配是法学教育性别平等的重要维度。但现实中男女学生能够拥有的教育资源是不同的,这在研究生阶段表现得更明显。访谈中发现,基于各种因素的考量,导师在分配任务时会对男女学生进行不恰当的区别对待。这种看似“合理”的安排,实际上是教育资源的不公平分配。

无论从学生还是教师的视角看,导师区别对待男女学生都是真实的。虽然并非所有的区别对待都是不正当的,但导师在研究及其他学术活动中,如基于“带女学生不方便”“女学生能力不足”而进行区别对待,很难说是符合性别平等原则的。在导师掌握大量学术资源的情况下,任务的分配在某种意义上就是资源的分配。那种假以“为她好”的名义作出的特殊对待,在现实中可能导致女学生在不知不觉中丧失本应享有的学术资源。

第三,教育环境不平等。教育环境是个复杂的概念,在这里主要指教育场域内主导性的认知、观念和评价等。由于缺少系统的性别平等观念营造,高校中关于女学生的性别刻板印象仍然存在。本文对某大学法学院学生的访谈,也反映了这种情况:

“女性总是专注于现实,因此她们在法律实践中可能会表现得更好,但在抽象层面,她们经常会遇到瓶颈。女学生在考试中可能会有更好的分数,因为考试不需要思考、分析和抽象思维。”(法学院大四男学生)

“法律不是一门有趣的学科,女学生更愿意坐着学习,男学生则对此感到厌烦。大多数男学生都有能力好好学习,但不愿意花时间。班上成绩最好的是男学生的事实证明了这一点。”(法学院大二男学生)

---

[68] See Liu Xiaonan, “Chinese Women in Legal Education”, *Indiana Journal of Global Legal Studies* 20, 2013, p. 1324.

“女生们非常努力,学习成绩也很好,但她们对实践所知甚少。相比之下,据我所知,很多男学生的学习成绩可能算不上优秀,但他们有独特的思想,知识面也比较广,知道如何解决实际问题。在这一点上,我认为男学生比女学生要好。”(法学院大三男学生)

“男学生喜欢玩,很难专注于课程学习,而考试的内容主要也是来自教科书。女学生在课堂上表现得好,课后花的工夫也多,她们的文字处理功夫也比较好,所以考试成绩通常也比较好。”(法学院大二男学生)

另外,高校性骚扰的存在也不利于教育性别平等的环境营造。性骚扰是性别权力不平等和性别歧视的直接体现。[69] 有研究显示,性骚扰隐藏在女研究生的学习生活中,遭受性骚扰的女研究生占到了32.56%。[70] 除受害者的身心创伤之外,这种行为还存在负面扩散效应,进而形成“性别角色溢出”的文化氛围。也即将与学习无关且不合适的性别角色期待带到高校,容易形成一种性化女学生的观念。此外,性骚扰还被视作对法学院校中女学生人数增加及其处境改善的个人化抵制。性骚扰让女学生在学术领域遭遇敌意、忽视和剥削,特别容易造成妨碍女学生取得更高学术成就的“寒蝉效应”。[71] 总而言之,“高校性骚扰绝不只是反映‘生活作风’的小事,而是教育的‘心灵之殇’”。[72]

四、结语

随着法学院校中女性人数的增加,法学教育中的显性性别歧视已经基本消除。当前的问题在于,法学院校中的性别歧视方式从显性变成了

---

[69] See Catharine A. MacKinnon, *Sexual Harassment of Working Women: A Case for Sex Discrimination*, Yale University Press, 1979, pp. 172 – 173.

[70] 李佳源、方苏宁:《高校性骚扰:特征、现状、成因与应对机制》,载《广州大学学报(社会科学版)》2016年第8期。

[71] 参见李军:《学术性骚扰的共犯性结构:学术权力、组织氛围与性别歧视——基于国内案例的分析》,载《妇女研究论丛》2014年第6期。

[72] 林建军:《高校学术领域性骚扰防治体系的功能定位及其建构》,载《妇女研究论丛》2019年第2期。

隐性。相较显性性别歧视,隐性性别歧视更容易被合法化,而且更不容易被发现、证明和公开。如果法学院校中女学生人数的增加可以通过国家政策的支持来实现。那么,女性歧视观念的根除则涉及更为根本的问题。法学教育中隐性性别歧视的消除,不仅是法学院校自己的事情,也是整个国家和社会的责任。主要可以从如下几个层面展开:

首先,改变传统文化中针对女性的刻板印象。观念的改变需要从教育层面着手,其中家庭教育和学校教育都具有重要作用。父母应改变传统对女孩的不当认知和评价,并教导每一个孩子用平等的眼光看待世界。学校教育更需要系统地进行平等、性别议题等课程开发和推广。此外,还应对舆论进行适当的控制,杜绝任何有关性别歧视,尤其是变相、隐性进行的男强女弱、女性无能的宣传。其次,逐步完善法律保障。当法律并未对教育性别歧视作出必要界定的时候,概括性的法律规定很难落到实处。与之相适应,还需要建立相应的法律责任体系,以追究相关主体的法律责任。最后,建立消除高校教育性别歧视的实践机制。各高校应建立有关性别歧视的投诉机制,为受性别歧视的女学生和女教师提供救济。传统的学术评价体制也需要作出相应的调整,使之能够支持女教师和女学生破除"玻璃天花板",以实现她们最大限度的发展。

On the Development, Problems and Reflections on Women's Legal Education in China

Li Yong

Abstract: In 1898, the "Chinese Women's School" was founded by Jing Yuanshan and other pioneers of the Hundred Days Reform, which symbolizes the commencement of women's legal education in China. Women's legal education in modern China has been changing with the change of state administration. In 1949, the founding of the People's Republic of China opened a new way for Chinese women's legal education. Now, with the increasing number of female students in law schools and the improvement of their education condition, women's legal education in China has made great progress. However, the implicit gender discrimination behind the increase and the improvement continues to constrain the realization of gender equality in legal education. The realization of gender equality in education should be achieved by changing the stereotype of traditional culture about women, by perfecting the legal guarantee system step by step, and by establishing a mechanism of complaint gender discrimination in universities and colleges. Only in this way, can the implicit gender discrimination be eliminated.

Key Words: women, legal education, development, implicit discrimination, equality in education

女子法学教育与女性法律人的养成

——以上海女律师为例

王瑞超 *

摘　要：民国女律师的出现开启了中国女性正式踏足法律界的新格局。女律师是女性法律职业者的典型代表，也是女性法律职业者的最初职业身份。职业的发展离不开人才的培养，女律师的培养方式核心就在于女子法学教育。回眸中国女律师成长历程，先后经历了民国、中华人民共和国成立到改革开放、改革开放至今三个阶段。随着国家大环境的变迁，女律师以及中国的女子法学教育的发展也随之沉浮。审视每一阶段中国女律师的成长路径，她们始终处于律师职业中的弱势地位，始终有一块无法打破的"玻璃天花板"。

关键词：女律师　法学教育　上海　女性法律人

* 王瑞超，华东理工大学社会学博士后流动站博士后、马克思主义学院讲师、法学博士，研究方向：法律史、法社会学、法学教育。感谢上海市律师协会对本文撰写过程中给予的资料帮助。

引 言

法学教育与法律职业从一开始就有着不解之缘:法学教育是从事法律职业的必经之路,法律职业决定法学教育的发展方向。从历史来看,法律职业的形成是以法学教育的出现为前提的,法学教育培养和提升了法律职业素养;从事实上讲,法学教育训练了法律职业特殊的职业技能和职业伦理。作为实践范畴的法律职业在实务中决定了法学教育的发展方向,不断对法学教育提出具体要求。法律职业不断发展变化的要求是法学教育发展变化的源泉和动力。① 从法律职业与法学教育的关系角度来说,讨论中国女性法律从业者离不开对中国女子法学教育这条必经之路的讨论。

研究女性与法律职业的关系,一方面有助于厘清中国法律职业中的性别偏见以及男性中心主义的历史构因;另一方面也助力于未来法律女性参与法律实务中弱者地位的改变。法律职业以律师、法官、检察官为代表,②其中律师又是法律职业中人数占绝对多数的代表,这种数量上的多数地位无论在民国时期还是在当今时代均有明显体现。从人数对比来看,律师在法律从业人员中数量最多,以律师为例也较能说明整个法律人群体在历史变迁中的发展情况。

现有的学术成果中有关中国女性法律从业者的研究,集中于通过西方学术研究中发掘的理论框架,试图从中找出中国妇女与法律职业脱节的成因,少见深入女性职业群体执业实践的研究成果。③ 目前,几乎未

① 参见霍宪丹主编:《当代法律人才培养模式研究》(上卷),中国政法大学出版社2005年版,第13~14页。

② 参见张文显主编:《法理学》(第2版),高等教育出版社2003年版,第298页。

③ 参见周安平:《法律职业中的性别问题研究》,载《贵州师范大学学报(社会科学版)》2006年第1期;刘小楠:《中国法学教育、法律职业中的女性状况考察》,载《中国法学教育研究》2009年第1期;孙菲菲:《法律职业中的女性》,载《现代法学》2009年第1期;邱志红:《民国时期女律师职业形象的塑造与实践》,载《北京社会科学》2014年第6期。

见公开出版、发表的对中华人民共和国成立之后女律师的学术研究成果,现有文章及著作中有大量关于女律师的故事性讲述、介绍为主,缺乏群体性分析。[4] 这些研究成果缺乏与整个律师行业大环境的比对,因而我们无法从整体上真正了解中国女律师的职业情况。

本文以女性法律职业者中的典型代表女律师为例,通过对民国时期、中华人民共和国成立至改革开放、改革开放至今三个阶段女性法律人的情况介绍、律师制度的演进、上海女子法政教育、上海女律师及其执业状况的梳理与考察,探寻三个时代女子法学教育以及女律师兴衰沉浮的历程。通过对女律师发展进程的历史审视,进而找出中国女性在法学教育、法律职业中弱势地位形成的历史成因,以期启发当下。

一、民国篇:起点与发展

在中国传统社会,由于礼教对妇女的要求及限制,将女性禁锢在家庭生活之内,尽管如此,仍有极少数有才学的女性以自己的智识或者身份参与或影响法律职业,但很难产出官方允准的女性法律从业者,更不可能产生面向女子的法学教育。女性正式获得官方允准参与法律职业的空白局面直到1927年始被打破。这一过程表现出了极大的"赋权"式构建特征,中国女律师权利实现过程中的"失语"状态,表现出民国女性公共人格的缺失。这一时期是中国女律师的起点,无论是女子法政教育还是女律师的发展都很薄弱,但亦取得了很大成绩。

(一)历程回顾

民国政府成立以后,建立和实施律师制度已经成为潮流之势,在各省民间力量的影响下,律师制度最终在中华大地上建立起来。1912年

---

④ 参见缪林凤主编:《巾帼辩才:27位上海知名女律师手记》,上海人民出版社2002年版;哈志珠:《仗义直言维法律:法律生涯五十年》,学林出版社2012年版;中华全国律师协会编:《中国女律师》,法律出版社2014年版;第八届上海市女律师联谊会编:《律政伊人》,上海科学技术文献出版社2015年版。

的《律师暂行章程》，宣告了律师制度的建立。然而该章程明确规定了充任律师的对象——中华民国年满20岁以上之男子。[5]

1921年在北京举办的"国际律师协会"第一次总会期间，出席会议的俄国女律师夫盖布斯几曾致词："正义、人道非男子所专有，即女界亦应有之。将来国际律师协会开会，希望女律师逐渐增多云。"[6]而中国承办此次会议的最重要的目的即是收回治外法权，为此目的，"我国故应改良法制、整顿司法"。[7] 虽然无法证明这次会议究竟对女律师制度的采纳产生怎样直接的作用，但是，可以确定的是，引入女性法律人，与世界主流大国衔接，必然是实现这一目的的重要参考。

1922年9月，全国司法会议在上海召开，会议共通过议案50件，其中包括福建法医学会出席代表沈孝祥[8]提出的采用女律师制度案。采纳女律师制度的议案同其他通过的议案一样，都为北京政府所摒弃。究其原因，这次全国司法会议并非由官方召集，而是由杭县律师公会发起、上海律师公会筹备，更多体现的是法律知识阶层的主张。司法部则明确表示："司法制度虽应更张，但由部筹备，未便照办。"[9]

直到1927年7月23日，时任民国政府司法部长的王宠惠呈请国民政府修订律师章程，提出取消律师的性别限制，"旧章限定为男子者此则不予限定，以为男女在法律上平等之起点"。[10] 这一修订必然是长期宣传、主张的结果，但最直接的原因应该是日本修订律师法的影响。清末法制改革在横向上的参照体是近代西方的法律制度，然而实际上所采取

---

⑤ 参见印铸局官书课编：《法令全书》(中华民国十二年第三期)，中华书局1923年版，第72页。

⑥ 国际律师协会：《国际律师协会第一次总会报告书》，1922年版，第59页。

⑦ 国际律师协会：《国际律师协会第一次总会报告书》，1922年版，第44～45页。

⑧ 沈孝祥，1923年5月1日在福州开始执行律师职务，任全国司法会议代表医学会会长；1930年迁沪执行律师业务。参见《沈孝祥律师服务社会年表》，载《上海律师公会报告书》1930年第27期。

⑨ 阮毅成：《司法问题：所企望于全国司法会议者》，载《东方杂志》1935年(第32卷)第10期。

⑩ 王宠惠：《呈国民政府为拟订律师章程暨律师登录章程呈请鉴核备案由》，载《司法公报》1927年第1期。

的方法是以东邻日本作为中国学习西方的媒介体。⑪ 1927年3月16日,日本修订《辩护士法》,法制起草委员将囊括女律师制度的草案起草完毕,并预备次年提请议会通过实行。⑫ 虽然在日本这一草案最终搁浅,但是中华民国却于同年7月25日通过了修订后的《律师章程》,直接取消了对律师的性别限制。⑬

(二)女子法学教育

民国上海女子法政教育脱胎于中国近代女子教育的先天环境之中,各色教育理念充斥其中,早期女子法政教育带有极强烈的实用主义色彩,争取女权,实现完全参政权是这些法政学校创办的根本目的。在这种教育理念支配下,上海先后成立了早期女子法政人才的培养机构女子法政速成科、女子法政学堂以及女子法政讲习所。第一次毕业后,女子法政讲习所改名为女子法政学校,1924年7月第二次毕业后并入新成立的上海法政学院。上海最为著名的法学院校——东吴大学法学院,也于1928年开始招收女生。

但当时从这些法学院校毕业的女学生仍旧没有律师执业资格,因为根据1927年的《甄拔律师委员会章程》的规定,其不符合国民政府对律师最低的学历要求。而当时在上海有资格招生的法律系院校,均没有得到教育部立案,培养的学生也因此并不具备从事律师工作的学历资格。直到1929年东吴大学被批准立案,⑭女律师才正式开始执业。

我们可以从上海律师公会会员名录中登载的女律师人数中更加直白地看出来,1929年出现在律师公会名录上的仅郑毓秀律师一人,1930年新加入杨志豪和张舜琴两人,1931年增至13人。1927年解除执业性别限制后的4年中,修正的章程确实形同虚设,女律师真正能执业者仅仅三人而已。但是随着1930年前后上海多所法律院校立案登记后,女

---

⑪ 参见高海峰:《论日本对清末法制改革的影响》,载叶孝信、郭建主编:《中国法律史研究》,学林出版社2003年版,第527~528页。

⑫ 参见《日本将有女律师出现》,载《时报》1927年3月18日,第3版;宪公:《外国法制新闻:日本将有女律师》,载《法律评论(北京)》1927年第21期。

⑬ 参见《司法部公布律师章程》,载《民国日报》1927年7月25日,第4版。

⑭ 参见《东吴大学立案已准》,载《中央日报》1929年7月26日,第1版。

律师便开始陆续地申请执业,人数上出现了 1931 年第一个高峰。也正是因为学校立案登记成功后,女学生们看到了学习法律的出路,到了 1934 ~ 1935 年前后女律师人数开始激增,越来越多的女学生选择女律师这条从业道路。⑮

表 1 为 1933 ~ 1940 年上海法政学院、上海法学院、东吴大学法学院三个学校男女学生人数及女生所占学生人数比例。

表 1　法学院女学生占比统计

学校	学生总数（人）	女生人数（人）	女生占比（%）
上海法政学院	524	61	11.6
上海法学院	240	20	8.3
东吴大学法学院	176	15	8.5

资料来源:上海法政学院编:《上海法政学院一览》,1933 年版;上海法学院编:《上海法学院一览》,1935 年版;东吴大学法学院编:《私立东吴大学法学院一览》,1937 年版。

从这一统计数据中我们不仅可以很直观地发现上海法政学院招生人数较多,还可以从中发现女学生所占比例较上海法学院和东吴大学法学院明显为大。另外,我们统计上海法学院(1936 ~ 1939 年),学生总数 173 人,女生 17 人,女生所占比例 9.8%,⑯对比上海法学院(1934 ~ 1937 年)女生所占比例 8.3%,不难发现女同学所占学生总人数比例在不断增加,如果统计 20 世纪 30 年代下半期上海法政学院人数,这一比值应该较 11.6% 这一百分比更大。上海法政学院初创时名为上海女子法政学院,以培养女性法政人才为初衷,这一设立背景似乎是吸引女同学的一个重要因素。

(三)民国女律师

迎着世界各国女律师取得执业资格的大潮流,对国外女律师的报道

⑮　根据民国上海律师公会会员名录及会员进退名录制作。

⑯　上海法学院编:《上海法学院一览》,1935 年版。

虽然早在19世纪末已见诸报端,但大量有关国外女律师的报道却是在1912年以后。此外,民国时期还有大量的著作和译作中出现了有关外国女律师的介绍。[17] 这些文章中宣传的女律师虽然身处国家不同,但其共性则是对女律师的肯定和欢迎,对国外女性解放进程的赞赏,同时不忘鼓励中国女性积极向上,努力投身社会公共事业中去,促成自身的解放。

即便对外国女律师的宣传不绝于耳,中国大地上始终没有传来女律师的消息。直到1920年上海出现第一位女律师,尽管是美国人,却打破了一个神话:中国的土壤里可以有女律师存在。这一时期,尽管在中国执业的外籍女律师人数极少,但是她们受到了密切关注。从报纸上一再强调"女律师出现"就可以知道大众的某种期待。从现有材料来看,外籍律师至少在19世纪60年代的前期就开始在租界里活动了。[18] 但是外籍女律师要到1920年才出现。

经笔者翻阅中、外文报纸发现,第一位在上海执业的女律师应该是海伦·麦考利夫人(Helen Leary),是第一个在中国所有美国法庭被承认从事法律工作的女性。之后,还有几位在上海执业的美籍女律师,如罗纫碧(Luorenbi)[19]、劳来斯氏[20]、葛罗斯(Gross)[21]等。外籍女律师的风采与中国妇女的执业限制形成了鲜明对比,这种影响无形中形成了一种促进男女平等的强有力的外在因素。随后在1922年开办的全国司法会议中,有关采用女律师的提案也被提上了议事日程,律师章程的不平等问题开始逐渐为人们所关注。

《律师暂行条例》拒绝了女性从事律师职业,到修改后颁布的《律师章程》,虽然我们始终没有直接听到女性号召律师执业权利的呼声,但这

---

[17] 例如,伍廷芳:《美国视察记》,陈政译,中华书局1915年版,第74页;李汉俊编译:《妇女之过去与将来》,商务印书馆1921年版,第118页。

[18] 参见陈同:《略论近代上海外籍律师的法律活动及影响》,载《史林》2005年第3期。

[19] 参见《会审公堂之第一女律师》,载《新闻报》1921年3月3日,第1版。

[20] 参见《美国女律师至公廨观审》,载《新闻报》1923年4月11日,第2版。

[21] 参见"American Woman Lawyer Will Practice In Shanghai",*The Shanghai Times*,June 2,1925;《美国女律师之注册》,载《新闻报》1925年6月3日,第4版。

一权利的实现也绝非凭空而来。律师制度创设后,社会各界仿佛都在试探性地促成中国女律师执业资格的实现。隐晦式的宣传手法虽然最终助力女性律师从业权的实现,但似是而非的态度使这一过程表现得异常曲折而漫长。

民国女律师被允准执业之后,加上法律教育的蓬勃开展,上海女律师从整体上呈现一个不断增长的趋势。从统计数据上看,纵观民国女律师发展始终,历年数量总数及变化趋势如表2所示:

表2 1927~1948年上海女律师人数统计

时间	律师总数(人)	女律师(人)	男律师(人)	女律师比例(%)	女律师增长率(%)	律师总增长率(%)
1927年11月	278	0	278	0.00	0.00	18.30
1928年12月	375	0	375	0.00	0.00	34.89
1929年7月	417	1	416	0.24	100.00	11.20
1930年1月	474	1	473	0.21	0.00	13.67
1931年3月	594	4	590	0.67	300.00	25.32
1932年3月	778	15	763	1.93	275.00	30.98
1933年12月	1078	26	1052	2.41	73.33	38.56
1934年9月	1108	30	1078	2.71	15.38	2.78
1935年1月	1230	48	1182	3.90	60.00	11.01
1936年7月	1283	56	1227	4.36	16.67	4.31
1937年6月	1311	54	1257	4.12	-3.57	2.18
1939年9月	1213	54	1159	4.45	0.00	-7.48
1940年7月	1163	56	1107	4.82	3.70	-4.12
1941年1月	1249	61	1188	4.88	8.93	7.39
1943年12月	263	12	251	4.56	-80.33	-78.94
1945年3月	334	17	317	5.09	41.67	27.00

续表

时间	律师总数（人）	女律师（人）	男律师（人）	女律师比例（%）	女律师增长率（%）	律师总增长率（%）
1946年3月	742	46	696	6.20	170.59	122.16
1948年1月	1178	70	1108	5.94	52.17	58.76

资料来源：根据上海律师公会会员名录（《上海律师公会会员录》，1931～1948，上海图书馆藏）、会员进退名录（上海律师公会执行委员会主编：《上海律师公会报告书（第22～31期）》，上海律师公会1927～1933年版）及《上海律师公会会员统计表》，载《上海律师公会报告书》1936年第34期）等制作。其中1933年12月的数据，由于原本名录残缺，笔者根据排版规律补充而得。

由于资料短缺，无法获取具有对比性的数据，只能从总体的呈现上简单描述。由于国家大环境的影响以及数据原因，女律师在律师总人数中所占比例略有波动，但总体上呈现出平稳增长的趋势，尤其是最初的几年增长速度较快。但同时也可以看出，贯穿民国始终男女律师数量众寡悬殊，可谓判若云泥。女律师的弱势地位，不仅仅体现在数量上，也同样反应在她们弱小的职业圈子中。我们以女律师与上海律师公会的关系稍作分析。

女律师不仅仅是上海律师公会的普通会员，她们中的一部分还是上海律师公会管理机构成员。从史料中看，始终由男性主导的律师公会并没有极力排斥女性管理成员，相反她们被给予更多的照拂，她们中的很多都是初入律师公会就被选为管理机构成员。这一现象被看作对女性成员的鼓励甚至照拂。尽管律师公会的男性成员给予女性律师颇多的照拂，但无论从人数、所任职务还是管理时间上来说，都较为薄弱。上海律师公会女性管理人员约有11人。所任过的职务有四：执行委员、候补执行委员、候补监察委员、理事。其中，杨志豪、史良律师任管理层成员年数较长，分别为4年和3年；朱素萼、祝匡正律师均为两年。对比男性管理成员中年数较长者，如江一平律师自1928年进入管理机构后，直至1947年名单上始终都在，很多男性律师都常年任上海律师公会管理成员。另外，虽然女律师曾在律师公会任执行委员、候补执行委员、候补监察委员、理事，但自始至终都没有进入上海律师公会的核心领导阶层——常务委员,也始终没有获得决策权。[22]

二、中华人民共和国篇(上):起步与挫折

中华人民共和国成立后,中国旧律师制度被认定为欧美资本主义的敲诈习气加上中国封建时代的讼棍作风之混合体。民国公设律师也被认为是骗人的幌子、害人的媒介。[23] 本着这一原则,旧有的律师制度被认为是压迫人民群众的工具,遭到废止。尽管中国律师业的这一遭遇带有历史和时代的必然性,但使我国的法学教育陷入全面停顿,律师制度中断了20余年。

(一)历程回顾

1949年中共中央先后颁布的《关于废除国民党的六法全书与确定解放区的司法原则的指示》《废除国民党的六法全书及一切反动的法律训令》彻底废除了旧的司法制度,为中华人民共和国成立后建立新的司法制度扫除了障碍。[24] 1949年9月27日,《中国人民政治协商会议共同纲领》第17条明文规定:"废除国民党反动政府一切压迫人民的法律、法令和司法制度,制定保护人民的法律、法令,建立人民司法制度。"[25]根据这一规定,我国废除了国民政府包括律师制度在内的一切司法制度,同时开始建立新的律师制度。1950年7月20日颁布的《人民法庭组织通则》第6条规定:"县(市)人民法庭及其分庭审判时,应保障被告有辩护

---

[22] 参见陈同:《近代社会变迁中的上海律师》,上海辞书出版社2008年版,第356~360页。

[23] 参见《中共中央关于改革律师制度的指示》(1949年9月2日),载中共中央文献研究室、中央档案馆编:《建党以来重要文献选编》(1921~1949)(第26册),中央文献出版社2011年版,第684页。

[24] 参见上海市律师协会:《百年积淀:纪念上海律师公会成立一百周年》(1912~2012),2012年版,第77页。

[25] 全国人大常委会办公厅、中共中央文献研究室编:《人民代表大会制度重要文献选编》(第1卷),中国民主法制出版社2015年版,第79页。

及请人辩护的权利,但被告所请之辩护人,须经法庭认可后,方得出庭辩护。”㉖1950年12月21日,中央人民政府司法部发出《关于取缔黑律师及讼棍事件的通知》,该通知指出,“旧律师制度已依‘共同纲领’第十七条废止,若旧律师仍有非法活动,对于法院威信及人民利益均有危害,应予取缔”。㉗

1951年9月3日,《关于〈中华人民共和国人民法院暂行组织条例〉的说明》中指出,要保障“当事人和他们合法辩护人在法庭上有充分的发言权和辩护权”。㉘ 1954年7月31日,中央人民政府司法部在《关于试验法院组织制度中几个问题的通知》中指定北京、上海、天津、重庆、武汉、沈阳等先行试办律师顾问处,对逐步建立律师制度进行探索。㉙ 1954年通过的《宪法》第76条规定:“人民法院审理案件,除法律规定的特别情形外,一律公开进行。被告人有权获得辩护。”1955年10月7日司法部发出通知:为了推行律师制度,拟定本年内先在北京、上海、天津、河北等18个省、市建立律师组织,以省、市为单位筹建律师协会筹备会,下设法律顾问处。㉚

1956年1月10日,司法部向国务院提出《关于建立律师工作的请示报告》,建议国家正式确立中华人民共和国的律师制度。此报告获国务院批准。彼时,全国已有北京、上海、南京、武汉、沈阳、哈尔滨等33个市、县建立了律师组织,共有律师158名。㉛ 律师工作全面展开,全国共有27个司法厅、局,19个律师协会筹备会,817个法律顾问处,2528个律

㉖ 国务院法制办公室编:《中华人民共和国法规汇编》(1949~1952)(第1卷),中国法制出版社2005年版,第28~29页。

㉗ 上海市律师协会:《百年积淀:纪念上海律师公会成立一百周年》(1912~2012),上海律协出版社2012年版,第83页。

㉘ 孔庆云、王欣新:《新中国律师制度的回顾与展望》,载《法律学习与研究》1987年第6期。

㉙ 参见何勤华主编:《法治建设与法学》,上海人民出版社2009年版,第231页。

㉚ 参见上海市律师协会:《百年积淀:纪念上海律师公会成立一百周年》(1912~2012),上海律协出版社2012年版,第93页。

㉛ 参见孔庆云、王欣新:《新中国律师制度的回顾与展望》,载《法律学习与研究》1987年第6期。

师和350个兼职律师。[32]

1957年下半年由于国内政治环境的变化，律师队伍受到严重摧残。[33] 许多侥存的人民律师因为怕被批评为"丧失阶级立场"，而不敢进行实质的辩护，律师制度于是逐渐流于名存实亡。[34] 1975年修订的宪法中，取消了有关被告人享有辩护权的规定，律师制度完全被取消。

（二）女子法学教育

据1949年的统计资料，旧中国设有政法系科的高等学校共有53所，有教师542人，当年在校学生7388人。[35] 中华人民共和国成立后，这些院校及学生也面临着去向抉择。司法改革运动开展的同时，全国高等教育领域内也正在进行一场大规模的院系调整。[36] 1949～1951年，对旧有政法系科暂时实行的是接管、维持与改造的方针。经过1952年和1953年的两次调整，全国政法院校规模上发生了重大变化，最终形成了包括华东政法学院在内的"四院两系"[37]的格局。

华东政法学院是在1952年司法改革的基础上建立起来的。当时的任务是迅速培养一批工人阶级自己的政法干部，一开始就专门举办了七百余人的两年制专修科的工农班。自1954年开始吸收本科4年制的学生。至1956年，在强调正规化之下才停办干训部，1957年设函授部。此后，随着中华人民共和国法治建设的兴衰，学校历经坎坷。

从招生情况来看，这一时期政法类院校的培养目标带有极强的政治任务色彩，为国家培养政法干部人才是重中之重。在建校之初，领导思

---

[32] 参见《中华人民共和国司法部召开第二次全国律师工作座谈会》，载《法学研究》1957年第4期。

[33] 参见上海市律师协会：《百年积淀：纪念上海律师公会成立一百周年》（1912～2012），上海律协出版社2012年版，第105页。

[34] 参见孙慧敏：《上海律师业的改造与消减》（1949～1957），载陈永发主编：《两岸分途：冷战初期的政经发展》，台北，中央研究院近代史研究所2006年版，第114页。

[35] 参见董节英：《1952：新中国法学教育的整顿与重构》，载《中共中央党校学报》2007年第2期。

[36] 参见何勤华：《论新中国法和法学的起步——以"废除国民党六法全书"与"司法改革运动"为线索》，载《中国法学》2009年第4期。

[37] 即北京政法学院、华东政法学院、西南政法学院、中南政法学院4所以培养、培训政法干部为主要任务的政法学院，以及中国人民大学、东北人民大学两所法律系。

想是明确的,坚决贯彻了向工农开门的方针。[38] 由于以上特征,很难根据统计数据显示或者证明8年中学生的真实情况。但从男女学生比例来看,由于中华人民共和国成立以后大力提倡男女平等、妇女解放的国策,政法类院校中女生人数不能算低了。(见表3)

表3　1952～1965年华东政法学院招生情况学生人数、性别对比

性别构成	1952年	1953年	1954年	1955年	1956年	1957年	1964年	1965年
男(人)	837	247	271	286	455	347	140	180
女(人)	310	59	101	51	49	25	21	53
女生占比(%)	37.0	23.9	37.3	17.8	10.8	7.2	15.0	29.4
学生总数(人)	1166	316	375	349	507	683	171	250

资料来源:华东政法大学档案馆。

(三)中华人民共和国女律师(上)

这一阶段,各地律师工作开展初期,发展迅速。上海解放之初在废除国民党旧法统的同时,新的为人民服务的律师制度是从辩护工作发展起来的。1954年1月,上海正式成立"公设律师室",既帮助刑事被告人进行辩护,也接受起诉离婚的妇女等民事案件当事人的委托,提供法律帮助。上海的律师组织开始建立时只有50多人,至1956年11月,律师及行政人员迅速发展至178人。由于历史原因,刚产生不久的中国律师暂时废置了。

由于大学教育的任务限制,接受正规法学教育的青年学生困难,所以从事律师行业的人员主要是从人民法院、司法局等单位的工作人员中,录取具有实践经验的法律工作者来补充。有些虽然受过中华人民共和国高等法律教育,但缺乏实际工作经验的人员,可以作为学习律师加入律师协会为会员。此外,法律学校的教学人员、法学研究机关的科学工作者以及其他适当的人员,可以作为兼职律师加入律师协会成为

[38] 参见《华东政法学院教学改革工作初步总结》,载《法学》1958年第4期。

会员。[39]

这一阶段，律师总体人数较少，截至 1956 年 8 月，上海市律师协会已经吸收了会员 153 人。从 1957 年上海律师来源分布来看，其中 60% 来自法院，12% 来自司法局，6% 来自大学生，6% 来自民政局等单位，1% 来自检察院，另外 15% 来自其他单位。[40] 由于资料限制，我们暂时无法直接获取这一时期女律师人数及所占比例，但可以从以下名单中捕捉一鳞半爪（见表 4）。

表 4　1958 年上海市律师协会下放名单中男女律师情况

单位：人

性别	律师	学习律师	主任	公务员	事务员	科员	打字	收发	未定
男	12	4	1	1	1	0	0	0	10
女	2	4	0	0	0	1	2	1	2

资料来源：《中共上海市委农村工作部下放干部办公室关于东郊公安局、市律师协会、上海市第一中级人民法院下放在舍东社劳动的干部名册》，1958 年，上海市档案馆藏，档案号：A70 – 2 – 69 – 1。

从上海市律师协会 41 位下放人员中可以发现，其中女性职员共计 12 人，直接从事律师或学习律师工作的有 6 人，另有 6 位工作未定或从事律师顾问处的文职工作；而 29 位男性职员中有一多半直接从事律师或者较为高层级的管理岗位工作。

律师组织建立以后，受到了广大群众的欢迎。上海市律师顾问处成立 4 个月以来到各处询问法律问题的公民共有 11,762 人，其中大部分是工人、独立劳动者和家庭妇女。4 个月以来各法律顾问处为公民代书法律文件 3291 件，共办理案件 1217 件，其中刑事案件 637 件，民事案件 580 件。刑事案件有律师参加，依据事实和法律，积极地为被告进行辩

[39] 《薛笃弼在上海市第一届人民代表大会第 4 次会议上的发言稿——上海市的律师工作情况》，1956 年，上海市档案馆藏，档案号：B1 – 1 – 628 – 77。

[40] 参见上海市律师协会：《百年积淀：纪念上海律师公会成立一百周年》（1912 ~ 2012），上海律协出版社 2012 年版，第 103 页。

护,这样就更容易弄清真实情况,从而作出正确的判决。[41] 所有这些都使我们深深地体会到中华人民共和国成立初期律师工作的开展是有群众基础的,也为律师制度的中断表示惋惜。

三、中华人民共和国篇(下):恢复与重建

这一阶段是中国律师制度重新恢复与重建时期,我国律师制度开始走上正轨。这一时期,无论是法学院校中的女学生,还是女律师的发展都在这一进程中取得了令人瞩目的成绩。但成绩的背后,仍旧残存着女律师无法打破的"玻璃天花板"效应。

(一)历程回顾

中国律师制度中断的20年间,曾经的执业律师遭遇坎坷。1978年3月5日,第五届全国人民代表大会第一次会议通过《宪法》,重新确立了辩护制度在国家法制中的地位。1979年7月,第五届全国人民代表大会第二次会议通过的《刑事诉讼法》规定,"被告人除自己行使辩护权以外,还可以委托律师辩护"。第29条具体明确了辩护律师的权利。1980年8月26日,第五届全国人民代表大会常务委员会第十五次会议通过了《律师暂行条例》,我国律师制度开始走上正轨。1986年9月,根据《律师暂行条例》,司法部举行第一次全国律师资格统一考试。1996年5月15日,通过《律师法》。

(二)女子法学教育

学校法学教育对律师构成及发展的影响,在这一时期显得更加有意义。这一时期的法学教育,尤其是法学院校女学生的发展情况也更能反映出女律师的情况,因而我们更加有必要明确这一时期法学院校女学生的发展状况。政法院校招生人数尤其是女学生人数整体呈现逐年增长、快速增长的趋势。从华东政法学院(2007年后称华东政法大学)1979~

---

[41] 《薛笃弼在上海市第一届人民代表大会第4次会议上的发言稿——上海市的律师工作情况》,1956年,上海市档案馆藏,档案号:B1-1-628-77。

2009 年历年招生人数上看，这一特征十分显著。

从已有数据来看，华东政法大学自 1979 ~ 2009 年来，历年招生学生数虽有起伏波动，但整体呈不断增长状态，30 年来学生人数增长了近 6 倍。[42] 由于资料限制，无法得知华东政法大学全部 30 年中招收法学专业学生的性别信息，只能从个别年份及其他辅助数据中的男女学生人数上略作呈现。（见表 5）

表 5 华东政法大学男女学生比例（部分年份）

年份	1979	1982	2001	2002	2003	2004	2005	2006	2007	2008	2009
男（人）	234	294	628	494	728	—	876	862	779	805	822
女（人）	69	113	764	620	898	—	1085	1070	1070	1074	1065
占比（%）	29.5	38.4	122.0	126.0	123.0	—	124.0	124.0	137.0	133.0	130.0

资料来源：华政档案馆。本表格男女学生人数相加可能与文中其他数据难以对应，因为资料中缺少部分学生的性别信息。

从表 5 中的数据来看，女学生在 1979 年复校伊始时，数量上与男生相差悬殊，仅为男生的 29.5%，但女学生人数增长速度迅速，1982 年已上升至 38.4%，至 2001 年更是达到了 130.0%。尽管数据缺失，我们无法得知法学院女学生从复校时的几十人，不足男生人数的三成，到逐渐与男生人数相当，继而显著多于男生人数的具体经过，但是也可以看出女生所占比例越来越高的趋势。如果从平均增长率来计算，学校约于 1995 年前后男女学生人数基本持平。法学院恢复重建后，越来越多的女生选择攻读法律专业，增长速度之快前所未有，甚至在近年来女生的数量已经达到男生的 2 倍之多。

法学院女学生比例不断增长，逐渐与男生持平，直到超过男生占据多数地位已经成为世界范围内法学院校的普遍现象。美国法律教育的

[42] 资料来源：华政档案馆。本文统计的学生人数都是法学类或者法学相关类，人文、外语等学科不包括在内。

性别差异与中国有惊人的相似之处,性别差异在数量上显得很小。[43]《2000年北京大学各系科本科生招生分性别统计数据》表明,女生在法学专业中的比例高于男性,占总数的61%。

改革开放40多年来,法学院校学生数不断增长,尤其是女生人数增长速度迅猛。一方面,这固然离不开法学的学科属性,法学被划入人文社会科学专业,传统观念认为女性不擅长学习理工学科,更适合学习人文学科,对于高中时代修习文科且人数上占绝对多数的女学生来说,报考法学院校是一个不错的选择。[44] 但另一方面,法学院校中女学生人数不断增长更应该归因于改革开放以来中国女性的解放,中国妇女地位不断提高。法学院女学生的专业选择更多体现的是女性与法学专业的一种良性互动。

(三)中华人民共和国女律师(下)

改革开放以来,中国的各项事业得以恢复发展,并取得了巨大成就。中国特色社会主义法治建设也在这一进程中不断探索前进。法治建设离不开法律职业者的参与,中国律师业也在这一过程中得以恢复和重建,迎来了发展史上的黄金时期。尤其值得注意的是,中国女律师的发展在这一过程中显得尤其瞩目,这体现在律师业发展的方方面面。从数量上看,全国律师人数整体上呈现平稳增长的趋势,其中女律师人数的增长率远远高于男性律师(见表6)。

表6 中国历年律师人员构成情况统计(2001~2017年)

年份	律师人数(人)	女律师(人)	男律师(人)	女律师比例(%)	女律师增长率(%)	律师总增长率(%)
2001	122,585	17,068	105,517	13.92	—	—
2002	136,684	19,204	117,480	14.05	12.51	11.50

---

[43] See Kasey Considine, *Gender Dynamics in China's Legal System: Comparative Analysis with the United States*, MA Diss., University of Kansas, 2016, p.51.

[44] 参见刘小楠:《中国法学教育、法律职业中的女性状况考察》,载《中国法学教育研究》2009年第1期。

续表

年份	律师人数（人）	女律师（人）	男律师（人）	女律师比例（%）	女律师增长率（%）	律师总增长率（%）
2003	142, 534	21, 112	121, 422	14. 81	9. 94	4. 28
2004	145, 196	23, 286	121, 910	16. 04	10. 30	1. 87
2005	153, 864	24, 361	129, 503	15. 83	4. 62	5. 97
2006	164, 516	27, 540	136, 976	16. 74	13. 05	6. 92
2007	143, 967	31, 768	112, 199	22. 07	15. 35	-12. 49
2008	156, 710	33, 755	122, 955	21. 54	6. 25	8. 85
2009	173, 327	39, 018	134, 309	22. 51	15. 59	10. 60
2010	195, 170	47, 210	147, 960	24. 19	21. 00	12. 60
2011	214, 968	52, 262	162, 706	24. 31	10. 70	10. 14
2012	232, 384	61, 717	170, 667	26. 56	18. 09	8. 10
2013	248, 623	69, 383	179, 240	27. 91	12. 42	6. 99
2014	271, 452	79, 471	191, 981	29. 28	14. 54	9. 18
2015	297, 175	91, 416	205, 759	30. 76	15. 03	9. 48
2016	325, 540	105, 557	219, 983	32. 43	15. 47	9. 54
2017	357, 193	119, 061	238, 132	33. 33	12. 79	9. 72

资料来源：国家统计局社会和科技统计司编：《中国社会统计年鉴》，中国统计出版社 2001 ~ 2018 年版。

从数据上看，2001 ~ 2017 年中国男女律师都呈现稳步增长的趋势。尽管女律师人数始终比男性律师少，甚至不足其半数，但相较于男律师，女律师增长速度却要快很多，在律师总人数中所占比重也呈现逐年增长的趋势。从增长率上看，2010 年前后无论男律师还是女律师都是增长速度最快的时期。

女律师总人数、所占比重、增长率等宏观数据，虽然可以从整体上体现中国女律师的执业状况，如经济发展水平高的地区女律师多一些，随着时代的不断变化、发展，越来越多的女性选择从事律师这一职业发展道路，但是这些数据并不能考察中国女律师的全部真实情形，如历年加入律师协会申请执业的男女律师人数、兼职律师信息、男女律师学历情况、男女律师总人数及其注销执业信息、男女律师擅长的执业领域、业务类型、男女律师在事务所中的地位、男女律师参与社会兼职、社会公益、学术研究等领域的情形。本文选择以上海市浦东新区[45] 1979~2019年历年执业的律师为例,对这些较为细化的问题试作说明。

从1979~2019年8月在上海市浦东新区执业的律师性别构成来看,40年内共有约4618位男性律师(有20位无效信息),4020位女律师在该区执业(有7位无效信息),[46]从每位律师的执业时间来看,男女律师在不同年份申请执业的人数不同,统计如表7所示。

表7　1979~2018年上海市浦东新区男女律师加入时间及加入人数一览

单位:人

年份	1979	1980	1981	1982	1983	1984	1985	1986	1987	1988
男	1	0	1	5	7	12	15	3	25	24
女	0	1	0	0	2	0	4	1	4	7
年份	1989	1990	1991	1992	1993	1994	1995	1996	1997	1998
男	33	32	60	15	65	79	110	86	29	51
女	8	4	12	8	25	21	21	29	15	21
年份	1999	2000	2001	2002	2003	2004	2005	2006	2007	2008
男	90	101	106	108	138	128	195	172	219	150
女	24	40	51	50	43	52	107	101	142	128
年份	2009	2010	2011	2012	2013	2014	2015	2016	2017	2018
男	233	276	234	217	155	205	242	252	288	289
女	202	237	246	204	194	241	301	329	431	427

从统计数据来看,女律师在律师业恢复重建之初,历年新增人数极

[45] 上海市浦东新区是上海市各区中律师人数最多、律师事务所较为云集的一个区,以上海浦东新区为例比较有代表性,能够找出律师发展的规律性。

[46] 参见《上海市律师行业信用信息》,载上海市律师行业信用信息服务平台:http://credit.lawyers.org.cn/,最后访问日期:2019年8月30日。

少，增长速度缓慢。之后稳步增长，逐渐与男性律师数量持平，近5年来增长速度尤其快，每年新申请执业人数较男性律师逐年增多，越来越多的执业女性选择从事律师行业，这与法学院女律师数量逐年增长的趋势一致。

研究女律师这一话题，除了女律师所占的比重、人数，学历等信息，最为引发人们关注的应该是女律师的执业领域。这是我们从性别的角度思考女律师发展状况最为直接的疑虑，也是最能体会到性别与职业、尤其是与法律职业相关度的出发点。从浦东新区近9000位律师的个人业务情况统计总结发现：从部分标注了业务类型的男女律师的信息上看，4618位男性律师中有3850位标注了擅长业务领域；而4020位女律师中有963位没有标注业务类型，有3057位做出了标注；统计的有业务领域的数据中，女性律师人数为男性律师人数的79.40%。对于男女律师业务类型的分析中，应该明确这一比值是一个基点，高于、等于、低于这一比值的，都将是我们分析的关键。[47] 上海市浦东新区律师在执业领域上的表现如表8所示：

表8 1979～2019年上海市浦东新区律师业务领域统计

单位：人

业务类型	男	女	业务类型	男	女	业务类型	男	女
公司法相关	1233	943	工程建设	219	104	遗嘱继承	35	45
公司法	959	868	股份转让	183	247	高科技	31	11
合同法	846	726	婚姻家庭	181	253	广告媒体	17	16
民事相关	818	639	风险投资	167	105	人身权	17	17
经济相关	728	480	海事海商	163	81	医疗事故	15	13
刑事	611	192	银行	136	149	期货	14	3
金融	610	466	国际贸易	134	101	票据	14	4
房地产	585	325	企业改制	123	112	反倾销	13	9

[47] 在上海市律师协会网站上，律师们会标注1～3项业务类别。因为律师业务范围广泛，没有统一的分类标准，可能会涉及法律与人们生活相关内容的方方面面。

续表

业务类型	男	女	业务类型	男	女	业务类型	男	女
公司收购	578	579	交通事故	111	89	资产拍卖	7	5
证券	494	354	信托	102	96	产品质量	6	8
外商投资	360	355	国际仲裁	101	55	农林牧渔	5	3
知识产权	355	233	反不正当竞争	77	57	消费者权益	3	8
劳动人事	345	385	破产清算	65	41	妇幼权益	1	7
涉外法律	296	263	工商税务	57	29	司法相关	0	1
行政	227	96	抵押担保	39	27	国家赔偿	0	1
债权债务	221	183	电子商务	37	24			

资料来源:参见《上海市律师行业信用信息》,载上海市律师行业信用信息服务平台:http://credit.lawyers.org.cn/,最后访问日期:2019年8月30日。

分析发现,在民事相关、债权债务、交通事故、合同、公司法等案件中女律师与男律师的参与意愿与男律师几乎相同,这类案子在现实生活中随处可见,发生概率大,案件繁多,且不需要太多的专门知识,而且性别化色彩较浅,对男女律师的需求量都较大,且不大需要区分性别。而期货、票据、刑事、行政、高科技、工程建设、海事海商等涉及暴力伤害,以及需要较多专业知识或者高强度体力劳动的案件,多数带有很深的男性色彩,在这些案件中女律师的参与度很低。对于婚姻家庭、遗嘱继承、劳动人事、产品质量,以及涉及人身权类案件中女律师的参与程度极高,而妇幼权益类带有极其浓烈的妇女、儿童色彩的案件中,较之男律师来说,女律师的参与程度是最高的。这一点从女律师参与的社会公益活动的内容上也可以体现出来。

除了女律师在各个年份的人数情况、业务领域等,我们同样好奇的一点是女律师的职业地位,即女律师在所在事务所中的身份。统计上海市浦东新区律师事务所信息发现,从全部五种类型的事务所负责人人数来看:女性负责人有66人,男性负责人有236人,比值为1∶3.58;女性合伙人有431人,男性合伙人有1141人,比值为1∶2.65,女律师在管理岗位上人数较少。[48] 无论在哪一种事务所类型中,女律师在管理层面上人数始终占少数,这与女律师总数与男律师的总数目无法匹配,其中负责人的数量在事务所中的比例尤低。从管理岗位上的女律师人数上看,改革开放40多年来中国女律师的执业处境与中华民国、中华人民共和国前30年相似,始终处于相对弱势的边缘位置。就律师这一行业来说,无论是收入水平、岗位级别、社会地位,女律师所面临的某种无形的"玻璃天花板"始终无法打破。

婚姻状况、子女状况与女律师周平均工作时间的相关性非常显著。比较而言,未婚的及无子女的女律师周平均工作时间在40小时以上的比例较高。律所职务及个人收入与周平均工作时间的相关性非常显著,比较而言,高收入的,负责人、合伙人等职务类型的周平均工作时间在50小时以上的比例较高。[49] 由于对家庭的责任感,女律师用以投入工作的时间和精力必然受限,这也导致她们无法实现从一个普通律师到负责人、合伙人等高收入身份的转变,而这也最终导致女律师无法突破工作中的"玻璃天花板"。

四、余论:中国女子法学教育及女律师疏影

自1927年中国女律师被准许执业至今已经经历了近百年的发展历程,回望中国女子法学教育以及女律师的沉浮变迁可以发现,社会的稳定、经济的发展应该是一个国家教育与社会职业不断发展完善的根本保障。就女性法学教育与法律职业而言,尽管历史演进的三个阶段中女子法学教育与女律师的发展状态各不相同,但性别差异及其带来的男女职位差距却始终存在,女律师始终无法突破职业进路中的"玻璃天花板"。

---

[48] 《法律服务信用信息》,载法律服务信用信息平台:http://credit.sfj.sh.gov.cn/,最后访问日期:2019年9月11日。由于部分事务所注销,统计的事务所中小部分负责人、合伙人数据缺失。

[49] 参见钱丽萍主编:《20年风采路——上海市女律师联谊会二十周年纪念》,上海市女律师联谊会2008年版,第148~149页。

始终存在的性别差异的背后,是女性法律职业者无法回避的来自工作与婚嫁家庭等诸多方面的社会压力,是中国市场经济环境下,女性法律职业者的必然经历。“在中国高度市场化的私人律师行业,性别不平等是中国不断发展的城市劳动力市场中女性劣势模式的一个缩影。”[50]

作为法律职业者的储备力量,法学生对法律性别的认知是他们形成自身法律性别认知的初试时期,他们对性别的态度往往影响着他们未来在工作中对性别的态度。从女子法学教育上看,近百年来尽管性别差异在数量上的显现越发缩小,甚至时至今日大部分法学院校中女学生的数量超过男学生数倍以上。女学生的数量优势仿佛使人认为性别差异在法学院校中不复存在。但是学生们的感知表明性别差异在实际上可能仍旧相当大,如课堂上的性别动态,女学生往往在课堂上表现不如男生主动、积极等,可能会让女性感到被边缘化,这种差距使法律专业女性学生面临的性别障碍比其他法律相关行业更大。

律师业本身是一种社会职业,社会是由不同性别的个人组成的,这就意味着法律职业本身带有性别上的区别性。法律的中立性可以根据实质的公平和正义来表达,是囊括了性别的公平与正义。女律师作为女性法律职业群体中人数最多的参与者,在执业过程中的行为,必然带有强烈的性别色调,这是无法回避也无须回避的事实。事实上,女性的竞争力并不弱于男性,“研究表明,就能力的差异而言,男性和女性相似的程度远远大于差异的程度”。[51] 自产生伊始,尽管不同的社会中有着迥异的就业体制,但女性法律职业者往往亦是所处时代中的佼佼者。

梳理上海女子法学教育与女律师的发展历程,厘清其背后的发展规律,概括其发展过程中的优势与劣势,总结其发展中存在的问题,是为了立足中国女子法学教育与女律师发展的实际,寻找中国女子法学教育与女律师发展的共性,进一步得出中国自己的女性法律职业发展规律。尽

---

[50] Michelson E., “Gender Inequality in the Chinese Legal Profession”, *Research in the Sociology of Work* 19, 2009, p. 365.

[51] [德]戴特·奥藤:《男性的失灵》,朱刘华、刘海宁译,重庆出版社2008年版,第60页。

管发展过程中存在诸多问题，但是我们应该看到近百年来中国女子法学教育与女律师发展历程中取得的成绩。我们应该满怀信心地展望中国女性法律职业的未来。只有从性别本身出发，尊重女性法律专业人士的发展特质，才能达成法律职业中的性别平等。只有不断总结发展过程中的经验教训，才能促进中国女性与法律职业的融合与进步，更好地促进中国女子法学教育、女性法律职业群体的发展，乃至整个中国法律职业的发展繁荣。

因无法通过直接官方的途径获取资料、数据，尤其是网站上可以查询的从业律师部分数据缺失、错误。本文以浦东新区为例，虽然很具代表性，但也必然存在以偏概全的嫌疑，由于无法直接获取信息，只能从律师行业管理平台上一个个访问、查找，仅上海市浦东新区已近 9000 位律师，全部记录整理下来难度已然很高，实在是没有时间和精力整理全部上海市，甚至全国的女律师资料，如若有机会期待作进一步的研究。

Women's Legal Education and the Cultivation of Female Legal Practitioners

—Taking Female Lawyers in Shanghai as the Example

Wang Ruichao

Abstract: The appearance of female lawyers in the Republic of China has symbolized a new pattern for Chinese women to formally step into the legal field. Female lawyers are the typical representatives of women in legal profession. The job of lawyer is also female legal practitioners' initial professional identity. The development of profession is inseparable from the cultivation of talent in the field. The core of female lawyers' training lies in women's legal education. Reviewing the growth process of female lawyers in China, it has gone through three stages, the establishment of the Republic of

China, from the establishment of the People's Republic of China to the Reform and Opening-Up, from the Reform and Opening-Up to the present. Along with China's great progress, the development of female lawyers and Chinese women's legal education has also kept changing. Scrutinizing the growth path of Chinese female lawyers at each stage, it has been found that female lawyers are always in a weak position in the lawyer profession and always been limited by an "unbreakable glass ceiling".

Key Words: female lawyers, legal education, Shanghai, female legal practitioners

形式、内容与理念：从律学兴衰看传统法律教育之流变

郑晓龙*

摘　要：作为古代官办专门性法律教育机构，律学的兴衰对传统法律教育形式、内容和理念影响深远。律学兴起前以民间私学为主，从唯习律令逐渐发展为经律兼习。律学兴起以后，法律教育不仅有了专门的机构和师资，而且还与科举选才挂上钩，极大地推动了当时的法制建设。元明清时期律学被废，法律教育重新回到私学为主的道路上，成为胥吏、幕友、状师等低级专业人员学习的谋生手段，发展日趋衰微。

关键词：传统法律教育　律学兴衰　明法吏　经律兼习

传统法律教育历史源远流长，2000多年里辗转相承、陈陈相因，成为中华法系得以延续和发展的重要支撑。因应时代变化，法律教育在不同朝代发展状况不尽相同，其间既有生机勃发的繁荣兴盛，也有日渐式微的低沉衰落，但其在古代社会人才培养、律

---

* 郑晓龙，西南政法大学行政法学院博士研究生，研究方向：法律史、法理学。

典完善和国家治理中发挥了重要作用,影响着传统法律文化和法律精神的形成。本文所讨论的律学专指魏晋南北朝至宋代期间,由封建王朝设立的专门性法律教育机构,而非以“律”为研究对象的学术意义上的律学。作为国家官学的律学,其兴衰存废不仅影响着法律教育形式与内容的变化,更反映出统治者的法律意识和人才培养观念的变迁。

一、春秋至两汉:律学设立前的法律教育

我国古代教育在夏商周时即已开始,其标志是学校教育的出现,“夏曰校,殷曰序,周曰庠,学则三代共之,皆以明人伦也”(《孟子·滕文公上》)。到西周时已形成系统的“六艺”教学内容,即礼、乐、射、御、书、数,其中虽尚无专门的法律内容,但孕育了法律教育的萌芽。因为在上古与夏商西周时,已出现我国最早的法律制度,只是彼时曰其为礼而非法,礼是夏商西周时期的法,①可见“六艺”之学的“礼”中无疑含有法的属性。到春秋战国时,诞生了最早的独立的专门性法律教育,不过其以一种与律学兴起后完全不同的模式进行。

(一)法律教育形式

春秋战国时社会分裂动荡,新兴地主阶级纷纷通过公布成文法来打破奴隶主贵族垄断法律的特权,为法律教育发展创造了前提条件。加之,旧有的官学教育衰落,“天子失官,学在四夷”,②学术的下沉为法律教育提供了知识和人才保障。这一时期出现了儒、墨、道、法等学派鼎立的局面,其中一批精研法律的法家学者,通过开办私学来传授法律知识。例如,郑国的邓析,“与民之有狱者约,狱一衣,小狱襦袴。民之献衣襦袴而学讼者,不可胜数”。③ 其后,子夏、李悝和荀子等人也创办过私家法

---

① 参见龙大轩、梁健:《礼刑时代:中国法律传统肇始之基》,载《华东政法大学学报》2016 年第 5 期。

② 《左传》昭公十七年。

③ 《吕氏春秋·离谓》。

律教育。与律学相比,私学教育没有固定的机构和完备的教学制度,教师选任只唯真才实学,而无派别与出身之限,一般以法律知识渊博、德高望重的学者或官吏为师,教学内容、学制时间和考核方式等均由老师决定。学生也无身份门槛限制,学风自由,师生地位平等,观点不同可以论辩,也可任意去留。

秦统一天下后实行文化专制,废官学、禁私学,实行"以法为教""以吏为师"的教育政策。首先,朝廷建立学室作为法律教育场所,仅招录政府中管理档案文书的吏员"史"的子弟学习律令,为其将来工作做准备,而"非史子也,毋敢学学室,犯令者有罪"。④ 其次,在中央由政府选聘官吏教授法律,培养各级官员。这些吏师主要源于朝廷的执法官吏,如御史"掌赞书而授法令",或者专司教育的官吏,如博士、师、傅等。⑤ 最后,在地方上由基层地方官"三老"掌管教化,负责法律的宣传和教育。

汉朝初年废除了"妖言令""挟书律"等钳制思想的法律,为私学复苏清除了制度障碍,使学习法律除以吏为师外,还可通过私学相授。汉初规定学习律令者需至京师丞相府,⑥同时令地方郡国每年荐举四科贤才,"明达法令,足以决疑,能按章覆问"⑦便为其中一科。汉武帝独尊儒术后,官学太学兴旺,私学发展受抑,但太学中没有开设专门的法律教育,仅在儒经教材中涉及一些儒家的法律观念和思想阐述。西汉末到东汉初政治混乱,私学成为法律教育的主流,其主要表现为由一批学者和官吏通过世家传习与师承相授方式,对汉律进行注疏、解释、研究和传授,出现"汉来治律有家,子孙并世其业,聚徒讲授,至数百人"⑧的盛况,产生了许多法律世家,如西汉南阳杜氏、东汉颍川郭氏、河南吴氏等。

---

④ 睡虎地秦墓竹简整理小组编:《睡虎地秦墓竹简》,文物出版社 1978 年版,第 106~107 页。

⑤ 参见汤能松等主编:《探索的轨迹——中国法学教育发展史略》,法律出版社 1995 年版,第 13~14 页。

⑥ 《通典》卷十三《选举一》。

⑦ 《后汉书·百官志》。

⑧ 《南齐书》卷二十八《崔祖思　刘善明　苏侃　垣荣祖》。

(二)法律教育内容

先秦时期的法律教育内容主要为当时公布的成文法律和法家的法律思想、法律主张、实践经验等,开创了刑名之学,如邓析造“竹刑”并亲自讲授,李悝采各国法律撰《法经》六篇而广为传播等。为打破奴隶制秘密刑罚传统,早期法家积极宣扬公平是法的价值所在,管仲提出以“援法而治”取代“为国以礼”,邓析主张“事断于法”等。此时的法律教育与研究主要侧重于学理上的探讨,从法与天、法与礼、法与政治、法与经济等关系进行论析,致力于法的起源、本质、特点和价值的论证,带有浓郁的政治哲学色彩。⑨

战国时期法家主张重刑轻罪,提出“以法为教”,用法律的社会教育代替私学和学校教育,使法律之外再无他学。“他们的教育内容非常单纯,就是耕战。从李悝的‘尽地力之教’、到商鞅的‘国之所以兴者农战也’,再到韩非的‘是故(耕战),无事则国富,有事则兵强,此之谓王资’。”⑩国家对农战有功者给予免除徭役或授予官爵的奖赏,对农战有过者则予以重惩,其特点是重刑轻罪、明法重刑,力图通过严刑峻法的法律教育来统一人们的思想,实现以刑去刑的目的。秦代法律直接继承了法家重刑主义传统,实行繁法严刑,凡事皆有法式,且“乐以刑杀为威”。⑪ 从出土的云梦秦简可知,秦代法律教育内容主要为秦律条文、皇帝诏令、政府法令、法律答问、审判案例等。

汉承秦制,在《法经》和秦律基础上制定出汉律六十篇作为法律的核心,除此之外还有令、科、比等法律规范形式,其数量之多,使“文书盈于几阁,典者不能遍睹”。⑫ 为此,律学者们经律兼修,在研习律、令、科、比本身的基础上,运用儒家经义对其进行注解和传授,其中很多学说因受到统治者的支持而付诸司法实践,使理论与实践紧密结合,董仲舒的

---

⑨ 参见俞荣根等编著:《中国传统法学述论——基于国学视角》,北京大学出版社2005年版,第143页。

⑩ 高华平:《先秦教育思想观念的演变史——论楚简中“教”字的几种写法》,载《中国文化研究》2010年第3期。

⑪ 《史记·秦始皇本纪》。

⑫ 《汉书·刑法志》。

《春秋决狱》成为当时最权威的法律教育内容。

(三)法律教育理念

富国强兵、争雄争霸是春秋战国时期的主题,以伦理道德为尚的奴隶制“礼乐之教”显然与时代发展主题不相符,而法家开展的法律私学教育则适应了崇法尚武的社会需要。法家的法律教育理念是以巩固新兴地主阶级政权为出发,以法律教育代替其他各派私学的文化专制为手段,将法律教育作为推行法治的工具,以为统治阶级培养明法、行法的人才为目标。首先,从人性论出发,法家提出“因人情”“重赏罚”等主张,期望通过法律教育来矫正人性的弱点。韩非认为人们“安利者就之,危害者避之,此人之情也”(《韩非子·孤愤》),必须以法律的严厉和公正来矫正人的自私本性,并由此引发出赏罚“两柄”,即威胁和利诱两种教育手段。其次,从反对儒墨学说出发,法家主张教育必须改革,应以法律作为教育的唯一内容,“置法官,置立法之吏,以为天下师”(《商君书·定分》),来培养具有远见而明察的智术之士和强毅而劲直的能法之士(《韩非子·孤愤》)。奉行法家学说的秦统一天下后,将商鞅、韩非的教育思想完全具体化、制度化加以推行,而这种教育理念付诸实践的结果造成了文化教育的一片凋零。

儒家思想是两汉文化教育领域的指导思想,教育的中心任务是阐述儒经精蕴,培养经明行修的人才。虽然参酌秦律而定的汉律体现的是法家精神,但其与儒家的法律观念并不存在本质上的冲突。因为儒家虽然推崇礼治,但也非常重视法治,只是在处理礼与法的关系时主张以礼治为先、法治为辅,先教而后刑、以刑弼教而已。故而汉代在法制建设与法律教育理念上,采取礼法并用、德主刑辅的思想,既提倡德治礼乐、尚儒抑法,同时又制定法律,维系强力统治。律学者们通过以经注律、引经决狱,用儒家经义解释律典条文和阐述立法原意,实现法律和经义的相容共生,以此来改造机械苛酷的汉律,开启了法律儒家化的先声。

律学设立前的法律教育,除秦代有过短暂的国家推动外,绝大部分时期都是以自发的私学形式缓慢进行,从习律不习经逐渐发展为经律兼习。私学法律教育虽然在法律思想探讨和法学理论研究中发挥了重要作用,但它毕竟是作为官学法律教育不济时的补充力量存在,而与人才选拔直接相关的律学兴起后,传统法律教育也进入了一个全新的发展阶段。

二、魏晋至唐宋:律学兴起时的法律教育

魏晋南北朝至宋代是我国传统法律教育发展的顶峰时期,统治者的法律意识普遍提高,通过不断倡导与制度设计,使法律教育不仅有了专门性机构,而且还与科举选才挂上钩,呈现繁荣兴盛的发展景象。

(一)法律教育形式

封建王朝在五经博士之外置律博士,使法律教育从经学中独立出来;设律学作为专门的法律教育机构,让官学成为法律教育的主要形式。但律学从设立之始起,就一直在司法机构廷尉、大理寺和教育机构太学、国子监之间变动不居,这种隶属关系上的徘徊不定与当时法律教育目标的调整密切相关。当律学隶属于司法机构时,其重点在于培训司法、执法人员;归属教育行政机构时,则为培养具有法律知识的普通文官。[13]换言之,律学归属前者时侧重于司法实务,具有职业培训的性质和功能;归属后者时侧重于文化教育,体现出普通高等教育的性质。

曹魏明帝时,针对当时官员普遍重儒经而轻法律的现状,朝廷在廷尉中置律博士1人,负责向地方行政官吏和狱吏教授律令。[14] 律博士的设置标志着法律教师开始专业化。此后十六国时的后赵,又在太学中设律学祭酒来教授法律。后秦姚兴执政时在长安设律学,“召郡县散吏以授之”,[15]成为历史上最早的专门性官学法律教育机构。总之,这一时期的法律教育主要体现为职业培训性质,如两晋、南朝的宋、齐、梁、陈和北

---

⑬ 参见叶炜:《论魏晋至宋律学的兴衰及其社会政治原因》,载《史学月刊》2006年第5期。

⑭ 《晋书·刑法志》。

⑮ 《晋书》卷一百十七《姚兴上》。

朝的北魏，律博士均设在廷尉。

隋初律学隶属于大理寺，律学中设从九品律博士 8 人和明法 20 人，隋末时将律学改由国子监管理。[16] 唐初律学亦在司法机关和教育机构之间徘徊不定，唐武德初年（618 年）设律学，隶属于国子监，为其六学之一，但不久即被废除；唐太宗贞观六年（632 年）又重设律学，唐高宗显庆三年（658 年）再度被废，同时将律学博士及以下人员整体转隶大理寺；唐高宗龙朔二年（662 年），第三次复办律学，将其设在国子监下，一年后又划拨大理寺管理；唐玄宗开元年间，律学重新被转隶国子监，此后未再变动。唐代律学招生对象为年龄在 18 ~ 25 岁、文武八品以下官员子孙或庶民家庭有志习律者，招生名额为 50 人，修业年限为 6 年，每年进行一次考试，及格者可参加尚书省考试，不及格者继续学习，若 3 年考试不及格且学习已满 6 年者，除名遣返。[17]

宋初置律博士教授法律，而未设律学。宋神宗熙宁六年（1073 年）始在国子监设律学，置律博士 4 人。宋代律学招生对象仅限在职官员和举人两种，“看详律学之设，盖欲居官者知为政之方。其未出官及未有官人，且当专意经术，并令入太学，乃学古入官之义。今立法，到吏部人方许入律学”，[18]可见其主要以提升官员的法律水平为办学宗旨。宋代律学招生没有名额限制，但入学须通过考试，成绩合格后才能成为正式律学生，其中学习律令者考大义与道，学习断案者考试案一道。宋代律学管理严格，通过“教官试”选聘律学教师，通过月考、年考、毕业考等对律学生进行考核，学生若违规会受到学规惩罚。唐宋时期的律学费用均由国家承担，学生不仅不缴纳学费，还可享受免费的住宿和膳食。

（二）法律教育内容

1. 课程内容

魏晋南北朝时打破了汉代独尊儒术的局面，律学教授内容主要限于律令本身。律博士不仅研究法律，还参与立法、司法活动，使教学内容理

---

[16] 参见徐道邻：《中国法制史论集》，台北，志文出版社 1975 年版，第 182 页。

[17] 《通典》卷五三《礼十三 · 大学》。

[18] （北宋）程颢、程颐：《二程集》，中华书局 1981 年版，第 562 页。

论与实践相结合。唐代法律教育“以律令为专业,格式法例亦兼习之”,⑲后来受科举影响,律学生还须学习部分儒学科目。宋代律学对儒经更为重视,教学内容主要有三部分:首先是经术,学习儒家经书等典籍;其次是律义,以《宋刑统》为核心,包括令、格、式、敕、例在内的法律规范体系内容,同时“凡朝廷有新颁条令,刑部即送学”;⑳最后是断案,通过案例教学来培养学生如何正确地适用法律。

2. 考试制度

科举考试是古代教育与入仕之间的桥梁,唐宋时将律学纳入科举当中,设有明法一科。在唐代明法科是科举常科之一,从律学学生和地方官学的贡生中进行考试选拔。律学生报考时无须进行乡试,可直接进入省试。省试由礼部主持,笔试进行且以一日为限,内容为帖和策,考律、令各十帖,试策十条,其中律七条、令三条,凡“识达义理、问无疑滞者为通。粗知纲例、未究指归者为不。全通者为甲,通八已上为乙,已下为不第”。㉑ 考生通过省试后还需参加吏部铨试,铨试内容为身、言、书、判四项,通过吏部铨试者才算金榜题名,然后由朝廷根据名次授予不同官职。

宋初沿唐制,科举设明法科,但已把律生通经义规定为考试制度。“明法旧试六场,更定试七场:第一、第二场试律,第三场试令,第四、第五场试小经,第六场试令,第七场试律,仍于试律日杂问疏义六、经注四。”㉒由于当时明法及第者多被派任地方佐官,出路不及明经和进士科,王安石变法时为给新政培养执法人才,遂废止明经诸科而仅保留进士一科,同时增设新科明法,但只许“诸科之不能改考进士者”参加。新科明法不再考经书,考试内容仅限于律令、《刑统》大义和断案三项,及第者多被委任为各州司法参军,其叙名在进士及第人之上。朝廷对法律教育的重视,使当时出现“务从朝廷之意,而改应新科者,十有七八”㉓的盛况。王安石变法失败后,新科明法虽被保留,但在司马光建议下开始

---

⑲ 《唐六典》卷二十一《国子监》。

⑳ 《宋史》卷一百五十七《选举志三》。

㉑ 《唐六典》卷二《尚书吏部》。

㉒ 《宋史》卷一百五十五《选举志一》。

㉓ 《宋会要辑稿·选举一四》。

兼考经书并以三场定高下："第一场试《刑统》义五道，第二场试本经义五道，第三场试《论语》《孝经》义各二道。"㉔可以看出此时经义所占比重已经超过法律部分，成为决定考生去留的关键因素。

（三）法律教育理念

这一时期是法律儒家化的发展和完成期。魏晋南北朝在汉代引经决狱的基础上，开始将儒家精神直接引入立法，上升为法律规范内容，如八议入律、重罪十条、官当制度的确立等。社会的发展需要大量专业化法律人才服务于国家的立法、司法活动，但当时政局动荡，不具有长期培养法律人才的条件，因而短期的职业化培训成为选择，到唐宋时社会稳定强盛，律学才主要发挥出长期的人才教育功能。

律学被取消的原因较为复杂，一方面是由于蒙元入主中原，"自是士大夫始鲜知律，此亦古今得失之林也"。㉕ 此外，还与统治者的教育理念变化直接相关。官办法律教育以培养官员为目的，但不同朝代对官员的文化素质和知识结构要求不同。在法家的制度设计中，"明法"是实施统治的前提，也是官员必习的技能，但随着儒学的兴起，官员重儒经而轻律令的风气一直延续到隋唐。唐时除设明法科外，还在所有科举及第者获取任官资格的吏部铨试中以试"判"来考察候选者的法律应用能力，以此倡导官员学习法律。唐德宗时进一步鼓励明经者通法的能力，"其明经举人，有能习律一部以代《尔雅》者，如帖义俱通，于本色减两选，令即日与官"。㉖ 宋代在培养律学生同时，对普通文官的法律学习也很重视，"夫刑法者，理国之准绳，御世之衔勒。……应朝臣、京官及幕职州县官等，今后并须习读法"。㉗ 尤其从宋神宗以后，在吏部铨试中加大了法律考核的比重和难度，"进士及第自第一人以下注官，并先试律令、大义、断案"，㉘能否做官已经与是否熟练掌握法律直接相关。随着统治者对"经生明法"要求的提高，专门的法律教育开始受到挑战，"至于律令敕

㉔ 《宋会要辑稿·选举一四》。

㉕ 程树德：《九朝律考》，中华书局2003年版，第175页。

㉖ （北宋）王钦若等编：《宋本册府元龟》，中华书局1989年版，第2104页。

㉗ 《宋会要辑稿·选举一三》。

㉘ （南宋）李焘：《续资治通鉴长编》，中华书局1986年版，第6530页。

式,皆当官者所须,何必置明法一科,使为士者豫习之?夫礼之所去,刑之所取,为士者果能知道义,自与法律冥合”。[29] 与此同时,明法科从不用试经到经学比重超过律学内容,可以看出统治者对“法吏通经”的要求亦越来越高,专门法律教育的重要性进一步下降。最终在内外因素的促使下,律学走向了衰落和被取消的命运。

三、元明清:律学衰落后的法律教育

元明清三代儒学地位继续上升,成为入仕的显学,而法律教育则彻底走向衰落,沦为了“末学”。这一时期国家正规的官办专门法律教育被取消后再也没有恢复过,传统法律教育似乎又回到了起点,只能以私学、幕学等民间教育聊以支撑,并最终随着法律教育近代化的改革而退出历史舞台。

(一)法律教育形式

元明清时期法律教育进一步融于儒经教育当中,中央政府未设律博士和兴办律学,科举考试也不以明法取士,使专习律法者再难有上升的通道。官办律学被撤销以后,传统法律教育只能循着两种方式进行,一种是在国子学中开设一些法律课程,这些课程同儒学课程混设在一起,因不为统治者所重视,国子监中的法律教育影响甚微;另一种是承续私学传统的民间法律教育,其为这一时期法律教育得以延续的主要形式。

元朝虽屡次颁诏欲修律,但终无所成,官学教育只有儒经教育。明清两朝科举实行“八股”取士,统治者认为只要通经即能明法,独立的律学教育已没有存在的必要。律学被取消后,使已经边缘化的私学再度兴起。私学法律教育主要在州县衙门中的幕友、官府的书吏和民间的状师间通过师承关系,师徒相授进行,表现为一种学徒式、小作坊式的人才培养模式。由于缺乏政府的支持,这种教育只能是一种民间自发式教育,

---

[29] (北宋)司马光:《司马光奏议》,山西人民出版社1986年版,第403页。

其入学门槛较低，职业化程度不够，又没有统一的考核标准，学生知识水平和出师标准均由老师决定，所以长期维持在数量有限且低水平化的程度。

不过，明清沿袭了唐宋以来对普通官员法律素养的重视，并以法律规定来强制官员学法懂法。明清律典中均有“讲读律令”的规定，要求各级官员要熟读律令条款，善于运用法律处理事务，并于每年年终对其掌握情况进行考校，“若有不能讲解不晓律意者，初犯罚俸钱一月，再犯笞四十附过，三犯于本衙门递降叙用”。[30] “讲读律令”主要考察官员对法律的理解，旨在提升其司法实务能力，“讲者，解晓其意，读者，记诵其辞。若不能讲解，不晓律意，虽能记诵，引用犹差，何以剖决事务”。[31]《大清律例·吏律》在明律的基础上进一步规定，若“百工技艺诸色人等，有能熟读讲解，通晓律意者”，在犯谋反、叛逆以外的罪行时，对其不问轻重均可免刑一次，以此激励民众学习法律的积极性。

（二）法律教育内容

律、例、令典、大诰等是明代法律的主要形式，也是法律教育的主要内容。朱元璋非常重视法律的社会宣传和教育，强调法贵简当，要使民众易晓易记，下令将律令中“凡民间所行事宜，类聚成编，训释其义，颁之郡县”，[32]并采用法律手段强制推行，尤其对于《大诰》要求“一切官民诸色人等，户户有此一本，若犯笞杖徒流罪名，每减一等，无者加一等”。[33]同时他还要求学校讲授《大诰》，在各级官学以及民间私学、书院中均设有法律课程，《大明律》和《大诰》是教学的主要内容。不过这种状态未能得以持续，明代的法律教育总体呈现出初盛而长衰的特点。

清代法律主要为大清律、例、会典、会典则例等，还有一些在少数民族地区适用的单行法规，如《回疆则律》《蒙古律例》《苗例》等，这些均为学校教育中诸生需学习的内容。由于清代法律教育依然不受重视，科举

---

[30] 《大明律》卷三《吏律二·公式》，“讲读律令”条。

[31] （明）雷梦麟：《读律琐言》，法律出版社2000年版，第95页。

[32] 《明史·刑法志》。

[33] 《御制大诰》，“颁行大诰”条。

出身的官员熟谙儒经却不擅律法,但治理地方又离不开法律,尤其随着新法不断颁布和法外例的大量出现,使官员不可能掌握所有的律例,于是只能由其私人延聘幕友协助处理法律事务,从而使刑名幕友之学成为当时法律教育的特有形式。幕友主要来自科举落第的读书人,他们通过拜师或家传方式相授。受学幕者未来工作性质决定,幕学更注重法律实务与技能的提升,主要以《大清律例》及有关律例的解释,案例汇编、审判程序、法律文书写作等为学习内容。幕学没有统一教材,只有一些前辈写的被称为“幕学秘本”的办案经验与心得,如汪辉祖的《佐治要言》、刘衡的《读律心得》等,这些秘本相当于学幕者的教科书。但是幕学教育具有很大的局限性,“幕友读律的目的只在于佐东翁办案,谈不上系统地研究法学”,㉞其使传统法律教育的工具性价值更为凸显。此外,民间还有专门代人书写诉状的状师这一职业法律群体存在,不过受传统法律文化影响,他们只能以私下自学或秘密拜师方式,习得一些关于法律文书写作、诉讼审判程序及指导当事人应诉作证等方面的实用型知识。

(三)法律教育理念

明清两朝是中国封建社会后期的鼎盛王朝,经济、文化和典章制度等均超越前代达到了顶峰,这也使其思想观念和专制统治更趋固化,传统社会中对于法律及法律教育根深蒂固的一些观念在这一时期表现得尤为明显。“从整个中国古代对待法律的态度来看,人们更倾向于从‘术’的角度来理解,而中国古代教育更为侧重的是品性与情操的培养。而且,中国古代法律具有‘情理法’的色彩,即法律与道德没有实现适度分离。”㉟因此,无论是统治者还是普通官员都深信,法律教育只能算作小道,而精深体悟“道德性命”“正心诚意”这些命题才是正途,毕竟要先博取功名,至于日后工作中的法律事务,则可通过自身较高的儒学道德素养来胜任。

“法律教育是法律学术的主要载体和人才培养者,二者之间的关系十分密切。在一个高度重视法律的社会里,法律人才的培养当是官私并

㉞ 瞿同祖:《瞿同祖法学论著集》,中国政法大学出版社1998年版,第413页。

㉟ 郑智航:《清代法律教育的近代转型》,载《当代法学》2011年第5期。

重,特别是国家教育决不会弃之不顾。”[36]而明清时期,程朱理学一统天下,统治阶层普遍奉行阳儒阴法的政策,明里一味标榜“为政以德”,造成社会舆论普遍轻视法律,即所谓“刑为盛世所不尚”,加之礼法结合基本定型,传统法典臻于完备,政治上对高端法律人才的需求也不再急迫,使得以注释律典为使命的传统法律研究失去了独有的价值,进而也使与之紧密相联的法律教育更是乏善可陈。另外,统治者又深知法律是维系统治不可或缺的工具,基于“治世之具”的法律思想,学习法律依然代有人出,不绝如缕,只是没有了律学教育和科举明法科的指引与出路,读书人热衷于四书五经,“读书万卷不读律”成为普遍现象,法律教育只能成为胥吏、幕友、状师等低级专业技术人员学习的谋生手段。

四、结语

传统法律教育是古代社会关于法的理念、知识和智慧不断累积并延伸传递的活动,在教育形式上,始终存在官学与私学交替发展两种途径,二者相互依存,呈此消彼长的发展格局,其中官学是主流,私学是补充,但私学办学历史悠远,存续时间也最长,出现许多法律世家。在教育内容上,主要以历代成文法为主,兼习儒经,通过以阐发律义、辨析概念、解释术语和研习案例的实务型、经验型教学方法展开。在教育理念上,以为国家培养“明法吏”为目的,盛行法律工具主义,法律教育的兴衰与统治者对法律的重视程度直接相关,“必上以为重,而后天下群以为重,未闻有上轻视之,而天下反重视之者”,[37]但在把儒学奉为圭臬的帝制时代,统治者轻视法律教育是常态。

然而,法律教育的发展水平与一个国家法制文明的发达程度息息相关。作为官学教育的律学为封建国家的法制建设培养了大量法律人才,可以说唐宋之所以能够成为中华法系发展的顶峰,与其发达的律学教育

---

[36] 胡旭晟、罗昶:《试论中国律学传统》,载《浙江社会科学》2000年第4期。

[37] (清)沈家本:《历代刑法考·设律博士议》,中华书局1985年版,第2060页。

密不可分,而元明清时期,与律学废弃相伴随的是传统法制亦走向衰落。由于始终依附于儒学而存在,历史上律学教育地位一直不高,规模也极为有限,表现出时断时续的不稳定性,既未能走上独立发展的专业化教育道路,更无对权利、公平、正义等价值的追求,这不得不说是一件令人既遗憾又无奈的事情。“因为真正独立的法律教育,尤其是近代型的法科大学教育,不仅要求有机构,有科目,有老师,有学生,毕业生有好的出路,而且更加重要的是要有法律教育的自治权,要有民主立法的环境,以及大学的自治”,㊳显然律学至多也仅具备前者而根本不可能具备后者。以古为鉴,我们今天的法律教育和改革应始终保持学科自身的独立性,可以关照国家政治、道德伦理,可以持有强烈的民族使命感和文化自信心,但绝不可将其相互混淆、糅为一体,同时法律教育要重视基础理论研究和长期建设投入,不能走重实务而轻理论的功利性发展道路。

Form, Content and Concept: Research on the Evolution of Chinese Traditional Legal Education from the Rise and Fall of Jurisprudence

Zheng Xiaolong

Abstract: As an official institution for legal education in ancient times, the rise and fall of Chinese jurisprudence has had a profound impact on the form, content and concept of traditional legal education. Before the rise of the study on jurisprudence, legal education was mainly carried out in private schools. It developed from studying jurisprudence only to focusing on the combination of Confucian classics and jurisprudence. After the rise of

㊳ 何勤华、袁也:《中华法系之法律教育考——以古代中国的律学教育与日本的明法科为中心》,载《法律科学(西北政法学院学报)》2018 年第 1 期。

jurisprudence, official legal education was established based on not only special institutions and teachers, but also a link of the selection of talents for the imperial examination, which greatly promoted the construction of the legal system at that time. In the Yuan, Ming and Qing dynasties, however, the government abolished these specialized agencies, whose rights returned to private schools where those lower-level officials, including petty officials, legal advisers and lawyers, studied legal expertise to make a living. Since then, Chinese traditional legal education has declined.

Key Words: traditional legal education, the rise and fall of jurisprudence, Ming dynasty's legal officers, the combination of Confucian classics and jurisprudence

教学研究

从“案例教学”到“案卷教学”

——武汉大学法学院刑事实务课程教学改革的探索与思考

何荣功* 李少波** 赵正武***

摘 要:顺应新时代法学人才培养的新要求,我们致力于实务课程教学改革,积极尝试从“案例教学”到“案卷教学”的升级,即致力于探索从传统的一人讲授向教学合伙人团队授课的转型;从过去静态讲授知识点向动态整体把握真实案卷的转型;从过去单纯讲授刑法知识向刑事一体化的转型;从过去由教师主导课堂向学生主导课堂的转型。三年的实践证明改革着实有助于提升学生解决实务问题的能力,但也存在问题需要解决。

关键词:案卷教学 案例教学 法学课程改革 刑事一体化

法学作为一门理论与实务相结合的学科,具有很强的实践性。正因如此,基础理论教学与实务教

---

* 何荣功,武汉大学法学院教授、博士生导师,研究方向:刑法学、法学教育。

** 李少波,中南民族大学法学院讲师、武汉大学法学院实务教学兼职教授,研究方向:刑事诉讼法、法学实践与教育。

*** 赵正武,武汉大学法学院2018级刑法学硕士研究生,研究方向:刑法学。

学一直是法学本科教学之“两翼”。我国多数院校的法学本科教育培养方案都是以各部门法的理论性授课作为课程主体,[①]配之以部分案例课程与通识课程。[②] 与国内大多数兄弟院校一样,这些年我们也一直致力于探索实务教学的新理念、新路径与新方法,无论在课程体系设置,还是在教学方法改革上,都取得了一定实效。本文主要围绕过去3年我们牵头开设的刑事实务课的教学改革展开,以期进一步探索打造实务教学“金课”的路径与方法。[③]

一、传统刑事案例教学的特点与问题

法学是世俗的学问,甚至很多是实践性、技术性的,[④]法学的本质决定了法学教育和人才培养必须重视理论与实务的有机融合。但多年来,我国的法学教育被认为缺乏对学生必要的职业能力培养而受到各种诟病。[⑤] 为了提升法学教育质量和适应社会需求,这些年各个学校都在努力探索实务教学的新模式,无论是传统的刑事案例教学,还是本文探讨的刑事案卷教学,都是在该背景下展开的。

传统案例教学的模式和特点可以从该时期编著出版的诸多教材或其他著作中明显体现。简单地讲,传统案例教学中,案例教学本身往往并不具有独立性地位,案例教学的主要目的被定位于提升学生对理论知

---

① 参见丁相顺:《比较法视野下的东亚法律人才养成制度改革》,载《法学家》2009年第6期。

② 如清华大学法学院开设了刑法研讨与案例分析、行政法案例研讨、知识产权法研讨与案例分析;北京大学法学院开设了刑法案例研习、刑诉案例研习、民法案例研习、民诉案例研习;中国政法大学刑事司法学院开设了刑法学案例研习;吉林大学法学院开设了刑事法案例研修与实训等。

③ 参见周叶中:《新时代我国高等学校本科人才培养思想——武汉大学的思考与探索》,载《中国高等教育》2019年第12期。

④ 参见苏力:《当代中国法学教育的挑战与机遇》,载《法学》2006年第2期。

⑤ 参见陈伟、蔡荣:《双师同堂刑事案例教学的角色定位与身份互动》,载《中国法学教育研究》2015年第4期。

识点的理解，增加授课趣味性、直观性。近年随着实务教学被空前重视，在改革探索中，案例教学整体上呈现出改造、升级的趋势。比如，有的将案例以小说题材呈现，将多个需要考察的知识点融入主人公传奇故事中。这种做法在技术上可以起到压缩案例篇幅的作用，一个故事将多个静态知识点串联起来，一定意义上具有化静为动的效果，而且，主讲教师用尽心思地将案例故事情节设计得尽量曲折引人，客观上也起到了提升学生兴趣的目的。有的在课程体系中专门设置刑事实务课，试图通过单独设课的方式以保证该课程的独立价值。还有的通过增加案例难度和信息量，以希望提升学生的能力。

整体上看，传统的刑事案例教学具有以下基本特点：

（一）偏重于静态式教学

巧妇难为无米之炊，案例是实务教学之“米”，刑事案例教学当然离不开案例的支撑。传统教学中的案例多半经过教学工作者的过滤、编辑、二次加工，其内容精简扼要，知识定位明确，通常情况下主讲教师用一两张 PPT 便能将案情的来龙去脉与设定问题完整呈现。教学方法一般是：主讲教师描述案情后提出问题，接着学生展开讨论。在一次课程中，师生可能围绕一个案例或者一个问题点，也可能围绕少则三四个多则数十个案例展开讨论。

传统案例教学不是没有优越性，授课教师事先精心编制的一个或者有相似度的一组案例，使问题集中，一目了然。数个案例短平快地对比，容易呈现问题，取得特定的教学效果。然而，这种案例教学系建立于对现实案件人为裁剪基础之上，案情介绍和问题提炼都呈现明显的静态、片面、单一性，难以体现理论与实践的真正结合。

（二）实体与程序的人为分离

在我国，实体法与程序法的分离早在清末修律时便存在，⑥这种现象及至今日仍然没有发生根本改变。实体法与程序法的分离分立、各自为政的现象决定了作为授课教师的知识结构难以是完整的。如果由主

---

⑥ 参见赵晓耕、陆侃怡：《清末诉讼法改革对于律师制度的借鉴——以 1906 年〈大清刑事民事诉讼法草案〉为视角》，载《北方法学》2011 年第 1 期。

攻刑事实体法的教师开设案例课程,那么,其选取和讲授的案例将侧重于实体法知识点,教学考核过程难免重实体、轻程序;同样,如果由擅长刑事程序法的老师开设本课程,其也会不由自主地偏重程序法知识点。

但问题在于,现实中的任何案件都是真实复杂社会关系的反映,并不会因为研究者的知识结构而改变,而且,案件办理中很多诉讼策略的"命门"都系之于实体与程序的衔接之处,如果学生在学校完全未经历刑事一体化思维训练,那么案件办理往往很难找到个中肯綮。这些年刑事一体化理念越来越深入人心,但问题的改变需要时间,具体到刑事实务课程改革而言,当前务实的做法是课程设计之时,学校或学院要有意通过制度为一体化教学腾出应有空间。

(三)实务导向相对较弱

传统案例教学偏重课堂知识讲授,常常惯于用概念解释概念,导致知识教育与实践教育的脱节。⑦ 而且,由于仍受制于基本素材来源与授课教师经验的局限,不少刑事案例课程偏向于理论性而非实务性。比如,有的仍局限于使用德国1897年"癖马案"来讲授刑法中的期待可能性理论,使用"卡车司机案"讲授风险升高理论等。我们并不否认这些案例的经典价值以及学术史意义,而且,对于这些案例,作为初学者的学生也往往会听得津津有味。但问题是,如果刑事实务课堂只是(或主要)局限于介绍这些国外经典案例,则难以符合实务课程的初衷,更无法真正提升学生解决实务问题的能力。

课程设置是个有机整体,要最大限度地尊重知识的内在逻辑,体现人才培养的规律与目标。刑事实务课的基本任务和核心目标并不是弥补、兜底理论课程未能教授完善的部分,否则,就仍然是理论教学的延续而失去独立存在的意义。突出实践导向,提升学生实际问题处理能力是本课程的宗旨,所以,我们应以解决实践问题为中心来建构、展开课程内容,而不是以案例"迎合"理论。过去存在一种以案例教学服务于理论教学的不正确做法,即为了阐述某个理论话题而寻找案例,与之对应,能

---

⑦ 参见冯果:《新理念与法学教育创新》,载《中国大学教学》2019年第10期。

够与预定理论对应的案例,即采用,不能对应的案例,则舍弃,这明显违背了法学研究和教育的本性,很可能导致一个所谓“优秀”的法科毕业生面对一个并不复杂的鲜活真实案件时束手无策。

(四)学习主动性不足

“在向儿童传授知识方面,我们通常是老师,而在激励他们的热情方面,我们则更应是老师。”⑧对于已是成年人的法科学生而言,好的老师同样要重视唤醒与激发学生的兴趣与学习主动性。传统刑事案例教学中,授课老师努力精心选取有吸引力、尽可能典型的案例,实际上都体现了教师为提高学生兴趣的良苦用心,值得称赞。但如果教师不在课程基本范式上努力突破与转变,仍只是对案例知识点分析讲解,那么学生的学习也只能是静态的、被动的。而且,由于案例本身的单薄和精简化,学生的主动钻研必将更多地落到案例背后的理论知识,这明显偏离了实务课程的初衷,实际上是对理论课程的重复,重复性的思维活动当然难以激发学生的兴趣。

二、刑事案卷教学的改革与探索

(一)改革的初衷与目标

面对新时代法学本科教育的需求,针对传统刑事案例教学存在的问题,在学院的鼎力支持下,2017 年秋季学期开始,我们致力于探索从刑事案例教学到刑事案卷教学的课程改革,希望通过教学方式的创新,真正提升学生运用法律解决实务问题的能力,拉近课堂与实务之间的距离。

(二)师资:“教学合伙人”

有无适格的师资队伍是课程能否高质量推进的决定性因素。经过 3 年探索和逐步完善,我们已建立了比较稳定的教学团队——“教学合

---

⑧ [法]孟德斯鸠:《论法的精神》(上卷),许明龙译,商务印书馆 2015 年版,第 48 页。

伙人”,即采用一位主讲教师加多位“教学合伙人”的“1+N”主导制模式。目前刑事案卷教学的常驻“教学合伙人”除了本单位的教师外,还包括湖北省人民检察院的优秀检察官、湖北省高级人民法院的资深法官、多名湖北省内高校专注实务教学的教师以及多名律师事务所专职刑事辩护的律师。在主讲教师的统一组织筹划下,各位教师各安其职,有序地授课。

(三)课程结构与内容

根据学院教学计划,本课程系专业选修课(3学分),每年秋季学期开设,课程对象限定为已完成刑法和刑事诉讼法学习的法学院本科三年级和四年级学生。本课程共计16次授课,以一起真实且有一定难度和代表性的刑事案件为素材,师生共同研习。每个学生对应分发该案的整套刑事卷宗,[⑨]真实鲜活的案卷带给学生强烈的新鲜感,有助于将学生迅速带入事实情景。[⑩] 客观地讲,案件(卷)体量大,信息丰富,对于尚无实务经验的本科学生而言,学习任务还是相当艰巨的。

课程推进中,主讲教师结合学习的规律和难度,循序渐进,逐步深入。16次有限授课中,主讲教师紧密结合案卷授课10次左右(我们称为“主干课程”),剩下6次左右的课程则交替穿插在10次主干课程之间,由专职检察官、法官、律师以及其他教师进行授课(我们称为“辅助课程”)。以刚刚结束学期的课程为例,该16次授课的主题内容与授课教师的基本情况如表1所示:

表1　刑事实务课程基本情况

课程序号	课程主题	授课教师
第一次	课程概况与刑事阅卷	主讲教师
第二次	案件事实陈述与重点归纳	主讲教师
第三次	证据分析与整合	主讲教师

⑨　该刑事案卷已经过信息脱敏处理,编辑修改为适合教学的版本。

⑩　参见高雅:《案卷教学法在公安院校刑事诉讼法课程中的应用研究》,载《北京警察学院学报》2018年第2期。

续表

课程序号	课程主题	授课教师
第四次	事实的组织与重构	主讲教师
第五次	法律适用与分析	主讲教师
第六次	第一阶段总结回顾	主讲教师
第七次	司法心理学	专业教师 A
第八次	法律论证与说服	专业教师 B
第九次	法庭调查与举证质证	主讲教师
第十次	公诉实务中的证据审查	检察官 C
第十一次	庭前辅导与法庭发问技巧	律师 D
第十二次	法庭辩论	主讲教师
第十三次	刑事审判中的法律思维	法官 E
第十四次	辩护词写作	专业教师 F
第十五次	法律职业伦理与司法交往	主讲教师
第十六次	模拟法庭(结课)	全体教师

(四)案卷教学的特色与优点

经过 3 年的摸索,课程经历了从 1.0 版到 3.0 版的升级,目前,已形成了较为成熟的教学模式。简言之,通过教学改革,该课程初步实现了从传统一人讲授向团队授课的转型,从过去静态讲授知识点向动态整体把握案件的转型,从过去单纯讲授刑法知识向刑事一体化方向转型,从过去由教师主导授课向学生主导课堂的转型,基本上达到了课程开设的初衷与目的。归纳起来,该课程具有以下特色:

1. 动态性:案卷教辅与教学过程的连贯一体

如表 1 所示,刑事案卷教学由一起案件统贯始终,学生初次课领取卷宗,中途稳步跟进,学期末进行综合性的模拟法庭结课,整个过程由表及里、逐步深入、动态持续。真实案卷教学最大限度地模拟、还原了实际案件处理及其过程。而且,大体量案卷的同一性,既保证了学生所学内容的一体性与连贯性,也在根本上改变了传统案例教学模式下知识学习散点状、片段性的特点。学生在学习中会逐步发现、挖掘、组合出新的证据细节与案件事实,不仅有助于锻炼学生自主发现问题的能力,而且有助于培养学生对新问题的探索与思考能力。教与学环环相扣,动态连续。

课程进行中主讲老师会有意安排各小组选择承担法官、检察官、律师等司法角色的研究与任务,学生实际上向职业化的培养目标靠近了一步。[11] 课程的动态性不仅体现于学生们的智识增长,而且学生们借由持续性投入案件"诉讼过程",进而产生真实的法律情感与思考。学期结束同学们收获的不只是琳琅满目的知识,还包括统摄于一起案件中的鲜活连贯的法学思维。

2. 刑事一体化

对任何案件而言,实体与程序都是相伴相生的,离开了程序的实体是虚空悬想中的实体,离开了实体的程序是无从归依的程序。本课程极为重视贯彻刑事一体化的观念与思维,鼓励学生充分运用此前所学知识,寻找卷宗中有迹可循的蛛丝马迹。例如,案件学习至学期中段时,主讲教师往往会有意调转焦点,提问是否有同学或小组发现了案件存在的管辖问题。实际上,卷宗中涉及管辖的关键信息并不隐蔽,大部分学生课下独立阅读卷宗即能识别,但事实上能够敏锐地反映案件存在管辖问题的学生并不多。该细节反映出虽然学生经过两三年理论知识学习,已掌握了基本的实体性与程序性知识,仍可能无法将其融贯运于一心。刑事案卷教学正是在类似的程序实体结合点上,反复提醒、培养学生刑事一体化的视角与思维。

3. 鲜明的实务导向

法律实务的基本要义是解决问题,且要实事求是、充分高效地解决问题。刑事案卷教学采用真实的卷宗作为素材和样本,注定其具有明显的实务导向性。本课程根据刑事案件的办理流程,重视全过程提升学生的实务能力,包括注重培养学生发现、分析、解决问题的能力,着力塑造

---

[11] 参见徐胜萍、田海鑫:《21世纪初域外法学本科后教育改革的特点及启示——基于对日、韩、德、英四国的考察》,载《中国高教研究》2014年第2期。

学生的文件审查能力、证据分析能力、事实陈述能力、法律说服能力。以阅卷为例,众所周知,它是案件办理中的最基础工作之一,如公安机关办案人员对犯罪嫌疑人是否存在疲劳审讯等违法行为,律师和办案人员只有踏踏实实地阅卷,从卷宗细节才能发现“真实”,而对卷宗反映的案件细节的发掘,也有助于培养学生阅卷的敏锐度,深化《刑事诉讼法》关于讯问规定的理解。本课程十分重视对学生阅卷能力的培养,良好的阅卷能力不仅需要端正的态度,还需要恰当的方法,为此,一方面,本课程特别强调专注、耐心、细致对从事法律实务的重要意义;另一方面,在方法论上,为了全面准确掌握案件事实,我们要求学生要多次阅卷,而且每次侧重应有所不同。第一遍要细致、完整阅卷,以获得对案件事实最全面细致的掌握;第二遍阅卷中应注意抓大放小;其后根据具体工作要求完成第三遍、第四遍阅卷,达到对案件事实的全面把握,并形成中肯、独到的法律意见。

4. 交互性教学:师生角色和职能的转变

交互性教学是刑事案卷课程的又一显著特点。学期之初,根据选课人数助教将学生平均分为若干学习小组,并选出小组长。整个学期各组人员都相对固定,组长与所有组员要配合协作,共同完成每周的任务。课堂的绝对主角是学生,主讲教师的角色主要是发挥牵针引线、适时点拨的主持作用,避免学生把注意力放在无关紧要的琐屑之事上,⑫引导学生迅速切入重点进行针对性的讨论。

根据每周课程主题与任务,主讲教师会安排各组进行成果展示或者进行小组对抗较量。每一组展示后,主讲教师引导其他小组对该组进行欣赏、反驳或联想,课程中随时会出现随机提问、即兴辩论以及老师的解答与建议。多个小组对于同一课程作业的轮流展示,于对比之中让学生迅速发现差距,直观地感受各组的风格。课程至后期,各小组取长补短、博采众长的特征会十分明显,对比初次展示,各自的能力得到明显提升。通过每周主题任务的布置与课堂上的汇报展示与现场评点,学生的学习

⑫ 参见[法]卢梭:《爱弥儿:论教育》,李平沤译,商务印书馆1978年版,第254页。

主动性得以充分调动,课程的参与度始终保持在较高水平。而校外实务教师的交替在场,这些不是“老师”的老师,在课堂上往往还可能作为校内老师的对立面存在,[13]进一步刺激了学生养成独立判断的习惯,勇于主动参与无永恒标准答案的法学实践难题中来,促进深思与钻研。

交互性教学模式,实质上是在强调一种过程控制,[14]学生在按时完成任务的同时,须从过去以知识接收为主的被动学习,转变并适应以内容输出为主的主动学习。刑事案卷课程不仅要求学生每节课都要承担一定量知识输出任务,而且在输出方式上,既有文字写作的提交,又尤其注重口头表达的训练,“直接言词原则”在课堂上得到了充分的贯彻。交互性教学模式下,各小组的展示形式不拘一格。3年来,PPT展示、口头演说、辩论式汇报、小型侦查实验甚至直接以戏剧表演重现案件事实等,都被学生们创造性地引入了课堂,无论是表意效果、生动性,还是说服力,都给师生们留下了深刻的印象。

刑事法学的本性注定该课程具有较强的道德伦理属性,教学团队在教授知识的同时,重视以人格影响人格、以心灵感化心灵。[15]本课程不单纯是进行实务经验技能的传授,也重视引导学生探讨法律职业伦理与司法交往,唤醒学生的职业意识、启迪学生的精神世界。

三、课程改革与建设面临的难题

好的开始是成功的一半。从刑事案例教学到刑事案卷教学,我们迈出了坚实的一步,也面临着难题与挑战。

---

⑬ 参见陈伟、蔡荣:《双师同堂刑事案例教学的角色定位与身份互动》,载《中国法学教育研究》2015年第4期。

⑭ 参见齐文远:《刑事案例演习教学法的探索——基于创新型与应用型法学硕士研究生培养方式的设计》,载《学位与研究生教育》2009年第11期。

⑮ 参见周叶中:《以“成人”教育统领“成才”教育　推进通识教育改革》,载《中国高等教育》2019年第Z1期。

(一)师资队伍的难题

目前,本课程的教学团队来源组成不可谓不多元,法律职业共同体的核心成员——法官、检察官、律师、学者汇聚于此。较之于普通课程由一位教师单独授课,这已属相当豪华的师资阵容。然而,仍然有部分法律实务参与主体暂付阙如,最明显的是公安人员。公安机关身处刑事司法流程最前端,是犯罪侦查者、卷宗制作者,对刑事案件的意义重大。如果能够引入兼具理论和实务经验的刑事警察参加课程教学,那么对于学生全流程、多方位了解刑事诉讼与刑事案卷将更有裨益。另外,虽然刑事实务的主战场是法庭,但实践中影响刑事诉讼过程及结果的绝不仅限于参与庭审的各方主体。与此相适应,未来法医等鉴定人员、狱政管理人员、刑事新闻记者等多种主体都将考虑引入教学团队,以进一步充实刑事案卷教学的师资力量。

(二)授课的一体性:如何避免成为讲座的简单集合

由于单个教师的知识、经验有限,为了让学生无死角地全面学习刑事实务,本课程创立了教学合伙人的授课机制。但多人授课场合,若不同老师沟通、协调不好,将损害课程的一体性,一门课程很容易变成“讲座的集合”。本课程推进中,一方面,如前指出,在坚持教学合伙人机制的前提下,采用主讲教师主导制,主讲教师负责调配、设置、安排其他老师上课的内容、形式与时机,以确保课程的一体性;另一方面,授课内容上我们有意并尽力实现“整体式的培养”,即在课程内容设置方面,我们并不是随意地将各领域的法律人拼凑起来,轮流开专题式的法学讲座,而是有计划地把各个教师所讲内容整合到一条司法发生学的逻辑线上,实现教学内容的系统化,避免知识的碎片化。[16] 换句话说,本课程不是根据授课教师的专业特长设计课程,而是根据课程需要寻求有专业特长的教师参与团队授课。

从目前学生的反馈看,有的同学认为如此的配置恰到好处,也不乏同学提出团队授课影响了课程内容的紧凑性。

---

⑯ 参见王祥修、左丽丽:《互联网时代大学生学习的碎片化现象及其对策研究》,载《发展研究》2019 年第 6 期。

(三)供需矛盾与教学质量

对于本科教学而言,学生的自由选课情况能够在一定程度上真实反映学生对课程的需要及其授课质量。过去 3 年,本课程经历了从第一年开课时 17 人的“惨淡经营”,到第三年激增至 96 人的“炙手可热”。然而,在接纳了 96 人之多的 2019 年秋季学期,课程的授课效果在一定程度上受到了影响。比如,前两年本课程在学期所有课程的学生评教排名中一直名列前茅,但 3.0 版课程的学生评教排名出现了下降。⑰

个中原因无疑是多方面的。本学期选课学生多,我们不得已将学生分为 9 个学习小组。如果一次课给每一小组展示机会,那么几乎 80% 的课程时间都将被用于此,剩下的时间不足以进行相互点评、讨论与内容推进;若每次课只抽选个别小组展示,一则对于精心准备、渴望展示的学生,积极性有所耗损;二则各小组也无法充分比较借鉴、展开辩论与探讨,并且不利于教师充分掌握各小组具体学习质量与需求。其实该问题的症结在于如何平衡教与学之间的供需矛盾。本学期 3.0 版刑事案卷课程受到学生的青睐,选课人数一度超过百人,作为教师,我们不忍心将有意参与课堂的学生拒之门外,最终将选课人数限定为 100 人。在课堂人数过多的情况下,刑事案卷课程本应采取的教学方法无法有效使用,从而影响到了课堂质量。该问题也有力地证明了小班教学对于提升教学质量的重要意义。

四、学生的反馈与进一步改革的设想

3 年来,教学团队秉持课程的推进与改革并行不悖。每次结课时,授课团队都主动、及时收集学生对课程的心得体会,每学期末还专门收集整理学生们对课程的总体评价与建议。

---

⑰ 需要说明的是,学校教务系统中学生对课程的评教分并不是衡量课程教学质量的决定性因素,主要目的在于方便授课老师更加全面地了解学生的需求与建议。

(一)学生的反馈、建议及其思考

从学生反馈的信息看,整体上褒扬的意见居多:“创新性的实务课程理念、卷宗教学以及多样的教学方法,翻转课堂同时结合老师评述指点,从直观的角色扮演到体验式的犯罪心理教育的设计,从聆听、辩论、反馈到总结、抽象、升华,从任何一个角度和标准进行评价和总结,课程可谓都是优秀的……最后一堂课以多方辩论的形式为本课程画上句号,可它留给我的影响绝对不止于此时此刻。”“真实的社会背景、案件、当事人等是刑事实务课程的最大特点,与普通的专业必修课相比,我在这里虽没有系统地学习某一部法律,但这丝毫不削减课程内容的充实度,因为在刑事实务课堂上,我们有大量的实践练习和场景模拟,在这些练习和讨论中,我们对以往的法学知识进行重温、运用,并发现自己知识环节上的薄弱点。”

相对于学生的褒扬,我们更重视来自同学们关于课程改进的意见和建议:

第一,有学生指出,课程压力较大、强度分布不均。其中不少学生反映,除了课上的听讲与展示,课下还要投入大量时间阅卷、撰写质证意见、公诉词与辩护词等文书。一旦不能按时完成相应任务,很可能无法跟进课堂上师生们的讨论。另外,纵向比较而言,该课程有些“前紧后松”。前期课程中学生需要完成高强度的阅卷;而在后期,案情已较为熟稔,课程又略显宽松与疲乏。第二,有学生提出,理论教学与案卷教学之间存在案例教学的实质性缺位。提出该意见的同学指出,刑事案卷教学固然效果显著,然而在目前法学本科教育的整体培养方案中,案例教学课程是否真正得到实质性的落实?在案例教学还未真正落实的情况下,深入开展案卷教学是否错位?没有案例课作为过渡,学生对于刑事法知识的掌握并不牢固,使刑事案卷课程不时需要补充理论知识而延缓课程进度。第三,有的学生希望本课程是否可以考虑研习 2 ~ 3 起案件,这一方面能够让学生接触更多不同类型的刑事案件;另一方面也可缓解、调剂学生整个学期只研习一起案件所产生的倦怠心理。第四,有学生反映,个别学生浑水摸鱼、实质参与度较低。由于课程人数激增,分至每个学习小组的成员也相应增加,课堂人数多,导致无论是完成小组作业还是课程展示,难免出现个别同学偷懒、“划水”的问题。

学生们提出的建议在一定程度上反映了本科教学存在的普遍性难题与实务教学特有的矛盾。本科教学毕竟属于基础性教育,如果多门课程都要达到精深的程度,就需要学生时间和精力的投入,在学生整体时间有限的情况下,单位时间内高密度学习的学生就会感到课程压力较大。具体到实务教学而言,如果课程完全按照司法实践样态展开,那么课程对于学生的难度往往过高;而若仅依照传统的案例教学方式,又显得过于简单,且与实践相差甚远。这就要求课程设计者和主讲教师在教学中注重平衡,调适课程内容与难度,在不超越学生学习承载能力的范围内,尽可能地贴近实务、还原司法实践的真实样态,推进实务教学的革新完善,不能想当然地推进理想化的体验式教学,要结合学生对该教学方法的吸收程度进行及时调整,达到教与学二者契合的最佳状态。⑱

(二)进一步完善的设想

学生们的褒扬与建议是我们改革的动力,课程团队深知本课程还存在其他方面的问题。为进一步提升教学效果,实现将本课程打造为实务“金课”的目标,未来学期,基于本科教育的规律、法学教育的特点、实务教学的特殊性以及学生的反馈,我们将在以下方面着力进一步改革和完善:

第一,关于“教学合伙人”。未来课程中我们将补强师资力量,在邀请刑事警察走进课堂以完善课程环节的同时,着力提升现有师资队伍的质量,形成授课效果更好、更稳定的教学合伙团队。实务教学所要求的技能确实较多,单凭一位教师,很难保证最佳教学效果,刑事实务案卷教学坚持在每一个专业环节,都由该领域最为精熟的教学合伙人进行授课。

第二,关于“小班教学”。事实证明,百人大课堂虽然从形式上看一片繁荣景象,但大容量课堂确实影响和降低了实务课程的质量。为

---

⑱ 参见季长龙、刘筱:《体验式法学教学与学生心理的交互作用研究》,载《中国法学教育研究》2019年第2期。

此,未来的课程要限制选课学生的数量,单个课堂学生人数不宜超过40人。为了满足学生们的需求,我们初步设想每年春秋学期本课程各开一次。

第三,关于课程内容的一体性。保持课程内容的一体性,避免将课程开设为讲座课的集合,这是任何团队授课都无法回避的难题。团队成员的交流越多,越有效,越有助于形成“同心一体”,我们将更加重视教学团队课前、课中的沟通协调,积极回应学生们反映的既有课程内容上的松散问题。关于学生提出的增加多个案例以保持新鲜感的建议,我们认为该问题并非根本性的。

第四,关于实务教学的梯次问题。法律思维和技能的训练,应该在课程体系中呈现梯级状,⑲在调整理论课程与实践课程配比的基础上,有针对性地增加实务技能训练课程。⑳ 刑事案卷教学的改革确实应考虑学院整体的课程体系与框架。针对学生们提出的理论教学与案卷教学之间存在的案例教学的不足与缺位问题,我们建议学院尽力调配、平衡理论课程、案例课程、案卷课程的比例与梯次,发挥案卷教学在培养和提升学生解决实务问题能力方面的应有效能。此外,相对于传统案例教学,案卷教学对于本科学生而言,确实有一定的难度,但这是培养一流法学人才的需要,我们不能停止案卷教学的改革与探索,未来可以考虑将实务课程分为中阶与高阶不同层次,循序渐进,以满足学生的多元需求。

---

⑲ 参见冯果:《论新时代法学教育的公共精神向度》,载《中国大学教学》2018年第10期。

⑳ 参见杜健荣:《论基于能力本位的法学本科课程体系构建》,载《法学教育研究》2019年第3期。

From "Case Study" to "File Study"

—Explorations and Reflections on the Teaching Reform of Judicial Practice Course at Law School of Wuhan University

He Ronggong　Li Shaobo　Zhao Zhengwu

Abstract: In line with the new requirements of legal talent cultivation in the new era, Law School of Wuhan University is committed to the teaching reform of practical course and actively endeavor to upgrade from "case study" to "file study". This reform aims at exploring the transformation from traditional one-person teaching to team teaching, from static knowledge teaching to dynamic and overall grasping of actual legal documents and files, from simple teaching of criminal law knowledge to integrated teaching of criminal justice, from teacher-centered classroom teaching to the student-centered classroom teaching. Three years' practice at the law school has proved that the reform can significantly benefit students' learning and improve their ability to solve practical issues. At present, the issues in the reform are being solved for its further improvement.

Key Words: file study, case study, reform of law curriculum, integrated teaching of criminal justice

环境模拟法庭课程设计与效果评价模式探析*

秘明杰** 王海滨***

摘　要：环境模拟法庭是法学实践教学体系的重要组成部分，作为一门课程，其设计内容包括教学环节、评价体系、成果验收三个方面。教学环节设计包括案例筛选与角色分配阶段设计、专业教师"扮演角色"之定位、模拟对抗阶段设计；评价体系设计包括专业教师教学评价、选课学生评价标准、实践教学实施效果评价；成果验收设计包括教学成果验收指标量化、验收方式与信息反馈。环境模拟法庭实践教学对学生法律实践能力培养具有重要意义，有助于推动模拟法庭教学方式的改革和创新。

关键词：环境模拟法庭　实践教学　课程设计　效果评价

---

* 本文系2015年教育部人文社科青年基金项目课题"环保社会组织提起民事公益诉讼问题研究"（项目编号15YJC820042）阶段性成果；2014年山东科技大学研究生教育创新计划项目"研究生实践教学之环境模拟法庭设计研究"（项目编号KDYC14031）阶段性成果。

** 秘明杰，山东科技大学文法学院副教授、法学博士，研究方向：环境法与环境政策。

*** 王海滨，山东科技大学文法学院硕士研究生，研究方向：环境与经济法务。

随着我国环境司法专门化的推进,环境资源审判庭正日益成为各级各地法院专门设立的审判组织,其对专业人才的需求也日益高涨。与此同时,自2012年以来,由中华环保联合会主办的全国大学生环境资源模拟法庭比赛已经成为专业学科领域一项重要的国家级赛事。它不仅是许多参赛高校之间环境法律专业人才培养交流的平台,也日益成为许多地方人民法院、人民检察院、律师事务所之间环境诉讼案件实务沟通的渠道。以赛促练、以赛促教、教赛结合已然成为我国环境法律专业人才培养的重要方式,环境模拟法庭日益成为法律学生在校期间应当学习的法律实践艺术。① 环境模拟法庭实践课程的科学设计有助于传统模拟法庭教学方式的改进和完善,有助于环境法科学生的培养和储备,也有助于环境司法改革的推动和发展。高等院校法学院所是环境法律专业人才的储备基地和输出单位,环境模拟法庭作为教学方式之一种,是呼应我国目前环境司法改革创新要求的重要举措。它以庭上之案强化学生独立思考、语言组织、对抗论辩、协同合作、实务处置等法律技能培养。

环境模拟法庭不同于传统的模拟法庭,它具有独到的规范准则,如专门的公益诉讼前置程序、特殊的举证责任分配与证明责任、特别的诉讼时效计算等。它契合我国"卓越法律人才教育培养计划"②的实施要求,强调"着力强化实践教学,进一步提高法学专业实践教学学分比例,支持学生参与法律援助、自主创业等活动,积极探索实践教学的方式方法,切实提高实践教学的质量和效果"。因此,无论是从社会现实需求而言,还是从专门环境法律人才培养来说,都需要对环境模拟法庭实践课程进行科学周密的设计。

---

① 参见[美]杰罗姆·弗兰克:《如何打造优秀的法学教育》,王晨光译,载《法学杂志》2012年第5期。

② 2011年12月23日,教育部、中央政法委发布并实施了《卓越法律人才教育培养计划的若干意见》,一般被称为"卓越法律人才教育培养计划1.0";2018年10月8日,教育部、中央政法委又发布实施了《关于坚持德法兼修 实施卓越法治人才教育培养计划2.0的意见》,一般被称为"卓越法律人才教育培养计划2.0"。二者均强调各大高校应加强法学实践教学,而模拟法庭教学是其形式之一。

一、环境模拟法庭教学环节设计

(一)案例筛选、实训分组及角色分配

开课教师负责查找搜集典型环境诉讼案例与有关的证据材料,结合教学目标要求经改编后,在选课学生之间进行合理的角色分配,使之明确自己所扮演的角色,并让他们熟悉所扮角色拥有的案件材料,以便准备模拟庭审所需的法律文书进行演练。

案例的选取是模拟法庭教学活动的第一步,也是至关重要的一步,[③]选取的案例不仅要具备时效性、可辩性、可操作性等特征,而且要具备广泛性、普遍性、专业性。时效性是指选取案例时应舍弃较为陈旧的案例,考虑立法和司法上较为前沿的环境诉讼案例。例如,当前环境法学研究的重点问题包括适度推进法典化、长江流域立法和生态损害赔偿制度改革,[④]故可以在长江流域环境污染治理、生态环境损坏赔偿诉讼和环境公益诉讼等领域筛选近期发生的较为典型的环境诉讼案例,为环境模拟法庭实践教学注入"新鲜的血液"。可辩性是指选取的案例应当具备一定的事实争议性和理论前沿性,为学生留足能力发挥空间,继而激活选课学生的思维广度与理论深度,促使学生从实体法、程序法和案件事实本身等多角度对案件进行综合分析,以论证己方所持观点。可操作性强调改编案例可用、能用和宜用。案例选材应符合实践教学设计的目标和计划,可以在模拟庭审各环节被充分展开,一方面能够被专业教师驾驭;另一方面也能够被选课学生理解和掌握。案例本身也应当具有足够的角色设置,且涉及的专业知识相对集中,这有助于学生法律实

③ 参见黄晓林主编:《模拟民事法庭理论与实例导引》,对外经济贸易大学出版社2015年版,第95页。

④ 参见吕忠梅:《新时代环境法学研究思考》,载《中国政法大学学报》2018年第4期。

践应用能力的培养。从2018年全国大学生环境资源模拟法庭大赛[⑤]所用案例来看,大赛组委会有针对性地收集、改编了三个典型的环境诉讼案例,它们分别是环境污染损害民事诉讼案件、刑事公诉案件以及环境污染公益诉讼案件。结合上述全国环境模拟法庭大赛案例选取标准进行分析,可以看出大赛案例无论是案件性质还是具体案件内容,涉及的领域和范围都较为广泛;比赛案例源于一线法官实务中正在审理或者已经审理完毕的、在环境法学理论上、环境司法实务上具有争议的案件,符合可辩性和时效性的特征;大赛选取的不同形式的环境诉讼案例能够使选课学生的理论知识获得全方位锻炼,从而使大赛具备一定的专业特色及专业深度。与此同时,还应针对选课学生的学习阶段(本科还是硕士)、学习类型(学术型还是专业型)、学习方式(全日制还是非全日制)以及法律知识储备等情况,对所选取的案例进行类型化改编,在基本保留原有案件事实基础上,有差别地将环境法律知识要点整合到环境模拟法庭的案例中去。充分发挥现代化信息手段在环境模拟法庭教学中的积极作用,借助互联网上的新闻报道、诉讼文书、证据材料、法律条文、年鉴数据等内容,强化选课学生信息检索、证据运用、法律思维等能力的培养,从而较好地完成环境模拟法庭实践教学既定的实训目标。

案例改编一旦完成,就可以进入环境模拟法庭教学环节了。这一环节应注重实训分组、角色分配和模拟场景的考量。实训分组受到选课人员数量、庭审规则要求、学时合理分配等因素限制。环境模拟法庭选课学生数量每年有所不同,可根据具体选课学生数量灵活分组,以实现各小组之间分庭对抗为目标。考虑到学时有限,分组过多,可能导致部分小组无法得到有价值的锻炼;分组过少,可能出现小组成员人数超过庭审规则限制,继而导致庭审演练无法顺利进行。仍以2018年全国大学生环境资源模拟法庭大赛备赛为例,某参赛高校由于候选队员较多,第

---

⑤ 从赛制来看,大赛分为初赛、复赛、决赛三个环节,这三个环节所采用的案例分别为湖城农业有限公司诉湖城高速公路集团有限公司、湖城公路工程局有限公司水污染责任纠纷案;谭某非法采伐、毁坏国家重点保护植物案;某市人民检察院诉某市顺洪造纸有限公司环境污染公益诉讼案。

一次庭审对抗时,模拟原被告双方的人数各7人,远超庭审规则所规定的最多3人(当事人1人、诉讼代理人最多2人)的要求。这就导致庭审模拟对抗的多个队员之间逻辑衔接不够、观点阐述重复、整体局面混乱,模拟庭审也变得毫无观赏性和对抗性可言。究其原因,分组不科学是关键原因之一,分组太少以致小组人数过多,针对某个庭审焦点,多数队员往往没有机会发言,或者通过抢答才能表达部分观点,这就极易导致庭上表现为观点零散、证据不足。因此,在环境模拟法庭实训分组环节,专业教师应综合考虑选课人员数量、庭审规则与学时限制,使选课学生都有机会在模拟庭审中发言,并应保障模拟庭审程序的顺利进行。鉴于此,实训小组人数以3~5人为宜,此种分配方式能够满足原被告双方角色模拟的需要。

与此同时,环境模拟法庭教学环节还应注重角色分配的考量,即角色总量控制、案例实际需要以及学生个性发挥等因素。在实训分组完成后,接下来需要对各小组成员进行角色分配。环境模拟法庭涉及的角色主要包括模拟法官、原告、公诉人、公益诉讼起诉人、被告(人)、诉讼代理人、辩护人等,各角色可以根据小组成员数量情况,适当增减以做好总量控制。此外,根据具体案例实际需要,可以考虑增加被害人、证人、鉴定人等角色模拟。在真实案例中,被告人在最后陈述时往往有悔罪表现,被害人也经常哭诉被告人的侵害行为对自己造成的巨大损害等来博取法官同情,从而争取法官在自由裁量权范围内作出对己方有利的裁判。模拟法庭中的这些角色应结合学生个性,分配给有表演天赋的学生,目的是让模拟更加接近真实庭审状态,更加贴近日常生活。此外,模拟场景也是影响环境模拟法庭实践教学的关键因素,庭审模拟旨在力求选课学生接近真实庭审状态。就此,各大高校法学院模拟法庭中法官、诉讼代理人、原被告等场景设置,便于选课学生更好地融入自己所扮演角色,使之感受"法"的威严并带来适度的紧张感。这有助于选课学生以更好的精神面貌投入模拟法庭教学之中,从而使选课学生的心理素质得到有效训练,乃至于为日后走向工作岗位打下坚实的专业基础。

根据全国大学生环境资源模拟法庭大赛比赛规则,组委会结合实际庭审规则,设置了6个参赛队员用于模拟庭审当事双方角色,这既满足了角色控制要求又贴合了案例实际。其中包括原告及委托代理人,被告(人)及其辩护人或委托代理人。模拟法官是模拟环境庭审活动的核心人物,其能否准确总结庭审焦点,关系到模拟庭审能否达到预期效果。正式比赛中模拟法官由业务审判法官担任,以确保模拟庭审的对抗性和模拟法庭的威严性;评委则由律师、法官、检察官等一线法律职业人员担任,以便其从专业角度对比赛双方的庭上表现进行客观评价和定位。实践教学中的模拟法官应按照“双师型”标准⑥选定模拟人员,该人员既要具备厚实的法学理论基础,又要具备丰富的法律实践经验,可由校内具有人民陪审经验的教师或兼职从事律师执业的教师担任,亦可聘请校外兼职导师来担任。

(二)专业教师“扮演角色”之定位

专业教师分别针对不同角色,就案例材料进行深入解剖、细致分析,并对学生进行引导、解答,该环节应当着重强调模拟人员对案件事实的把握、法律条文的查找、理论知识的探索。案情掌握是模拟法庭的一个基础,是整个演绎思维中的小前提,⑦各小组应先行自主进行案情分析、材料收集、文书写作等前期准备工作。鉴于学生自身能力的限制,在发现问题、分析问题、梳理证据等细节方面离不开专业教师带领下的深入剖析。在案件全局走向方面离不开专业教师的宏观指导,故专业教师应做的是掌控全局、把握细节。

环境模拟法庭准备阶段,学生需要就涉案问题展开深入研究,如查找学术论文、分析学术观点、梳理涉案证据,与此同时,还可能涉及法律边缘学科或复杂的计算模型、公式等。这对第一次接触模拟法庭的学生而言,无异于一种挑战,所以专业教师的实训引导作用必不可少。

具体来说:首先,改编案例给定的基础事实可能存在一定缺陷,案件

---

⑥ 参见蒋梅:《基于现代教学设计理论的法学实践教学设计》,载《教育研究》2012年第2期。

⑦ 参见田洪鋆:《模拟法庭教学的课程内容设计——以吉林大学法学院的实践为例》,载《中国大学教学》2014年第10期。

事实不能仅从改编案例中获取，对此，专业教师应引导学生全面收集、分析、整理案例给定信息之外的材料。例如，在2018年全国环境资源模拟法庭大赛的初赛案例，湖城农业有限公司诉湖城高速公路集团有限公司、湖城公路工程局有限公司水污染责任纠纷一案中，原告鲑鳟鱼养殖者诉请被告停止侵害、恢复原状和赔偿损失。该案例因改编于真实案例，所以难免有些缺陷，如原告养殖的鲑鳟鱼种类及成鱼和鱼苗的区分模糊，计算单价不公允，被告施工期间当地月降水情况与原告养殖场污染有何关联不明确等。这些都需要专业教师指导学生去发改委官网、气象局网站或其他行业官方网站全面收集与案件相关的价格因素、气象条件及地形地貌等信息来佐证模拟方观点，而不是仅仅依靠案例中所载信息进行庭前准备。

其次，涉案条文规范、相关指导案例、典型案例的查找分析工作，也是环境模拟法庭必不可少的工作。专业教师应引导学生利用北大法宝、威科先行、裁判文书网及司法案例网站等现代媒体手段，全面收集与案例有关的规范性文件，筛选出对模拟方有利的法律规定并结合证据材料予以使用。对于模拟方不利的法律规定，模拟方也应结合环境法学理论给出较为合理的解释，而不应该采取回避的态度。

最后，专业教师应引导学生借助知网、读秀等检索工具收集与案件相关的文献材料。对于环境诉讼而言，许多诉至法院的案件往往属于环境法学理论研究前沿或者环境法律规定的空白地带，因此，文献资料收集在环境模拟法庭中显得尤为重要。以文书制作为例，环境模拟法庭所涉及的法律文书不能简单局限于对事实的认定以及对法律的适用，还需要有详实的理论支撑。因为仅从事实认定与法律规定来看，可能无法获得有利于模拟方的判断，此时就需要查找大量文献资料、指导案例、典型案例进行辅助说明，该过程相当耗时，而且有可能无功而返。美国著名律师艾伦·德肖维茨有一句名言："很少有哪个案子是在法庭上胜出的，案件的成败在于事前准备。"材料收集过程虽然艰辛，但这也正是环境模拟法庭的魅力所在。

（三）模拟对抗方法及效果分析

设置模拟场景，进行计时演练对抗，进一步探寻争议焦点和论证依据,引导学生抓核心、找焦点,做到专业化控场。该环节是对选课学生的法学知识、逻辑推理、言辞表达、团队合作、庭审风度、法律文书的综合考察。演练对抗要求选课学生在收集到充足资料后,形成模拟方的庭审思路和方向,在此基础上对所收集资料进行整合,基于模拟活动举证时间的限制,应提炼己方证据、剔除无关联性证据,力求在最短时间内清楚表达己方观点,实现复杂案件的可视化处理,以及专业术语的通俗化表达。例如,在全国大学生环境资源模拟法庭大赛的庭审对抗中,许多高校参赛队往往依据案件材料内容,制作出简洁明了的场景示意图,以可视化的方式来表达己方所主张的观点。毋庸置疑,无论是真实庭审还是模拟庭审,当事双方要做的都是坚定自己观点,并运用证据让法官认可自己所主张的诉求。模拟庭审一般都限定举证质证时间,所以模拟双方应尽全力做到有效举证和质证,也就是竭尽全力向法庭展示可以作为定案依据的证据。无关联性证据的举证质证不但浪费宝贵时间,也容易造成证据冗余、体系混乱等,得不偿失。要达到上述目标,一方面,需要选课学生在模拟法庭调查阶段认真做好证据分类、证明目的概括、编写举证PPT及质证提纲等工作;另一方面,也要考虑对方代理人(辩护人)会对己方哪些证据提出质疑、模拟法官会总结出哪些焦点问题。出于接近真实庭审状态的需要,或者强化选课学生的训练难度的考虑,模拟法官可以采取要求模拟方对某一问题进行详细说明或简单概括,禁止模拟方继续发言或不时打断其发言等形式,制造各种“突发情况”。这些“突发情况”在理论教学中难以亲身体会,却在真实庭审中经常出现,所以选课学生要做好充足的应变准备,切勿将环境模拟法庭教学当成念剧本式的“表演”,“重表演效果而轻能力培养的做法有悖于模拟法庭教学的初衷”。⑧ 在2018年全国大学生环境资源模拟法庭大赛备赛过程中,为了做好证据分类、证明目的概括等工作,备战队员制作了举证PPT,如表1所示:

⑧ 翟业虎:《关于规范我国高校模拟法庭教学的思考》,载《高等教育研究》2015年第9期。

表1　被告举证事项

证据清单	证明对象
1. 高速复线水土保持方案报告书 2. 环境影响报告书 3. 水利部高速复线水土保持方案批复 4. 环境保护部高速复线环境影响报告书批复	证明施工项目充分考虑环境保护,项目合法合规
5.《环水保专项施工方案》	证明被告积极落实环保制度
6. 交工验收证书	证明项目施工完毕并验收合格

采取上述直观、简洁的证据分组形式,可以帮助模拟法官和评委更好地理解模拟方观点,既节约时间,又可在一定程度上避免因被模拟法官问询而思路混乱的情况。条理清晰的举证环节有助于模拟方更好掌控庭审节奏,从而为接下来的法庭辩论赢得优势。另外,模拟法庭辩论阶段主要围绕模拟法官总结的焦点问题展开辩论,相对于模拟法庭调查,该阶段更注重考查选课学生对证据材料的掌握及应变、概括能力。故本阶段选课学生需要认真思考的问题主要有:上一阶段出现的法律问题应如何阐述论证、该阶段能否进行可视化展示、如何组织语言以便在有限时间内就对方当事人或法官提出的质疑进行有效回应、如何将法律之外的涉案问题向模拟法官进行阐释等。

演练对抗的结束并不意味着实践教学任务的完成,模拟法庭对抗结束以后,专业教师应就全体选课学生在对抗演练中暴露的问题,以及庭审辩论中新发现的问题进行总结,这意味着"在实体法方面,讨论认定的案件事实是否清楚,适用的法律是否正确;在程序法方面,讨论法庭审理程序是否符合法律规定,细节问题是否严谨,运用的证据是否确实、充分"。⑨ 通过进一步总结争议焦点、发现新问题有助于选课学生更好地把握案件的核心问题,通过模拟演练后的反思或复盘,有助于提高学生抓核心、抓重点、抓关键的法律执业能力。

⑨ 刘春梅、李建宁:《模拟法庭实践教学的问题与对策》,载《教育理论与实践》2014 年第 24 期。

二、环境模拟法庭教学评价体系设计

(一)校内外指导教师综合评价

《教育部关于加快建设高水平本科教育 全面提高人才培养能力的意见》⑩(教高〔2018〕2号,以下简称《意见》)第19条指出"加强对教师育人能力和实践能力的评价与考核",坚持分类指导与分层次评价相结合,分类别、分层次、分学科设置评价内容和评价方式。环境模拟法庭的运行需要耗费专业教师较大精力,各高校大学教师都担负着不同程度的教学任务、科研任务,这往往导致压力过大而难以抽身投入对选课学生的指导工作之中。另外,许多高校比较注重课堂教学的工作量计算,而忽视实践教学的工作量,这种做法严重挫伤了教师开展实践教学活动的积极性。⑪ 因此,应当贯彻《意见》指示精神,将专业教师对环境模拟法庭的指导工作计入教学工作评价之中,与传统理论教学工作同等对待,同时还应采取授予学院教学工作先进个人荣誉称号等形式进行鼓励,以确保专业教师有足够的精力和热情投入环境模拟法庭的指导之中。

校外兼职导师作为实践指导教师的作用应该予以充分发挥,如定期请业务一线的检察官、法官或律师担任模拟法庭评委,也将有助于提高环境模拟法庭实践教学水平。对其入校指导环境模拟法庭工作的肯定,可以通过颁发聘书形式予以确认。与此同时,还应争取建立大学生实训基地,以便把教学成果逐步扩大。在环境模拟法庭教学实践中,助理教练的作用也不容忽视,这一角色一般由往届表现较好的选课学生担任,其作用在于教学成果的梯次分享,以及缓解专业教师的教学压力,同时也可以完成研究生实践教学考核的内容,其在环境模拟法庭实践教学中

---

⑩ 《意见》指出,深化创新创业教育改革、改革评价体系和加强实践育人平台建设等,这与"卓越法律人才培养计划1.0"以及"卓越法治人才教育培养计划2.0"的追求目标一脉相承。

⑪ 参见蒋梅:《基于现代教学设计理论的法学实践教学设计》,载《教育研究》2012年第2期。

的指导工作以荣誉证书或取得相应学分奖励来体现。

(二)选课学生评价标准设定

综观环境模拟法庭中的各个角色,包括模拟法官、模拟原被告双方及其诉讼代理人、模拟控辩双方及被害人、诉讼代理人等,其优劣评价标准无外乎以下六大主要评价指标,即庭审风度、法学知识、言辞表达、逻辑推理、法律文书、团队合作。因此,只有将上述标准以分值形式予以量化,才能具有可比性和可操作性,才能用以客观评价选课学生的理论知识和实践技能掌握程度。本阶段既需要注重评价指标类型选择,又需要科学分布分配各指标之间的分值比例,据此笔者根据 2018 年全国大学生环境资源模拟法庭大赛总结的经验,并结合上述六大主要评价指标,对选课学生量化评价标准以表格的形式予以展示,如表 2 所示:

表 2　环境模拟法庭评价指标

项目(100 分)	评定细则
庭审风度(0～10 分)	1. 着装统一、语言文明、举止得体 2. 遵守法庭纪律
法学知识(0～40 分)	1. 民事、行政案件诉讼请求及理由归纳准确、证据明了;刑事案件主张定罪及量刑清楚、观点明确、证据充分 2. 对案件事实和法律相关法律知识、资料运用能力 3. 自由辩论能力,举证质证能力,问题阐述能力
言辞表达(0～5 分)	普通话标准,表达清晰,用语得体
逻辑推理(0～10 分)	逻辑推理能力强,善于抓住对手缺陷的能力
法律文书(0～25 分)	1. 文书架构能力及文书逻辑推理及法律论证能力 2. 文书书面语言、文字表达是否准确
团队合作(0～10 分)	1. 配合默契 2. 临场应变

在这六大主要指标中,法学知识评价所占比重最大,因为“无论是常态化的模拟法庭训练,还是竞争激烈的模拟法庭竞赛,均需要学生掌握

扎实的法学知识”,[12]要明确环境模拟法庭教学目的是在法学基础知识上的提升,没有扎实的理论基础作为支撑,环境模拟法庭如同空中楼阁。法律文书评价所占比重仅次于法学知识所占比重,因为文书写作同样是从事法律职业人的基本功。2018年全国大学生环境资源模拟法庭大赛参赛队员需要书写的文书包括起诉状、答辩状、代理词、辩护词、被告人陈述、被告人最后陈述,以及举证PPT。文书写作状况是参赛队员法律论证、逻辑推理、证据理解运用、文字表达等多种能力的外在体现,是对参赛队员综合素质和能力的考量,故占有较大比重。

需要说明的是,环境模拟法庭选课学生所写的书面材料不宜全部纳入法律文书评价项目之中,将起诉状、答辩状、代理词、辩护词作为评价对象纳入其中无可厚非,而被告人陈述和被告人最后陈述与上述文书有所区别,不应作为法律文书的评价对象。被告人陈述是在公诉机关宣读完起诉书之后,由被告人对被指控犯罪事实进行的陈述;而被告人最后陈述则是在法庭辩论结束后,由被告人根据案件审理情况进行的最后总结陈述、悔罪认罪。从应然意义上而言,这两个阶段的文书材料都可归类到“法律文书”之中,然而模拟被告人的角色本身具有表演性,因此该部分内容归入团队合作之中更为妥当。因为模拟被告人有可能根据案件实际情况扮演不同身份的被告人,可能是目不识丁的老人,也有可能是高级知识分子。所以,模拟被告人的陈述内容也会有所区别,如若被告人目不识丁,那么要求其具有逻辑思维能力或用法言法语进行陈述未免与角色本身不符,故对该部分不应采用法律文书的评价标准。

团队合作评价主要是参赛队员之间的协调配合程度,参赛队员之间应当相互配合、观点一致。以被告人最后陈述为例,在备赛过程中,参赛人员一般都会预先写好被告人最后陈述的文本,然而实际上,被告人最后陈述应当根据法庭调查和法庭辩论的具体情况作出相应调整。否则,该团队协作能力就值得反思了。除了某些具有表演性的角色外,言语表达和逻辑推理能力也应纳入评价对象之中,用以评价参赛学生的逻辑推

---

[12] 曹锦秋、郭金良:《高等学校法学实践教育创新研究——从实训课程与模拟法庭的关系视角切入》,载《辽宁大学学报(哲学社会科学版)》2018年第4期。

理能力、概括表达能力、临场应变能力等。

（三）实践教学实施效果评价

环境模拟法庭实践教学效果如何，可以通过实践教学培养效果、专业学科建设效果和社会影响效果进行综合评价。

对学生个人培养效果的评价主要包括是否完成额定学分、是否提升专业实践能力、是否能够出战全国或省级专业竞赛。环境模拟法庭实践教学所设置的学时和学分，选课学生只有在实现考核目标的前提下才能获得相应学分。反之，选课学生若达不到考核目标要求、缺勤率过高、不能按时或保质保量完成专业实践学习任务时，则选课学生将无法获得相应学分。专业实践能力提升是环境模拟法庭实践教学培养的重要目的，也是学生个人学习成效的评价标准。专业实践能力的提升表现为多方面，诸如案例分析、文书写作、法学理论知识掌握、逻辑思维以及语言表达等专业技能的提升。本着学以致用的精神，应鼓励选课学生积极参加全国或省级专业竞赛，取得赛事荣誉，作为评价学生个人培养效果的标准之一。

专业学科建设效果评价主要表现为能否通过环境模拟法庭的开展，从而实现院校影响力和知名度的拓展、理论教学与实践教学的互促互进、毕业生就业质量的提高等目标。诸如选课学生作为参赛队员参加省级模拟法庭大赛、国家级环境资源模拟法庭大赛，以及省、自治区、直辖市级法律文书大赛等，都在一定程度上扩展了开课院校的知名度。选课学生一旦取得奖项和荣誉，则可以通过网站、微信、微博等现代媒体手段对外展示实践教学效果。环境模拟法庭实践教学能否培养出适应社会发展需求的学生，能否对学生职业发展起积极作用，能否提高法科学生就业质量等，则是专业学科建设效果评价的另外一种表现形式。

社会影响力评价是指环境模拟法庭实践教学能否搭建高校与一线法律业务部门的合作平台，创新协同形式，为疑难复杂案件提供智力支持，或者作为校园展示平台推进校园法治建设。除了最为常见的与法院、检察院、律师事务所及各大公司建立实训教学基地外，还可以借助微信公众号辅助环境法教学,以扩大社会影响力。⑬ 全国大学生环境资源模拟法庭大赛作为全国性的比赛,每次举办都会在社会上产生积极的影响,实现了大赛设立的宗旨和目的。环境模拟法庭实践教学应考虑其对本校法学类研究生、法学本科生、其他专业学生产生的教育意义。基于此可以就环境模拟法庭实践教学设计在师生面上展开问卷调查,广泛听取师生意见和建议,正视环境模拟法庭实践教学环节的得与失。《意见》第40条强调对有益经验的总结宣传,指出"对建设中涌现的好做法和有效经验,要及时总结提炼,充分发挥示范带动作用,特别注重将带有共性的、规律性的做法经验形成可推广的政策制度"。为此,可挑选出在环境模拟法庭中表现突出的选课学生,适时举办面向全体学生的公开展示,或挑选优秀的法律文书整理成册用于法律写作教学,由此可进一步扩大环境模拟法庭的实施效果。环境模拟法庭也有助于司法实务中疑难案件的解决,因此应当将其对环境资源立法、执法、司法所产生的影响纳入社会影响评价之中。

三、环境模拟法庭教学成果验收设计

(一)教学成果验收指标量化

环境模拟法庭作为研究生培养方案的一部分,占有一定的学分和学时。"卓越法律人才教育培养计划1.0"与"卓越法律人才教育培养计划2.0"在主要任务中指出要强化法学实践教学环节,确保法学实践环节累计学分(学时)不少于总数的15%,加强校内实践环节。所以,众多高校"在高等法学教育中建立理论学习和实践学习两套平行的评价理论",⑭ 将实践课程作为学生学分考核的一部分,如清华大学法学院在选修课中

⑬ 2019年8月17日,由中国法学会举办、贵州大学承办的"第一届阿里巴巴青年环境法学者论坛"在贵阳市花溪迎宾馆举行,会上中国人民大学竺效教授作了题为"微信公众号辅助环境法教学初探"的演讲,提出了微信公众号辅助环境法教学的方式。

⑭ 李喆:《法学专业学生实践教学的困境与出路研究》,载《法学杂志》2014年第9期。

设置了“实践课组”和“实践环节”并给予一定的学分；西南政法大学设置了实践教学环节，包括课内实践环节、法律实务课程、社会实践环节与科研训练、第二课堂。⑮ 模拟法庭教学作为各大高校最常见的校内实践环节，能很好地将各学科理论知识与实践能力相结合，便于对学生自主思考、语言组织、对抗论辩、协同合作、实务处置等能力进行综合测评。环境模拟法庭承袭了模拟法庭教学的上述优势，可采取一定的方式对环境模拟法庭的选课学生进行考查或考核，通过者方能修得这一实践学分。否则，将影响其学业修行的下一环节。通过环境模拟法庭的学分（学时）设计，能够促使专业教师和选课学生高度重视，有助于其积极参与到环境模拟法庭的实践教学活动之中。

（二）教学成果验收方式

环境模拟法庭教学成果验收环节包含评判形式、评判对象和评判人员组成三部分。为方便对环境模拟法庭选课学生成果进行评价，宜采取“模拟开庭展示＋法律文书”的形式予以评判。模拟开庭展示即最终需要考核的实战对抗，相当于学生期末考试，若学时有限或选课人数过多，可以将日常演练对抗表现计入对学生的教学测评之中。法律文书成果的评判同样既可以根据教学需要分布在日常的演练对抗之中，亦可以作为最终演练对抗提交的法律文书进行评判。

此外，由于学时限制，环境模拟法庭成果验收应以团队形式进行，大多数高校除选课学生很少或具备足够符合“双师型”标准的大学教师外，很难做到对选课学生逐一采取“模拟开题展示＋法律文书”的形式进行评判。环境模拟法庭考核标准之一便是团队合作能力，如果对学生进行逐一考核，将会导致选课学生各自忙于自己的成果展示，从而不利于团队协作能力的培养，与此同时也会增加选课学生的负担，降低其对环境模拟法庭教学参与的积极性和主动性。为避免个人偏好对选课学生成绩评定的不利影响，可以考虑由环境法与诉讼法专业教师共同指定三人以上的专业教师，组成环境模拟法庭成绩审定委员会，并依据评价

---

⑮ 参见蔡立东、刘晓林：《新时代法学实践教学的性质及其实现方式》，载《法制与社会发展》2018 年第 5 期。

指标进行打分,或者让学生组成的观摩团或陪审团进行现场打分。

(三)教学成果验收反馈

环境模拟法庭实践教学成果验收即时反馈的设计,包括选课学生个人收获、观摩学生直观感受、指导教师现实收获和学校实践教学反响四部分反馈内容。

首先,选课学生是环境模拟法庭的直接参与者,对环境模拟法庭教学有着最为直观的感受,故可以在环境模拟法庭结课后制作调查问卷,集中征求选课学生的意见和建议。调查问卷应当包括选课学生个人收获,以及对环境模拟法庭教学的建议反馈两方面内容。前者可以反映实践教学目的是否达成,后者可以为优化环境模拟法庭实践教学提供重要参考。

其次,环境模拟法庭实践教学对法学类专业研究生或本科生的教育意义是实施效果评价的一部分。该教育意义实现方式有很多种,如优秀法律文书展示、微信公众号推广、组织现场观摩等。本环节侧重于搜集现场观摩学生对环境模拟法庭的直观感受,以之作为教学成果验收反馈工作的一部分,与实践教学实施效果评价有所区别。在环境模拟法庭对抗结束后,专业教师、选课学生可与观摩学生采取现场互动的方式收集观摩学生的意见和建议,也可以采取调查问卷的方式进行收集,其对完善环境模拟法庭实践教学具有参考意义。

再次,指导教师是环境模拟法庭的核心人物,通过对选课学生长时间的指导和接触,他对选课学生存在的不足有着较为全面的认识。例如,当选课学生的法律文书写作水平普遍较低,但法律检索能力较强时,指导教师可以把重点放在选课学生的文书写作能力提升方面,以便对其弱势方面进行弥补。从这种意义上而言,指导教师的经验反馈,有助于把握环境模拟法庭实践教学的重心工作。

最后,实践教学需要以一定的学时和学分来体现,"卓越法律人才教育培养计划1.0"与"卓越法律人才教育培养计划2.0"均要求实践教学课程所占学分比重不能低于总学分的15%,却未规定合理上限。笔者认为,实践教学课程所占学分和学时比重并非越大越好,比重过高往往会导致专业课学时和学分被压缩,这将给选课学生的理论学习和其他专业教师增加教学负担。因此,要综合考虑来自师生方面的反馈意见,在教学实践基础上对实践教学所占用的学时、学分进行科学调整,这也是实践教学信息反馈的意义所在。以某高校为例,学校要求环境法方向的法律硕士研究生要修够54学分,其中实践教学课程包括法律写作、法律检索、法律实务模拟训练、法律谈判和专业实习共计15学分,约占总学分的27.78%,这个比例相对合理。既满足了理论学习与实践学习的平行评价,又保障了理论教学的基础地位。但是经选课学生反馈,作为传统实践教学的法律写作、法律检索课程似乎被任课教师上成了理论课,相反,在法律实务模拟训练中对法律写作能力及法律检索能力进行了一定的训练。所以,可以将部分实践课程进行整合,取消法律写作、法律检索课程,将更多的学时、学分及师资力量分配给法律实务模拟训练,并适时展开环境模拟法庭演练,使环境模拟法庭学分和学时比重占实践教学课程的一半,实践教学所占比重应控制在总学分和学时的15%~25%。

四、结语

环境模拟法庭从更加专业的角度、以更加灵活的形式开展实践教学活动,培养学生法律实战技能,促进“理论+实践”复合型法律人才的培养。环境模拟法庭的课程设计与效果评价二者之间相得益彰、互为支撑、不可偏废。课程设计注重案例筛选、角色分配、教师指导、模拟对抗等各环节的周密性,以确保环境法律专业人才培养目标的实现;效果评价则通过与专业教师、选课学生、实施效果等相关指标对课程设计进行反馈,以确保环境模拟法庭教学内容的先进性、教学实践的科学性,以及教学效果的实用性。

Exploration on the Course Design and Evaluation Model of the Moot Court for Environmental Law

Bi Mingjie　Wang Haibin

Abstract: Moot court for environmental law is an important component of the practical teaching system for law majors. As a course, its design and content include teaching, evaluation system, and teaching achievement acceptance. The teaching design includes case selection and role assignment, teacher's guidance of "role playing", simulation of adversarial stage. The design of evaluation system includes teachers' teaching activity evaluation, registered students' evaluation standard, practical teaching effect evaluation. The design of achievement acceptance evaluation includes teaching achievement acceptance methods and result feedback. The teaching model of moot court for environmental law significantly facilitates the cultivation of students' practical ability and it can also promote the reform and innovation of the teaching model of moot court for environmental law.

Key Words: moot court for environmental law, practical teaching, course design, teaching effect evaluation

“双一流”建设背景下以过程管理为中心的法学毕业论文指导路径探寻*

陈　伟**　张学文***

摘　要:“双一流”建设的整体格局对法学人才的培养质量提出了更高要求,法科学生的毕业论文是人才培养与学术创新的重要内容呈现。现有的法学毕业论文指导模式存在“形式化”与“结果论”的误区,其也背负着与之并不协调的功能承载与额外负担。与此相对应,结合法学专业的学科特色以及“本硕博”三阶段的不同培养侧重,转换传统的思维窠臼。改变现有“结果论”的指导重心,回归针对性更强的“过程管理”为中心的指导模式。通过将“形式化的静态质量强调”和“实质化的动态管理指导”作为卓越法治人才培养有效性的综合标准,构建覆

---

* 基金项目:2019年度重庆市教育综合改革研究课题“‘双一流’建设背景下卓越法律人才学术培养机制研究”(项目编号:19JGY38);2018年度重庆市研究生教育教学改革研究项目“以过程管理为中心的法学研究生毕业论文指导模式研究”(项目编号:YJG183042);2018年西南政法大学高等教育教学重大课题“‘双一流’建设背景下法科学生的学术创新与写作能力培养研究”(项目编号:2018A01)的阶段性研究成果。

** 陈伟,西南政法大学法学院教授、博士生导师,研究方向:高等教育教学、刑法学。

*** 张学文,西南政法大学法学院博士研究生、西南政法大学青少年犯罪研究中心助理研究员,研究方向:高等教育教学、刑法学。

盖法学毕业论文指导全过程的规范评价体系。

关键词:“双一流”建设　法学毕业论文　指导模式　过程管理

随着“双一流”建设的推进,高等院校将更多关注点放到了学科综合能力的提升和人才综合培养当中。“‘双一流’建设启动伊始就在遴选标准、政策工具、价值地位、区域布局等方面面临一些必须予以重视的挑战。”①回看法学毕业论文的整体形势,更多的培养重心仍然只落脚到结果性评估方面,使本应具有能力提升和人才培养双重功能的毕业论文成为单纯形式意义上的结业考核手段。形式化的毕业论文指导模式极大地折损了其对人才培养的实际价值,遮蔽了毕业论文所承载的学术能力与知识创新培养的多元积极意义。毕业论文的指导和写作是一个系统工程,整个过程围绕着导师和学生的“沟通—修改—反馈—再修改”过程不断往复,正是这个“动态”运行的指导过程才能够满足不同学位阶段、不同学科方向的培养需求。毕业论文的成文形式呈现的是一种成果固定和终局形态,单纯的改动和优化论文的评审标准显然无法应对学士、硕士、博士的培养侧重和人才定位,无法实现倒逼人才培养改革的目的,同时也无法实现对于理论人才和实践人才的培养区分。因此,毕业论文除了一套完备的论文成果评价体系,更需要注重论文写作过程中的协调互动,针对过程管理中的关键环节与指导过程,在现有基础上进行升级完善和质量强化,从而最终实现培养过程“动态管理”和论文成果“静态评价”的综合性指导体系。

一、法学毕业论文的价值导向与阶段定位

我们对于毕业论文指导模式的构建和重塑始终应建立在毕业论文的功能承载上,这决定了我们要辨清毕业论文的价值呈现所落脚的现实

---

① 吴合文:《“双一流”建设的系统审思与推进策略》,载《高等教育研究》2017年第1期。

基点。进一步而言,毕业论文的教学过程必然服务于人才培养的宏观目标,而具体体现在能够为学生未来从业提供必备的能力培养和前期准备。由于人才培养的评价主体并不局限于高校,而是集合政府、高校、用人单位、行业组织等多维度联动的综合评价体系,这就使学位制度自身所体现出的价值同时包含了理论和实务两个面向,同时又在不同的学位层次有着不同的阶段定位来应对社会对于不同人才的培养期望。

(一)法学毕业论文的价值导向

毕业论文的价值导向可以简单细化为三个侧面:"能力培养""人才培育""学位授予"。此三者之间在关乎学生培养的实际操作中确实会彼此交织而产生"合力"作用,对于毕业论文的定位而言,都是不可缺少的部分,如同"过程"和"结果"必然有着不同的侧重和影响。

1. 法学毕业论文是科研创新能力培养的核心载体

"知识生产创新本是一个充满创造性的复杂过程,是高校推进一流学科建设根本之所在。"②学术的创新性和实践性是论文教学过程中着重所希望培养和体现的,学生通过预设出前沿或者创新的观点,通过不断地实地调研和案例搜集来加以论证和阐述。对于学士阶段而言,毕业论文在很大程度上是学生首次进行学术科研的重要机会与尝试。对于硕士、博士而言,毕业论文则是系统化、综合性、针对性地进行创新成果转化的核心阶段。随着社会分工体系的细化,法学教育必然会从传统的"知识传授"模式走向"能力培养"模式,这不仅仅是法学学科特色和职业要求的体现,也是高等教育改革的必然趋势。故而,毕业论文已经不能再落脚于传统意义上的"学位授予考核",而是转变为以"对话和互动"为基础的综合教学活动。

2. 法学毕业论文是卓越法治人才培育的实践阵地

就法学毕业论文而言,其所服务的人才培养目标就决定了毕业论文必然以深厚的法学知识积累为基础,培养具有知识运用能力、问题分析能力、专业思维能力、角色代入能力的卓越法治人才。由此,以"就业实

---

② 梁传杰等:《"双一流"建设背景下团队式研究生培养模式的探索与实践》,载《学位与研究生教育》2018 年第 5 期。

习”和“毕业论文”所形成的立体化培养模式由此形成。“就业实习”提供给学生观察和体会司法实践的窗口,而“毕业论文”正是在此基础之上科研创新能力的集中体现。同时,形式创新和实质创新的区别,就在于能否转化为真实的社会效益。缺失认知基础的知识创新只能活跃于纸面,而不具有投入社会的价值和可能。卓越法治人才,必然不能是呆板的“书呆子”,而是厚基础、活运用、重实践的复合人才。因此,毕业论文不仅仅是科研创新能力培养的核心过程,同时也是我们培育真正能够对接社会发展、符合社会需求、适应学科特色人才的关键所在。

3. 法学毕业论文是学习能力及其运用的综合检视

学位是我们评判受教育程度的重要标尺,同时是社会对于人才进行预筛选的重要参考,也是社会快速发展中降低人才甄别成本的有效途径。学位和人才的真实、有效挂钩,对于我们实现和保证以上诸多社会功能有着根本性的意义。学位论文被定义为导师指导下,高等学校和科学研究机构的学生完成的总结性作业,是培养科研技能和独立进行科研的主要环节。故而,学位论文作为学位授予、准予毕业的前置条件,其必然同时承载了对于学术能力的评价考核功能。作为学术培养过程中的“最后一课”,学位论文是对于学生既往学习经历的综合检验,也是学士、硕士、博士学位授予的重要参考依据。同时,毕业论文所形成的纸面化成果,是综合评判学位攻读过程中学生表现的集中记录,也是学位授予单位除了学年成绩以外留存检验、存档入库的核心内容。

(二)总体价值导向下的阶段定位

在价值导向下,法学毕业论文在不同的学位阶段所扮演的角色和功能也有着进一步的区别和不同。但无论就任何阶段的学位论文而言,我们的质量评价可以划分为三个维度:学科性、规范性、学术性。就逻辑上而言,学科性是学位论文的首要前提,决定了具有学科特色的研究视角、研究方法、研究边界;规范性则是在学科性基础上的更高价值要求;学术性更是在学科性和规范性的基础上的深入突破。由此可以看出,三个维度之间呈现交错纵横,接续递进的“金字塔”体系。同时前述逻辑上的延续,也同样体现在学位授予的编排中。教育转型中所提倡的“本硕博"贯通式的创新人才模式在总体规划上也基本遵循着上述的培养侧重,从侧面印证了在不同的学位授予阶段具有培养上的连续性,同时又都有着符合其阶段使命的各自侧重。

1. 以论文学科性为侧重的学士毕业论文

相对于硕士和博士的研究性要求,学士学位论文更接近一堂"论文启蒙课程"。从选题、开题、撰写、评阅中无不贯穿着导师的主动性指导,本质上是引导学生如何进行本学科学术研究的基础教学过程。以《西南政法大学本科毕业论文撰写规范》为例,选题阶段学生可在导师划定的参考题目中选定。导师指导责任设置了从资料收集、论文提纲、进度推进等诸多细化的指导要求。论文评阅中实行五级计分,仅在"优秀"等级中设置了关于"有一定创见"的创新性要求。从制度规划和培养方案来看,学士学位论文更偏向引导学生了解法学学科的研究视角、研究方法、学科边界,也即引导学生通过对于司法实践的考察与分析而得出问题,进而完成一篇"法学"学科的学位论文。在这一过程中,导师更多地担任了教学进度的推进主体,学生所扮演的仍然主要是传统意义上的"参与者"。

2. 以论文规范性为侧重的硕士学位论文

在经历了学科性的基础教学后,硕士学位论文开始倾向于对学生在掌握论文写作要求后的规范性尝试。就学生充当的角色而言,硕士阶段开始逐步从"参与者"升级为"推动者",慢慢掌握了在进度推进上的自主权。文章的自主性、独立性也是论文规范的重要组成,而自主性的培养需要配合以不良行为的廓清划定和行为不端的负面惩戒。以《西南政法大学研究生学位论文学术不端行为认定与处理办法》为例,其着重对于硕士阶段学术不端的集中检测,并将抄袭、剽窃行为作为论文教学过程中的重要考核指标,并配置了往年论文5% ~10%的抽检复核制度。当然,在论文的学术研究性上也有着更进一步的要求,通过硕士阶段的学习已经对法学专业的整体学术脉络有了更加深入的理解,学术上的要求已然成为考量毕业论文优劣的另一重要指标。注重规范性与学术性是硕士阶段科研态度与能力养成的重要导向,可以为其之后独立从事学术研究工作奠定良好的基础。

3. 以论文学术性为侧重的博士学位论文

无论是学术导向、职业导向还是成果导向的博士培养观,博士学位论文都侧重于在学术性、创新性的基础之上的学术突破,这也是《中华人民共和国学位条例》中对于博士学位授予的基础要求:在科学或专门技术上作出创造性成果。该阶段,学生已经开始逐渐显现出在专业研究上的话语表达,开始成为学术研究活动中的"主导者"或者"重要参与者"。同时,为了实现对于学术性的把关,对于博士学位论文一般都配置了专家组论证、校内专家组初审、外审专家盲评、学术委员会终审等贯穿全过程的专家评审制度,以确保论文的学术创新性。由此可见,博士学位论文的核心侧重最终调整为对于学术性为主,兼顾规范性、专业性的综合培养。

二、反观当下毕业论文指导模式的症结所在:结果导向

"学科是否卓越,与其生存环境之间具有密切的关系,大学管理与学科建设之间也是一个相互生成的关系。"③毕业论文的课程设计理应建构在"双一流"人才培养的现实需要和学生的前期培养情况之上,综合权衡"学科建设"和"人才培养"的两项要求。毕业论文的达标检验是对于学生既往培养效果的评价和评估,更多的是一种"测试和检验"的成果验收。④ 但就当前而言,"人才培养"已然成为"学位授予"的附庸,最终呈现毕业论文的指导浮于表面的形式要求,囿于学生顺利结业并获取学位的浅层价值。正是这种妥协,使我们将论文教学的关注点限制在事后的"终结性评价"之上,对于论文教学过程中的"形成性评价"关注有所欠缺,忽视了过程中的管理互动和能力培养。

---

③ 王洪才:《"双一流"建设:机制·基础·保障》,载《江苏高教》2017年第6期。

④ 参见黄春梅:《大学本科毕业论文不能取消——对武汉三所高校本科毕业论文撰写现状的调查》,载《理工高教研究》2006年第6期。

(一)毕业论文指导的“结果导向”现象及成因

1. 学科方面:理论实务的两难兼顾

法学终究要回归实践。作为一门规范学科,法学的生命力始终根植在对于司法实践的关照之上。法学的使命所在就是对于现实法律运行过程中的规律探寻和机理研究,其必然对于法律的实践运行有着通透理解的基础之上才能展开叙事,而不是存在于“理想”状态下的模型构建。同时,人才培养目标也需要法学毕业论文同时承担对于理论和实务的两下兼顾,既要输出实务人才,又要输出理论人才。即便大多数院校已经根据这一新要求,将培养方案根据学年安排独立划分出“就业实习”和“毕业论文”两个阶段。前者偏向于司法实践的观察总结,后者偏向于理论梳理的尝试创新,但令人感到遗憾的是,理论和实务本是相辅相生的两个侧面,却被固化在原有的学年安排中,未能形成有效联动。割裂的培养模式造成了“实习阶段”学生专注实务而脱离了理论学习和专业积累,“论文阶段”学生专注理论,而忽视了实践运行和司法现状。最终,理论性论文层出不穷,内在的逻辑结构故意避开了对于司法实践的回应和探求,呈现一种纯粹的学术展示和说明,沦为了“象牙塔内精致的书稿”。

2. 管理方面:学位取得的功利思维

毕业论文阶段占据了学位教学总时长的1/5左右,不同于自然学科的“实验室管理模式”,人文社科的学科特色使学生处于长期的自我管理状态,这就使在毕业论文的撰写过程中对于学生的指导监督成了保证毕业论文质量的核心所在。受制于功利性思维的影响,学生着眼学位取得,往往忽视过程投入,而导师也依赖集中突击、临时指导,缺乏过程管理的投入与指导质量的提升,造成师生两方陷入形式化的进度推进、论文产出。

(1)学士阶段的教育管理虚化,论文学科性不足。

如前章所言,现有的评价体系对于本科毕业论文几乎没有附加过多的创新性负担。就实际运行来看,本科阶段的论文虽然充斥着天马行空、异想天开的立法、司法创新,却陷入了丧失学科性的窠臼。创造性的观点需要严谨的学科研究视角、学科研究方法、学科论证逻辑加以证明和完善,使其具有可行性。法科的本科毕业论文极其容易失去学科边界,而且在社会学、政治学、管理学之间来回游离,使文章看起来并不像是一篇法学论文。具体而言,本科阶段的毕业论文容易缺乏导师指导,呈现出学生自我探索中的“无选题”“无方法”“无边界”的混沌状态。

“无选题”主要表现在本科阶段的学生往往无法自主产生选题,缺乏对于司法实践的探查,迷茫于选题阶段无法推进。学科选题是影响论文推进的关键因素,丧失兴趣的论文撰写只会产生文字的简单堆砌,而不会具有学术灵魂。“无方法”则集中体现在对于观点的论证和结构的构建中,法学的严谨性、实用性决定了我们对于概念厘清、前提固定、规范引用、司法印证有着相对系统的要求,而不是简单的“文字游戏”或者“口号呼喊”。“无边界”则是本科生的通病,没有约束的内容涵盖、没有核心的观点展开使文章落入开口过大,论证过浅的“摊大饼”式行文。以上种种,都是未能正视毕业论文的“学科性”培养,而使师生双方仅仅着眼于学位取得的功利目的,抱着“通过”思维的应付了事的程序化工作。

(2)硕士阶段的管理监督空置,论文规范性不强。

随着本科教育的普及,原本承载“学术研究”使命的硕士研究生逐渐成为市场人才验证的“形式证明”。硕士学历开始呈现出普及的泛化趋势,而有沦为“初级就业门槛”的危险,这使大量的学生并非以学术研究为抱负,反而以取得学位的功利想法进入硕士阶段。以上种种,使“研究生不研究”的教育乱象愈演愈烈。

具体而言,没有时间和精力投入作为保证的毕业论文,其质量的虚无和折损是一个必然问题。在开题报告中对于问题的寻找和价值的预设充满了价值含量,对于司法实践的指导意义预设也是极高的。但是随着论文撰写过程的进行,开始不断地调低和放弃难点、重点追求形式意义上的完整性。“通过思维”下的学生便舍弃对于问题深度的挖掘,转而投入对于问题广度的说明,通过将已然经过论证的通说观点改头换面来进行实质的“学术抄袭”。这种通过将问题“深度”偷换为“广度”的做法使毕业论文始终是一种毕业手段,最终流水线一般地制作出了大量的“有话题、无论题”的描述性文章。

(3)博士阶段的师生交流匮乏,论文学术性不高。

“资格论文”是高校所设置的在申请学位时必须在特定等级发表特定数量的期刊论文,作为博士授予的前置条件。当然,通过设置以发表特定的期刊论文来作为申请学位的条件有着自身的成果红利和考核便利,但对于“资格论文”的功利化看待,也同时引发了“学位论文”的形式化和程序化。论文教学原本应该是一个互动性、长时性的反复过程,需要建立在一定频度的交流纠偏之上,这更是拔高论文学术性的核心保障。当前,导师普遍认为毕业论文是一场通过性的考核过程,不具有选拔和竞争的教学压力,只是在满足了毕业条件之后的程式化、象征性事项。在现有的评价框架下,相对较高的自然通过率让“短时突击”具有了可行性和可操作性。“一个人可能是十分杰出的学者,同时却是一位糟糕透顶的老师。”⑤突击指导、集中指导成为导师完成毕业论文教学任务的“默认”方式。具体而言,导师对于学生的指导集中地体现在成文观点的纠正,而忽略了论文学术性的进一步拔高。此种对话模式下,学生所收到的反馈意见仅仅为毕业论文的观点调整,甚至修改的过程都不需要学生真正地理解具体含义,只需要根据导师的意见依样修改即可,从而使“导师指导”沦为形式意义上的“直接修改”。

3. 制度方面:质量评价的形式倾向

就当前的学位授予单位的制度保障来看,更多地将评价和管理的重心落脚到毕业论文终结后的形式化“查重”,盲目依赖学术不端检测系统,试图通过严苛的文字重复比例“一劳永逸”地解决毕业论文的质量困境。同时,受制于毕业率、就业率、优秀率等形式化指标而对于培养方案、论文制度的执行流于形式。

---

⑤ [德]马克斯·韦伯:《韦伯论大学》,孙传钊译,江苏人民出版社2006年版,第94页。

(1)学校依赖结果查重,忽视过程监管。

学术不端检测系统,作为近几年推进和保障毕业论文质量的重要举措,也是保证论文原创性的重要手段。“翟天临论文抄袭事件”后,学术不端检测系统的文字复制比查询功能已经成为高校缓解学术不端管理压力的重要途径,不断地降低文字查重比例,不断地提高查重频次,以追求在形式数据上的合规。原本作为高校审查论文质量的辅助性手段如今却成为学位授予单位的“尚方宝剑”,文字重复度要求由此开始走向极端,从原本相对缓和的30% ~40%调整为20%甚至10%,反而约束了论文的正常写作,以至于成为论文质量提升的枷锁。

重复未必剽窃,剽窃未必重复。毕业论文的评价体系并非机械地由文字堆砌而成,而是涉及观点、逻辑、方法、数据等多个维度。但就当前的学位授予单位的制度落实来看,对于论文撰写过程中的预开题、中期考核、预答辩等过程管理流于形式,一味地追求学术不端检测系统中的形式化指标。由于学位授予单位对于结果查重的过度依赖,使学生不得不将“专有名词口语话”“现行规范省略化”“司法案例扭曲化”,以通过毕业论文的文字重复率限制。学术不端检测系统是我们保证和提高论文质量的重要手段,但绝对不是学位授予单位放松过程管理、降低管理要求、忽视制度落实的“借口”。

(2)学校追求毕业比例,忽视过程淘汰。

为了提升毕业论文质量,学位授予单位基本都能够配置和制定有相对完善的规章制度和淘汰措施,但是由于当今高校评价体系对于形式化毕业指标的看重,使学校无法真正地将淘汰机制落实到位。随着北京大学、清华大学等部分高等院校开始清退不符合学习年限的博士、硕士,我们可以看出高等教育的变革已经从“宽进宽出”向“严进严出”的方向进行调整。但是我们也应当注意到,即便是学习年限的超出,究其根本原因仍然在于学生未能符合毕业的成绩要求、资格论文要求、学习时长要求等。换言之,毕业论文的淘汰制度仍然没有严格落实到位,而是通过所谓的“修改后通过”“答辩后修改提交”等变通手段予以回避。论文的终结性评价尚且如此,论文撰写过程中的淘汰、延迟机制更是处于完全的架空状态。即便硕士、博士匹配了“外审”制度,但是由于校内的审核机制几乎成为摆设,使大批可能在质量上存在问题的论文仍然被送出外审,以期能够“碰碰运气”。由此可以看出,同制度上的设定而言,将相应的规章制度落到实处、强化过程管理及其落实,才是提高当前论文质量的要义所在。

(二)“结果导向”下的论文质量虚无的显现和辨明

“毕业论文指导模式从狭义上看,主要是指对于纸面化论文成果提出规范和内容层面上的修改意见。而从广义上看,不仅仅是从时间维度、内容维度、方法维度都要远远广于狭义的毕业论文指导模式。”“双一流”建设,更多地将对于结果层面的成果考核,移转到培养过程中的人才素质评判,这也指出了当前法学毕业论文指导模式的科学路径和模式回归趋向。⑥ “学科建设则是一种基本载体,而管理是非常重要的手段。”⑦从过去发展来看,指导模式也正是从“狭义指导”走向“广义指导”,从“结果输出为中心”转向“过程管理为中心”。

(三)结果论模式难以应对不同阶段的培养侧重

不同阶段、不同方向、不同培养侧重的学位论文都必然要通过与之相匹配的针对性指导过程来实现,而结果论模式下的培养更多地集中在终结性评价。很明显这种事后的评价、修改错失了我们对于质量拔高、能力培养、人才培育的核心阶段和关键时期。结果论模式旨在对于“通过与否”的把关和判断,是以底线思维作为支撑。对于学士、硕士、博士单纯从格式要求、规范要求中难以真正地体现出对于不同阶段的针对性培养,而是只能停留在结果的审查形式的变换。学科性、规范性、学术性的递进应该是在教学过程中贯彻和体现在每一个教学环节和进度推进中。

“高校部分教育工作者逐渐忽视了学术研究的终极目标,其在学术

---

⑥ 参见李军:《法学专业本科毕业论文指导模式中的误区及其矫正》,载《新西部(理论版)》2012 年第 4 期。

⑦ 周光礼:《“双一流”建设中的学术突破——论大学学科、专业、课程一体化建设》,载《教育研究》2016 年第 5 期。

研究中也逐渐显现出重功利化的倾向。”[8]法学学术研究的真正价值在于通过研究来不断发掘真理和知识创新,而且最终要转化为社会服务与社会治理效果。结果论模式下,往往将目的和手段本末倒置。论文教学的指导者与学生都急于求成,以完成任务为宗旨。这种指导模式必然会抹杀法科学生的创新精神,只顾所谓的字数要求、格式规范,导致大量东拼西凑、无病呻吟的学术垃圾,而不能真正成为具有理性思考与可指导实践操作的学术精品。甚至除开篇幅以外,我们难以从研究方法、文章结构、规范论证等角度区分出博士阶段、硕士阶段和学士阶段论文的实质进步。这种重复性的低水平研究使学术研究仅仅是获得学位的手段而已,法学学术研究的核心价值无从体现,毕业论文撰写的初衷与目的难以得到真正贯彻。

(四)结果论模式无法保证毕业论文的质量提升

“导师的有效参与不仅确保了他们在论文资料搜集环节上相应能力的有效培养,更能够提升学位论文的学术质量,而且还能够有效地防止论文抄袭现象的发生。”[9]近几年,学术不端现象频发,已经准许毕业和授予学位的相关论文后被证明存在严重的抄袭,继而撤销相关的学位。学生对毕业论文的追求仅仅是以通过学术不端系统的检测为主要目标,对学术内涵与创新层面的实质追求并不注重。在此形式层面的反向引导下,学生在论文写作过程中往往无法在内容的整合和素材挖掘上投入较多的时间,而是通过对于同类型甚至同题目的文献阅读的基础上拼凑现有观点、整理现有争议、申辩抽象概念。“重构富有时代内涵的人才观和多样化的质量观。”[10]只有将指导模式的重心移动到过程管理和形成评价中,师生才能在不断地修改中探求出应有的学术价值,使学生真正地将精力投入到论文写作中。只有能够切实保证论文的产出过程中时

---

[8] 林安红:《论高校期刊发展中的学术功利化倾向及其价值回归》,载《农业图书情报学刊》2014年第3期。

[9] 党亭军:《学位论文“高度相似”中的导师责任追究——关于研究生导师“任性”指导方式的反思》,载《山东高等教育》2016年第6期。

[10] 钟秉林、方芳:《一流本科教育是“双一流”建设的重要内涵》,载《中国大学教学》2016年第4期。

间和精力的投入,才能在真正意义上实现论文质量的提升。

(五)结果论模式难以承载人才培育的价值导向

大学的本源在于培养学生的综合能力,而非追求一次性的学术成果。"'指',就要求站在本学科的前沿,在宏观上为学生把握和指明科研方向;'导',要求能以自己广博的知识引导启迪学生进行深入的学习和探索。"⑪结果论模式下的指导方式过于关注毕业论文的学术成果呈现,仅仅将视角落在如何将论文达到通过标准。对于学术研究的态度、思考论文选题的角度、语言的整理转述等事关学生进一步科研的相关能力没能给予足够的重视及积极指导,从而导致学生在毕业论文的写作过程中,无法感知到学术研究的应有思路,丧失了进一步在学术研究上进行深造的绝佳机会。"有的教师还没有从观念上实现教学从知识传授向能力培养的转变,因此,学生所获得的知识相对固化,难以融会贯通、灵活运用。"⑫结果论模式下的指导方式忽视了过程中对于学生知识体系的纠偏和完善,而是在于纸面成果的妥当性和正确性,难以将培养的基点放回到学生自身。

(六)结果论模式无法满足学术创新的现实需求

"创新能力是一种综合能力,是指人们在学习和继承前人知识、经验的基础上,提出独特的见解和完成创造发明的能力。"⑬当前毕业论文呈现明显的研究同题化和研究重复化,许多毕业论文的撰写方向都是已经被反复研究过且在学术层面较为成熟的方向。"当前教育的重大缺陷就是过于理论化,日常的课堂教学与实务联系不紧密。"⑭当前的指导模式下对于学生是否真正切实地对于实践问题有着自己的感知并不看重,反而对于学术观点的形式论证过于在意。

---

⑪ 郑晓静、闫迎春:《硕士研究生教育质量保证体系中导师队伍建设的思考》,载《黑龙江教育(高教研究与评估)》2008年第10期。

⑫ 韩冰、黄大威:《通过科研训练提升法学本科毕业论文质量的思考》,载《黑龙江教育学院学报》2018年第1期。

⑬ 付慧姝:《大学生毕业论文指导与创新能力培养——以法学专业毕业论文指导为例》,载《教育学术月刊》2012年第12期。

⑭ 黄忠、吴锦宇:《面向现代企业需求的法学职业教育改革》,载《中国职业技术教育》2009年第9期。

“传统的毕业论文指导流程与质量评价体系比较注重形式上的规范与僵化的指导流程,与个性化分明的应用型人才培养目标、高度信息共享的社会格格不入。”⑮只有将过程管理也纳入质量评价体系,才能实现对于创新性的实质要求。结果层面的创新性核查,只能通过审阅者的主观感受进行评判,而无法反映客观过程中的积累深度和广度,而容易流于形式。结果论、功利化是注定无法在学术成就上有所斩获,即使有些许收获,也是没有过程支撑的虚无。只有以过程管理为中心,转变“功利化”和“结果论”的偏重思维。正视指导过程中沟通交流所带来的基础能力的提高,才能最终培养出真正具备“创新”思维的研究型人才,才是符合当下对于毕业论文指导的真正需求,体现出论文教学的真正价值,同时也是未来论文指导的改革大方向。

三、以过程管理为中心的法学毕业论文指导模式的路径构建

“所谓‘导师’,正是转变过去传统的教学指导模式,而通过改‘教’为‘导’。”⑯导师制度能够发挥其应有的作用和价值,需要高频度的“指导—反馈”的过程作为支撑。“论文教学应当将学术研究训练的各个环节,如阅读专业文献的习惯、分析和综述文献的方法、论文写作能力的培养等包含在内。”⑰论文指导同样如此,只有建立一个高效有序的指导模式,将过程管理作为中心,依照不同的人才培养目标、学位培养阶段进行针对性的补足加强,并在过程指导、过程管理、过程评价等培养共性上做进一步革新,才能实现论文质量和人才质量的双向提高。

---

⑮ 石意如:《经管类应用型本科毕业论文指导流程重构及质量评价研究》,载《梧州学院学报》2016年第2期。

⑯ 汪涛:《本科毕业论文质量提升的路径分析——以襄樊学院法学专业为例》,载《襄樊职业技术学院学报》2012年第1期。

⑰ 童绍玉等:《本科毕业论文质量提升途径研究——基于大学研究性学习的视角》,载《山西财经大学学报(高等教育版)》2010年第3期。

(一)不同阶段的针对性补足:区分培养侧重的管理模式

从学士学位到博士学位的方向划分上,我们可以看出就人才培养而言,其必然是伴随着方向的阶梯细化。同时,我们在《中华人民共和国国家标准学科分类与代码》中也能看出学科建设已经不再局限于“大类整合”的“通才”培养,而是逐渐走向精细化、专业化、跨学科化的趋势。横跨多个二级学科的复合专业开始不断涌现,人工智能法学、云计算法学等无不体现出人才培养的目标已经有所移转,但是就毕业论文的指导来看,仍然处于传统意义上的模版化、形式化、格式化的指导逻辑。学位授予单位对于不同专业、不同学位的毕业论文制度策划缺乏针对性,大多适用统一且模糊的格式要求。学位授予单位应该根据学科分类、专业特色、培养方向,制定针对内容、格式两个维度的毕业论文指导制度,完善“形成性”质量评价体系。

1. 学士阶段:启发学术兴趣,培养论文学科性

在学位体系中,学士阶段同时服务于理论人才和实务人才两个面向。如何在学士阶段同时兼顾理论和实务两个维度的培养成为贯穿整个培养方案的核心问题。学位论文亦是如此,学士阶段不仅仅为司法实务输出问题解决型的实务人才,也继续提供具有学术潜力、学术兴趣、学术素养的理论人才。这就使学士阶段中对于学术培养有绝对地位的学位论文成为启发学术兴趣,培养论文基础学科性的主阵地。

贯通“毕业实习”和“毕业论文”成为启发学术兴趣的关键之举。毕业实习和毕业论文并非完全割裂的两个教学阶段,其内在地体现出对于人才培养的两个侧面的尊重。“带题实习”便是解决和完善以上两阶段的核心举措,将“预开题”环节提前至实习正式开始之前,并结合开题情况,配置相应的实务方向,便于学生带着毕业论文选题参与实习,并在实习阶段进一步对自己的观点预设进行观察和总结。在正式开题阶段,改变“文献综述”的绝对性地位,调整为通过提交“实证研究”和“文献综述”相结合的方式,来实现理论和实务的两相结合。只有将理论和实务有机结合,在选题通过、查重比例、评价标准、权重分布等方面体现出对于理论人才和实务人才的区分,大胆引入和鼓励案例分析、实证调查、数

据采样类论文形式,才能真正激发学生的选题兴趣和撰写动力。

加强导师的学术引导是培养学生论文学科性的核心举措。随着“硕博连读”“本科直博”的贯通式培养观的形成,对于学士阶段基础学术素养的培育开始变得愈发重要。传统的培养模式中,对于学科研究范式的关注度是极其匮乏的。以往“唯结果、重输出”的培养模式很难在学科性培养上有所突破,因为研究范式体现在文章背后的结论形成、逻辑推导的过程中,难以通过纸面审查的方式来识别。对于尚处于初级阶段的本科学生而言,掌握法学学科所独有的以事实为根据、以规范为论据、以实践为导向、以前瞻为价值的学科特色成为开启学术道路的敲门砖。故而,加强导师的学科范式引导,积极主动地引导学生运用科学的方法在合理的学术边界下展开关于学术论文的尝试,是当前“本硕博”理论人才连续性、系统性、整体性培养的根本路径。

2. 硕士阶段:落实过程监督,塑造论文规范性

同学士阶段不同,硕士阶段最大问题在于时间支配上的局促、进度推进的懈怠所导致的论文规范性的不足。论文的规范性不仅仅指文章格式、文章结构、论证推理的规范,更是指学术态度和行为的端正。“对于培养单位而言,虽然它掌握着制度时间的规划,却不控制制度时间的实施,于是,这一时间的控制权力又被进一步下放到了具体的授课老师和论文指导老师身上。”⑱硕士阶段所预留出的论文时间跨度几乎完整地覆盖了国家公务员考试、各省公务员考试、秋季企事业单位招聘、春季企事业单位招聘等就业活动,从而使真正能够留给论文的有效时间远远少于学士和博士阶段。这就使硕士阶段内的学生更多地将关注重点放到了完成论文审核并顺利取得学位,至于进度推进、表现优劣、文章好坏并不是他们自身所关注的,始终将自己置身于论文之外,关注自身发展的得失。针对以上情形,只有落实中期检查制度、严格推行提前分流制度,才能确保论文规范地产出。

改变传统的“毕业淘汰”为“过程淘汰”,加大过程监控力度。作为

⑱ 刘振宇:《法律硕士教育的时间之维》,载《法学教育研究》2019年第2期。

联系学生和学位授予单位的中间桥梁,导师必须肩负起双向连接的监督责任,落实中期检查制度,形成过程监控。“对规划的实施过程和实施效果进行监控和有效评估,始终是规划面临的一项难题。”⑲当前对于毕业论文教学的评价周期过短,无法实现对于学生文献阅读、进度推进、论文撰写等过程的全程考察。只有将中期检查作为一次答辩资格的预筛选,对于预期无法完成,或者进度严重拖后以至于无法保证质量的学生进行提前分流。将中期检查的分数及表现纳入论文终期答辩的成绩中,使中期检查成为导师和学生沟通双方的动力,促使双方有效地利用论文教学安排,完成论文指导与撰写工作。

3. 博士阶段:落实导师组制度,拔高论文学术性

“名师出高徒”,所言的正是导师对于学生的正向引导作用。但是就目前来看,单一导师制一方面使指导责任落实到人,强化了指导的针对性;但另一方面也局限和妨碍了论文学术性的拔高。单一导师制度在当前学科交叉的大背景下显得捉襟见肘,无法应对多元的社会变化和形势变革,更是使学生极大地受限于导师的研究方向、时间分配、指导动力、研究方法、课题推进等限制。

结合导师组和单一导师制度,共同拔高论文学术性。“大学是推进知识进步的地方,教师的首要任务,不是‘保存’而是去‘发展’知识。”⑳就针对某一领域内的研究而言,导师并不能对于学科内的全部领域和关注都有创造性的指导,这就使导师组的专家论证制度对于学术性的进一步拔高有至关重要的作用。导师组能够极大地融合不同导师之间的研究方向,把不同学术背景、学术体系、知识方法的导师会聚到一起,突破传统单一导师制的局限性,对于文章的学术性进行拔高,开拓研究的视野和高度。将导师组的集体指导从论文答辩阶段前移覆盖整个教学过程,通过落实和提高在选题论证、日常指导、中期答辩、预答辩等制度中

⑲ 张继龙、陈廷柱:《“双一流”建设中的学科发展规划:战略、管理及有效性——基于两所一流大学建设高校的案例分析》,载《中国高教研究》2018 年第 7 期。

⑳ [美]莫顿·凯勒、菲利斯·凯勒:《哈佛走向现代:美国大学的崛起》,史静寰等译,清华大学出版社 2007 年版,第 30 页。

的导师组参与程度来实现对于文章的实质提升和学术拔高。同时,导师组制度也能解决单一导师时间分配、精力有限的弊端,防止突击辅导、临时指导的情况出现。落实导师组制度不意味着对于固定导师制度的抛弃,应该在认识到集体指导的弊端在于责任模糊化的基础之上,保持原有的导师责任制度,以"主导师"为责任主体,以"导师组"为指导主体,同时兼顾两者优势。只有将导师组制度落到实处,才能实现过程管理的规范到位,才不会让学术创新性要求成为一句空谈。

(二)培养共性的管理革新:过程指导、过程管理、过程评价

在面向不同学位阶段的针对性调整后,也应该认识到目前毕业论文指导的培养共性以及在管理上的共同缺陷。转变指导思维,通过差异化、针对性与有效性的沟通交流,避免重复冗余的指导。同时,管理模式、管理理念、评价体系的革新不仅仅是迎合人才分类培养的趋势,也是提高指导效率,提升论文质量的有效途径。

1. 过程指导:建立修改过程反馈机制

PDCA循环是指循环前进、阶梯上升的工作闭环:P(Plan)——计划:分析问题成因,寻找解决方案;D(Do)——执行:按计划的要求予以实施;C(Check)——检查:结果是否达到预期目标;A(Action)——处置:对未达到的预期目标进行进一步的改进。[21] 论文写作中的指导也应遵循以上这一种沟通和反馈机制,尤其是这一个流程中的反馈环节,学生对于指导意见的反馈是进一步加深自身理解以及问题深度的核心环节。当下导师更多地关注在制定目标和标准的阶段,更加注重自身知识以及理解的注入,对于后期反馈的"再互动"关注度则较少,这与论文教学的应有规律不相符。因此,转变沟通思维,建立学生对于修改结果的"再反馈机制"至关重要。

论文不是写出来的,而是改出来的。一篇论文的最终成型需要多次反复地进行"推倒重来",不断对于预设结果的斟酌、材料更新、语句精练,在修改的过程中需要同导师进行深度接触与沟通。"在论文工作开

㉑ 参见郑琳:《大学生毕业论文选题存在问题及对策》,载《安徽科技学院学报》2008年第4期。

展过程中,要积极调动学生的主观能动性,最大限度地培养他们发现问题、提出问题和解决问题的能力。”㉒导师在这一过程中对于结果的反馈能够再次提出新的意见,将关注度由单纯的“沟通”变成一个“沟通—修改—反馈—再修改—再沟通”的机制。“有效的沟通需要建立在双方互信和彼此了解的基础上。”㉓反过来,这一指导模式能够形成一种相对稳定和良好的师生指导关系,从而对于学生毕业论文的撰写甚至导师的学术发展,起到双向的积极推动作用。

2. 过程管理:形成扁平化过程管理理念

“扁平化管理”本是一种设计理念,意指为去除冗余,而论文指导教学同样如此。当前论文撰写过程中,过程管理一直被空置的原因,大多是学生同时要兼顾其他的诸如毕业实习、课程结课、公务员考试等。正是这些看似正当的缘由,使导师有了空置论文指导的理由,渐渐只能改为论文成果呈现后,集中性地审阅和批改。虽然要给予学生以后的就业安排以尊重,但不能以伤害论文教学为前提。导师可提前与学生对毕业论文撰写期间内的时间进行安排,对时间安排有预先规划,对可能或因工作考虑的学生,提前进入毕业论文的开题选题,以合理搭配时间。事前将毕业论文的指导过程分段,对分段结果及时验收审阅,调配相应时间同学生进行针对性指导。减少冗余指导,论文的选题方向一般各不相同,对各自选题内的特定内容的指导不占用集体时间,论文的形式规范化内容事前说明,事中提醒,事后审阅。

去除无效的指导作业,简化指导作业流程。将现有的毕业论文指导流程中,相对形式化的内容后置,在前期指导中,有针对性地将内容创新实践的提高作为指导核心,缩减不符合时间效益成本的反复叮嘱和低效作业指导,使导师对毕业论文的指导高效、灵活地进行。在论文指导教学过程中,流程主体预先确定,将导师主导和学生主导的环节划分清晰。在各流程中,主导人员负责积极引导流程内的沟通反馈,进而提高双方

㉒ 陈嘉艳等:《本科毕业论文的质量监管、评估及其电子档案管理》,载《教育教学论坛》2018 年第 4 期。

㉓ 周三多等编著:《管理学——原理与方法》,复旦大学出版社 2013 年版,第 445 页。

的积极性与参与度，实现论文指导的积极推行。

3. 过程评价：调整过程评价影响权重

一个完善的评价体系应该包括对于过程和结果的全面评判。当前论文的评价机制过于集中地体现在结果侧，而忽视了将过程管理中的师生表现纳入评价体系。静态质量多指论文成果的形式规范性，审阅时所达到的理论高度，内容所体现出的创新点等。其围绕着已经形成纸面成果的评价因素而进行的考量，其仅能反映出最终成果所体现出的价值，无法对于论文撰写的整个过程评测。毕业论文更多地担负着对于一个学生是否达到应有水平的教学，其必然要求不仅仅在成果的最终产出上，也要侧重在对于能力的培养补足及过程规范性的评判，因此必须将过程管理中的动态结果纳入最终的评分标准。只有将评价机制贯穿整个教学过程，才能实现指导的有效性和积极性。

“在毕业论文全面质量管理体系中，评价体系是形成反馈信息的子体系。”㉔学生在过程管理中态度恶劣、论文修改敷衍、论文拖沓回复不积极等影响其论文成果得出者，可按照一定比例扣减其最终成果得分，并划定比率延迟论文教学时长以严格控制论文质量。导师论文指导不积极，指导频次未能达到特定要求，调整绩效工资评价部分，连续两年指导不达标，则减少指导名额。导师和学生均是毕业论文过程参与的主体，任何一方的偏废都会导致质量的虚无，因而不仅仅要将学生的过程管理的表现纳入评价体系，导师指导的有效性、积极性的评估也同样重要。

理性看待“学术不端检测系统”的辅助性地位，将重复比例作为我们评判论文的基础性要求，并由此展开对于内容的深度评判，结合论文教学过程中的学生总体表现，实现从“形成性评价”和“终结性评价”的兼顾整合。只有论文指导的双方都能积极主动地参与到论文撰写过程中，并通过沟通交流的方式不断对论文进行修改打磨，最终才能形成一份高质量的毕业论文。只有将形式性的静态成果质量和实质化的动态

㉔ 徐慧娟、李艳君：《混合式教学在毕业论文质量管理中的应用研究》，载《现代教育技术》2018年第S1期。

过程管理同时作为评价指导科学性与有效性的评价标准，才能构建一个覆盖论文指导全过程的评判体系，形成良性互动的指导氛围，不断提高论文教学水平和质量。

四、结语

教育永远不是“一蹴而就”，要通过循序渐进的过程推进而达致目标，需要教师通过有效的沟通交流把学术素养和品格德性潜移默化地传递给学生。当前的指导模式走入了“功利化”和“结果论”的沼泽中，使导师制度未能发挥其该有的价值，尤其体现于法学毕业论文的指导过程及其毕业论文的最终成果之中。基于此，应当将法学毕业论文的中心转移到过程管理之中，通过论文撰写过程中的协调互动机制，加强过程性的动态管理，注重论文指导过程中导师与学生的有益性沟通交流、构建一套行之有效的沟通反馈机制、落实中期检查监督制度，完善现有论文的考核标准，避免论文指导的“虚无化”与“形式化”。我们相信，将过程管理与论文成果质量一并纳入评价体系，论文的写作过程才能步入可行性路径之中，从而实现法学毕业论文写作中师生之间的互动沟通与融洽衔接，促进毕业论文质量不断提升，把研究创新思维蕴藏其中，对接理论研究与实务操作，实现法学毕业论文撰写的真正价值。

Exploration on the Path of the Process Management of Law Majors' Graduation Theses in the Background of "Double-First Class" Project

Chen Wei　Zhang Xuewen

Abstract: The overall structure of "Double-First Class" Project puts forward higher requirements for the cultivation quality of legal talent. Law majors' graduation theses is an important presentation of talent cultivation and academic innovation. The existing legal graduation thesis supervising model holds the misunderstanding of "formalization" and "result-orientation". It also bears the unbalanced function bearing and additional burden in legal education. Correspondingly, this paper suggests that the improvement of law majors' graduation theses should combine the disciplinary characteristics of the major, consider the education focuses on different degrees of "Bachelor, Master, and Doctor" and transform the limitations of traditional education thinking pattern. This paper also suggests to change the result-oriented supervision model and return to the process management-centered supervision model. In this way, the "substantive dynamic management supervision model" can be integrated into the "formalized static quality-orientation supervision model". With these measures, a standard evaluation system that covers the whole process of law majors' graduation theses will be established according to the feasible and comprehensive standard for the cultivation outstanding legal talent.

Key Words: "Double-First Class" Project, law majors' graduation theses, supervising model, process management

体育法律专业硕士培养的教学改革研究

——以孙杨案庭审律师表现为视角

张笑世*

摘　要：孙杨案裁决结果出来以后，关于孙杨案的诸多解读已经很多了，本文是从孙杨案律师团队的诸多问题入手，研讨了国内律师在国际体育仲裁中表现不尽如人意的原因，由此提出研究生教育中的体育法学专业硕士研究生教育能否承担起国际体育法律师职业教育的问题，并进而探讨目前教育中存在的诸如教学计划、教材选用、体育个性、导师聘任中存在的问题，并提出了自己的意见和建议。

关键词：体育法律专业硕士　教学改革　孙杨案

近期，体育界一个重大事件就是世界反兴奋剂机构（World Anti-Doping Agency，WADA）在国际体育仲裁法庭（Court of Arbitration for Sport，CAS）起诉孙杨及国际泳联（International Swimming Federation，FINA）案，最终，CAS宣布孙杨被禁赛8年，引起舆

---

* 张笑世，中国政法大学体育法研究中心教授，研究方向：体育法学。

论哗然。随后,包括庭审过程、判决书全文等重要材料陆续公之于众,针对本次仲裁案的各种评论和研究伴随当事人或愤怒或张皇的表态一时间充斥媒体与网络。其中,对于孙杨方律师团队的各种评论占据了不小的篇幅,对于该律师团队的批评声也不绝于耳。本文主要通过对本次庭审过程中孙杨方律师团队的各种失误的梳理,总结归纳我国律师参加国际体育仲裁所表现出的问题及原因,进而探讨如何以此次仲裁案为契机完善我国体育法律专业硕士的培养方案,以及如何通过教学改革培养合格的体育法律专门人才的问题。

一、基本概念

在讨论之前我们必须明确一个概念,即什么是体育法律专业硕士,它的培养目标以及这一目标建设与孙杨案律师表现之间的关系。

(一)法律硕士专业学位

法律硕士教育是为适应我国法律职业发展的需要而设立的,以促进法律职业的发展为其使命和目标,是一种职业养成式教育,而非法学学科式的教育,不仅仅是纯粹的知识传授过程,还是职业素养养成的过程。①

在1998年召开的全国法律硕士专业学位试点工作研讨会上,国务院学位办副主任王亚杰曾从专业学位概念的角度阐释了法律硕士教育的内涵:“法律硕士专业学位是国家专业学位系列的一部分或者说是专业学位的一种……着重于宽广的法律实务和应用能力的培养,要求学位获得者具备作为一个法律工作者所需要的综合知识、实际工作能力,法律硕士专业学位是一个务实性的学位,实用性的学位。”②

---

① 参见“法律硕士教育培养目标、要求、课程与论文改革研究报告”课题组:《中国法律硕士教育研究——JM教育培养目标、要求、课程与论文改革研究报告》,载《中国法律硕士研究》第九辑。

② 霍宪丹主编、全国法律硕士专业学位教育指导委员会秘书处组编:《中国法律硕士专业学位教育的实践与探索》,法律出版社2001年版,第170~171页。

(二)体育法律专业硕士

体育法律专业硕士全称是法律硕士(体育法方向)专业学位,是法律硕士专业学位建设的组成部分,是目前为止中国政法大学独有的法律专业硕士。

在培养方案中,对于体育法律专业硕士培养目标是这样描述的:“为体育领域培养……具有社会主义法治理念、德才兼备、高层次的专门型、实务型法律人才。”这一培养目标最终落脚到专门型、实务型法律人才。

(三)体育法律专业硕士人才培养目标

体育法律专业硕士的培养目标是专门型、实务型法律人才,那么这一人才定义包含哪些岗位呢?

1995 年 4 月 11 日,以国务院学位委员会办公室和设置试办法律专业硕士学位研究小组的名义提交国务院学位委员会第 13 次会议审查并获得通过的《关于设置法律专业硕士学位的报告》中对法律硕士教育的概念和性质表述为:法律专业硕士学位是具有特定法律职业背景的职业性学位,主要培养立法、司法、行政执法、法律服务与法律监督以及经济管理、社会管理等方面需要的高层次法律专业人才和管理人才。

我们一般把从事与法律有关的各种工作或从事这些工作的人员,典型的如法官、检察官和律师(广义上还包括公证、仲裁、调解、法律顾问以及法律教师等)统称为“职业法律人”。法律硕士教育正是培养职业法律人的专门机制和教育制度。也就是说,职业法律人中的高层次人才就是法律专业硕士教育的培养目标。这其中,律师的培养是重要组成部分,体育法律专业硕士教育的培养目标中自然包含着体育法律律师的培养,其中培养能够胜任国际体育仲裁工作的律师当然也是我们的目标之一。

正是基于这一目标建设,我们才能继续探讨由孙杨案律师团队表现看体育法律专业硕士培养方案的问题及解决办法。

二、孙杨方律师团队存在问题及原因分析

本案中，孙杨的律师团队主要由三部分组成：一是瑞士日内瓦的Bonnard Lawson律师事务所；二是英国伦敦XXIV Old Buildings律师事务所；三是中国北境蓝鹏律师事务所。庭审中主要是来自英国伦敦XXIV Old Buildings律师事务所的Ian Meakin律师和来自瑞士日内瓦的Bonnard Lawson律师事务所的Fabrice Robert-Tissot律师参与抗辩。中方律师为张起淮律师和罗小霜律师，其中，张起淮律师为孙杨长期法律顾问。本案中负责庭审的是孙杨律师团队的两位国外律师，大家已经在庭审中看到了对方的表现，这里不做过多探讨，主要从国内律师的角度来探讨问题。

纵观庭审过程，中方律师几乎一言未发，我们无从观察中方律师的实际表现。但实际上，鉴于孙杨是中国运动员这一身份，并且聘请了国内律师作为长期法律顾问并加入最终的律师团队，这种情况下，很多问题就不是没有庭审表现就可以掩盖过去的。毕竟，证据的收集，大局的把握作为长期和孙杨合作的国内律师应该在律师团队中起到主导作用。那么，最终出现这个结局，问题可能更多地出现在国内律师身上。

（一）本次国际体育仲裁中孙杨方的律师存在的问题

孙杨方律师团队在庭审前是否已做好准备？是否已吃透程序规则？从实际情况看是否定的。通过观看庭审过程以及对裁决书的研读，我们可以总结出本次庭审中孙杨方律师团队存在以下问题：

1. 庭审前的预判、设计以及程序规则的理解有误

通过庭审现场和事后复盘我们看出，庭审前孙杨方律师团队并未做好准备。首先，孙杨团队过于乐观，想当然地觉得自己必胜无疑，因此对于本次庭审并未特别重视，这从对于律师的选任，翻译的聘用都可见一斑。更重要的表现还有不重视证据，孙杨方多处陈述与原有证据相矛盾，里面比较典型的有："是谁要求留下血液样本"的陈述前后不一致；

孙杨在之前的笔录中陈述是自己拿着血样防止兴奋剂检查官(Doping Control Officer,DCO)带走,而在听证会中又改口说是巴震(中国游泳队队医)拿着盛血样的容器。这些均成了 WADA 代理律师质疑的主要依据。③

其次,没有对程序规则仔细研究。例如,孙杨方可以掌握的证人全体出庭,而对方提供的证人却以各种理由没有实际到庭。面对交叉询问时孙杨方证人的弱点和差错暴露无遗,而对方证人的这些缺陷却没有在当庭中给仲裁员展示出来。

最后,未对己方的证人进行庭审培训。这一点将在下面具体论述。

2. 庭审中的应变能力和引导能力不强

应变能力问题主要表现在:第一,在庭审中出现翻译问题,采取的措施却成为庭审报告中不尊重仲裁庭的一条;第二,在庭审中发现对方的证人都没有到庭,没有有效引导庭审向有利于自己的方面发展。能不能或者说有没有更好的方法应变考验律师的能力,结果看来是失败的。

至于庭审中对于局势的把控与引导,相较于 WADA 方,孙杨方律师团队依然是失败的。

本案的两个争议焦点是:第一,检测程序是否存在瑕疵;第二,如果检测程序存在瑕疵,那么这种瑕疵是否足够严重,足以导致孙杨无法接受检测和提供样本。孙杨方将精力全部投注到证明了检测程序是否存在瑕疵上,并成功使仲裁员相信孙杨确实没有使用兴奋剂。

而 WADA 律师无疑将更多的精力放在了更深层次的较量上,即成功将原本针对检测本身的不利局面转化为价值观的考量——如果仲裁庭裁定孙杨胜,则可能置已经完成的众多测试结果于不确定的状态,而且极可能引发连锁反应,让更多运动员比照孙杨对兴奋剂检测制度发起挑战,从而动摇世界反兴奋剂制度根基的稳定性。而孙杨方对此缺乏有效回应和反击,相较于 WADA 律师的主动出击,孙杨方对于价值取向的

---

③ 参见陈丽:《从孙杨案探讨庭审准备及庭审技巧对案件的重要性》,载湘晋律师事务所网:http://www.xt148.com/ceshi/xiangjindongtai/2020-03-03/1441.html,最后访问日期:2020 年 4 月 2 日。

陈述堪称蜻蜓点水,未能有效回应仲裁员对于价值取向的深层诉求,无法对WADA关于“支持孙杨将动摇反兴奋剂制度稳定性”的观点进行有效的回应和反击,这是其败诉的主要原因。

3.庭审技巧不足

交叉询问,是指在英美法系法庭审判时,围绕案件真相的查明,对抗的双方对证人的一种询问方式,被称为“cross-examination”。交叉询问在英美法系被认为是最集中地体现了对抗制特征的庭审制度。

通过庭审可以看出,本案交叉询问中对方律师的提问针对性很强,将仲裁员的注意力引向对自己有力的方向。对方在交叉询问中对于孙杨方证人的提问体现了对方律师对于这种技巧的扎实功力和灵活运用,而孙杨方律师则没有多少表现。至于孙杨方陈述的方式、时间的掌握等均没有抓住核心,对于己方核心观点的陈述没有达到应有的效果。

4.庭审后的救济手段预案欠缺

庭审后第一时间并未把实际情况向公众交代,并且实际上也暗示催眠了自己。这反映了孙杨方团队对于国际仲裁的庭审现场的这种形式没有正确认识,以为即使自己的表现不好但依然是胜利方。因此,事后的舆论引导、上诉准备都出人意料。包括律师和孙杨母亲的表现可以说是应对失据、不知所谓,甚至将自己更大的漏洞暴露在光天化日之下,如判决书公布后,孙杨在还拿捏不准舆论走向的情况下,先于律师发声明,并晒出了很多所谓证据的截图。而后,张起淮律师接受媒体采访的说辞和孙杨晒出的证据又存在相左的情况。张起淮接受采访时表示:“武某(尿检官)提出出席听证会被拒绝。”但是孙杨晒图中,武某的表述是:“我不希望参加庭审。”而孙杨方律师的声明一味地煽情和强调其他因素的影响,并未提出明确的上诉思路,显示出孙杨方对于庭审后的救济并未做好准备。

(二)原因分析

前面笔者已经将孙杨律师团队存在的问题予以了梳理。我们可以看到,抛开外籍律师的表现,中方律师的存在感非常低。中国律师所处的法律环境和法律体系与西方国家特别是英美法系国家有非常大的区别,这确实对中国律师参与这种国际体育仲裁造成阻碍。那么,造成这一局面的原因是什么呢?

1. 我国律师训练不足

首先,训练不足是由于我国庭审中的法庭辩论环节与英美法系的交叉询问环节区别较大。我国目前采用的是法官查证与当事人质证相结合的方式,在一定程度上包含了交叉询问。《民事诉讼法》第 139 条规定,"当事人经法庭许可,可以向证人、鉴定人、勘验人发问"。《最高人民法院关于民事诉讼证据的若干规定》第 82 条第 1 款规定:"经法庭许可,当事人可以询问鉴定人、勘验人。"但是,我国庭审中的辩论阶段起主导作用的一般是法官,而法律规定及司法解释关于交叉询问规则过于粗疏,控辩双方对于该制度的运用缺乏经验及技巧,导致审判实践中以之查明案件事实的效果有限,因而交叉询问的技巧对于我国律师来说还是较为生疏的。

其次,由于中国在预防和根除兴奋剂方面投入了大量精力,我国的兴奋剂违规案件出现得到了有效的遏制,并且国内的兴奋剂检查的程序也较为完善,因此较少出现运动员因为兴奋剂检测提起的仲裁。

基于以上两点,庭审规则的不同加上有限的兴奋剂违规案件数量使中国体育律师难以在短期内积累起丰富的辩护经验,并在复杂的反兴奋剂案件中和一些可以在国际体育仲裁法庭代理全世界体育客户的瑞士和欧美律师相竞争。

2. 我国律师对于证人的程序规则理解不够

我国诉讼法中,证人是指当事人以外的人,即不包括当事人在内。当事人的陈述是另外的证据种类,如犯罪嫌疑人、被告人的供述与辩解以及被害人的陈述,均不属于证人证言的范畴;而且,证人的概念也不包括鉴定人,鉴定人的结论另归于鉴定结论这一证据种类。英美法系中将被告人、被害人、鉴定人、证人均统称为证人。

而在本案中,辩方的当事人和证人的庭上表现令人瞠目结舌,明显缺失对相应程序规定的了解。在本案中的作证方式不像是一个证人,而像我国传统意义上的当事人。例如,作为证人出庭的孙杨母亲,存在进退失据的问题。孙杨母亲因发言太长、讲述与询问无关的话被仲裁员多次打断,衣着相对随便、日常等,证明孙杨母亲并不清楚证人出庭的程序规定和应履行的义务。④

孙杨方的律师未能在庭前对证人进行相应证词叙述的准备,也未让证人熟悉仲裁庭的证据规则和仲裁庭秩序等,甚至在进行直播庭审画面的场合也没有提醒证人合适得体地着装。而这些都是熟悉法庭、仲裁庭规则的律师可以在庭前告知相关证人的。

3. 国内律师几乎没有对外交流能力

我国恢复律师制度已经40年,既精通法律英语,熟悉国内外法律,又有涉外案件经验的律师相比较而言依然稀缺,而这一现状直接影响涉外法律事务的顺利开展。现在国内许多法律事务所从事的多是国内法律事务,国际化接轨程度不高,许多事务所很少受理涉外案件。律师不具备涉外事务沟通的能力,在接收信息和表达观点时就会因为翻译的问题而与事实有所出入,这样往往使当事人的利益得不到有效维护,⑤这一点从孙杨因为不满翻译而更换时国内律师没有任何作为可以看出端倪。这在以国际仲裁为核心的CAS庭审中是相当致命的。熟练使用英语或者法语阅读法律文件和与外国律师及仲裁员交流是前提条件。在不具备语言能力情况下代理客户的涉外争议案件,并因此导致不利后果是构成律师“无能代理”的一个重要因素。⑥

通过孙杨案我们可以看出来,我国律师主要的问题在于能力不能适应国际体育仲裁的需要,无论是对规则的把握还是对庭审中交叉询问技巧的掌握以及语言表达。同时还应该看到,这些问题都是可以通过专门训练予以改善的,我们并不是没有能够在国际诉讼中熟练掌握技巧的律

---

④ 参见陈丽:《从孙杨案探讨庭审准备及庭审技巧对案件的重要性》,载湘晋律师事务所网:http://www.xt148.com/ceshi/xiangjindongtai/2020-03-03/1441.html,最后访问日期:2020年4月2日。

⑤ 参见李国英:《我国涉外律师英语现状及发展研究》,载《广东外语外贸大学学报》2014年第4期。

⑥ 参见刘驰:《敬畏规律、熟悉规矩、遵守规则,国际争议中应有全局观》,载新京报网:http://www.bjnews.com.cn/sport/2020/03/08/700777.html?from=timeline&isappinstalled=0,最后访问日期:2020年4月2日。

师就是证明。当然，这一过程基本都是在长期的实践经验中慢慢积累的，特别是体育国际纠纷的律师更是如此。

从法律教育的角度，我们应该反思，我们培养出来的体育法律专门人才能否胜任孙杨案这样一个举世瞩目的国际体育仲裁案？如果不能，问题在哪？如何解决？这是本文的核心目的。

三、体育法律专业硕士的培养存在的问题

由于国内体育法专门硕士的培养只有中国政法大学一家，我们的探讨主要是依托中国政法大学体育法律专业硕士培养体系进行。

首先对体育法律专业硕士学位研究生的课程进行简单介绍。体育法律专业硕士学位研究生的课程包括公共学位课、专业必修课、专业选修课、专业方向课、实践教学与训练、学位论文这几个部分。共54学分，其中课程学习43学分，专业实习6学分，学位论文5学分。除去实习和论文总共21门课，其中2门专题讲座，19门课都需要在第1、2学期内完成，每学期9～10门课。

这样的课程设置包括2年的时限、学分的限制、课程类别的划分是按照教育部相关规定设置的，不可改变。那么抛开这一结构性的问题，我们探讨的是其他可以通过课内挖潜改变的问题。

（一）培养方案中实践教学与训练课缺乏国际体育仲裁的实践

中国政法大学的实践教学与训练课包括法律检索与论文写作、法律实践技能（模拟法庭、模拟仲裁、模拟调解、法律谈判）、专业实习。但是，这些课程均是按照普通的法律硕士的培养模式来进行设置的，并没有专门针对体育法律专业硕士的实践教学和训练课，也没有专门针对体育法律律师的职业培训。究其原因：一是体育法相关案例较少，现有案例的积累并不具备增设专门的体育法案例教学课的基础；二是缺乏可以教授体育法律实践课程的教师，特别是可以教授国际体育仲裁实践课的教师。

此外,中国政法大学从2019年开始,专业硕士学位研究生实行集中实习。体育法律专业硕士研究生也建立起了集中实习基地,分别是与体育行政管理部门的合作以及与相关体育实践单位的合作,包括北京冬奥组委、中国反兴奋剂中心,实际效果很好。但是在律师的职业培养上并没有预期,即使有专门的律所实习,接触到体育法相关案件的可能性也很低,日常工作最主要还是其他案件的处理,特别是接触国际体育纠纷的案件就更加困难。

(二)缺乏可以指导国际体育仲裁案件的教材

由于中国体育法研究尚且比较幼稚,在很多领域都未能挖掘出体育特殊性,没有让法学院师生眼前一亮的内容,早前的一些研究是将法学理论与体育现象嫁接,尤其是在教材中这一现象更为明显,很多都是法学的一般理论加上"体育"。对体育法有兴趣的法学院师生翻阅这些研究成果和教材时,往往会认为体育法领域没有什么特别的内容,只要掌握法的一般理论和部门法的知识就完全可以解决体育中的法律问题了。

而且目前体育法教材普遍存在重理论轻实践的问题。在内容安排上都十分重视基本概念和理论阐述及理论框架的内在逻辑性,几乎见不到具体事件研究、案例分析等实践性较强的内容设置。这样的教材内容安排已经很难满足丰富多彩的体育实践对体育法教学的需求。其中,国内的教材中还没有关于体育法的实践教学,特别是国际体育仲裁实践教学。这对我们教材的选用造成了困难,只能用其他案件的教学来代替。

(三)实践导师的聘任

《中国政法大学专业学位研究生专业实习管理办法(试行)(修订稿)》指出:"研究生专业实习在校内外导师共同指导下进行,校外导师由学院与基地共同选聘。"而后,针对法律专业硕士研究生的特点,又在此基础上将此项工作进一步深化,实行法律专业硕士研究生双导师制,即每位研究生从入学开始就在校内导师和实践导师共同指导下学习。以此培养研究生解决实际问题的意识和能力,促进职业训练与课程教学的紧密结合。双导师制从制度上保证了我们对于实践教师聘任的可能性与可行性。目前,我们聘请的兼职教授包括了体育总局政法司的官员、国家反兴奋剂中心的官员、律师，他们不仅为学生做讲座，还指导学生的实习实践等，应该说对于学生的法学实践实习起到很大的积极作用。

但是，由于中国目前仅有 9 位国际仲裁法庭仲裁员，又大多工作繁忙，再加上教学时限的限制，所以至今没有真正能够引导学生进行国际体育仲裁案例实践的导师。

至于语言能力，借助于中国政法大学国际化进程的进一步深入，给学生创造了接触外语环境的机会，如外教授课、讲座、国际会议等，但是，距离直接交流还有较长的路要走。

正是由于这些问题的积累，我们可以这样总结，以目前体育法律专业硕士研究生培养计划设置的实际情况来看，培养的学生不能满足国际体育仲裁的需求。

四、对于体育法律专业硕士培养方案以及教学改革的意见和建议

前面我们已经认识到，体育法律专业硕士培养方案中存在的问题有一些是结构性的，解决起来相对困难，如时限问题；但是其他有一些是可以通过技术手段解决的。

（一）进一步推进校外实习实践基地建设工作

实务实习环节是法律硕士（法学）培养的必修内容，是实践教学的重要组成部分，对学生提高专业素养、职业能力发挥着重要作用。中国政法大学体育法律专业硕士研究生实习基地包括：北京冬奥组委法律事务部实习、中国反兴奋剂中心、中国足协、北京中通策成律师事务所、北京华城律师事务所等。但是，从培养能够胜任国际体育仲裁业务的人才的角度来看，需要做的工作还很多。

能否找到主业就是针对体育法国际仲裁的实习基地？这一点目前看来有诸多困难，体育法国际仲裁案件数量问题、中国法律机构能否置身其中的问题等，都制约了这一点的实现。那么，是否可以找到替代方

式？我想,这一点还是可以期待的。随着我国社会经济快速发展,与其他国家和地区之间的经贸往来越来越频繁,同时,跨境法律纠纷也随之增长。中国律所积极应对,通过在海外设立分所,与海外知名律所合作等方式,推进律所国际化发展,有效提升涉外法律服务能力水平。例如,北京市盈科律师事务所与美国世凯瑞律师事务所(CKR Law)合作在美国成立一家新的律所“YKR Law”;北京大成律师事务所与全球十大律所之一的 Dentons 律师事务所正式签署合并协议,收入挤进全球前十,规模排名全球第一等。在做大做强自身的同时,有效推动了中国法律服务市场与国际接轨,促进了整个法律服务行业能力水平的提升。而律所如何实现在国际化道路上更好地发展,首先也是要培养足够数量的涉外法律人才,培养专业精通、素质过硬的涉外法律人才队伍。[⑦] 这一点与我们的目标不谋而合。虽然双方在培养目标上略有差异,律师事务所培养的并不是专门针对体育国际纠纷的律师,但是对于英美法系庭审程序和交叉询问技巧的培训是相同的,而这正是体育法律律师培训所需要的。我们通过与涉外律师事务所的合作训练了学生的能力,律师事务所通过合作进行了人才储备和业务拓展。因此,与涉外律所合作进行实习基地建设对于双方来说都是需要的、共赢的,值得我们进一步推进。

(二)实践教学课中增加体育法律案件的内容

中国政法大学法学院于 2007 年专门成立实践教学教研室,由专门教师研究、教授实践课程,指导学生法律实践。我们主要从两个层次上进行分析:

一是法律诊所教学,这是学生在教师的指导下,受理真实案件的综合训练律师执业能力的一种教学方式。诊所式法律教学是如同医学院学生在诊所实习一样,设立某种形式和内容的法律诊所,使学生在接触真实当事人和处理真实案件的过程中,运用法律的教学训练。诊所式法律教学方法将学生置于律师境遇,要求学生作出无数个决定。学生们必须学会权衡法律、当事人利益及伦理道德等各种因素,并在足够真实的

---

⑦ 参见蔡长春:《中国律所加速推进国际化进程　重视涉外法律人才培养法》,载《法制日报》2019 年 8 月 26 日,第 7 版。

环境中培养出会谈、咨询、辩论、法律写作等各项能力。

二是模拟法庭,是一种以学生模拟法官、律师、公诉方等不同法律职业角色,进行系统的、全过程的职业技能训练的一种教学方式。

我们可不可以在此基础上设置体育法律诊所,建设体育模拟法庭呢?

体育法律诊所和体育模拟法庭建设需要两个条件,一是案例;二是实践教师。目前来看,单纯开设体育法教学实践课最大的问题是短时间内案例无法保障,这个建设需要一个过程。那么在此之前有什么办法?我想我们可以尝试在实践教学课中专门为体育法律专业硕士增加体育法学内容,通过典型案例来解析法学的基本原理,提高学生认识问题、分析问题与解决问题的能力。并在模拟法庭建设中按照国际体育仲裁的案例设计,增强关于语言的培训、交叉询问环节的培训。

当然,这只是我们的第一步目标,第二步我们希望在时机成熟后,专门开设体育法律诊所。学生将在教师的指导下,受理体育类真实案件的综合训练。我们会专门设立国际体育纠纷案件的真实场景,让学生接受相关训练。在这个训练中,我们将完全模拟国际体育仲裁庭的庭审过程,全程英语,以实现我们对于学生语言以及交叉询问环节的培训的教学目标。

我们的最终目标是将体育法律诊所进一步发展成为面向社会的专门的体育法律服务实体。这一实体不仅是一个教学实体,承担本校体育法硕士及本科生的实践教学与训练任务,也可以面向其他高校和律所承接实践教学和培训工作。更重要的是,我们将把体育法律诊所中模拟的真实案例转化为真实的案例。也就是说,我们将直接承接体育法纠纷的案例,起到一个律所的职能和作用。未来我们的学生从一入校开始就进入这一服务实体,在 2 年的学习时间内担任类似于律师助理的职位,不间断地进行体育法律实务训练,包括交叉询问等英美法系庭审中的必备技巧训练。这一实体中可以不断变换学生,教师相对固定但可以依托中国政法大学雄厚的师资力量根据不同情况邀请相关专家入驻。这一实体不仅是一个律所,还可以承接国内各类体育纠纷的咨询,以及体育法学教师的培训工作。那么这就引出来下面我们的改革设想。

(三)组织编写适合的教材

在 2018 年和 2019 年,马宏俊教授和焦洪昌教授分别主编了《体育法案例选编》,其中包含了国内外具有影响力的体育法案例近 30 件。这些教材将对案例教学予以补充,为下一步的实践教学和训练打下基础。

同时,根据孙杨案带来的经验教训,下一步应该组织翻译国际体育仲裁庭的真实案例中的仲裁裁决书,并就经典案例组织专家就相关仲裁程序、仲裁原则中的关键问题撰写专题报告。希望借助这些新的教材和专题报告带给同学们直观的庭审感受,并增强学生的理论基础。

(四)师资和实战模拟的思考

无论是实践教学还是日后的法律实体,都需要合乎条件的教师。目前,具备国际体育仲裁庭经验的教师很少,中国政法大学符合条件的只有黄进教授。

既然如此,需要转变思路,从以下几个方面来解决:一是多校合作,打通硕士培养实践课的路径,即可以将多校的资源整合起来组建专门性的体育法律诊所,互相承认学分,互相承认工作量,这样既可以保证教师的资源,也可以更多地培养有志于体育法律工作的同学。二是积极从涉外律所等机构找寻能够承担此项工作的兼职导师,在我们的实践教学中和体育法律诊所中专门开设体育国际法律仲裁专题研究,保证每年有 2 次以上国际体育仲裁庭的实战模拟。三是实战模拟。为了增强实战性,可以联合国内具有体育法研究机构的高校联合举办体育模拟法庭竞赛,每年轮流举办,学生的选拔、培训、参赛就是一个很好的实战机会。

五、结束语

体育法律专业硕士的培养不仅包含国际体育仲裁能力的培养,还包括其他组成部分。优秀的体育法律律师也不是单靠学校里的教学就能够培养出来的,需要大量的实践经验的积累。但是,如果我们在研究生教育阶段就对同学们进行关于体育国际仲裁能力的培训，对于能力的提升、日后职业方向的选择都会事半功倍。对于今后国际体育仲裁庭仲裁员中有更多的中国人或者是更多的中国律师走上国际体育仲裁的舞台都具有引领作用。

Research on the Teaching Reform of JM of Sports Law

—From the Perspective of Lawyers' Performance in the Trial of Sun Yang Case

Zhang Xiaoshi

Abstract: After the result of the Sun Yang case was ruled, many interpretations of the case have appeared. Starting from the angle of many problems in Sun Yang case that were caused by Sun's lawyer team, this article discusses the reasons why domestic lawyers did not make satisfactory achievements in international sports arbitration. The paper further puts forward the questions whether the cultivation of JMs of sports law are competent to the specialized education of international lawyers. The article then discusses the current issues in such field as teaching plan, selection of teaching materials, sports personality, and the appointment of supervisors. Last, the author of this article provides his opinion and suggestions.

Key Words: JM of sports law, teaching reform, Sun Yang case

论我国技术类知识产权案件审判人才培养的问题与出路[*]

李青文[**]　冯　莎[***]

摘　要：专利等技术类知识产权案件的审理要求法官同时具备精湛的法律素养和基本的技术知识，但我国目前的法学教育体制并不能实现该目标。在建设知识产权专门法院体系的背景下，高质量、复合型知识产权审判人才的需求量十分巨大。故我国应顺应高考改革的趋势，根据法学和理工科专业的特点，调整知识产权人才的培养路径，在知识产权本科专业的培养方案中取消理工科课程的设置；同时延长法学双学位的基本学制，切实提高法学双学位的教育质量；采取"2+2"培养方式，优化法律硕士（非法学）的培养模式，为我国技术类知识产权案件审判人才的选拔提供充足的后备军。

关键词：知识产权审判人才　法学双学位　法律硕士（非法学）　技术知识

---

* 基金项目：本文系2017年教育部人文社会科学重点研究基地重大项目"中国知识产权法院建设研究"（项目编号：17JJD820014）的阶段性成果。

** 李青文，中南财经政法大学知识产权研究中心助理研究员、法学博士，研究方向：知识产权法。

*** 冯莎，中南财经政法大学知识产权研究中心硕士研究生，研究方向：知识产权法。

近年来,为了审理日益增多的技术类知识产权案件,我国建立了北京、上海和广州三家知识产权法院。2017 年至今,最高人民法院先后在全国 17 个省份成立了 20 家知识产权法庭,2019 年又成立了最高人民法院知识产权法庭。目前,我国正在逐步建立审判机构专门化、审判人员专职化和审判工作专业化的知识产权案件审判体系。知识产权专业审判队伍不仅要求法官具备精湛的法律知识,还要求法官了解基本的技术知识。但是,在我国目前的法学教育体系下,无论是本科教育还是研究生教育,均难以培养出兼具法律和技术知识的复合型知识产权人才。

一、现状:我国复合型知识产权审判人才缺口明显

探讨复合型知识产权审判人才的培养问题首先应当了解我国知识产权审判人才的现状。现阶段,我国法院系统中兼具法律和技术知识的复合型审判人才十分匮乏,这给技术类知识产权案件的专业化审判带来了巨大挑战。

(一)审理技术类知识产权案件的法官应当兼具法律和技术知识

"以事实为依据,以法律为准绳"是人民法院审理案件的基本准则,其中查明案件事实是准确适用法律的前提。知识产权案件之疑难在于其与技术有着千丝万缕的联系,知识产权案件之复杂在于其涉及技术和法律等多方面的问题。① 在技术类知识产权案件审判过程中,查明涉案技术事实是准确适用法律解决纠纷的前提和基础。

法官并非"通才",虽然其熟练掌握法律知识,也有部分法官略知某技术领域的基础性技术知识,但并非所有的法官都了解和掌握某领域的技术知识,更鲜有法官能够熟练掌握所有领域的技术知识。面对纷繁复杂的技术类案件,多数法官显得无能为力。为了解决技术类知识产权案

① 参见黄玉烨、李青文:《知识产权审判中技术调查官的困境与出路——兼评〈最高人民法院关于技术调查官参与知识产权案件诉讼活动的若干规定〉》,载《电子知识产权》2019 年第 8 期。

件审理法官不懂技术的问题,在建立知识产权法院之际,我国借鉴韩国、日本等国家的经验,设置了技术调查官制度,由其协助法官查明涉案技术事实。但是,根据 2019 年最高人民法院颁布的《关于技术调查官参与知识产权案件诉讼活动的若干规定》(以下简称《若干规定》),技术调查官属于“审判辅助人员”,而非合议庭组成人员,其对案件的事实认定和法律适用均不享有表决权。根据《若干规定》,技术调查意见不向当事人公开,当事人无法对技术调查官的意见进行质询、辩论或解释说明。在这种情况下,如果审理技术类知识产权案件的法官完全不具备基本的技术知识,则其只能根据技术调查意见来认定涉案技术事实。并且,如果法官不了解技术术语的基本含义、技术发明创造原理或技术特征,那么其事实上不具备判断涉案技术特征是否相同、被告实施的技术是否落入原告专利保护范围之内的能力,法院只能指派技术调查官查明涉案技术事实并作出判断,然后形式上由合议庭将技术调查意见上升为法院查明的“法律事实”。这实际上将裁判案件事实的权力让渡给了技术调查官,技术调查官不再是审判“辅助”人员,而成为案件事实的“裁判”人员,这显然不符合技术调查官的法律定位。在技术类知识产权案件的审判过程中,法官既是涉案技术事实的认定者,亦是法律规则的适用者;技术调查官的作用仅在于利用自己的专业技能“辅助”法官查明技术事实,其在法律上应当为法官查明案件技术事实的“助手”。② 如果审理技术类知识产权案件的法官不具备技术知识,完全交由技术调查官来查明案件技术事实,那么法官与技术调查官的关系将不再是“辅助”与“被辅助”的关系,技术调查官实际上架空了法官查明案件技术事实的权力和职责。

为了避免法官将查明涉案技术事实的权力让渡给技术调查官,法官应当具备基本技术知识。在技术类知识产权案件中,技术事实与法律问题往往交织在一起。例如,在专利侵权诉讼案件中,根据权利要求书和说明书确定专利权的保护范围绝非单纯的技术事实查明问题,还需要法

② 参见郑志柱、林奕濛:《论技术调查官在知识产权诉讼中的角色定位》,载《知识产权》2018 年第 8 期。

官根据《专利法》的精神、涉案技术的可创新空间、所涉及行业的竞争状况等因素综合确定专利权的保护范围。[③] 因此,法官在指派技术调查官参与诉讼活动时,首先应当区分法律事实和技术事实,在此基础上将需要予以查明的技术事实问题交由技术调查官进行审查。经过技术调查官的讲解和说明,法官应当能够了解涉案技术的特征,正确理解技术特征之间的内在关联性,精确解读技术事实对于解决技术问题的证明力,客观、公正地对涉案技术事实作出法律上的判断。当然,要求审理技术类知识产权案件的法官在某个或者某些领域内具备精深的、渊博的技术知识并不现实。但是,其应当具备基本的、一般的技术知识,对涉案技术事实拥有自己的理解和判断,仅将个别、疑难的技术特征比对交由技术调查官予以查明或解释,或者指派技术调查官确认、证实或纠正自己对涉案技术特征的理解,从而正确发挥技术调查官在技术类知识产权案件审判过程中的“辅助”作用。

(二)我国法院系统中严重缺乏兼具法律和技术知识的法官

审理技术类知识产权案件的核心在于查明技术事实。[④] 特别是在涉及专利、商业秘密、集成电路布图设计等技术类案件的审判过程中,技术事实属于案件事实的一部分,查明技术事实对案件的裁判结果具有决定性影响,是审理此类案件的关键之所在。[⑤] 但是,我国绝大多数知识产权案件的主审法官缺乏技术类专业教育背景,他们多为“法律精英”,却不具备医学、机械、化学、生物等自然科学领域的知识,这导致法官对于技术事实的认定和查明显得力不从心。

2012 年四川省高级人民法院院长在《关于知识产权审判工作的情况报告》中指出:“全省既懂法律又懂科技的复合型审判人才相对匮乏,133 名知识产权法官中具有理工科专业技术知识背景的仅 10 余人,亟

③ 参见许波、仪军:《我国技术调查官制度的构建与完善》,载《知识产权》2016 年第 3 期。

④ 参见刘强、汪永贵:《知识产权司法审判的商事化改革》,载《湖南大学学报(社会科学版)》2019 年第 1 期。

⑤ 参见宋汉林:《知识产权诉讼中的技术事实认定——兼论我国知识产权诉讼技术调查官制度》,载《西部法学评论》2015 年第 5 期。

需打造和培养一批知识结构合理、适应知识产权审判专业化需求的高端人才。”⑥ 2013 年年底,北京市高级人民法院和北京市第一中级人民法院共配备了知识产权法官 60 人,其中具有理工科背景的法官比例非常低,只有 11 人。2014 年北京知识产权法院成立,其专利案件审判团队中仅有 8 名法官具有理工科背景。2018 年江苏省高级人民法院在《江苏法院知识产权司法保障科技创新情况通报》中强调:“目前全省共有 20 余位知识产权法官具有机械、化学、计算机、无线电通讯等领域的技术背景。”⑦ 2018 年年底至 2019 年,最高人民法院知识产权法庭成立前后,罗东川庭长在多个场合表示:“最高人民法院知识产权法庭选拔的第一批法官不到 30 位,其中仅三分之一的法官具有理工科背景。”⑧上述数据说明,目前我国有权审理知识产权案件的法院中兼具法律和技术知识背景的审判人才数量严重不足。

诚然,我国多数法院已经意识到该问题的严重性,因而在知识产权法官的聘用和选拔方面更加重视兼具法律和技术知识的人才。例如,2018 年 12 月最高人民法院发布的《面向社会公开选拔知识产权法庭高级法官公告》虽然未明确将具备理工科教育背景作为选拔知识产权法官的必要条件,但是要求参加选拔的律师和专利代理人应当具有独立办理重大疑难复杂案件能力或专利代理能力,并且执业经验丰富,能够胜任专利等技术类知识产权案件的审判工作。目前,我国严重缺乏兼具法律和技术知识的人才,真正能够胜任专利等技术类知识产权案件审判工作

---

⑥ 王海萍:《四川省高级人民法院关于知识产权审判工作的情况报告》,载四川人大网:http://www.scspc.gov.cn/html/cwhgb_44/201204/2013/0320/69290.html,最后访问日期:2019 年 12 月 15 日。

⑦ 江苏省高级人民法院:《江苏法院知识产权司法保障科技创新情况通报》,载江苏法院网:http://www.jsfy.gov.cn/art/2018/02/28/25_93496.html,最后访问日期:2019 年 12 月 15 日。

⑧ 《最高人民法院知识产权法庭即将挂牌》,载新民网:https://baijiahao.baidu.com/s?id=1621189520835604139&wfr=spider&for=pc,最后访问日期:2019 年 12 月 15 日;《最高法:建立知识产权法庭有利于统一裁判标准和尺度》,载中国新闻网:https://baijiahao.baidu.com/s?id=1621195268273979219&wfr=spider&for=pc,最后访问日期:2019 年 12 月 15 日。

的人才少之又少。归根结底,这与我国现行的法学教育体制密切相关。

二、因由:现行教育体制难以培养出复合型知识产权审判人才

在我国,兼具技术知识和法律知识的知识产权人才培养主要有四种方式:第一,本科以理工科专业为主,同时辅修了法学双学位,或者本科主修法学专业,同时辅修了理工科双学位;第二,本科是理工科专业,硕士研究生是知识产权法等法学相关专业;第三,在知识产权本科专业的培养方案中增设包含理工科基础知识的必修课程;第四,通过自己学习等方式同时掌握理工科知识和法律知识。[9] 本文重点讨论前三种类型的知识产权人才培养方式。

对于法律从业者而言,最重要的是具备法律思维。法律思维对于知识产权法官而言至关重要。作为法律职业者的特定思维方式,法律思维是法律人按照法律的逻辑思考、分析和解决问题的思维方式。法律思维并非所有法官乃至法律人思维的最大公约数或者交叠共识,而是高于法律人平均水平的规范性的思维典范,是理想型法官的思维方式。[10] 法律知识是法律思维形成的基础,法律信仰是法律思维的方向,经验思维方式是法律思维的工具要素。[11] 法学教育的宏旨在于培养法律人思维,即"像法律人那样思考"。[12] 法律思维主要是在本科阶段通过法学核心课程的系统学习而逐渐形成的。在我国目前的教育体制下,具有理工科背景的学生通过辅修法学双学位或攻读法律硕士(非法学)的方式难以形成系统的法律思维。具体来说:

---

⑨ 参见张勇、杨大伟:《"双学位"的合法性探析》,载《上海交通大学学报(哲学社会科学版)》2015 年第 2 期。

⑩ 参见凌斌:《如何完善中国法官的法律思维?》,载《社会科学文摘》2016 年第 1 期。

⑪ 参见吕翎:《成人法学教育中法律思维的培养》,载《中国成人教育》2017 年第 17 期。

⑫ 参见张超:《法律人思维、移情与法学教育》,载《法学教育研究》2018 年第 4 期。

(一)法学双学位教育华而不实

双学位是培养复合型人才的重要手段。[13] 对于理工科专业的学生而言,辅修法学双学位是学习法律知识、形成法律思维的有效途径。但是,从目前我国高校教育的现状来看,双学位主要作为高校的“创收项目”,上课时间集中在假期,包括寒假、暑假以及教学周的周末。按照教育部的规定,取得双学位需要修满相应的学分,其学分数量与普通法学本科专业基本相同。因此,法学双学位的课程数量与普通法学本科专业基本无异。若法学双学位在寒假或暑假上课,一门专业课程需要连续上一至两周,紧接着进行结课考试。与普通法学本科专业的学生相比,法学双学位的学生基本上无须花费大量时间来认真复习即可以轻松通过结课考试,从而获得本门课程的学分。因法学双学位教育存在盲目招生、学生的出勤率低、管理松散等问题,[14]导致学生真正学到的知识非常有限,这大大降低了法学双学位教育的含金量。[15] 理工科专业与法学专业在知识结构、知识体系、思维方式等方面相去甚远,加之双学位教育制度本身存在的弊端,导致辅修法学双学位的理工科学生所掌握的法学基本知识很难与主修法学本科的学生相提并论,更不用说法律思维的培养与锻炼,这亦是社会公众、企事业单位等不认可法学双学位的最重要原因。

另外,在实践中本科主修法学专业,同时又自愿、主动辅修理工科专业双学位的学生的数量十分稀少。从我国高考志愿填报的情况来看,多数高校的法学专业不再仅限于招收文科生,理科生也有机会填报法学专业。但是,部分理科生之所以报考法学专业,就是为了不再学习高等数学、物理、化学等知识。普通法学本科的学生辅修理工科专业的双学位,

---

⑬ 参见李利荣等:《关于双学位教育现状的调查研究》,载《教育教学论坛》2014 年第 9 期。

⑭ 参见徐晓颖:《法律专业学位研究生的实践教学改革——以北京大学法律硕士(非法学)项目为例》,载《法学教育研究》2019 年第 4 期;赵颖:《如何定位“学有余力”?——关于双学位招生和培养的实证研究》,载《教育学术月刊》2018 年第 4 期。

⑮ 参见张晓报、陈慧青:《我国高校双学位教育的困境与出路》,载《黑龙江高教研究》2017 年第 11 期;李莉:《我国大学辅修与双学位制改革的回顾与分析》,载《中国高教研究》2009 年第 1 期。

想要顺利完成必修课程、拿到学位也绝非易事,其主要原因在于理工科专业的学习一般需要进行大量的计算,公式、原理的理解与运用,难度远高于法学知识,有的知识原理还需要通过实验来理解和掌握,专业壁垒较难跨越。因此,鲜有法学本科学生自愿、主动辅修理工科专业的实例。

(二)法律硕士(非法学)专业教育收效甚微

在我国目前的法学教育体制下,本科为理工科专业的法律硕士(非法学),其法学知识和法律思维与"双法学"(本科和硕士研究生均为法学专业)的硕士研究生相比存在一定的差距。我国的法学硕士研究生包括三种,即法学学术硕士、法律硕士(非法学)和法律硕士(法学),而本科为理工科专业的学生如果想要报考法学的硕士研究生则只能选择报考前两者。但是,对于法学学术硕士研究生而言,考生一般为本科是法学并且对某个具体的法学二级学科具有特殊的爱好或专长的人,经过本科阶段系统学习法学核心课程,加之研究生初试阶段的精心准备,在硕士研究生入学考试过程中比非法学本科的考生具备很多优势。因此,非法学本科的考生很难入围法学学术硕士研究生的复试,更不用说最后被录取。

如果理工科背景的学生对法学专业着实有浓厚的兴趣,报考法律硕士(非法学)研究生不失为一个理性的选择。法律硕士教育是我国培养法律服务人才的主要方式之一。[16] 但是,因目前我国高校的法律硕士培养方案尚不完善,导致法律硕士(非法学)的培养质量堪忧。法律硕士(非法学)的生源质量参差不齐,现行法律硕士联考的考查科目不尽合理,[17]教育教学相当"敷衍",培养措施不得力,教师队伍偏重学术型人才,实务经验丰富者偏少。举例来说,法律硕士(非法学)研究生的基本学制一般为3年,在这期间其不仅需要完成全部法学核心课程以及实务课程的学习,还需要完成实习、毕业论文写作等内容,所以法律硕士(非

---

⑯ 参见孙昊亮、唐诗:《法律硕士研究生培养中双导师制的完善》,载《法学教育研究》2017年第2期。

⑰ 参见戴一飞、邢博特:《法律硕士(非法学)专业学位联考的预测效度分析》,载《中国考试》2018年第3期。

法学)研究生的教学时间安排相当紧张。并且,对于法律硕士(非法学)教育而言,任课教师也很矛盾,如果任课教师按照本科生的教学模式来系统化讲授某门法学课程,则该类学生本身对该门课程并非一无所知;如果按照专题的方式深入讲授某门课程的具体理论知识,则该类学生的法学基础又非常薄弱。在实践中,对于法律硕士(非法学)的课程而言,有的任课教师注重学科基础知识的讲解,有的教师则按照专题的方式深入讲授某个法学问题。在这种培养方式下,直到法律硕士(非法学)研究生毕业之际,其法学知识水平依然没有太大的提高,更谈不上具备系统的法律思维。现实情况折射出我国法律硕士(非法学)教育培养质量不高,远未达到国家要求的高层次的复合型、实务型法律人才的标准。⑱

(三)在知识产权本科专业的培养方案中增设理工科课程事倍功半

知识产权本身与科学技术密切相关,特别是专利、集成电路布图设计、植物新品种、技术秘密等。如果知识产权专业的学生完全不了解技术知识,那么将来难以在专利等技术类知识产权行业中立足。⑲ 因此,2004 年我国第一所开始招收知识产权本科生的高校——H 大学,在培养方案中除了开设法学基础、民法学总论、物权法学、著作权法、专利法等法学课程外,还开设了高等数学、大学物理、大学化学、现代生物基础、机械识图等理工科课程,以期通过该方式让知识产权本科专业的学生掌握物理、化学、生物和机械等自然科学领域的基本知识。但是,每门理工科课程仅开设一个学期,学时数量较少,同时,因物理、化学和生物等理工科知识的学习和掌握需要一定的基础,而当时报考知识产权本科专业的学生多为文科生,物理、化学和生物等基础较为薄弱,因此,经过一个学期的学习之后,该类学生依然难以掌握物理、化学等理工科的基本知识。经过多年的实践,H 大学逐渐意识到在知识产权本科专业的培养方案中增设理工科课程并不能培养出兼具法律和技术知识的知识产权复

---

⑱ 参见邱国侠、程翔:《法律硕士(非法学)培养质量审视》,载《合肥工业大学学报(社会科学版)》2018 年第 6 期。

⑲ 参见李艳:《论知识产权法本科实践教学的实施》,载《法学教育研究》2016 年第 1 期。

合型人才，故在2015年的知识产权本科专业培养方案中完全取消了理工科课程的设置。

截至2020年年初，我国已有包括华东政法大学、华南理工大学、中国计量大学等在内的88所高校开设了知识产权本科专业，其中部分高校仍然在知识产权本科专业的培养方案中设置了理工科课程。例如，有的高校设置的知识产权本科专业课程结构包括三部分：一是法学类课程，包括法理学、刑法、著作权法、商标法等；二是管理类课程，包括管理学、知识产权管理、知识产权运营、知识产权评估、知识产权许可、专利文献检索与分析等；三是理工基础类课程，包括高等数学、工程制图、机械工程材料、机械设计基础等。有的高校知识产权本科专业的主干学科是法学和工学，专业主干课程中设有图形创意、工程制图等理工科课程。有的高校在知识产权本科专业的培养方案中开设有大学物理、化工基础、普通化学、机械设计基础、工业设计基础、生物学、电子技术等理工科课程。还有的高校结合自身师资力量和学校特色，在知识产权本科专业的培养方案中开设了金融法、项目管理、影视法律实务、司法考试培训、国际技术转让法、无形资产评估等“特色课程”。

根据知识产权本科教育的实践可知，在知识产权本科专业的培养方案中开设物理、化学、生物、机械等理工科课程，并不能实现培养复合型知识产权人才的目标。一方面，在知识产权本科专业的培养方案中为理工科课程安排的学时较少，如在X大学2013年的知识产权本科专业培养方案中，化工基础、机械设计基础、生物学等课程仅有36个学时，学生难以在如此短暂的时间内学习和掌握该学科的基本知识，很难了解该学科中常用技术术语的含义、常见的技术特征、常用的技术发明手法、技术的产生过程和基本原理等知识；另一方面，因培养方案中增加了多门理工科课程，导致法学核心课程的学时数量大大减少，如在X大学2013年知识产权本科专业培养方案中，法理学仅安排了54个学时，中国法制史更是缩减至36个学时，民法学和民事诉讼法学课程一共仅设置了90个学时（见表1）。相较而言，我国大多数高校的法学及知识产权本科专业将民法与民事诉讼法课程分开安排，并且民法又分为民法总论、物权法、合同法、婚姻家庭法、侵权责任法等课程,合计约300个学时,数量是X大学知识产权本科专业的三倍之多。在知识产权本科专业的培养方案中开设理工科课程,既导致学生难以真正地学习和掌握物理、化学等理工科领域的基本知识,又占用了学生学习法学核心课程的时间和精力,导致学生的法学基础较为薄弱。

表1　X大学法学2013年知识产权本科专业教学计划(部分)

课程名称	学分	学时	课程名称	学分	学时
法理学	3	54	大学物理	4	72
宪法学	3	54	化工基础	2	36
中国法制史	2	36	普通化学	3	54
商法学	2	36	著作权法	2	36
民法学与民事诉讼法学	5	90	专利法	2	36
行政法学与行政诉讼法	3	54	商标法	2	36
知识产权基础理论	2	36	机械设计基础	2	36
国际法	2	36	工业设计基础	2	36
经济法学	2	36	生物学	2	36
刑法学与刑事诉讼法	4	72	电子技术	2	36

三、比较:知识产权法官配置与人才培养的域外考察

随着科学技术的发展,技术类知识产权案件数量越来越多。20世纪60年代,德国率先建立了知识产权专门法院,至今,世界上已有多个国家或地区对知识产权案件实行专门化审判。不同国家或地区知识产权法院的法官配置各不相同,这与各国不同的法学教育体系密切相关。

(一)美国和英国:知识产权法官多具有技术教育背景

美国和英国作为英美法系的代表国家,其法学教育的授课模式大体相似,但培养机制和人才选拔方式有所不同,这也使二者在知识产权法

官的选拔和配置上存在差异。

美国律师协会(American Bar Association)负责高校法学院的管理和认证,直接决定法学院的教育培养目的、内容和方式。因此,美国法学院主要采取职业导向性的培养方式。英国的法学教育标准制定机构是英国法律服务顾问委员会(Legal Services Consultative Panel),该机构主张理论与实践相结合。英国的法学本科教育注重学院教育和法律职业教育的分工,[20]其中学院教育是基础性法律教育,法律职业教育需要学生完成一年的学习课程,获得毕业证之后才可以到律师事务所实习。

在美国,法学院是和商学院、医学院一样独立出来的"职业学院"。[21]美国高校法学院提供的是"本科后教育",申请者需要具备其他学科的本科学历。美国法律博士(Juris Doctor)的招生非常看重入学考试(Law School Admission Test,LSAT)成绩,其考察内容并不涉及法律知识。尽管多数学生在本科阶段未系统学习过法律,但基于美国严格的人才选拔制度、对学生综合能力的考察,以及丰富的教师资源和严格的学业要求,学生在硕士、博士就读期间的法律素养一般会得到显著提高。在美国,虽然申请法学专业的学生已经获得了其他学科的本科学历,但是其仍然需要系统学习法学基础知识,这在一定程度上类似于我国的法学双学位教育,只是美国法学专业的学生不再学习其他专业的课程,这使学生有足够的时间和精力理解和掌握法学知识。英国对法学研究生的培养也与美国类似,将理论与实践紧密结合,注重对学生法律职业能力的培养。

美国联邦巡回上诉法院(U. S. Court of Appeals for the Federal Circuit,CAFC)的18名现任法官中,有5名是专利律师。为了查明技术事实,美国设有专业法官(professional judges)制度,CAFC目前共有12名法官,其中6名法官具有技术背景,每个法官配备的法官助理也均具有技术背景。[22] 在美国现行教育体系下,多数法学硕士和博士均具有技

[20] 参见丁亮:《论英国法学课程改革的经验与启示》,载《教育探索》2015年第2期。

[21] 参见李响:《美国法学教育的人才培养机制及其借鉴》,载《学位与研究生教育》2019年第5期。

[22] See Ivkovic, Sanja Kutnjak, "Exploring Lay Participation in Legal Decision-Making: Lessons from Mixed Tribunals", *Cornell International Law Journal*, 2, 2007, pp. 429 – 454.

术背景,因此,CAFC 的知识产权法官通常具备专业技术知识。在技术类知识产权案件的审判过程中,法官完全可以凭借自身的专业技术知识对涉案技术事实进行判断查明,非技术法官的发言机会较少,而且他们的贡献被认为不如技术法官重要。英国专利法院的法官从高等法院中遴选,通常具有自然科学或技术背景,并且,被任命为专利法院的法官之前通常要有相关实践经验。申言之,CAFC 和英国专利法院的法官多为法律知识和科学技术知识的"结合体",这使法官在审理技术类知识产权案件的过程中有能力将技术事实与法律适用统筹兼顾,从而保障案件裁判结果的客观性与公平性。

(二)德国:法律法官和技术法官共同组成知识产权案件的合议庭

德国司法判决备受社会信赖的原因与其严谨的法学教育模式和法官选拔方式密切相关。德国的法学教育体系以"请求权范式"作为出发点,并结合案例分析进行考核。[23] 相较而言,我国的法学教育更倾向于教师单向理论讲解,缺乏实际案例的融合。德国的法学教育中蕴含一个深刻的理念——培养"统一化法律人",[24]法学教育模式分为大学教育阶段和职业教育阶段,分别对应"结业考试"和"入行考试"两次国家考试。为了提高法律人的实务能力,德国在法学教学方式上也借鉴了英美法系国家的模拟法庭、法律诊所等模式。[25] 德国法学教育的周期较长,使其培养的法律人才理论基础扎实,并且具有卓越的法律实务能力。[26]

作为专门审理技术类知识产权案件的法院,德国联邦专利法院(Bundespatentgericht)设有 29 个审判庭,共有 118 名法官,不仅包括律

㉓ 参见张慰:《成为德国法官的教育之路——基于在德国联邦宪法法院的访学经历》,载《法学教育研究》2017 年第 1 期。

㉔ 参见葛晓莹:《德国大学"统一化法律人"培养模式及教学特点》,载《中国大学教学》2008 年第 11 期。

㉕ 参见李婧嵘:《德国法学教育改革发展的经验与借鉴》,载《法学教育研究》2018 年第 3 期。

㉖ 参见于博:《德国的法学教育及对我国的启示》,载《河北师范大学学报(教育科学版)》2010 年第 3 期。

师,还包括被称为“技术法官”(technical judge)的自然科学家。㉗ 目前,德国联邦专利法院除商标上诉审判庭和法律上诉审判庭外均设技术法官,技术法官与法律法官组成合议庭参与审判的模式在德国联邦专利法院中发挥着重要作用,有利于迅速查明技术事实和准确适用法律,充分体现了专利案件司法审判为技术发展服务的理念。从德国联邦专利法院的法官配置可以看出,其对于法学出身和技术出身的法官进行了明确的区分,因二者的学习背景、知识优势明显不同,只有在技术上诉类案件的审判中,才会由技术法官担任审判长,其他类型案件的审判长均由法律法官担任;并且,为了保证法律适用的准确性,所有类型的案件审判中必须配有法律法官。审理技术类知识产权案件的难点在于准确查明技术事实,不服法院认定的涉案技术事实往往是引发当事人上诉的主要原因。由技术法官和法律法官共同组成合议庭,技术法官同样对案件享有审判权,有利于提高裁判结果的公信力。

(三)日本和韩国:不要求知识产权法官必须具备技术教育背景

日本的法学本科教学形式与我国相似,但教师的配备更加合理,并且采用了讨论、启发式的讲授方式,学生的能力和思维能够得到充分的培养。㉘ 韩国在法学教育方面偏向于公式化、制度化,其以司法考试为导向,学生的课堂参与有限,这一情况与我国较为相似。㉙ 日本的法学本科教育虽然沿袭传统的教育方式,但其法学研究生教育效仿美国创设了“法科大学院”,其目的在于培养高端法律人才。㉚ 与美国类似,日本法科大学院的招生范围也不限于法学本科专业的学生,而是鼓励不同行业的人才前来报考;在招生考试上,法科大学院同样采取统一考试和学习考试相结合的方式,其并不考察学生的法律知识,而是考核学生从事

㉗ See Dordick, Samuel B., “Lay Jurors: The True Casualties of the Apple v. Samsung Smartphone Patent Wars”, *Temple International & Comparative Law Journal*, 2, 2015, pp. 239 - 274.

㉘ 参见刘颖:《日本法学本科教育的特色》,载《人民法治》2018 年第 9X 期。

㉙ 参见陆苹:《韩国法学教育制度改革的经验及其借鉴》,载《高教论坛》2019 年第 4 期。

㉚ 参见董林涛:《建立“法科大学院”后的日本法学研究生教育及启示》,载《中国法学教育研究》2014 年第 2 期。

法律职业的资质。[31] 为了培养法学理论与实务能力相结合的复合型人才,与日本的法科大学院相对应,韩国在 2007 年之后建立了“法学专业大学院”教育制度,其实际上类似于中国的法律硕士(非法学)专业教育。但是,韩国《法学专业大学院设置及运营法》要求法学专业大学院的专职教师数量不得低于 20 人,并且,必须有 20% 的教师为具有 5 年以上工作经历的律师。[32] 在学习成绩评价方面,法学专业大学院采用相对评价方式考查学生的学习成绩,评价成绩分为 ABCD 四个等级,而且对每个等级应保持的比例具有硬性规定。[33] 相较而言,我国的法律硕士(非法学)教育既没有对任课教师的资质、授课内容和方式等事项的统一要求,也没有统一的考查学生学习成绩的方式和机制,这些事项完全由各个高校自行决定,这是导致我国法律硕士(非法学)教育质量难以提高的重要原因。

日本知识产权高等法院共有 18 名法官,均由最高法院任命。因为日本法官通常都是能够处理各种纠纷的“通才型”法官,一般不具有自然科学或相关技术领域的教育背景,故知识产权高等法院并不看重法官是否具有技术背景。在日本,人们普遍认为知识产权案件归根结底是法律纠纷,专利法与民法以及其他普通法有着共同的基本原则,事实认定、法律解释和逻辑推理才是审理知识产权案件的核心。韩国专利法院人员由 1 名首席法官、5 名主审法官和 11 名法官组成,这些法官均在知识产权领域有长期的工作经验。为了在技术类知识产权案件中迅速查明涉案技术事实,韩国专利法院设有技术审理官、调查官和专门审理委员会,均由拥有相关科学技术领域的高级教育经历或是在技术领域有长期工作经验的人员担任。[34] 在这种知识产权案件审判模式下,法官对案件

㉛ 参见陶建国:《日本法科大学院教育制度及其问题》,载《学位与研究生教育》2009 年第 9 期。

㉜ 参见“법학전문대학원 설치 · 운영에 관한 법률”第 16 条,载韩国国家法律信息中心网:https://www. law. go. kr/LSW/lsInfoP. do? lsiSeq = 137341#0000,最后访问日期:2020 年 6 月 5 日。

㉝ 参见陶建国:《韩国法学专业大学院教育制度运行状况及其借鉴》,载《学位与研究生教育》2016 年第 1 期。

㉞ “高级教育经历”是指拥有博士学位或拥有硕士学位且具备 10 年工作经验。

技术事实的认定实际上完全依赖于技术调查官的意见,容易造成司法审判权的让渡。

四、建议:我国技术类知识产权案件审判人才的培养路径

近年来,随着专利、技术秘密、集成电路布图设计等技术类知识产权纠纷案件的迅速增长,司法审判实践需要大量的兼具法律和技术知识的法官人才。但是,目前我国上述人才储备严重不足,这就亟须我国高等教育逐步培养高素质、复合型知识产权审判人才。培养复合型知识产权审判人才需要根据我国目前高等教育特别是法学教育的实际情况,借鉴美国、英国、德国等国家的成功经验,结合法学和自然科学技术类专业的不同特点,按照学生跨专业学习和接收知识的能力,优化我国法学本科和研究生教育的模式,建立培养复合型知识产权人才的长效机制。

随着我国高考改革的推进,越来越多的省份取消了文理分科。根据教育部高考改革的规定,2014 年上海市和浙江省首先进行取消文理分科的高考改革试点。截至 2019 年,全国共有 26 个省份不再实行文理分科,考试科目改为“3 + 3”,语文、数学和英语是所有考生的必考科目,另外考生还需要从物理、化学、生物、历史、政治和地理等 6 门科目中选择其中的 3 门。一般而言,高考志愿选择理工科专业的学生均具备一定的物理、化学或生物等理科基础,而选择知识产权专业的学生则不一定具备理科基础知识。因此,根据法学和理工科类专业的特点,按照让理工科学生再系统学习知识产权等法学知识比让知识产权专业的学生再学习理工科知识的教育模式来培养兼具法律和技术知识的复合型人才更具有现实性和可行性。具体来说:

(一)在知识产权本科专业的培养方案中取消理工科必修课程

司法是维护社会公平正义的最后一道防线。法官在维护公平正义、保护公民合法权利、解决纠纷、维护社会稳定等方面发挥着重要作用。无论是婚姻、合同、经济类案件,还是知识产权案件,其本质上均属于法

律纠纷案件。尽管知识产权案件多涉及复杂的自然技术知识,但其解决仍然离不开法官的法律思维和法学知识。系统的法律思维是法官审理案件、解决纠纷的关键,是法官这一职业共同体的必备素养。2018年4月,教育部发布的《普通高校法学本科专业类教学质量国家标准》将知识产权列入法学类专业之下,并且在专业课程设置方面,法学专业核心课程采取“10+X”分类的设置模式,其中“10”是指法学专业学生必须完成的10门专业必修课,“X”是指各院校根据办学特色开设的其他专业必修课。知识产权专业核心课程包括法理学、宪法学、刑法、民法、刑事诉讼法、民事诉讼法、行政法与行政诉讼法、知识产权总论、著作权法、专利法、商标法、竞争法、知识产权管理、知识产权文献检索与应用等课程。教育部要求法学和知识产权专业必须开设法理学、宪法学、民法、刑法等核心课程的目的在于让学生掌握法学基本知识,培养学生的法律思维。

知识产权专业虽然涉及管理学、经济学、工学等多个专业,但其本质上属于法学类专业,而非工学类专业。[35] 即使在知识产权本科专业的培养方案中设置物理、化学、机械等理工类课程,学生也不能够因此而获得工学学士学位,不能够凭借该类课程的学习而具备参加专利代理人考试资格,对以后的就业亦无太大的帮助。在知识产权本科专业的培养方案中开设理工科必修课程的高校,之所以大部分学生均可以顺利获得理工科课程的学分,原因之一在于任课教师放松了对学生的要求。如前所述,为知识产权本科生开设理工科课程,既导致学生难以掌握理工科知识,又占用了学生学习法学的时间和精力,培养出来的学生可能达不到“人才”的标准,更谈不上高素质、复合型人才。知识产权本科专业独自无疑不能担当起知识产权复合型人才培养的重任,在知识产权本科专业的培养方案中开设理工科课程,实际上导致知识产权本科专业不伦不类。既然知识产权属于法学类专业,就应当在本科培养方案中取消理工科课程设置,让学生全心全意学习法学核心课程,掌握法律知识,形成法

---

[35] 参见丘志乔、庞龙斌:《浅谈理工院校知识产权教育的困境与革新》,载《中国发明与专利》2013年第10期;郭雪军:《知识产权教育进入理工院系的途径和方式》,载《高教论坛》2013年第12期。

律思维和素养，这才是知识产权本科专业的应有目标和题中应有之义。

（二）提高法学双学位的培养质量

国家实施双学位制度的目的是培养适应社会需求的复合型人才。[36]与理工科、经济、管理类专业的双学位相比，法学双学位具有门槛低、用途广等优势。[37] 相较而言，本科主修理工科专业再辅修法学双学位比本科主修法学专业再辅修理工科双学位要容易得多，这既是吸引理工科学生申请法学双学位的优势，也是培养兼具法律和技术复合型人才的重要途径。国外高校对本科双学位教育制定了严格的规则和目标，因此获得双学位的学生其专业能力也完全能够与第一学位相匹配。然而，我国高校的双学位教育多以盈利为目的，教学质量亟须提高。为了提高我国法学双学位的教育质量，可以采取以下措施：

第一，延长法学双学位的学习期限。目前我国多数高校的法学双学位培养期限限于主修专业的年限，一般为4年。法学双学位通常在二年级下学期开始上课，因二年级多数学生的主修专业课程依然非常多，加之学院、学校不同，故法学双学位课程一般安排在周末或寒暑假；四年级的上学期需要完成双学位的所有课程和毕业论文，四年级下学期完成主修专业的毕业论文、找工作等事项。因此，法学双学位的真正培养期限实际上只有2年，课程安排相当紧张。其他学生用4年时间学习的法学专业内容，法学双学位的学生仅用2年的时间完成，其专业基础和法律思维能力显然不可同日而语。为了提高法学双学位教育的质量，切实培养符合社会需要的复合型法律人才，我国应当延长法学双学位的培养期限，将辅修法学双学位学生的基本学制由现在的4年延长至5年或者6年，法学双学位的课程主要安排在后面几年内，这样一来，双学位的课程安排就更加合理，学生也有时间思考和消化课堂上讲授的知识。在实践中，山东大学已经采取了这一方案，其将包括法学在内的双学位的基本

---

[36] 参见邵建国：《关于双学位教育制度的思考》，载《淮海工学院学报（人文社会科学版）》2013年第11期。

[37] 参见许红霞：《法学双学位教育的现实困境及其化解策略》，载《公民与法（法学版）》2015年第5期。

学制改为 5 年,这一做法值得其他高校学习和借鉴。对于本科主修理工科专业的学生来说,二年级已经学习了一部分专业知识,对本专业也有了更深刻的认识,其对是否辅修法学双学位的选择更加理性。[38] 同时,三年级开设法学基础课程,课程数量较少,学生能够在了解法学学科的基础上,学习一些法学理论知识,为后面的部门法学习打下基础。按照这样的模式,培养出来的人才必然会集法律知识和技术知识于一身。

第二,提高法学双学位的教学质量。根据教育部的要求,法学双学位与主修专业学历学位在效力上并无两样。但是,目前社会对法学双学位的认可度并不高,主要原因在于法学双学位的教育质量难以与法学普通专业相提并论。申请法学双学位的学生可能来自不同的专业和教育背景,对于理工科学生而言,其逻辑思维与法学专业并不完全符合,在这种情况下,更应当提高法学双学位的教育质量。一是法学双学位的课程安排不宜集中在寒假和暑假,如果因学生众多,上课时间确实难以协调,则可以将上课时间调整为周末,每次 2 ~ 4 个课时,每门课程连续上一个学期或一年,坚决杜绝单门课程一次性上 8 ~ 12 个课时现象的发生,以留给学生思考和消化知识的时间。二是每门课程的总课时量、教学内容、师资力量等与普通法学专业也不应当有所区别,对于某些法学基础课程,还应当适当增加课时数量。三是课程的考试或考核应当与普通法学专业一致,考试题目不宜过于简单,更不能出现划定考试范围的现象。四是对于法学双学位的学生,任课教师应当严格执行学校的课堂考勤制度,法学院应当加强对学生的管理和教育。只有在每一个教学环节都得到质量保证的前提下,才能够保证法学双学位本科生培养的整体质量效果。[39]

值得注意的是,目前有的高校强制要求知识产权本科生必须辅修理工科学位,而有的高校则大力鼓励知识产权本科专业的学生辅修化学工

---

[38] 参见李莉:《我国大学辅修与双学位制改革的回顾与分析》,载《中国高教研究》2009 年第 1 期。

[39] 参见王新庄等:《双学位本科生培养:理念、模式与策略》,载《中国高教研究》2008 年第 12 期。

程、机械工程、信息工程、计算机等专业的第二学位，但是不作为获得知识产权本科学位的硬性条件。通过辅修理工科双学位的方式，确实比在知识产权本科培养方案中开设理工科课程的方式更能够让学生真正地学习到知识。但对于物理、化学、生物等理工科基础薄弱的学生来说，完成理工科双学位并非易事，如果强制要求学生辅修理工科双学位实际上剥夺了学生的专业选择权。相较而言，提高法学双学位的教育质量，让自主选择辅修法学双学位的理工科学生完成法学本科学位课程，获得法学学士学位更具有可行性。

（三）优化法律硕士（非法学）的培养模式

目前，我国法律硕士（非法学）专业的基本学制是3年。在该期间内，学生不仅要学习政治、英语等公共课，还要学习法理学、民法、刑法等法学基础课程以及自己感兴趣的专业课程（如知识产权法、诉讼法、经济法等），另外还需要完成实习、毕业论文写作和答辩等事项，加之多数高校的硕士研究生培养均采用“考核制”，即只需完成一篇2000～5000字的文章就可以获得该门课程相应的学分，任课教师对法律硕士（非法学）的授课和教学也并未给予足够的重视。通过实地调研发现，多数法律硕士（非法学）的学生认为其课程安排过于集中，在研究生就读期间难以真正地学到法律知识。法律硕士（非法学）学生的本科均未学习法学专业，法学基础非常薄弱，虽然入学时经过了全国法律硕士联考，但是根据对近年来参加法律硕士联考学生成绩的统计，平均分实际上在70分左右（满分150分），并且考试题目注重实体法而忽视程序法。在这种情况下，法律硕士（非法学）专业的学生仅经过3年的学习，并不能完全掌握法学基础理论知识和专业知识，高校培养出来的法律硕士（非法学）的学生并非复合型法律实务人才。

法律人的能力包括掌握系统法律知识的能力、法律思维的能力与解决法律问题的能力，这三种能力的培养是法律硕士必须具备的基本素养。[40] 法学知识的学习和掌握需要一定时间的积累和沉淀，法律硕士

---

[40] 参见刘铁光：《法律硕士（非法学）法律人的能力培养——基于案例研习模式的分析》，载《当代教育理论与实践》2016年第5期。

(非法学)的课程设置必须具有针对性。[41] 鉴于法律硕士(非法学)学生的法学基础较为薄弱,建议对其采取“2+2”培养模式,即两年学习法学基础知识,两年学习知识产权法等专业和实务知识。具体来说,对于法律硕士(非法学)专业学生的培养,采取4年基本学制的培养方式。入学前两年,按照普通法学本科生的培养方式,全面、系统地讲授法学核心课程,并采取考试制,即学期结束时学生必须参加闭卷考试并成绩及格才能够获得相应的学分。法律硕士(非法学)的课程设置、授课方式、考试方式等可以参考法学本科生的培养方案,从而让学生通过系统的法学基础课程的学习,掌握法律基本知识,逐渐形成法律思维。法律硕士(非法学)教育的后两年采取专业学习的培养方式,即让学生根据自己的爱好,自行选择学习民商法、刑法、宪法与行政法等法学二级专业。例如,对于想学习知识产权法方向的法律硕士(非法学)的学生而言,其第三年就可以仅选择学习知识产权法相关课程,然后由该专业的教师分模块系统讲解知识产权法领域的理论知识,学期结束时学生可以通过完成课程论文的方式获得相应的学分,其课程设置、授课方式、考试方式等可以参考法律硕士(法学)专业的培养方案,在这两年内让学生在学习知识产权法专业知识的基础上完成实习、毕业论文写作等事项。对于本科为理工科专业的学生而言,如果其选择攻读法律硕士(非法学)专业研究生,通过前两年的学习,一般能够掌握法学各部门法的基础知识,通过后两年的学习,法学专业知识也会得到显著提升。通过这种方式培养出来的人才方可称为复合型法律人才。

五、结语

在建设知识产权强国的背景之下,我国知识产权法院体系建设工作的开展如火如荼,未来也将大力增设知识产权法院和法庭。知识产权法

[41] 参见邱国侠、程翔:《法律硕士(非法学)培养质量审视》,载《合肥工业大学学报(社会科学版)》2018年第6期。

院体系的建设和完善需要大量的兼具法律和技术知识的复合型知识产权人才“添砖加瓦”。但是,当前我国的法学双学位教育和法律硕士(非法学)教育“求快而轻质”,显然无法培养出符合知识产权案件审判要求的人才。因此,我国应当大举改革法学双学位和法律硕士(非法学)的教育模式,根据社会需求制定法律人才培养目标,结合学生类型制定知识产权人才培养方案,切实落实各项具体措施,强化监管保障手段,为我国培养兼具法律和技术知识的高质量、复合型知识产权人才,为技术类知识产权案件司法审判人才的选拔提供充足的后备军。[42]

Discussion on the Problems and Solutions of the Cultivation of Talent Adjudicating Technical-Related Intellectual Property Cases in China

Li Qingwen　Feng Sha

Abstract: The trial of patents and other technical-related intellectual property cases requires judges to possess excellent legal literacy and basic technical knowledge. However, the current legal education system in China cannot achieve this goal. In the background of building a special tribunal system for intellectual property cases, there is a huge demand for the talent who grasp compound knowledge and are qualified for intellectual property adjudication. Therefore, China should follow the trend of the reform on college entrance examination, adjusting the route of cultivating intellectual property talent according to the characteristics of law and science and engineering. The authors of this article suggest to cancel the establishment of

---

[42] 参见张惠彬、沈浩蓝:《美国知识产权法学教育的发展状况研究》,载《法学教育研究》2018年第3期。

science and technology courses in the curriculum of intellectual property undergraduates and extend the length of double degrees in law to effectively improve the education quality. By adopting the "2 + 2" training model and optimizing the training mode of Juris Master, the existing legal education can provide sufficient reserve personnel for the selection of talent who are competent for adjudicating technical-related intellectual property cases in China.

Key Words: intellectual property trial talents, double degrees in law, Juris Master, technical knowledge

人工智能在法学实践教学中的应用研究[*]

陈京春[**]

摘　要:智慧法治建设给法学教育带来了新的机遇和挑战,法学实践教学应适应社会发展的要求,充分利用人工智能技术和智慧法治建设的成果,突破高校与实务部门之间的壁垒,推进法学实践教学的升级改造。基于人工智能的类案推送给案例教学带来新的可能。智慧辅助系统将极大地提升学习的深度和广度,推进法科学生广泛参与诉讼服务和普法活动。法学实践教学成为法治共同体的共同责任。

关键词:人工智能　法学实践教学　知识整理　类案推送　智慧助理

以人工智能、机器人、智能制造等一系列创新为代表的“第四次工业革命”,将深刻地影响高等教育

---

* 基金项目:本文是2019年度陕西高等教育教学改革研究项目“法学虚拟仿真实践教学方法研究——以刑事审判实践教学为范例”(项目编号:19BZ039)的阶段性研究成果。

** 陈京春,西北政法大学刑事法学院教授、西北政法大学人工智能与智慧法治研究院研究人员、法学博士,研究方向:刑法学、法学教育。

的社会角色与使命。大数据、人工智能、云计算、5G等技术所带来的信息革命将改变知识传播的途径,大学将成为知识集中与广播的"开源"平台。① 混合现实、人工智能、虚拟助理等技术将促进高等教育向"智能+教育"时代转型升级。西方国家高度重视智慧教学的重要性,强调使用人工智能技术促进教学"智能化"、教学情景"真实化"和学习"人性化"。② 我国《新一代人工智能发展规划》也明确提出,要利用智能技术加快推动人才培养模式、教学方法改革。在日新月异的人工智能时代,针对法学实践教学存在的现实问题,如何从内容到形式适应人工智能的发展,充分利用智慧法治建设的成果,是需要认真研究的重要课题。

一、人工智能应用于法学实践教学的现实意义

随着人工智能(大数据)产业的迅猛发展,智慧法治建设已经全面铺开,这势必对高校的法学教育,尤其是法学实践教学提出新要求,带来新机遇。人工智能技术和智慧法治建设的成果应用于法学实践教学前景广阔,必将发挥积极的作用。

(一)法学实践教学需要吸纳智慧法治建设的成果

基于人工智能(司法大数据)的智慧法治建设突飞猛进,2017年,最高人民法院发布《关于加快建设智慧法院的意见》,各地法院陆续将数字化智能辅助系统应用于司法实践。杭州互联网法院、泉州等地智慧法院建设初现成效。2017年,最高人民检察院也出台了《检察大数据行动指南(2017~2020年)》,提出全面打造"智慧检务"体系,让大数据和人工智能服务于检察工作。同时,"法蝉""诉箭""无讼"等律师业务智能辅助平台已经被广泛应用,并取得了良好的效果,有研究指出律师助理

---

① 参见任羽中、曹宇:《"第四次工业革命"背景下的高等教育变革》,载《中国高等教育》2019年第5期。

② 兰国帅等:《"智能+"时代智能技术构筑智能教育——〈地平线报告(2019高等教育版)〉要点与思考》,载《开放教育研究》2019年第3期。

和法律助理被自动化的概率高达94%。[③] 智慧法院、智慧检务、智慧律所、智慧仲裁等智能应用不断升级,正在以前所未有的形态改变着传统的法律行业。

人工智能技术应用不断地对教育模式产生影响,将对法学教育教学的各方面提出新的要求,法学教育必须做出积极的回应与变革。[④] 智慧法院、智慧检务的应用,对高校的法学实践教学提出新要求,法科学生在走向实务之前应当具备应用智慧工具的基本素养和技能,基于新理念、新内容、新手段的"新法科"呼之欲出。智能法治建设的成果为解决法学教育实践性不足的难题提供了新的可能性。相应地,高校的法学实践教学除了利用好智慧法治建设的成果充实教学内容、丰富教学资源外,还承载着促进法科学生熟悉智慧司法,掌握智能辅助系统的实践教学任务。

(二)人工智能成为提升法学实践教学水平的重要手段

虽然我国法学实践教学取得了显著成效,但是依然存在实践教学资源不足、实践教学活动尚不能紧跟司法实务的问题,以及高校与实务部门的协同育人机制不畅、实践实训课程建设水平不高、实习和论文的信息化水平还比较落后等现实问题。人工智能应用和智慧法治建设的成果为解决这些问题提供了新契机。司法大数据的积累和智慧法治建设的成果将极大地丰富实践教学资源,"互联网+"条件下的智能司法平台建设将为高校与实务部门的沟通与协作提供新的途径,实践教学的内容与形式将发生变化,实践实训课将不再拘泥于课堂教学,专业实习也将不再完全依赖实践教学基地,司法大数据与智慧法治建设成果将极大地完善专业实习与毕业论文写作的内容,凸显实践性。

(三)人工智能必将推进法学实践教学的改革创新

人工智能是深化学习和创新思维的有效手段。人工智能技术的核心在于算法,运用模拟人类智能的"神经网络"等算法对大数据进行分

③ 参见曹建峰:《"人工智能+法律"十大趋势》,载《机器人产业》2017年第5期。

④ 参见冯子轩、孙莹:《勇立人工智能时代潮头 共谋法学教育创新之路——首届人工智能法学教育论坛综述》,载《中国高等教育》2018年第21期。

析研判。因此,人工智能在基于既定规则对数据(信息)进行分析方面,必然超越人类的能力,取代人类的部分职业。但是,人工智能却无法形成自己的“价值观”,没有“主体意识”,无法真正实现人的心智。因此,基于人工智能的特点,法学教育的重点应从知识的记忆和程式化应用,转移到价值评判和创造性思维。而要完成这一任务,法学实践教学是最主要的方式。只有通过实践,才能在知识的基础上,结合现实问题促进深度分析和研讨,形成正确的价值观和完善的法治思维,这是创造性的过程,是一种成长性思维。人工智能技术有利于这一目标的实现,它可以移除课堂与真实生活之间的界限,创造一种恒定的、多维度的学习生态系统。⑤ 在这样的学习生态系统中,“经验学习”更为顺畅和高效。人工智能技术将为“经验学习”营造“具体的生活情境”(包括现实的法律问题和真实的司法运行环境)。也就是说,应把学生带到特定环境中去,通过环境营造来促进学生有效学习。

教育者应和人工智能技术专家携手,共同开展对实践教学课程方案、教学过程和教学经验的研究,同时采用网络化教学模式,以便积累数据,形成“数据—算法—数据”的良性循环。⑥ 如果说传统的案例教学、专业实习追求真实环境、真实问题,那么人工智能应用则有利于法学实践教学所需要的特定的“真实环境”的营造。校内的实践教学资源和平台通过人工智能技术可以与实务部门联通、同步,突破时空的限制。“虚拟仿真”对于法学实践教学而言或许并不准确,因为未来可能是全真的。

随着人工智能应用和智慧法治资源的利用,未来的法学实践教学将呈现学生、教师、智能机器共同参与的特点。其中,学生是探究者、发现者、合作者,教师是服务于学生学习的支持者、引导者、组织者,人工智能(机器)在物理、虚拟空间并存,具有协同开放、多维共生、智能增强的特点。教与学之间的交互耦合前所未有,形成人机共生的学习系统。人机

⑤ See Joseph E. Aoun, *Robot-Proof: Higher Education in the Age of Artificial Intelligence*, Cambridge, MIT Press, 2017, p. 79.

⑥ 参见赵炬明:《助力学习:学习环境与教育技术——美国“以学生为中心”的本科教学改革研究之四》,载《高等工程教育研究》2019 年第 2 期。

协作、师生交互将成为常态。⑦ 在这样的教学模式里,人工智能(智慧教学辅助系统)将时时伴随、服务师生的互动和成长,围绕学习的需要,提供知识支撑和知识整理的阶段性成果,链接法治建设的现实问题和需求。教师在组织实践教学过程中,有了智慧助理的支撑,可以将主要精力用于隐性知识的传授。⑧

二、人工智能在法学实践教学中的应用方案

目前,人工智能在法学实践教学中的应用尚处于起步阶段。国内外法学界聚焦于人工智能法学与科技伦理问题,针对人工智能在法学实践教学中的应用研究不多。在实践层面,已有基于司法大数据的类案推送研究,有一批法学虚拟仿真实践教学项目已经投入使用,智能办案辅助系统逐渐被引入高校,并应用于实践教学活动,这为进一步推进人工智能在法学实践教学中的应用提供了基础。

(一)类案推送在案例教学中的应用

案例教学是法学实践教学的基本方式,是理论与实践相结合的主要途径。各政法院校在案例教学方面已经积累了丰富的经验,但是,在关键的案例库的建设方面却普遍存在缺陷。传统的案例库或是教师根据理论讲授的需要对案情的主观裁剪,或者是与实务部门达成协议对典型案件材料的收集整理。主观的编造虽然有利于理论模型的讲解,但是,却无法呈现出现实问题的复杂性和影响裁判的多元因素。尽管部分政法院校从司法机关那里得到了一些真实的案件材料(包括处理过的卷宗复印件),但是,这些案件一方面不见得是合适的案件;另一方面更新缓慢,往往存在脱离司法实践、不能客观反映案件真实面貌等现实问题。

---

⑦ 参见吴朝晖:《智能增强时代的学习革命——在国际人工智能与教育大会上的发言》,载《世界教育信息》2019 年第 10 期。

⑧ 参见杨继文:《从实验法学到智能法学》,载《检察日报》2018 年 12 月 18 日,第 3 版。

随着司法大数据建设和类案推送技术的发展,这一问题可能得到根本性的解决。智慧法院、智慧检务、智慧律所等智慧系统的打造,将不断沉淀丰富的裁判文书等结构化数据和电子卷宗、庭审录像等非结构化数据资源,通过专业人员的知识整理、人工智能的深度挖掘,可以方便地呈现司法运行的整个过程,及时总结出实践中的经典疑难问题,以及类案的处理模式,这有利于典型案例的收集和类案的分析,给现有的案例教学提供科学、客观、丰富的素材。

类案推送不仅服务于案例教学,而且可以预见的是案例分析可能成为毕业论文的新形式。传统的本科论文的写作与辅导方式呈现形式化的缺陷,广受诟病。学生在教师的辅导下虽然掌握了写作的基本技巧与规范,但是,由于与司法实践脱节,问题意识不强的问题十分突出。当基于司法大数据的类案推送成为可能,学生可以接触到最鲜活的素材,可以在教师或司法人员的指导下对案例进行知识整理和类案分析,并从中检验理论的科学性,真正实现理论与实践的交融。从这个角度看,案例教学与毕业论文写作可以打通并合为一体。

(二)智慧助理在专业实习中的应用

智慧法治建设的重要成果之一是智慧辅助系统的打造。无论是法官、检察官、律师,均可以时时处处得到智慧助理(智能辅助系统)的支撑和服务。这同样可以为法学实践教学所用,尤其是提升专业实习的规范化水平。

在传统的专业实习过程中,往往依赖于实习基地的实务专家担任指导教师,专任教师的参与度普遍不高。在这种情况下,对实习的指导取决于实务导师的水平和热情,实习内容缺乏规范性,实习目标是否达成缺乏有效的评估。如果智慧助理系统能够用于专业实习,那么一些常见的一般性问题就可以得到及时的辅助,而且随着辅助系统的使用和问答数据的积累,人工智能算法可以不断迭代,辅助功能可以得到持续完善,解决实习过程中越来越多的疑难问题。实习生就一般的常识性问题和共性问题便不需要向专任教师或实务导师咨询,可以给深入研讨留出更多的时间和空间。

随着智慧法治建设的不断完善和智慧助理系统的改进,校内实践教学条件将呈现出全新的面貌。高校可以在校内打造人工智能实践教学云平台和虚拟仿真教学环境,基于智慧助理系统,这样的教学资源和环境就内容而言,可以是全真的、动态的,与实务部门无缝对接。无论是内容还是形式,都可以与智慧法院、智慧检务、智慧律所系统进行挂接,实现双向、同步互动。在不断强化校外实践教学基础的同时,与实务部门携手打造校内实践教学基础,是未来必然的发展方向。通过虚拟现实(VR)、增强现实(AR)技术,可以为实践教学营造更具"亲临感"的环境条件,在实务部门进行专业实习无法实现的环节,可以在校内实践教学环境下达成。传统的"诊所教育"在新的智能化环境下可以焕发新生。

(三)人工智能辅助系统在普法和诉讼服务中的应用

多年来,在校法科学生的法律服务工作已经取得了可喜的成效,参与普法工作已经成为法科学生开展法学实践活动的有效方式。随着智慧助理的应用,法科学生开展法律服务(诉讼服务)、普法宣传活动将变得更为便利、广泛。有了智慧助理,法科学生可以及时获取咨询案件所需要的基础知识,得到典型案件的办案指导,得到类案处理的第一手资料,这不仅提高了法律服务和普法宣传的效率,而且促进法科学生在此过程中对法律问题和社会实践的深度思考。许多基础问题,在智慧辅助系统的支撑下,学生完全可以及时处理,这有利于节省资源,保障更多的学生参与其间,而且可以推进指导教师就深层次问题、疑难问题开展师生互动,共同应对法治进程中的挑战,为法治建设做出更多的贡献,同时拓展法学实践教学的样态。

随着智能辅助系统不断完善,法科学生越来越多地参与诉讼服务和普法宣传,创业能力和创业意识得到培养。法科学生在运用人工智能系统、参与法律适用活动的过程中,能够对智慧法治的发展方向和法治建设的现实需求进行全方位的体验,在实操中逐渐形成创新思维和创业冲动,帮助他们明确自己的职业规划,尽快融入法治共同体。

三、人工智能在法学实践教学中应用的保障措施

人工智能在法学实践教学中的应用,面临着诸多困难和障碍。对于法科学生而言,大多不具备基本的人工智能理论素养和技术应用能力;对于教师而言,知识和能力的短板同样存在,而且还存在教学理念陈旧、保守,不愿放弃"教师中心地位"的顾虑。更为关键的问题是实务部门的协助,如果没有实务部门与高校之间密切、全面的配合,智慧法治建设的成果不可能共享、应用于法学实践教学。因此,改造现有的法学专业人才培养模式,转变法学实践教学理念,推进协同创新,是实现人工智能在法学实践教学中广泛应用的必然选择。

(一)法学专业学生学习方法的调整

在"人工智能+教育"的情境下,对法科学生的素质和能力提出了新的要求。法科学生不仅要有扎实的法学功底,而且对于人工智能的基本原理、智慧法治建设的发展现状、智慧辅助系统的应用均要有所了解。基于智能技术整合的学习空间的架构,自主学习成为常态,学生将真正成为学习的主体和主导者,那种被动接受式的学习方式将必然被改变。法科学生面对教育模式的变革,必须尽快适应自主学习、个性化学习,尝试通过智慧辅助系统完成自己的学习任务,并不断确定更高的研修目标,而不必过分依赖教师的指导。教师不再是知识传授的拐杖,师生之间就法律适用疑难问题和价值取舍的深度互动将成为学习的主要形式。

人工智能时代的法学教育必将突破传统的课程、校园、实习基地等概念,法学实践教学将渗透到法学教育的全过程、全方位。法科学生需要适应未来线上与线下相结合的开放式校园的样态。课堂不仅仅是在教室内的案例研讨,实习也不仅仅是在实习基地的锻炼。而应树立泛在学习的理念,法学实践教学的方式方法将更加多元化,学生可以通过诉讼服务、法治宣传、协助司法人员进行案例知识整理等多样化的形式,锤炼理论联系实践的能力和创新性、批判性思维。

在人工智能时代，将自己打造成“法律+人工智能”复合型人才，是法科学生的努力方向。高素质法治人才既要有良好的法学素养，又要有娴熟的人工智能应用能力，具有这种复合能力的法科学生将越来越受到用人单位的追捧。复合性知识结构的打造和综合能力的培养，无疑会增加法科在校生的学习任务。由于知识获取和学习变得越来越方便，学习的实践性将增强，重点应是深度挖掘和研讨，学习的深度和难度将会增加，法科生必然从思想上要有所准备，以应对时代的挑战。

（二）法学教师教学方式的转变

人工智能在法学教育，尤其是在法学实践教学中的应用，给法学教师带来新的要求、新的理念。传统的教育思想和教学理念比较注重知识传授，教师往往没有足够的时间和精力与学生进行深度沟通，对知识进行深层次的解析以及实践运用的研讨。随着司法大数据和人工智能的应用，学生将不再满足于教师在课堂教学中对概念性知识的传授，而更关注理论知识如何在实践中应用，以及由此而产生的对知识深层次的解读。传统的单向的教学模式已经难以满足深度学习的需要，脱离实践问题和智慧法治资源的教学难以激发学生的问题意识和创新思维。需求倒逼教师必须关注司法实践和智慧法治建设的现状，在系统讲授的基础上，广泛地应用实践教学，以调动学生的学习兴趣，提高学习成效。正如当年在计算机逐渐应用于高等教育时，教师必须掌握多媒体教学手段那样，当人类进入人工智能时代，合格的政法院校的教师必须熟练掌握人工智能法学的基本内容和智慧辅助系统的基本应用。

对于法学教师而言，传道式的、说教式的角色成分会大幅度减弱，而启发者、经验交流者、体验分享人的角色成分会显著增强。[⑨] 教师的权威不在于学生无条件的服从，而在于是否能够有力地引导、激发、启发学生的心智。在师生互动的过程中，个性化的问题和创新观点不断涌现，没有创新思维和创造能力的教师难以担当教学任务。由于智慧辅助系统可以让学生随时获取司法实践中的信息，因此，教师的观点未必能够

---

⑨ 参见滕万庆等：《新技术时代背景下高校教学改革与探索》，载《黑龙江教育：高教研究与评估》2019 年第 1 期。

得到学生的一致认可,教师的知识权威可能遭遇挑战,这无疑也对教师的学科知识水平和职业素养提出了更高的要求。[10] 面对新要求,教师需要转变角色定位,改革教育教学方法,提升人工智能教学手段,强化教学的实践性,重塑教育的新形象。

进入人工智能与教师"协作共存"的局面,教师将转变传统的教学角色,育人的角色将越来越重要。[11] 在人工智能的辅助下,教师可以通过法学实践教学,引导学生直面司法实践中存在的真实问题,分析问题、解决问题,不断培育坚定的法治理念,养成良好的法律职业伦理,专业思政的任务将成为教学任务的有机组成部分。

(三)法治共同体协同推进责任的落实

虽然法学实践教学是高校与实务部门的共同责任的观念已经逐渐得到肯定,但是,在具体操作过程中,校内的实践教学与实践教学基地的专业实习之间往往难以形成合力。随着人工智能在法学教育中的应用,以及智慧法治建设的完善,融合式教育成为可能,高校与实务部门之间的壁垒有可能从根本上破除。

融合式教育通过整合通识教育、专业教育、行业教育、管理教育,把学习、实习、在岗训练、创业和未来发展融合起来,促进价值链创造和价值链共享,形成学、研、训、创、产高度融合的一种新型教育模式。[12] 当下,随着智慧法院、智慧检察院、智慧律所的建设,为了提高智能辅助系统的建设水平,实务部门对高校师生广泛参与的需求越来越迫切。智慧法治建设需要法学专家参与其间,提供理论上的支撑;大量的案例需要知识整理,为智慧法治提供数据基础,这需要师生的广泛参与;司法机关案多人少的现实困境可以通过法科学生多样化的实践活动得以缓解。同样,高校存在参与智慧法治建设、完善法学实践教学的现实需求。人工智能与智慧法治建设成为挂接高校与法治实务部门的新通道、新形

---

⑩ 参见刘文:《人工智能时代高等教育之变与不变》,载《黑龙江高教研究》2018年第3期。

⑪ 参见余胜泉:《人工智能教师的未来角色》,载《开放教育研究》2018年第1期。

⑫ 参见席酉民:《人工智能时代的高等教育》,载《世界教育信息》2018年第4期。

式。未来的法学人才培养将深化为“学校＋实务部门＋人工智能”的新模式。

打破高校与法治实务部门之间的壁垒，将智慧法治建设的成果和资源应用到法学实践教学中是必然的发展趋势。但是，目前高校与法治实务部门之间协作开展人才培养的工作机制还不顺畅，法学教育（尤其是法学实践教学）是法治共同体的共同责任的理念还未深入人心。智慧法治成果应用于法学实践教学还存在着诸多障碍，如电子卷宗的利用存在现实的困难，法科学生充当检察官、法官助理，同样存在信息安全的问题。如果没有司法机关的许可与妥善安排，这些问题不可能从根本上得以解决。

四、结语

人工智能在法学实践教学中的应用，为法学教育开启了一扇光明之窗，必将系统地升级实践教学模式，提升实践教学水平。诚然，当下的人工智能还处于弱人工智能发展阶段，智慧法治建设也刚刚起步，无论是司法大数据建设，还是智能辅助系统的打造，还存在诸多的技术困难和行业壁垒，运用人工智能技术和智慧法治建设的成果推进法学实践教学变革还有不少障碍和困难。但是，法学实践教学的迭代升级势不可当，只有抓住发展的机遇，抢占先机，才能在人工智能时代引领法学教育的发展变革。法学教育的智能化，不仅需要高校师生转变观念，整合资源，深度参与法治建设，也需要法治实务部门承担起法治人才培养的责任，更需要国家对产学研一体化推进法学实践教学做出基层设计和整体安排。

Research on the Application of AI in Law Major's Practical Teaching

Chen Jingchun

Abstract: The construction of the rule of law with artificial intelligence brings new opportunities and challenges to legal education. Law major's practical teaching should adapt to the requirements of social development and make full use of the results of artificial intelligence technology and the construction of the rule of law with artificial intelligence. In the meantime, it should make breakthrough in the barriers between law schools and law enforcement departments and promote the upgrading of law major's practical teaching. Artificial intelligence-based similar case push brings new possibilities to case teaching. The smart assistant system will greatly enhance the depth and breadth of learning and promote law major students' extensive participation in litigation services and law popularization activities. Under this circumstance, law major's practical teaching has become the common responsibility of the rule of law community.

Key Words: artificial intelligence, law major's practical teaching, knowledge organization, similar case push, artificial assistant

大数据时代高校“法律检索”课程探索[*]

聂慧苹[**]

摘　要：我国“法律检索”课程起步晚、发展缓慢，未受到足够重视。大数据时代，“法律检索”课程是法学教育和法律实务的需求。在课程定位上：“法律检索”课程应与法学专业核心课程和基础检索课程相区别；应以必修课纳入实践教学课程体系；以讲授检索技能为重心。在具体课程构建中：应当合理安排法律文献检索，注重检索基础理论和数据库的讲解，侧重于我国法律问题的检索；采取以案例为基础的现场演练授课方式。

关键词：法律检索　课程定位　课程构建

大数据时代，海量、快速、多样的数据带来了信息获取与存储的便利和高效，同时也对信息管理和运用提出了更高要求。在我国名目繁多且更迭频繁的法律法规以及大量司法案例面前，大数据技术恰

---

* 基金项目：西南政法大学 2018 年度校级研究生教育教学改革研究项目《“法律检索”课程教学探索与研究》（YJG201828）的研究成果。

** 聂慧苹，西南政法大学人工智能法学院副教授、法学博士，研究方向：刑法学、人工智能的刑法适用。

能解决法律信息对于获取、存储、管理和分析的需求。如何对法律信息进行大数据的分析和运用成为法学教育的重要课题,学者纷纷建言应当开设“法律检索”“法律大数据分析”等课程。① 本文拟在梳理我国“法律检索”课程发展历程的基础上,展示我国“法律检索”课程现状、发现“法律检索”课程教学中存在的不足,结合法学教育发展目标和调研所得的实务需求,探索我国法学院校“法律检索”课程的定位和具体构建。

一、我国高校“法律检索”课程的发展及启示

(一)我国“法律检索”课程的发展

我国“法律检索”课程由 20 世纪 80 年代中期开始建设的文献检索课程发展分支而成。据不完全统计,截至 2008 年,90% 的法学院校的法律检索课尚属空白,仅 4 所法学院校和 2 所综合性大学开设了“法律检索”课程;到 2016 年,开设该课程的法学院校达到 73% 左右。对于课程性质,在 2008 年以前,只有以厦门大学为代表的个别院校将“法律检索”课程列入了必修课,少数以选修课为主;到 2016 年,将“法律检索”课程设置为必修课的院校增加至 4 所。对于开课方式,少数院校单独开设法律文献检索课程,课程名为“法律文献检索”、“法律文献信息检索”或者“图书文献信息检索”等课程。部分院校将法律检索纳入“社会科学文献检索”“法律方法和论文写作”“法律研究与写作”“论文写作与资源检索”等课程中作为该课程的基础内容进行讲授。开课老师由 2008 年以前几乎均由图书馆员承担,基本无专任教师,到 2016 年部分院校出现了专任教师。在授课对象上,以新入学的本科生、研究生为主,部分院校针对高年级本科生和研究生开设,一般为 1 ~2 个学分。②

---

① 参见何忆:《人工智能背景下的中国高校法学教育改革探索》,载《才智》2019 年第 23 期;王渊、吴双全:《“互联网 +”时代法学教育变革研究》,载《高教探索》2019 年第 7 期。

② 参见丁丽英:《中国法律检索教育评析》,载《法律文献信息与研究》2009 年第 1 期;丁丽英、韩宁:《中国法律检索教育的新发展》,载《中国法学教育研究》2016 年第 2 期。

在法学院校普遍开设法律检索课程的基础上，本文统计了我国具有影响力的法学院校的培养方案，③截至2019年10月，检索到清华大学法学院开设了法律文献检索与利用课程；中国政法大学开设了法律文献检索、美国法律文献与检索课程；华东政法大学开设了法律检索，法学方法论与文献检索课程；浙江大学光华法学院开设了法律文献检索课程；西南政法大学开设了法律检索、文献检索与论文写作课程；湖南师范大学开设了大数据与法律检索课程。在以上9门课程中，根据课程名称，有3门课程是注重法律检索，6门课程注重法律文献检索；就授课对象而言，针对法学本科生开设的课程为4门，针对法学硕士生开设的课程为5门；从学分而言，学分为1学分的课程有2门，学分为2学分的课程有6门，学分为3学分的课程有1门；从课程性质而言，必修课为4门，选修课为5门。此外，部分法学院校虽在培养方案里没有法律检索相关课程，但是长期开展法律文献检索系列讲座或培训，如中国人民大学法学院长期开展“法律文献检索”系列讲座，并在积极筹备“法律文献检索与论文写作”课程。④ 部分院校不仅在培养方案中进行法律检索相关课程的开设，并且同时进行系列讲座或者培训，如西北政法大学长期开展《图书文献信息资源检索与利用》系列讲座。⑤

（二）我国“法律检索”课程发展的启示

梳理“法律检索”课程的发展，可以发现，“法律检索”课程日益受到

---

③ 本文在线检索了我国目前对法律教育影响力较大且具有代表性的法学院校的培养方案：北京大学、清华大学、中国人民大学、中国政法大学、华东政法大学、西北政法大学、西南政法大学、中南财经政法大学、浙江大学等。其中，北京大学法学培养方案无法在线具体查阅内容，根据北京大学法学院的新闻，北京大学法学院开设了法律写作与资源检索、法学论文与方法等检索课程；同样地，西北政法大学也开设了“法律检索”相关课程，但由于该校未在官方网站公布培养方案，对于课程设置细节无从得知，从对该院校法学培养方案的知识产权和信息公开的尊重出发，本文未将前述两院校的课程纳入统计分析范畴。

④ 参见《“法律文献检索与论文写作”课程建设研讨会在我院成功召开》，载中国人民大学法学院：http://www.law.ruc.edu.cn/article/?54632，最后访问日期：2019年10月1日。

⑤ 《开学季—入学教育　王爱霞老师主题报告圆满结束》，载西北政法大学研究生院：http://grs.nwupl.edu.cn/xgzx/xgdt/40262.htm，最后访问日期：2019年10月1日。尽管因为西北政法大学未在官方网站公布培养方案而本文未将该校“法律检索”相关课程纳入课程统计分析中，但不能否定该校事实上开设了相关课程。

法学教育的重视,“法律检索”课程进步显著,其表现为:开课院校越来越多,开课比例从空白到 2008 年的 10%,再到 2016 年的 73%,发展至今几乎所有法学院校均以不同形式开设了相关课程;从课程性质而言,从最开始的仅个别院校开设为必修课,发展到少数必修课,发展到现在的必修课比例超过选修课比例;课程学分日益增多,从最开始的 1~2 学分为主,发展至今,部分院校将其定位为 3 学分;授课教师由图书馆员兼职到法学专任教师授课。

与此同时,“法律检索”课程的发展也存在亟待完善之处:第一,“法律检索”课程尚未形成独立的课程内容,“法律检索”仍然未从文献检索课程中完全分离。从课程名称可以得知,目前,“法律检索”课程仍然主要以法律文献检索命名,更有甚者被作为基础纳入法学研究或者论文写作课程中。第二,“法律检索”课程尚未形成系统教材。截至目前,绝大多数授课选择不使用教材,少部分院校使用已经发行的法律检索教材。⑥ 第三,课程性质和课时差异明显。截至行文时,尽管绝大多数院校将该课程设定为必修课,但仍有一部分院校将其设定为选修课,当然也有部分院校将其定位为实践教学课程。不同的课程性质决定了授课教师和学生对该课程的重视程度。同样地,学分的差异体现出授课时间的长短,进而影响授课内容,授课质量和学习效果也必然存在差异。第四,授课人员和授课方式存在较大差异。到目前为止,仍然存在由图书馆员开设讲座进行授课的情况——作为法学重镇的中国人民大学法学院仍然采取此方式,讲座在授课的全面性和系统性上相较于培养方案里的课程必然大打折扣。

总体而言,从 20 世纪中期至今的 30 余年发展历程可以得出:“法律检索”课程取得了显著成果,但相较于其他法学课程,“法律检索”课程起步晚,发展缓慢,还未受到法学院校的足够重视,相较于其他法学课程

⑥ 目前收集的法律检索教材包括:丁丽英:《法律文献检索》,北京大学出版社 2015 年版;林燕萍主编:《中外法律文献检索》,法律出版社 2013 年版;凌斌:《法科学生必修课:论文写作与资源检索》,北京大学出版社 2013 年版等。译著包括:[英]戴维·斯托特:《法律检索之道》,郭亮译,法律出版社 2006 年版;[英]莫里斯·L. 科恩、肯特·C. 奥尔森:《法律检索》,法律出版社 2004 年版等。

在核心内容和授课方式上的成熟,“法律检索”课程亟待挖掘和完善。

二、大数据时代对“法律检索”课程的需求

文献检索的重要性得到了高等教育的普遍认可,法律检索也日益受到法学教育的重视。如果说法律检索的起步是受教育部等教育管理部门自上而下的推动而得以发展,但发展至今,大数据对“法律检索”课程提出了更多需求:法律大数据的开发和利用以法律数据获取为前提。因此,获取法律数据成为法律大数据开发利用的基础。法律大数据对法律检索提出了要求,而“法律检索”课程通过对法律检索技能的讲授恰能满足大数据对法律检索的需求。大数据对“法律检索”课程的需求从大数据时代的法学教育和法律工作两方面充分体现。

(一)大数据时代法学教育对“法律检索”课程的需求

教育部于2018年发布的《法学类教学质量国家标准》将应用型、复合型、技能型法治人才作为我国当前法学高等教育人才培养的目标,认为法学类专业教育具有很强的应用性和实践性,更将“独立自主地获取和更新本专业相关知识的学习能力”⑦作为法学类本科专业学生的能力要求。这一能力要求可以解读为两方面:一方面是自主学习能力;另一方面是信息获取能力。作为成文法系国家,一直以来,我国法学教育注重法律法规理解和应用的讲授,但是4年的法学本科教育主要讲授20余门法学专业核心课程,相对于法律工作的需要,法学教育对于知识的讲解可以说难以做到面面俱到。此外,法学教育是针对法律问题进行一定归纳后的理论整理和提升,对于不断更新的法律问题和法学理论,法学教育甚至略显滞后。因此,信息获取能力和自主学习能力变得尤其重要。

自主学习意味着缺乏法学授课所统一安排的教材和任课教师已经

⑦ 参见《法学类教学质量国家标准》:4.3能力要求。

归纳好的知识点,法科学生需要自己去发现学习内容、进行学习从而获取知识。获取和选择学习内容是自主学习的第一步,这需要对相关法律法规、案例以及法学研究成果进行全面、有针对性的获取。因此,法律教育不仅应当讲授法律知识的理解,更应讲授信息、文献的获取技能。由此可见,获取信息是自主学习的重要一步,自主学习和信息获取又相互关联。

截至行文之时,我国现行生效的中央法律法规有 30 余万部,尚且不包括地方法规。同时,2014 年以来,根据中国裁判文书网的权威发布,已经有 8000 余万裁判文书,且每天新增 20 万份左右。⑧ 法律大数据可以从法律法规以及裁判文书的数量中窥见一斑。根据中国互联网络信息中心于 2019 年 8 月发布的《第 44 次中国互联网络发展状况统计报告》,我国的网络信息技术不断创新突破、数字化、网络化、智能化深入发展,域名总数为 4800 万个。海量的法律数据中蕴含着大量的法律信息,法科学生需要不断更新法律信息从而进行相关思考和学习,法学教育也需要不断接受法律大数据带来的改变并加以运用或者适应。

在大数据时代,信息获取能力的要求尤为突出,相应地,法学教育除了对法律知识进行讲解的传统的"授人以鱼"的法学教育,更应重视如何全面、精准地获取法律信息的"授人以渔"的法学教育。"法律检索"课程不对具体法律法规等法律知识的理解和运用进行讲解,而是讲授如何对法律信息和数据进行检索和获取,其通过传授法律检索方法培养法科学生的法律信息获取能力,从而为法科学生的自主学习提供学习资料和素材。可以说,"法律检索"课程的开设是培养法科学生能力要求的第一步,也是最重要的一步。事实证明,"法律检索"课程的开设也确实达到了"授人以渔"的效果:课程组在对授课学生进行的两次调研中,100% 的学生认为法律检索有学习的必要,80% 的学生认为"法律检索"课程的学习有很大收获。

---

⑧ 根据 2019 年 12 月 16 日的访问,北大法宝当日显示现行生效 301,839 部中央法律法规;中国裁判文书网当日显示共 83,637,524 篇裁判文书,当日新增 207,207 篇。

(二)大数据时代法律工作对"法律检索"课程的需求

教育部认为法学类专业教育具有很强的应用性和实践性,将法学类专业教育定位为素质教育和专业教育之上的职业教育。⑨ 因此,法学教育不得不关注法律职业的需求,更应根据法律职业需求联动。

当下,无论何种法律工作,都必须大量运用法律检索。首先,法学研究必须站在前人研究成果的基础上,对法学观点和法学文献的检索是法学研究和论文写作的重要前提和基础,"法律检索"课程开设的初衷之一便是服务于法学研究和论文写作。其次,我国是成文法国家,法律适用基本采取"大前提—小前提—结论"的推理模式,法律法规是法律适用的大前提,更是尺码和标准。因此,精准地确定大前提——法律法规可谓法律适用成功了一大半。日益全面和健全的法律法规同时带来了法律法规数量的急剧膨胀,法学教育不可能做到针对法律法规的全面讲授,即便如此,法科学生和法律工作者也不可能对法律法规做到全面的理解和记忆,奈何法律法规还在不断地被修订、废止或者重新立法。因此,根据工作需要进行有针对性的法律检索变得尤为重要。与此同时,2017 年以来最高人民法院确立了类案与关联案件检索机制,其主要依托于在线平台,因此,针对案件的法律检索成为办案法官必不可少的工作内容。⑩

为了更好地了解法律工作对于法律检索的需求,课题组通过在线匿名的方式对法官和律师进行了调研。⑪ 调研得知,97% 的法官认为案件需要进行法律检索,有超过一半的法官认为检索工作占全部工作的 10% ~40% 。同行传授、自学、实践经验是法官学习法律检索的主要途径,同时,几乎所有法官都认为有必要进行法律检索的学习。与此相对应的,参与填写问卷的所有律师都认为工作需要进行法律检索,超七成律师用于法律检索的时间占工作时间的 10% ~40% ,自学、实践经验是

---

⑨ 参见《法学类教学质量国家标准》:1 概述。

⑩ 参见《最高人民法院司法责任制实施意见(试行)》(2017 年 8 月 1 日起施行)第 39 条。

⑪ 本次调研通过"问卷星"进行在线匿名调查,法官有效填写问卷 34 人次,律师有效填写问卷 55 人次。

律师学习法律检索的主要途径，一半以上律师认为有必要进行专业学习。调研同时反映出：法律法规和案例是法律实务工作检索的主要检索对象；法官一般通过法院系统的专用法律法规库和案例库进行法律检索，而律师主要通过商业专用数据库进行法律检索；法官和律师均肯定了高校开设“法律检索”课程的必要性和重要意义。

既然大数据时代对法律工作提出了法律检索要求，法律检索成为法律工作必不可少的内容，那么，作为法学知识和技能培养的法学院校开设“法律检索”课程便是顺应大数据时代法律工作的需求。

三、我国高校“法律检索”课程的定位

（一）课程目标

“法律检索”课程的目标在于培养学生的法律信息获取能力，为实现这一目标，“法律检索”课程应建立在基础法学课程和基础检索课程的基础上，但应有别于后两者。

一方面，法律检索必须运用检索的基本技能：检索基本原理、检索方法和检索逻辑等。但是法律检索针对法律问题展开，法律检索需要明确法律问题、提炼检索内容、确定检索目标和选取检索关键词，“其不止对文本的机械检索”，⑫甚至需要在检索过程中不断调整检索方向和检索内容。因此，如果缺乏基础法学理论支撑的普通检索难以做到全面、精准和有效。举例而言，“以合法形式掩盖非法目的”和“以合法的形式掩盖非法目的”，对于掌握了基础法学理论的法律检索者而言，两关键词具有相同意义，因此，可以同时针对两关键词进行检索以实现检索的全面性。但不具备基础法学理论的检索者很大可能保守地选取其中一个关键词进行检索，那么检索结论的全面性必然大打折扣。同样地，在关键词的选取上，不具备基础法学理论的检索可能将“违法”和“犯罪”作为

---

⑫ 谢晓：《论“互联网+”背景下法科学生案例检索能力的习得》，载《法学教育研究》2019年第3期。

具有同样含义的关键词进行检索;或者将“合法”和“不违法”认为具有同样内涵和意义,但是具有基础法学理论的检索必然不会将其等同看待。

另一方面,“法律检索”课程应以法律检索技能的讲授为重点,轻法学知识讲解。“法律检索”起源于英美法系国家的“legal research”。作为英美法系国家的核心法学必修课,“legal research”包括检索计划、检索实施和检索结果的撰写。⑬ 精准而言,检索工作只是“legal research”里的内容之一。由此,“法律检索”有广义和狭义之分,广义的“法律检索”等同于“legal research”,而狭义的“法律检索”只是广义“法律检索”中的检索实施。可以说,狭义的“法律检索”更注重资料的检索,而广义的“法律检索”注重狭义“法律检索”基础上的法律问题的分析和研究,也即,狭义的“法律检索”更注重技能性,而广义的“法律检索”更注重研究性。

在英美判例法国家,法理和法律适用根据需要从判例中获得,所以,查找和分析判例便成为法律适用工作的首要工作和主要工作。由此,案例检索成为案例分析的前提,而案例分析被认为是案例检索的后续工作。因此,英美判例法国家将案例分析纳入法律检索之中,取广义的法律检索概念,将广义“法律检索”课程贯穿在整个法学教育中。我国是成文法国家,其法律体系、法律适用模式和法学教学模式均不同于判例法国家。法律法规是三段式法律适用中的大前提,但不能涵盖所有法律适用活动;在我国法学教育中,法律法规的理解已经有现有法学基础理论课程进行讲授,如果在我国讲授广义的“法律检索”,则意味着现有的法学基础理论课程应当作为其后续课程,显而易见,这是不妥的。为适应我国成文法的法律适用规则和现有法学教育模式,我国“法律检索”课程应当局限于狭义的法律检索,将其定位为“方法课”,⑭将作为检索结论的法律法规的具体理解和适用交由其他法学课程。

---

⑬ 参见[英]戴维·斯托特:《法律检索之道》,郭亮译,法律出版社2006年版,第3~5页;吕玉红:《法律检索初探》,载《法律方法》2009年第2期。

⑭ 参见丁丽英:《中国法律检索教育评析》,载《法律文献信息与研究》2009年第1期。

(二)课程性质及设置

围绕法学教育的培养目标和能力要求,同时根据法律实务工作的需求。首先,应当将"法律检索"课程设置为必修课。必修课在授课内容、考核方式以及教学管理上更为严格,授课教师更为用心,学生出于"拿学分"的目标也更为重视。其次,区别于法学专业核心课程,"法律检索"课程应作为必修的实训课程纳入实践教学课程体系,同时强化"法律检索"课程的必修课性质和实践性质。最后,囿于讲座在时间上的局限性和使用电脑、网络设备实践操练的有限性,讲座适宜进行数据库的独立介绍和讲解,法律检索系统知识的讲授应当通过专设课程实现。

法律检索理论少实践多,需要从具体操练中发现和解决问题进而提高检索能力。为确保授课质量以及足够的实践操练时间,"法律检索"课程应安排至少2个学分的学时。此外,针对本科生的开课,在现有法学专业课程采取"10+X"的分类设置模式下,"法律检索"课程需要建立在10门法学专业核心必修课程之后,在学生掌握基础法学理论的基础上进行"法律检索"课程的学习,确保"法律检索"课程的顺利进行。与此同时,"法律检索"课程应该安排在专业实习之前,"法律检索"课程的学习有助于专业实习的顺利进行,并且可以在专业实习中巩固和提升法律检索能力。而针对研究生的开课,"法律检索"课程应该作为法学研究生的基础课程,适宜在研究生入学第一学期开课,以满足后续研究型学习对法律资料和法律文献的高度需求。

四、我国高校"法律检索"课程具体构建

"法律检索"课程的具体构建不能做到绝对统一,应结合各院校法学课程的整体设计而定。在具体课程构建中,建议做到以下几点:

(一)课程内容

第一,合理安排法律文献检索。文献检索是传统的法学研究生课程,有的院校以"资料检索""信息检索"等称谓之。在我国现有的"法律

检索”相关课程设计中，部分院校分别开设“法律检索”或“法律文献检索”课程，部分院校同时开设了“法律检索”和“法律文献检索”课程，出现了检索课程的交叉。与法律检索相比，法律文献检索注重法学研究资料的检索，其更多的是围绕法学研究所开设；而法律检索是针对所有法律问题进行的检索，其更注重法律法规以及案例的检索，因此，其更多的是针对法律实务工作所开设。由于法律文献仅是法律检索的对象之一，因此，可以说法律文献检索被法律检索包含。

鉴于不同院校开课课程的不统一，法学院校应当结合具体培养方案的课程设计，根据开课内容合理安排法律文献的课程归属。其一，根据开课院校是否开设法律文献检索课程，如果已经开设法律文献检索课程，则应该在“法律检索”课程中排除法律文献检索内容，避免授课内容的重复；如果开课院校没有开设法律文献检索课程，则应将法律文献检索作为“法律检索”课程中必不可少的内容。其二，根据授课对象的不同，本科生对于法学研究的需求不高，因此应当以法律法规和案例的检索为重点，以培养其信息获取技能，而针对研究生的授课应当加重法律文献的检索。也即，对于本科生，应当简化法律文献检索的篇幅，对于研究生，应当加大法律文献检索的篇幅。

第二，注重检索基础理论和数据库的讲授。课程内容应当做到全面且有重点。具体而言，“法律检索”课程应当对法律检索全过程进行讲解，讲授内容必然包括法律法规、案例、观点的具体检索，但“法律检索”课程作为实务课程，案例的非普适性决定了法律检索的经验和技巧需要在具体检索中不断累积和提升。为了达到“授人以渔”的目的，“法律检索”课程应当注重爬虫技术等检索基础理论的讲解，具体包括检索的基本原理、检索基本方法、关键词的提取、检索思维和检索逻辑等基础理论，以便于检索技能的举一反三。检索基本原理的掌握有利于学生对法律检索产品的理解，有利于学生就职于法律检索产品研发机构。

“法律检索”课程必须回应大数据的需求，对大数据的充分检索和挖掘是“法律检索”课程的基本标准。为实现这一标准，一是应将数据库作为“法律检索”课程的授课重点。法律检索主要是对在线海量法律信息的检索,数据库与硬件设置是大数据时代法律检索的两个必备工具。没有数据库,法律检索难以实现其现代化和高效化。目前,各式法律数据库大量存在,在数据库的讲授中,应当兼顾官方公共数据库平台和商业性专业数据库;根据检索对象的不同,应当在全面的基础上,有针对性地讲解专业数据库,将数据库的讲解和具体检索演练相结合。二是为充分开发法科学生的法律检索技能,“法律检索”课程不囿于已有数据库内的法律检索,应当培养学生通过检索基本方法,在已有数据库之外进行法律检索,实现超数据库的法律大数据检索,从而培养学生的数据挖掘、检索能力。

第三,侧重于我国法律问题的检索。作为实务课程,“法律检索”应当回应我国的法学教育和法律工作需求。尽管我国法律检索课程的发展受英美法系“legal research”的影响且一直在学习其有益做法,如聘请国外专家进行相关授课,以及讲授国外数据库的使用等。[15] 但鉴于法律体系和司法制度的差异,我国“法律检索”课程应当注重在我国成文法法律体系和法院审级等司法制度下的检索讲授,将法律的层级效力、裁判文书的基本格式和规律等融入“法律检索”课程中。相较而言,国外数据库均有专用的使用说明和工作人员,只要掌握法律检索的基本原理和简要了解国外法律法规的规律和判例规则,便能够很快习得其使用方法。

(二)授课方式

第一,以案例为基础讲授。我国的“法律检索”课程注重狭义的法律检索,也即检索技能。法律问题往往由案件提出,因此,在法律检索过程中,除了检索的具体操作,更在于案件问题的归纳,检索目标的确定,检索关键词的确定等内容。因此,在授课方式上,“法律检索”课程的授课应围绕案例展开,展示法律检索的全过程。但是应当注意“法律检索”课程与案例分析课程的区别:案例分析课程的重点在于案例本身的法律适用,而“法律检索”课程中的案例是为展示检索全过程服务。因

---

⑮ 参见丁丽英、韩宁:《中国法律检索教育的新发展》,载《中国法学教育研究》2016 年第 2 期。

此,“法律检索”课程在以案例为基础的讲授中,重检索过程讲授,轻案例法律适用。在有条件的情况下,甚至应当建立授课案例数据库,用具有典型性和代表性的案例以便全面充分地展示检索过程和检索技能。

第二,充分利用现有网络技术平台。作为专业实践课程,“法律检索”课程注重检索技能的传授,教学互动和演练指导尤为重要。“法律检索”课程授课应当采取演练和互动交流的方式,通过:讲授基础理论——给出案例——学生检索操练——经验交流——教师总结的方式,进行法律检索的全展示,同时进行重点问题和难点问题的讲解与解答。

我国“法律检索”课程发展之初便是进行电子检索。⑯ 至今,我国在网络技术和大数据的发展上已经有了重大突破,在线法律检索的检索范围更全面,检索结果更精准且检索效率更高,“法律检索”课程应当充分挖掘和运用现有的网络技术平台,不断更新授课方法,典型的如利用智慧教室等教学技术,实现教学互动的充分和便捷。

(三)其他教学规范

第一,及时更新课件。作为专业实践课程,教科书固然重要,但法律检索教材的更新略显滞后。在不能及时更新教科书的情况下,“法律检索”课程课件应当做到随时更新,原因在于法律法规、案例和数据库处于不断更新中。法律法规的更新尤为突出,法律法规的更新在于避免法律适用的“硬伤”;案例的更新在于发现新的法律问题,挖掘更具有代表性的授课案例;数据库的更新在于数据的更新导致不同时间的检索结论存在差异,因此,对于数据库的讲解更应该注意时效性。

第二,由法学专任教师授课。图书馆员有足够专业的检索经验和检索技能,但如前文所述,法律检索和简单法学分析相互交织、不能完全分离:案例的解读、法律问题的提炼、检索目标的确定、检索顺序的选取、关键词的选取等均需要以法律专业知识作为基础。相比而言,掌握法律检

⑯ 参见赵晓海:《法律检索系统更上一层楼》,载《中外法学》1991 年第 1 期;李惠霞:《中国互联网(Chinanet)与中国法律检索》,载《法律文献信息与研究》1998 年第 4 期;丁丽英:《中国法律检索教育评析》,载《法律文献信息与研究》2009 年第 1 期。

索技能的法学专任教师授课更能实现法律检索的全面、精准和高效。

Exploration on the Course of "Law Retrieval" in the Era of Big Data

Nie Huiping

Abstract: "Law retrieval" course in China started late and developed slowly. It has not received enough attention. In the era of big data, "law retrieval" course is demanded by both legal education and legal practice. In terms of course orientation, "law retrieval" course should be distinguished from the core courses and basic retrieval courses in the curriculum of the law major. It should be included in the compulsory courses and categorized into the practical teaching module in the curriculum, which emphasizes teaching retrieval skills. In the concrete construction of the course content, the author of this article suggests that legal literature retrieval should be reasonably arranged, the basic theory of retrieval and the introduction of the retrieval database should be emphasized, the retrieval about legal issues in China should be foregrounded. The author also suggests to adopt case-based on-site practice teaching methods.

Key Words: legal retrieval, course orientation, course construction

从线下到线上：法律诊所教学的反思与创新*

唐彬彬**

摘　要：在法学教育中，法律诊所教学与理论讲授相对应，以培养学生法律的“实践性”与“应用性”为导向。但是，我国法律诊所教学长期面临师资短缺、经费不足、案源匮乏的困境。审视他国教学经验，如通过与法律援助结合扩大经费支持；积极扩展第二课堂；丰富诊所教学的培养目标等手段，对我国具有借鉴意义。由于线上教学具备进一步整合师资配置、压缩经费支出、丰富案件来源等多项优势，为我国法律诊所教学提供了改革契机。在法律诊所教学从线下转移至线上后，可以采用线上法律服务、线上实务训练、线上实务经验分享等多种途径进行诊所教学，以突破原有的局限。同时，还应积极促进校际合作平台建设、加强线上教学信息的安全保障，以促进线上教学改革顺利进行。

关键词：线下　线上　法律诊所　资源整合　教学模式

---

* 基金项目：2020年中国人民公安大学研究生拔尖创新人才培养计划“研究生线上法律诊所式教学改革研究”（项目编号：2020ZXJXYJ002）的研究成果。

** 唐彬彬，中国人民公安大学法学院讲师、法学博士，研究方向：刑事诉讼法、司法制度。

法学与其他社会科学最大的区别,在于其所具有的极强的实践性。除法学知识的讲授外,法学教育还应当注重培养学生的各项法律应用技能,以使其在实务工作中能够胜任“法律人”的重任。因此,法学教育应当顺应其自身的内在规律,凸显“实践性”与“应用性”两大特征。① 然而,我国的法学教育长期局限于理论阐释,忽视法律实践教学。虽然,自21世纪初期开始法学教育改革之后,我国法学院校为加强实践教学,正式引入了首创于美国的法律诊所教学方法(Clinical Legal Education);②但是,在实践中,由于师资、经费、案源匮乏等原因,③这一教学方法并未在我国充分实现其人才培养目标。而线上教学具备的交流沟通及时性、多师同台便捷性、地理位置模糊性等优势,却可以通过合理配置师资、减少经费支出、丰富案件来源,有针对性地打破法律诊所教学在当下所遭遇的“瓶颈”。将线上教学与法律诊所教学融合,即创新性地开展线上法律诊所教学,或许可以实现我国法学实践教学的突破。

2020年,受新冠肺炎疫情的影响,在教育部“停课不停学”的要求下,全国各地高校积极发挥“互联网+教育”的优势,通过学习通、腾讯课堂、腾讯会议等渠道,开展线上教学。疫情推动了线上教学方式的改革,使线上诊所教学具备推广的客观性基础。鉴于此,本文拟以我国法律诊所教学的缺陷为切入点,通过域外经验借鉴以及线上教学优势分析,提出我国开展线上法律诊所的创新性教学模式,以期更好地实现诊所教学在法学专业人才培养中应有的价值。

---

① 参见王泽鉴:《法学案例教学模式的探索与创新》,载《法学》2013年第4期。

② 2000年,清华大学、北京大学、中国人民大学、中南财经大学、华东政法大学、西北政法大学、复旦大学法学院,在美国福特基金的大力支持下,首次开设法律诊所教学课程,是中国法律诊所教学的开端。

③ 参见刘湘琛:《法学实践教学的本土化探索:三段六步全程参与式庭审实战教学法——基于与法律诊所式教学法的比较》,载《时代法学》2019年第2期。

一、我国法律诊所教学现状反思

法律诊所教学在20世纪60年代于美国率先兴起,其基本运作模式在于:每一位学生在专业教师的指导下,或真实或虚拟地(由同伴扮演案件各种角色进行诉讼,如模拟法庭)通过代理案件、参与诉讼的方式来学习法律专业知识,以达到锻炼学生法律运用技能的功效。④ 法律诊所教学的模式与目的正好契合我国法学教学改革的需求,即突破传统法学教育长于理论讲授,而对实践技能培养有所疏忽的“瓶颈”。因此,在外国基金会的推动下,我国正式开始对法律诊所教学模式进行移植。甫一开始,以清华大学、北京大学、中国人民大学为首的法学院,便大刀阔斧地开展包括诊所教学团队培养、学生吸纳、教学资源整合等在内的各项工作。诚然,法律诊所教学在中国法学教育的土壤中展现出其特有的优势;但是,在实践中,其也逐渐暴露出水土不服的症状。

(一)法学专业对诊所教学的需求

1. 法律人培养:理论知识与专业思维的互通

无论在何时何地,法律工作一直被认为是一种技术性极强的专业性职业。⑤ 因此,法学教育必以学生“专业性”的养成为其要务。亦即使其具有不同于普通公众的专业思维方式。而诊所教学恰可以为此种思维方式的培养提供合适的突破口。本文试以一则刑事法教学案件为例对此加以说明。甲、乙二人在并无预谋的前提下,同时分别向丙开枪;其中只有一枪射中目标,并致丙死亡。经侦查后,尽管警方经过全面的物证鉴定,如内部弹道测试⑥等,仍无法判断该子弹由谁射出。此时,应该如

---

④ 参见甄贞:《一种新的教学方式:诊所式法律教育》,载《中国高等教育》2002年第8期。

⑤ 参见胡铭:《司法竞技、法律诊所与现实主义法学教育——从耶鲁的法律现实主义传统展开》,载《法律科学(西北政法大学学报)》2011年第3期。

⑥ 内部弹道测试为刑事侦查中物证鉴定的一种,即通过子弹的磨损情况与枪的内部膛线进行比较,以确定发射子弹的枪支。与之相对还有外部弹道测试,即通过子弹运动的路线,推断发射点,以确定嫌疑人射击的位置。

何认定甲、乙二人的刑事责任？按照《刑法》的规定与学理来看，甲、乙二人均应当被认定为故意杀人未遂。此时，是否具有法学专业思维便会对如何看待本案处理的公平性产生重大影响。缺乏专业思维的普通公众认为甲、乙二人确有一人致丙死亡，二人均按未遂处理的判决有失公正，不能为实现司法公正的目的。然而具有法学专业思维者，则会从证明责任、证明标准、存疑有利于被告人、犯罪构成要件、实质真实与法律真实的角度出发，肯定本案判决的公平性。在案例教学中，不仅可以让学生对碎片化的理论知识进行系统性整合，在潜移默化中加固法律人的专业思维，还可以使学生清晰地认识到其与普通公众思维的差异性。因此，结合实际案件对法学思维的训练是法律人培养的关键。

2. 完整参与：程序法与实体法的互动

在实践教学中，各法学院校课程设置均采用实体、程序割裂的方式。学生很难将实体、程序内容进行融会贯通。以刑事法教学为例，学科设置完备的法学院一般采用刑法、刑事诉讼法、证据法为主导，刑事政策学、犯罪心理学、法医学等课程为辅的教学设置。公安院校的法学教育，如中国人民公安大学，还根据学校的特色开设刑事侦查学、公安学、现场勘验、讯问技巧等专业课程。但是，在教学中也难免出现拘泥在本课程教学大纲之中，难以实现实体、程序融合的讲授。在课堂上，虽然可以教会学生某一罪名的构成要件，以及刑事诉讼中证据的收集与认定；但是，却无法教会学生在实践中证明某一犯罪需要哪些证据以及如何使用这些证据。因此，法律诊所课程通过让学生参与：接触当事人——了解案情、证据——分析法律关系、提出应诉策略——参与诉讼程序等完整过程，将上述所有内容全盘进行展示。能够帮助学生积极、主动学习法学知识。以中国政法大学某本科生以某便利店出售过期食品为由，向法院提起民事诉讼，要求便利店赔偿的案件为例。该学生灵活运用课堂所讲授的民法、民事诉讼法、消费者权益保护法等理论知识，将理论上的民事诉讼证据制度、证明责任、证明标准等内容付诸实践，最终获得胜诉。因此，实践中法律问题的解决，均需要法律实体、程序内容的结合，而法律诊所正是一种全学科综合运用的教学平台。

3. 道德塑造:理性与感性的互融

法律的日益职业化、专业化可能会提高法律人共同体的门槛,还可能给大众带来法律人脱离社会的偏见。[⑦] 也即法学专业的抽象化与专业化虽然有助于法律人理性思维的塑造,但是也可能导致其感性情感的丧失。从而造成其与普通公众情绪的脱节,影响法律实施的社会效果。在法律诊所教学中,学生可以直接接触当事人,通过与其沟通、交流锻炼自身处理案件的能力与思辨能力。在诊所教学中所遇到的案件,当事人多属贫困人群,无力承担聘请律师的费用。为弱势群体提供法律服务,可以使学生感受到法律职业共同体服务他人与社会的快乐,以及职业的荣誉感与责任感,能够从感性与理性的双重角度来思考法律的价值,[⑧] 从而能够使学生兼具法律人的理性与平常人的感性,以塑造其职业认同感。

(二)法律诊所教学的现实局限

如前文所述,法律诊所教学在法律人培养中具有不可忽视的优点。但是,其在实践中暴露的缺陷,也不应被忽视。

1. 师资配置难以满足教学需求。法律诊所教学为法律实践教学,对教师能力的要求更高。一是任课教师需要具有丰富的实践经验;二是需要多元化实务部门专家参加,包括法官、检察官、公安、律师、公证员等。由上述两类人员组成的兼具理论与实践两个面向的导师团队,能够完善与丰富学生的法律知识类型与看待案件事实的角度。此种师资配置要求,在现阶段呈现“难以为继”的特征。一方面,法律诊所教学要求任课教师具有较高的资质。一般来说,应由理论与实践经验兼备的专业人士担任,符合条件的教师本就有限。另一方面,多元化实务部门专家参与与否、参与的程度,多与任课教师自身的人脉资源挂钩,也会受到地域的限制,呈现因时因地因人而异的特征。从笔者求学、工作经验来看,现阶段法学院诊所教学的指导教师又多以年轻教师为主。由于经验不足、日

---

⑦ 参见胡铭:《司法竞技、法律诊所与现实主义法学教育——从耶鲁的法律现实主义传统展开》,载《法律科学(西北政法大学学报)》2011 年第 3 期。

⑧ 参见刘加良等:《法律诊所教育研究》,载《山东大学法律评论》2007 年第 1 期。

常教学与科研工作较重等因素,年轻教师难以高质量完成诊所教学的要求,使本就“难以为继”的诊所教学工作雪上加霜。

2. 经费有限难以解决教学困境。法律诊所教学不仅需要模拟法庭设备维护花费、学生必要经费以及指导老师的报酬,还需要向专家支付咨询费、往返交通费等大量经费。经费紧张是各校法律诊所教学存在的普遍问题,虽有专项经费支持,但是仍难以满足现实所需。且法律诊所教学的成效往往出现在学生工作之后,无法在短时间内予以量化,对学院的各项考评机制无益。故而,法律诊所教学被认为是“花钱不见效的活”。⑨ 因此,认真投入法律诊所教学的教师较少,参与诊所教学的联合导师也局限于本地,难以体现多元化特色。

3. 案源匮乏难以完成教学目标。一般而言,法律诊所教学能接触的案件多为当地案件,异地案件较少。由于经费受限,诊所团队难以支持学生前往外地,为当事人提供法律服务。对异地当事人而言,也难以自行负担往返的交通、住宿花费。因此,案件数量十分有限。就案件种类而言,也集中于民商事案件,刑事案件数量较少。一般来说简单案件较多、疑难案件较少。除此之外,还存在学生业务水平难以获得当事人完全信任的原因,导致案源受限。而案源有限的直接后果就是无法实现法律诊所教学的目标,难以使学生接受深入的实践训练。

因此,法律诊所教学在实践中存在的问题导致其难以持续发展。但是,诊所教学确实可以弥补传统理论教学的弊端,对法学专业学生培养的积极作用远大于其所受困难的影响。在现在困难的局面下,法律诊所教学确实发挥了一定的积极作用。笔者认为,现阶段应当努力寻求快速解决上述困境的办法。在下文中,将通过比较研究,寻求他国充分发挥法律诊所教学价值的配套机制。并在此基础上,结合线上教学的经验,寻求完善我国法律诊所教学的合理方案。

---

⑨ 参见叶永禄:《论法学实践教学与卓越法律人才培养教育——有感于教育部“卓越法律人才教育培养计划”》,载《云南大学学报(法学版)》2013年第3期。

二、域外法律诊所教学比较研究

在法律诊所教学法发轫前，美国法学院的教学以案例教学法(casebook method)为主。学生通过阅读与分析判例中各方的法律观点(legal opinion)，⑩来学习、了解法律本身及其使用的复杂性。但是，20世纪60年代兴起的社会公正运动(Social Justice Movements)，激励美国法学教育试图寻求“学生专业学习与社会公共事务”(Public Affairs)之间更多的关联，⑪法学院需要更多地教授学生专业技术与价值观(professional skills and values)。⑫ 因此，法律诊所教学应运而生，并风靡全球。世界其他国家、地区的法学教育开始在不同程度上对其进行学习、借鉴。

(一)法律诊所的师资配置

美国的法律诊所教学以培养律师为导向，其师资除教师之外，还有大量的公设辩护人(Public Defender)和法律服务律师(Legal Services Attorney)参与。⑬ 在创设后的几十年间，经不断总结、评估，美国法学院均认为诊所教学功效的发挥与诊所的设计(clinic design)，教学方法

---

⑩ 美国与我国采成文法的模式不同，将判例作为裁判的依据。美国的裁判文书一般分为以下部分：Facts：案件主要事实；Issue：双方争议的内容；Holding：本案的判决和决定；Opinion：法官的意见与推理过程。按照法官的投票，在Opinion中法官会分为几个阵营：一是Majority Opinion(多数意见)，也即本案裁判的最终意见；二是Concurred Opinion(协同意见)，虽然赞成本案裁判结果，但是判决依据与前述意见相异；三是Dissenting Opinion(反对意见)，与案件裁判结果相反的意见。对判例的学习，有利于学生掌握与争议事实相关的所有法律、社会问题。因此，判例法国家极为重视对学生阅读、分析判例的能力培养。

⑪ See William P. Quigley, “Introduction to Clinical Teaching for the New Clinical Law Professor: A View from the First Floor”, 28 *AKRON L.*, 1995, pp. 463, 469 - 470.

⑫ See Sharon L. Beckman & Paul R. Tremblay, “Foreword: The Way to Carnegie”, 32 *B. C. J. L. & SOC. JUST.*, 2012, pp. 215 - 216.

⑬ 在1959年，福特基金会设立国家法律援助与辩护协会(National Legal Aid and Defender Association, NLADA)，便在其中设置了国家法律诊所理事会，支持、鼓励法律援助律师参与诊所教学。

(pedagogy),监督风格(supervision style),客户选择(client selection),案件选择(case selection),学生选择(students selection)等因素密切发挥。⑭上述关键因素均由任课教师决定。尽管这种任课教师的选择绝非易事,但是,经过数十年的打磨,美国已经建立起相对成熟的诊所教学模式。并且,由于美国法学院案例法教学的传统以及长期以来培养律师的教学目标,任课教师可以更快适应法律诊所教学。在实践中,美国法学院更倾向于将更具实务性的指导工作交由经验丰富的律师完成,与专业的理论讲授形成合力,以提升学生的法学素养。部分学校还发展出精细化的诊所教学,如美国康奈尔大学(Cornell University)设有全国著名的死刑项目(Death Penalty Program)法律诊所,由该校著名的法学教授、死刑辩护律师 John H. Blume 负责指导。耶鲁大学(Yale University)法学院的诊所项目,还聘请经济学家、历史学家、心理学家等多元主体任教,形成交叉学科的师资结构。例如,经济学教授参与公司经济犯罪、证券类犯罪案件的联合导师,从而使学生能从多个角度理解法律的适用情况。除师资配置外,美国法律诊所教学还很看重参与诊所教学的学生筛选。第一,学生对实务工作的态度,可能影响其参与诊所教学的效果。例如,立志于科研工作的学生,可能难以融入实务工作的讨论,也缺乏意愿参与案件的代理工作。第二,不同个性的学生可能也难以适应诊所教学的需求。例如,缺乏团队协作意识的学生,也很难适应突出团队协助特征的诊所教学。第三,学生对部门法的学习兴趣与学习基础也可能影响诊所教学开展。例如,尚未修完刑法、刑事诉讼法的学生则难以入选刑事法律诊所。因此,在教学项目正式启动前,需要有严格的学生面试程序,以此确保诊所教学目的的实现,更利于保障当事人的权利。

日本于2004年正式采用法律诊所教学,并于2008年成立"临床法学教育学会",指导全国法学院校的法律诊所教学。⑮ 早稻田大学

---

⑭ See Deborah N. Archer,"Open to Justice:The Importance of Student Selection Decision in Law School Clinics",24 *Clinical L.*,2017,6.

⑮ 参见赵向华:《日本的临床法学教育及对我国的启示》,载《东北师大学报(哲学社会科学版)》2015年第6期。

(Waseda University)专门开设民事、刑事两种模拟裁判课程。在刑事模拟裁判中,还邀请法官、检察官、律师等,与任课教师进行联合讲授。并聘请退休法官、检察官担任外聘教师,为学生授课。国学院大学(Kokugakuin University)只邀请律师作为联合导师,由学生扮演法官、检察官等角色。同时,日本法学院校将学生校外实习也作为诊所教学的一部分。利用这样的方式实现师资多元化、降低教学成本。日本大学将合作单位分为律师事务所、企业法务部分、政府部门等多种类别,为法学专业学生提供不同的法律实践经验。

(二)法律诊所的经费来源

由于诊所教学的发展是美国法学院排名的一项重要指标,因此全美法学院均会积极为诊所教学提供必要的经费支持。⑯ 除此之外,美国法学院在诊所教学中选择了开源与节流两种途径解决经费问题。

1. 美国法学院积极寻求资金支持诊所教学。除基本的院内经费之外,美国法学院还通过申请联邦法律服务基金来保障诊所教学的运行。以哈佛大学(Harvard University)法学院为例,在联邦基金的资助下,每年有数百名学生通过法律诊所学习法律知识,并在导师指导下向贫困当事人提供法律服务,以实现所投入经费的实际反馈。⑰ 除此之外,美国的法律诊所教学还受到州政府的法律援助经费、美国律师协会以及其他基金会的支持。

2. 通过降低授课教师成本控制经费支出。哈佛大学首创聘请律师为正式教员,由律师教员作为专业法学教授在法律诊所教学中的助手,承担监督学生代理案件的工作。⑱ 其薪金与其他法学院职工相比,会适当偏低,以此减少诊所教学的成本。在原本就有诊所教学传统的情况下,美国法学院通过申请诸多基金会支持以及控制成本的方式,为学生

---

⑯ See Brian Tamanaha, *Failing Law Schools*, The University of Chicago Press, 2012, p. 18. 除诊所教学之外,还有师生比、图书馆规模、法律写作课程开设情况等。

⑰ See Harvard Law School, "The Hale and Dorr Legal Services: Center History", Accessed May. 17, 2020, http://www.law.harvard.edu/academics/clinical/lsc/history.htm.

⑱ See Harvard Law School, "The Hale and Dorr Legal Services: Center History", Accessed May. 17, 2020, http://www.law.harvard.edu/academics/clinical/lsc/history.htm.

参与诊所教学争取更多的经费。

(三)其他法律实践教学模式

自20世纪70年代以来,英国在法学教育中正式引入法律诊所教学模式。与美国培养律师的教学目的不同,英国法学院的教学,最大的目的在于加深学生对法律和法律体系的理解、培养学生的法律推理能力。因此,大多数学校采用导师与少数学生课后的专业辅导课(tutorial)、案例教学与模拟训练的方式进行。[19] 老师指导学生亲自接触法律服务活动的不到1/4。英国诺森比亚大学(Northumbria University)首先创设网络诊所教学的系统,支持在校生积极参与全世界的法律诊所工作。英国牛津大学(Oxford University)还会组织学生参与大量的法律公益活动,来增加学生的锻炼机会。

德国的法律诊所教学与其他国家相比则显得力不从心。在2008年《法律服务法》修改之前,德国禁止没有律师资格的人为当事人提供法律服务。[20] 因此,法律诊所教学具备先天的缺陷,未得到充分发展。众所周知,在全球法学教育领域,德国法学院教学素以理论法学派著名。对法律实践性的教学只局限于使用案例教学法,其实质也是为了服务于法学理论的推演,锻炼学生的法律思维能力,并非针对其实务技能的锻炼。在结束大学学习后,德国法学专业毕业生才会进入第二阶段的专门实务训练。因此,德国的法学教育将理论与实践教学完全区隔开,并未同时进行。法律诊所教学在德国处于难以广泛推行的局面。我国在法律诊所教学中所面临的问题,自然也难以成为德国法学院教学的障碍。

(四)小结

从上文可以看出,法律诊所教学除了在出生地美国保留原有风格外,在其他国家均进行了符合自身条件的本土化改良。由于美国法学院对诊所教学的高度重视,师资配置和经费来源并未成为一项难题。同

---

⑲ 参见刘期安、曹照洁:《英国法律实践教学经验及启示》,载《教育评论》2015年第4期。

⑳ 参见[德]阿什特里德·斯达德勒尔:《德国法学院的法律诊所与案例教学》,吴泽勇译,载《法学》2013年第4期。

时,将法律援助与诊所教学结合的思路,也带来了一定的经费来源。但是,诊所教学案源有限的困境仍未得到很好的解决。在其他国家,采用模拟教学、法律公益服务、专业实习等替代性实践教学模式,适当降低了法律诊所对任课教师专业性与实践性两方面的严格要求。但是,大多数国家在教学中,极少脱离美国法律诊所教学创设的初衷——让学生像律师一样思考,导致法律诊所教学形式过于局限。除英国结合网络平台,扩大学生法律诊所教学的形式与内容之外,其他国家均未采用线上法律诊所的教学方法。

然而,我国法律诊所经费投入与师资配置不足的原因,主要源于各大学院校对诊所教学重要性认识的缺位。该问题的解决除改变学生培养理念之外,并没有立竿见影的方法。各国通过将法律援助与诊所教学相结合,积极扩大诊所教学的经费支持、具象化诊所教学的价值,已经被我国部分高校借鉴。许多院校通过建立法律援助合作平台,将法律援助服务与法律诊所教学资源进行整合,为诊所教学提供案源。宁波大学法学院与宁波市司法局共创的“宁波市弱势群体维权中心”,就是将法律援助机构直接作为诊所教学平台的实例。[21] 另外,参照日本法学院的实践教学模式,将学生专业实习、案例研讨等替代内容与法律服务、模拟裁判结合,组合为法律诊所教学体系,也不失为实现诊所教学目的的有效路径。然而,从根本上讲,上述方法虽然可以在一定程度上解决诊所教学中的案源问题,但是其经费、师资的局限,仍难以得到妥善解决。

三、法律诊所教学线上资源的整合

受新冠肺炎疫情的影响,我国所有高校全面转向线上教学。教育专家积极倡导,应当在该时期内积极发挥该“应急教学”模式的先天优势,

---

[21] 参见宁波大学:《宁波大学法律诊所》,载宁波大学网:http://flzs.nbu.edu.cn/info/1106/1029.htm,最后访问日期:2020年6月8日。

以补齐高校教育技术的短板,促进高校课堂教学更新换代。[22] 随着线上教学的开展,其自身的成本优势以及快捷、便利的特点逐渐凸显。对于法律诊所而言,线上教学正好可以利用上述优势补齐线下传统教学的短板,实现诊所教学模式的更新换代。其原因在于,线上教学不仅可以缓解部分师资配置、经费支出的问题;还可以通过地理位置的模糊化解决其他国家诊所教学中尚未完全克服的案源障碍。本部分主要对线上诊所教学的上述优势进行具体分析,为线上法律诊所教学改革提供支撑。

(一)师资配置的天然优势

以美国为首的其他国家法律诊所教学均体现出,大多数法律诊所培养目的比较单一。即着重培养学生从事律师的技能,忽略其他法律职业素质的培养。无论邀请律师作为联合导师,还是聘请律师作为专门的实务训练导师,均是为了培养学生"像律师一样思考"。就法律人的职业选择而言,并非所有学生都会从事律师职业,还有公安、检察官、法官等诸多就业去向。因此,在教学中应当适当扩充参与人员的类型、职业。通过网络开展的线上教学,可以使不同类型、不同地域的法律工作者同台授课,为增强指导队伍的多元化与专业化提供了解决方案。

1. 通过线上的方式,任何地域的法律实务人才都可以为全国法律诊所教学所用。例如,电子数据取证技术非常发达的 Z 省 H 市公安机关就可以不仅局限于当地,而是向全国法学院提供相关知识的培训。北京市知识产权法院的法官,除在北京市内高校担任导师之外,可以为全国法律诊所教学。线上教学使不同地域的高校法律诊所教学,都能接触到第一手的教学材料。

2. 各个法学院校不同的专业侧重,可以通过在线方式形成合力。例如,对外经济贸易大学更加侧重国际法、国际经济法,该校教师可以为全国高校国际商事诊所的培训提供支持。中国人民公安大学的刑事侦查技术更加突出,本校教师可以为全国法律诊所提供刑事侦查取证类的指导。通过在线的方式,对全国的教学资源进行整合。

---

[22] 参见邬大光:《教育技术演进的回顾与思考——基于新冠肺炎疫情背景下高校在线教学的视角》,载《中国高教研究》2020 年第 4 期。

3. 线上教学可以促进诊所教学中师生沟通、交流的及时性与有效性。传统教学受限于物理空间,所有指导教师必须在特定时间聚集在某一特定区域,进行面对面指导。然而,线上教学可以同时打破时空的局限性。为相关人员,特别是异地专家参与授课提供便利。与传统课后一对一地解答问题不同,学生一旦有疑问或案件进展可以直接通过线上的方式征求各方意见;多位导师可以及时或同时介入,进行案件研判。

(二)经费支出的压缩

虽然,诸多高校通过结合法律援助的方式,为诊所教学获得更多的资金支持。但是,在实践中,法律援助经费难以及时到位。并且,该经费还需用以弥补学生办理案件的实际花费。因此,该方式难以起到填补指导教师薪酬、外聘教师咨询费等经费的作用。然而,通过线上授课的方式,可以进一步控制经费的支出,降低诊所教育的经费需求。

在邀请校外导师时,若为京内人员,一般需要花费专家咨询费、市内交通费等。若为京外人员,则还需花费差旅费,包含往返北京的差旅费、住宿费等。出于法律诊所教学内容的需要,邀请的京外法律工作人员到京授课,其花费对诊所教学来说是一笔不小的开销。若指导老师试图邀请境外的法律诊所教学专家,参与诊所教学,也会因为不菲的花费望而却步。

然而,线上诊所教学的方式,可以最大限度地减少邀请专家所需的各项费用。不仅包括本地专家的花费,还可以减少大量外地、境外专家的差旅费用。同时,网络教学还可以与其他高校的法律诊所一起进行,共同分享教学内容,费用由参与者一起承担,以减少各方的支出,实现资源利用的最大化。不仅如此,对专家而言,也可以减少大量的时间成本、误工成本。与传统线下诊所教学相比,使用在线方式授课,对授课方与学习方来说是一个“双赢”的选择。

(三)案源的丰富与扩展

现阶段,我国高校内进行的法律服务,均采用线下的方式进行。服务模式仍然比较单一、被动,难以满足任课教师有针对性的案件选择,实现课程的教学目的。互联网技术的日益发展,则为法律服务范式的转型提供了契机。在2010年左右,大量的网络法律咨询公司转型线上,如法律管家、易法通等"法律电商"应运而生。[23] 不可否认,线上法律服务具有其特殊优势,一方面,为当事人提供便利、提高案件咨询效率;另一方面,与传统的面对面提供服务而言,线上的交流不仅减少大量成本,而且模糊了地域的限制,可能吸引更多的异地案件。能够帮助更多的弱势群体提供法律服务。

总之,我国法律诊所教学中长期存在的经费不足、师资配置有限,案源匮乏的问题,均可以通过由"线下"转移至"线上"的模式予以解决。同时,经过线上法律服务改革后,诊所授课时间也将变得更为灵活。对学生而言,提供了更多的复盘推演的机会。学生与当事人沟通时为何出现遗漏、需要如何完善,在模拟现场中为何出现问题,均需要学生在老师指出问题后,自行回顾、反思、加强。线上教学的留存与回看功能,正好为学生提供了复盘推演的机会,能够便于学生课后强化学习。

四、线上法律诊所教学的具体设计

面对线上诊所教学所具备的明显优势,笔者认为各高校的法律诊所教学均应当积极寻求转变,结合实践需求,进行教学模式的转型。

(一)线上法律诊所教学的实际开展

在正式教学中,除结合具体案例对实践能力进行训练之外,还可以根据不同类型的需求,选择多种线上诊所教学的模式。

1.线上法律服务。若通过线上法律服务开展诊所教学,我国应当参考美国的教学经验,强化教师在案件选择以及过程性监督中的作用。对当事人或亲属求助的案件,任课教师先通过网络方式进行筛选,对于符合学生知识面与能力范围的刑事案件,转由学生处理,再由老师与邀请的律师负责监督,但是并不实际参与。学生与当事人沟通后,进行案件

[23] 参见崔玲玲:《"互联网+法律诊所"运行模式探析》,载《广西师范学院学报(哲学社会科学版)》2018年第1期。

事实的整理与法律检索工作,经任课教师与律师确认后,再向当事人提供法律意见。若需要学生代理的案件,则通过在线的方式邀请检察官、法官参与,对学生进行模拟法庭的演练。经指导后,再由学生进行案件的代理。此一过程可以训练学生与当事人沟通、法律检索、案件法律分析、撰写法律文书、出庭答辩等多项法律实践能力。对于无须由学生代理的案件,在学生对当事人进行答复之后,由负责的学生对案件的处理进行总结、汇报、交流。此种模式打破了原有的课堂空间、时间限制,让学生在生活中不断学习、强化,能够实现更好地培养价值。同时,对于代理案件的部分,还可以通过申请法律援助经费来缓解诊所教学中经费不足的难题。

2.线上实务训练。线上模拟实务训练中,笔者选择以某一案件的全过程展示为教学方式,包括案件的侦查、起诉、审判程序,中间穿插律师参与,进行全过程教学。以侦查取证为例,结合实践对《刑事诉讼法》《证据法》的相关内容进行讲授。通过在线的方式,邀请公安人员、律师代表参与任课教师的授课。在线还原S省C市一起故意杀人案件的犯罪现场,学生负责线上实施现场勘验、取证,由办理原案件的侦查人员进行远程指导、教学。同时还有扮演的律师以及实际的律师作为导师参与,及时对取证程序提出质疑,以强化"律师"思辨的能力、提升"公安"取证的能力,从而使学生全方面掌握证据收集的限制(例如,讯问犯罪嫌疑人需要至少两名侦查人员进行;搜查犯罪嫌疑人住所需要事先获得搜查证、有见证人在场等);证据的审查与判断;案件事实如何通过证据证明、需要收集何种证据;证明标准在实践中应当如何理解等相关专业内容。

3.线上实务经验分享。线上教学的模式为实务工作者和大家及时沟通提供了桥梁。以我校的学生培养为例,本就有丰富的第二课堂教学传统。学院在课余时间邀请实践中的法律实务专家,为学生举办讲座,分享实务工作的感悟与法律适用疑难问题。在线交流的方式可以让第二课堂授课更为及时、有效、便捷。例如,在课程中邀请Z省H市某公安人员分享侦破某起电信诈骗案件的全过程,包含证据收集与嫌疑人抓获的全过程;邀请B市的律师线上讲授疫情中律师会见当事人应当注意的问题,包含委托书的签订、预约会见的程序、会见中的交流方式、平时会见与疫情期间的区别等。

(二)线上法律诊所教学的配套措施

与线上教学相结合,使法律诊所教学具备了新鲜的活力。而且,可以在一定程度上解决传统法律诊所教学参与人员局限、经费不足、案源受限的问题。但是,在实际教学中,为了更好地发挥线上教学的优势,克服其可能具有的弊端,还应该注意以下两个问题:

1. 建立校际法律诊所教学合作平台。

虽然线上法律服务能够起到扩展案源的作用,但是若缺乏校方强大的支撑,老师与学生均难以顺利获取当事人的信任。因此,学校应当充分发挥自身的优势,建立校际合作平台,为线上法律诊所教学提供支持。此合作平台可以分为两种类型:(1)加强实习合作平台建设。各法学院为学生设置培养计划时,均有校外实习的安排。日本高校便将校外实习作为法律诊所教学的一环。在加入线上教学之后,学校与实习单位还应该更加注重线上课堂的培养方式。除线下的实习之外,学校可以积极组织实习单位通过在线的方式,为学生开展教学活动、第二课堂,为学生提供专业知识以外的实践经验讲授,方便学生课后学习与巩固。(2)积极拓展法律援助合作项目。线上法律服务的稳定推行,必须有线下合作平台的助力。例如,中国政法大学法律援助中心与北京市西城区法院建立了长期的密切合作,定期安排学生为当事人提供法律咨询与撰写法律文书等服务。通过线下法律援助合作的扩展,可以实现案源的丰富化,扩大法律服务的覆盖面。但是,在实践教学中也不得忽视学生参与案件的限制,如按照《刑事诉讼法》的规定,非律师辩护人的会见权、阅卷权均受到限制,学生在代理过程中应当主动表明此项限制,并在限制范围内提供法律服务。此外,指导教师还应当主动监督学生,不应过多介入他人的纠纷,为了自身的安全与学校声誉等问题,应当对学生办理实际案件提供积极、主动的引导。除此之外,学校、学院还应当事先设立线上诊所的教学工作细则,包括学生提供法律服务应当全程录音、纸质记录留存等,用于保障学生、当事人的合法权益。

2. 加强线上教学信息保护。

在数据时代,参与到诊所教学中的各方信息安全均应得到妥善保护。在诊所教学的阵地转移至线上之后,如何对网络中留存的大量教学信息、个人信息提供保护,是未来线上法律诊所教学必须直面的问题。在教学过程中,大量教学方与当事人之间的交互信息、案件材料信息等均暴露在互联网之中,可能受到不法分子的盗用、删改、破坏。因此,线上教学的各参与方应当加强对相关信息的保护工作。在教学中应当采用以下措施:(1)选择官方推荐的教学平台,如学习通等。并确保自身网络环境的安全,不得在公共场所的电脑、网络参与教学工作。(2)涉及当事人的敏感信息,应当经过匿名化处理后方可传输,以去除信息的可识别性。例如,隐去当事人的姓名、住址、电话等信息。(3)加强学生与当事人之间的保密宣传工作,向全体人员告知信息泄露的风险与危害。要求各方均不得主动泄露对方的信息,以确保信息的安全。

五、结语

法律诊所教学作为一项培养法学专业学生实务能力的有效途径,自开创以来便受到了诸多国家或地区法学院的青睐。但是,由于受多重因素的影响,我国法律诊所教学在法学人才培养中难以发挥应有的价值。线上教学在全国高校的普及恰好为法律诊所教学带来了改革的契机。通过线上教学的方式进行师资整合、经费控制、案源拓展,可以使法律诊所教学实现新的突破。能否抓住这次机会,为法律诊所教学迎来新的生命,是现阶段法学院人才培养的一个重要节点,也是法学教学中必须积极予以回应的一次转型。虽任重道远,但必须出发。

From Offline to Online: Innovation and Reflections of Legal Clinic Teaching

Tang Binbin

Abstract: In legal education, corresponding to theoretical teaching, legal clinic teaching is oriented to cultivating law major students' "practice" and "application". However, legal clinic teaching in China has long faced the dilemma of shortage of teachers, insufficient funds and lack of case sources. Looking at the teaching experience in other countries, they have abundant measures and methods in legal clinic teaching, such as, expanding financial support by combining with legal aid, actively expanding the second classroom, enriching the training objectives of clinic teaching and other means. All these measures and methods have reference significance for legal clinic teaching in China. Online teaching has many advantages, such as further integration of teacher allocation, reduction of expenditures, and enrichment of case sources. It provides an opportunity for reform on legal clinic teaching in China. With the transformation of legal clinic teaching from offline to online, various methods such as online legal services, online practical training, and online practical experience sharing can be employed to break through the previous limitations. In the meantime, a cooperation platform among universities and colleges is suggested to be established, which cannot only improve the teaching activities but also guarantee the security of online teaching information. With these improvements, the progress of online legal clinic teaching can be smoothly made.

Key Words: offline, online, legal clinic, resource integration, teaching mode

比较研究

"行动中的法"教学理念及其实践展开*

——以美国威斯康星大学法学院为例

程朝阳**

摘　要:"行动中的法"作为美国威斯康星大学法学院的教学传统,既是对哈佛案例教学法的改革创新,亦是对教育必须为社会服务的"威斯康星理念"的具体贯彻。它要求学生不仅要了解"书本上的法",更要关注法律的演进和发展,以及它们在现实社会中的实际运作及其效果。正是在这一理念引领下,威斯康星大学法学院的教学在美国独具特色,实验教学、诊所课程、专门的实务技能课程和专业实习相互配合,共同构成完整的"行动中的法"实践教学体系,并使该学院的法律教育位居美国前列,在服务地方社会、促进经济发展方面做出了自己的贡献。这种社会实践面向的教学模式,对于我国法治建设新时期的法学教育教学改革具有借鉴意义。

关键词:威斯康星大学法学院　威斯康星理念　行动中的法　实践教学

---

* 本文的写作获得山东省教育厅2016年度高等学校优秀中青年骨干教师国际合作培养项目资助。

** 程朝阳,烟台大学法学院副教授、法学博士,研究方向:法哲学、法社会学、法律语言学。

“行动中的法”提醒我们,不管理论或观念是多么地有趣或高尚,我们总是需要去询问,“它是如何影响现实世界中人们的生活的?”

在英美,关于“法律是什么”这一问题,不同的人可能会从不同角度做出不同的回答,有时甚至会因此展开激烈的理论争议,但这似乎并未影响人们就“法学是什么”这一问题达成基本共识:法学是以法律规则为研究对象的学问,法学教育和研究是围绕法律规则进行的活动,法律规则不仅包含在由国家机关制定的成文法和行政命令中,也体现在上诉法院的案件判决中。

因此,每一所大学的法学院都会教学生法律规则,成文的或不成文的,要求学生掌握它们的逻辑结构、规范要求、社会作用和功能等。然而,具体怎么去教学生法律规则以及以什么为导向去教,不同的法学院却有所不同。比如,哈佛大学法学院曾以首创和施行“案例教学法”(casebook method)著称于世,因其相比于传统的原理讲解教学模式更加贴近实际和实用,加之哈佛大学法学院自身的影响力,该教学法随后盛行于其他大学。但是,在案例教学法在全美各大高校法学院全面铺开的浪潮中,威斯康星大学法学院却一直秉持面向社会开放办学的“威斯康星”理念,在借鉴吸收案例教学法优长的同时,始终保持着自己独特的“行动中的法”(law-in-action)的教学和科研传统。关于这一点,正如其官方网站所言,“我们当然不是唯一从一种更加宽广、更具社会意识的视角去认识和了解法律的法学院。但是,我们却是唯一以‘行动中的法’教学法为鲜明特色的法学院”。① 在这种“行动中的法”的教学理念和方法论指引之下,威斯康星大学法学院的学生不仅要学习法律规则,同时还要学习那些规则是如何演变形成并用以解决社会问题的,以及它们是如何在真实世界中展开运作、发挥作用的。这种法律与社会的教学和研究进路和当时威斯康星大学“开放办学”“社会化办学”“服务本州人民”的大学理念——“威斯康星理念”(Wisconsin Idea)——天然契合,两者

① Our Law-in-Action Tradition, Accessed January 26, 2019, https://law.wisc.edu/law-in-action/.

相互结合,相得益彰,不仅让威斯康星大学法学院成为践行“威斯康星理念”的典范,而且也让威斯康星州人民从这种教学体系的实践中受益颇多。

一、“行动中的法”和“书本上的法”

“行动中的法”算不上是一个新概念,这一术语的使用最先也不是起源于威斯康星,而是由前哈佛大学法学院院长罗斯科·庞德在 1910 年的一篇文章中首次使用的。[②] 众所周知,庞德是美国现实主义法学先驱,其作品开美国法律现实主义之先河,因此可以说,“行动中的法”是一种与法律现实主义相关的法律理论。它常常和“书本上的法”(law in books)相对,重在考察法律的功能和作用,不仅要看它在制定法和判例中所规定或体现的作用,还要看它实际适用于社会时所发挥的实际作用。一如威斯康星大学法学院院长肯尼斯·戴维斯(Kenneth C. Davis)所指出的,“‘行动中的法’的意思是说,在教学和研究中,不管我们发现一项理论是多么的有趣,我们总要去询问,‘它是如何影响现实世界中人们的生活的?’”[③]这也就是说,“行动中的法”学者常常从观察机构行为开始,然后再“向后”看,通过理论上的目光回溯去努力发现那些指导法院判决和隐藏在传统法理学背后的法律哲学。正是这种关注焦点的不同,是“行动中的法”和“书本上的法”形成对比的原因所在:前者侧重于法的“行动”,后者侧重于法的“书本”;前者注重法的“社会效果”,后者注重法的“内部结构”。尽管从理论和实践的密切关系看,它们两者之间并非毫无关联,但是在具体的教学和研究过程中由于上述起点不同,两者所导向的结果是不一样的。

---

② See Kenneth B. Davis,“Jr. Law in Action”, Accessed January 26, 2019, https://law.wisc.edu/law-in-action/.

③ Kenneth B. Davis,“Jr. Law in Action”, Accessed January 26, 2019, https://law.wisc.edu/law-in-action/.

自庞德之后,“行动中的法”这一法哲学概念很快为威斯康星大学法学院所接受,并在兰德尔案例教学法的启发下,经改造成为威斯康星独具特色的“行动中的法”实践教学方法,一直被沿用至今。在这件事情上,时任威斯康星大学法学院院长哈里·桑格·理查兹(Harry Sanger Richards)功不可没。甚至可以说,20世纪早期的威斯康星大学法学院是在理查兹院长的引领下才走上快速发展之路的。他率先提出实践教学改革计划,力图让当时新建的法律图书馆成为“法学学生的实验室”;他将最先由克里斯托弗·哥伦布·兰德尔(Christopher Columbus Langdell)在哈佛大学开展的案例教学法引入法学院的课程设置和课堂教学中,并用庞德“行动中的法”的法哲学理念对其进行实质性再造,通过另外一种形式使其获得极大的发展,以至如今成为威斯康星大学最负盛名的教学理念。不可否认,正是在这一理念的引领下,威斯康星法学院的法学教育得以一直位居美国前列。④

二、开放办学的“威斯康星理念”

“行动中的法”这一法哲学理念之所以能够很快为威斯康星大学法学院所接受,除了和当时普遍盛行于美国法学院的案例教学法有诸多相似之处之外,还和当时作为该大学办学方针的“威斯康星理念”密不可分。

“威斯康星理念”是1904年由威斯康星大学第十任校长查尔斯·范·海斯(Charles Van Hise)首次提出、阐明进而由此形成的一个大学传

④ 在理查兹任院长时期,法学院招生人数从一开始的100多人发展到后来的500多人,图书馆藏书也从1904年的7400册到1956年的80,000册。此后尽管学生来来去去,法学大楼又重修扩容,但那些法学教育原则,主要源自理查兹院长的教育管理理念,为后来的发展奠定了基础。在他的领导下,威斯康星大学的法学教育当时位居国内前列。在最近一次全美200多所法学院排名中,威斯康星大学法学院排在第27位,依旧保持着较高的水平。参见《2019年usnews美国大学法学院排名榜单》,载留学网:http://www.idp.cn/meiguo/zexiaozhidao/121511.html,最后访问日期:2019年1月26日。

统。20世纪初期,威斯康星州政府为促进公立大学服务于本州人民的福祉,为改善本州人民的生产和生活作出贡献,提出并实施了一项政策,认为大学应为本州的农业、教育、社会和经济的综合发展提供帮助。时任威斯康星大学校长的范·海斯采纳了这一意见,并将其融入该大学的整个策略体系和教学规划当中。他曾经简短地谈及大学与其所在州之间的关系,其中强调了这样一种理念,即认为威斯康星大学要想真正获得成功,就必须让自己的教育贴近民众生活,让其影响深入到本州的千家万户。海斯宣称,他“永远都不会感到满足,直到本大学的有益影响惠及本州的每一个家庭。这是我对一所州立大学的理想所在。如果我们的大学能够达成这一理想,那么它将成为第一所完美的州立大学”。⑤为此,他提出了“大学的边界是州的边界”的著名口号,大力倡导威斯康星大学通过培养人才和输送知识两条渠道,打破大学的传统封闭状态,实行开放性办学制度,在日常教学和科研基础上通过为本地居民提供继续教育,充分发挥大学的社会服务职能,积极促进全州的社会和经济发展。1912年,威斯康星州公共图书馆委员会主管立法资料的查尔斯·麦卡锡(Charles McCarthy)在其介绍威斯康星州立法改革成就的专著《威斯康星理念》一书中,正式使用“威斯康星理念”一词总结威斯康星大学的这一办学经验,将其称作是一种独具特色的办学模式。⑥由此“威斯康星理念”这一术语得以正式确立,随后成为威斯康星大学开放办学、社会化办学理念的代名词。正是在这一大学理念的指引下,威斯康星大学作为一所州立大学因其卓越的办学成就受世人称赞,亦为其他各州立大学所纷纷仿效。

“威斯康星理念”的特别之处在于,它在大学的教学、科研这两项传统职能之外,创造性地提出了大学的第三项职能——为政府和社会提供直接的服务,让大学和本州的公共管理及社会生产生活更加紧密地、实

⑤ Charles Van Hise,“University Devoted to Service of the State”,Accessed January 26, 2019, https://www.biotech.wisc.edu/docs/default-source/outreach-documents/vanhise-1905-speech-pressrelease.pdf? sfvrsn=4.

⑥ See Charles McCarthy, *The Wisconsin Idea*, New York: Macmillan, 1912, Chapter 1.

际地联系在一起。这一职能将主要通过两种途径实现:一是为当地社会培养和输送人才,参与政府管理;二是为当地民众传授和输送知识,服务于普通百姓的日常生产、生活。具体而言,就是"一方面通过服务于相关职位,就公共政策提供咨询意见,提供信息和行使专业技能的方式,为本州政府做出贡献;另一方面通过以解决本州重要问题为导向开展研究和对外服务活动的方式,为本州公民做出贡献"。[⑦] 在人才培养方面,首先,是政治、法律等公共管理型人才的培养和输送。良好的社会治理须以法治为基础,以良法为前提,大学需要培养一批又一批品质优秀、技能卓越的法律专门人才,努力"去确保法律制定得良好,让大多数的人从中受益"。[⑧] 在美国进步时代,威斯康星理念的支持者更是将本州看作美国的"民主实验室",全面开展民主立法实验,使威斯康星州的立法成为其他州乃至联邦政府立法之典范。[⑨] 其次,是农业、医疗等专业技术型人才的培养和输送,鉴于威斯康星作为传统农业州的实际情况,威斯康星大学高等农业教育的社会服务职能亦同步得到强化。

除了为政府管理培养和输送专门人才之外,"威斯康星理念"还要求将大学教育和服务扩展至本州的所有人民,通过设置相关的课程、机构,举行特别的培训会议,成立大学推广部等方式,在威斯康星真正实现"大学的边界是州的边界"这一已被本州人民所广泛接受的自明之理。关于这一点,时任威斯康星州州长的罗伯特·M.拉福莱特(Robert M. La Follette)在其1913年出版的《自传》中这样写道:"我们相信……威斯康星大学的目的是服务本州人民,它通过开设函授课程、特殊课程,举行房屋管理人会议,成立农场主研究院、试验站等,让本州的每一位居民都能感受到受过专业培训的教职员工富有启发性的、让人开阔眼界的影

⑦ Jack Stark, "The Wisconsin Idea: The University's Service to the State", In Wisconsin Legislative Reference Bureau, *State of Wisconsin* 1995 – 1996 *Blue Book*, Madison: Wisconsin Legislature Joint Committee on Legislative Organization, 1995, pp. 100 – 179.

⑧ R. David Myers, "The Wisconsin Idea: Its National and International Significance", *Wisconsin Academy Review* 37, 1991, pp. 4 – 7.

⑨ See R. David Myers, "The Wisconsin Idea: Its National and International Significance", *Wisconsin Academy Review* 37, 1991, pp. 4 – 7.

响。同时,该大学自身因此得以保持其在文科教育和职业教育方面的最高标准。"⑩

自"威斯康星理念"形成一个多世纪以来,威斯康星大学法学院一直是该校贯彻实施这一理念、践行教育为本州服务之传统的先行者。一方面,通过持续不断地将最新的法学研究资料向本州立法委员会开放,让法学院培养的优秀人才成为立法委员会的成员去制定、修改本州法律,通过向本州行政机关输送优秀的法学在读生以提供高质量的兼职实务和研究服务,法学院继续在政府运作方面保持传统的威斯康星伙伴关系。另一方面,为服务本州人民,法学院通过设立相关教学、研究机构,举行法律工作坊、法学研讨班等形式给本州律师、法官等法律职业者提供继续教育服务,它也是执业律师、法官和公务员聚集在一起相互讨论问题、寻求解决办法的地方。威斯康星大学法学院的学生是麦迪逊市法律援助协会的重要成员,他们以志愿者身份和形式免费给贫困者提供法律咨询和诉讼援助服务。法学院还和大学扩展部(University Extension Division)密切合作,给法律共同体之外的普通民众提供法律类继续教育课程,给本州人民讲解关于法律在社会中的作用、他们的法律权利和义务何在等方面的知识,并在全州范围内开展法律知识讲座和培训,普及法律知识。

三、"行动中的法"教学在法学院的具体展开

威斯康星"行动中的法"教学模式,与以"大学的边界是州的边界"为核心提倡开放办学的"威斯康星理念"天然契合。以社会服务为导向的威斯康星理念十分重视社会科学,法学院"行动中的法"教学在帮助学生理解和掌握法律实际如何起作用的过程中,对其他社会科学的理论

⑩ Robert M. La Follette, *La Follette's Autobiography*: *A Personal Narrative of Political Experience*, Madison, 1913, pp. 26 – 33. See Paul D. Carrington & Erika King, "Law and the Wisconsin Idea", *Journal of Legal Education* 47, 1997, p. 297.

和方法亦多有借鉴,注重不同学科之间的交叉和合作。前杜克大学法学院院长保罗·D.卡林顿(Paul D. Carrington)和法学教授埃里卡·金(Erika King)在1997年的一篇关于威斯康星理念实施情况的文章中说:“威斯康星理念所要达到的一个效果是,让大学新来的年轻教师不仅接触到公共事务,而且也接触到其他学科具备有用专业知识的学术同人。法学院在1907年和政治科学系建立了联系,建立这一联系的目的是让法学教育和现代社会、经济条件联系在一起。同样,在1904年至1910年,法学院的教师特别是吉尔莫(Gilmore)亦和经济学院的教师如约翰·卡蒙斯(John Commons)和理查德·伊利(Richard Ely)展开大规模的合作,努力寻找资料去发现美国的劳动史……到1915年,法学院的公告栏积极倡导法学课程同历史学、经济学、政治学和哲学课程一起混合开设。”⑪

多年以来,威斯康星大学法学院秉承“行动中的法”这一教育教学传统,坚持认为学生若要真正理解法律,不仅必须知道“书本上的法”,而且还必须学习法律是如何由法律职业者实际实践的。正是在这一观念引领下,法学院的课堂讨论、法学院和学校其他院系之间的交流、法学研究、诊所式实习课程等,都十分强调法律与社会之间的互动关系,“行动中的法”的法社会学研究范式因此也成为该学院许多法学教师的一个重要的教学和研究方法。

(一)为社会服务的基本目标

和威斯康星大学办学理念相对应,法学院教育教学的基本目标也是三个方面的有机结合——培养和训练未来的法律职业者,自由地开展学术研究,为当地百姓提供服务。用1953年出任院长一职的约翰·里奇(John Ritchie)教授的话说就是,“我们认同威斯康星大学法学院的三个基本目标,即教育学生、科学研究和服务本州。我们的首要目标一直都

⑪ Paul D. Carrington & Erika King, “Law and the Wisconsin Idea”, *Journal of Legal Education* 47, 1997, p. 297.

是培养学生,去培养和训练学生将来从事法律执业所需要的品质和能力”。[12] 在里奇院长看来,法学院课堂教学的首要目标是致力于给学生提供两种知识:既为学生未来所要从事的法律职业提供关于“知道为什么”(know-why)的知识,也为他们提供关于“知道怎么样”(know-how)的知识。前者是通过开设一系列传统的部门法课程如合同法、财产法、侵权法以及一些更具社会导向性的课程如法律与社会、法理学课程来实现的;后者则是通过开设一些法律研究与法律职业实践课程以及一种特别的关于法律实务技巧的夏季课程,或者通过和一些校外机构如法律援助协会和律师事务所展开合作来实现的。

在为威斯康星培养未来律师方面,法学院一直在探索一种将学术训练和实务培训适当结合的课程教学模式。除此之外,法学院也认识到,它们有责任去帮助学生养成一种为社会所需要的社会角色感。当然,所有这些,都集中体现在“行动中的法”的教学理念当中:法学者在充分挖掘传统的法学研究资源之后,应该离开图书馆而投身于社会,由此去评价法律的实际运作情况。

(二)案例教学体系的修订

案例教学法是19世纪70年代由哈佛大学法学院首任院长兰德尔首创并获推广的一种模拟实践教学法,该教学方法的实质,就是充分发挥典型案例在教学中的示范作用,通过分析典型案例,围绕案例展开教学,引导学生从中发现问题并找到问题的解决方案,实现法律规则与实际案件的对接。该教学法甫一兴起即获得极大的赞誉,受到全美乃至世界各国法学教育机构的普遍仿效。但是,随着法学院学生人数的增加和班级规模的扩大,这种适宜于兰德尔时代小班教学的课堂教学方式在适用于大班课堂教学时则出现了一些问题,其有效性也存在争议。因此,在兰德尔案例教学法出现之后,虽然威斯康星大学法学院率先引入了这一教学法,但是和其他大多数学生人数较多的法学院一样,它也充分认识到了该教学法的不足。尽管该教学法在培养大学一年级新生的案例

---

[12] See Dean Willdrd H. Pedrick, “John Ritchie and Legal Education”, *Northwestern University Law Review* 67, pp. 1 – 3.

解析能力方面依旧有其价值,但是由于在威斯康星大学,法学院培养输出的人才对本州立法活动和立法质量的影响日增,法学课程设置因此也需要做出相应的调整。他们开始尝试使用修订版案例教学系统,结合案例、立法和专题论述等材料开展课堂教学。当然,法学院的老一辈教师依旧会津津乐道于一件事情:他们会不无得意地回忆说,威斯康星大学法学院是美国中西部地区第一家采用案例研习教学法的法学院,当时有许多大型的法学院依旧在使用依靠死记硬背灌输式教学的老套教学法。

总之,威斯康星大学法学院自1868年成立以来,就一直努力和法律职业实践的形势变化保持同步。除了在美国中西部地区率先引入案例教学法之外,它还是美国中西部第一个开设劳动法的法学院,也是美国第一个将机动车事故案例分析纳入课程教学体系的法学院。

(三)实践性法律教育的展开

约翰·里奇院长曾言,“法学院有义务让学生熟知法律职业所必需的‘知道怎样’的知识”。为此,威斯康星法学院十分重视实践课程教学,将其作为“行动中的法”课程体系的一部分。

1.法律职业实习课程

1916年,威斯康星大学法学院是全美第一所要求学生除正式的法学专业学习和训练之外,必须有法律职业实习经历才能获得学位的法学院。后来,随着学生人数的增加,这一要求有所变通,即学生可以通过学习学院开设的一些以法律实践为导向的实务课程作为替代。例如,学生可以选修为期10周的法律实践夏季研讨班课程。该夏季法律研讨班因其开设之初即大获成功,随后被永久性地纳入整个法学课程体系之中一直延续至今。

实习教学团队由学院指派的两名专职教师和校外法律实务工作者组成,上课地点也比较灵活,有时在法学楼,有时在麦迪逊的某个公共建筑内进行,课堂上学生们既可听到专家律师、法官和政府官员对法律实践中的错综复杂难题所做的详细讲解,也可听到以学院教师为代表的学术界对这些问题的理论观点和解决建议。除了课堂学习和讨论之外,该课程还要求学生完成律师执业过程中经常会遇到的一些常规性工作,如草拟法律文书、填写法律表格、准备起诉状和答辩状、起草合同和转让协议,以及不动产勘验和其他一些技术性工作等。

尽管这一课程仅限于向学生介绍一些高级法律职业的情况,同时也没有真正在那些职位实习时所涉内容深入,但是总体来看,它比实习岗位所涵盖的内容要全面得多。通过此类实习课程的学习,学生能够充分理解法律职业者在日常工作中所经常面对的一些具体问题,掌握一名成功律师所必须具备的法律技能和技巧。

2. 引入实验教学法

1947 年,威斯康星大学法学院成为在法学教育领域首个将现实生活中的真实情景引入课堂教学的先行者之一。它在法律实务培训方面的一项最新尝试,是实验教学法(laboratory approach)在法律程序基础课程教学中的采用。该课程以学生自愿选修为基础,向学生展示法庭审判的过程和程序,并就所涉问题展开讨论。通过这一课程的学习,学生能够将所学知识同起草诉状和动议之类的实际工作联系起来,将理论运用于实践,以培养他们动手解决实际问题的能力。

3. 法律诊所课程体系

威斯康星大学法学院广泛开设有以法律动态过程,即法律如何和社会变迁乃至和整个社会相关为重点,同时又侧重于法律技能培养的课程。一直以来,除了它的若干实体法课程教学在全美享有声誉之外,威斯康星大学法学院的法律诊所教育也位居前列,是美国最早开设法律诊所课程、开展诊所法律教育的法学院之一。学院现有各种诊所教学中心 7 个以上,专职从事法律诊所教学的教师 25 人以上,各类诊所课程的开设将学生带到传统的课堂教学之外,让学生有机会将课堂的原理学习和课外真实的法律实践经验结合在一起,所涉领域包括刑法、消费者法、健康和老年人法等。

(1)弗兰克 · 雷明顿中心(Frank J. Remington Center)。

以威斯康星大学法学教授弗兰克 · J. 雷明顿(Frank J. Remington)的名字命名,是法学院最著名的法律诊所,也是美国最大、最古老的诊所教育和研究中心之一。负责开设以刑法实务为中心的诸多课程,其中最大的教学项目是“被收容者法律援助项目”(Legal Assistance to Institutionalized Persons(LAIP)Project),主要是为威斯康星的收容监禁者提供法律服务。参加该中心课程学习的学生有机会在本州的检察官办公室和公诉处工作,能够亲身体验到实际的刑事起诉和辩护流程。该中心也负责开设家庭法、刑事辩护、刑事起诉、刑事上诉、社区矫正监督以及试图推翻原告有罪指控的无罪者项目。

(2)五大湖区土著法中心(Great Lakes Indigenous Law Center)。

该诊所教学中心的设立是为了给威斯康星州的印第安部落提供法律帮助,同时也从事印第安土著法的研究。当前,该中心的主要关注点仍在法律教育方面,尽管它也为各地的印第安部落提供法律咨询和法律援助服务。

(3)政府法与立法法诊所(Government and Legislative Law Clinic)。

该诊所课程主要是让学生有独特的机会去观察和参与政府法(governmental law)、政府政策和立法过程等法律实践。学生在诊所老师和来自立法、行政、司法机关的律师的直接指导下,可以获得第一手的政府机关工作经验,接触到一些重大的、具有政策意义的法律问题。

(4)经济正义研究所(Economic Justice Institute)。

它是民法类反贫困诊所课程,致力于为低收入者和其他请不起律师的客户提供法律援助服务,以求在某些问题上实现正义和经济安全。它是一种三合一的诊所课程,包括邻里法诊所(Neighborhood Law Clinic),主要是为租赁关系、工人权利、公共福利争端中请不起律师的客户提供法律服务;以及家事庭援助计划(Family Court Assistance Project)和消费者法律诊所(Consumer Law Clinic)。

除上述诊所教育之外,学院还开设有其他一些诊所课程,如“法律与企业家诊所”(Law and Entrepreneurship Clinic),免费为企业家和小企业主提供法律服务,帮助他们实现企业潜力;“病人合作中心”(Center for Patient Partnerships),是一个跨学科的病人辩护诊所,学生有机会和医生、护士、社工、药厂、公共政策部门一起共同为身患重症的患者提供辩护,同医疗保险部门展开谈判;继续教育和拓展计划(Continuing Legal

Education and Outreach)，就相关法律问题提供继续教育和公共服务，包括为律师和非法律人士就相关问题提供教育和出版服务等。当然，除了这些常规的诊所教育课程之外，还有其他一些模拟教学课程，譬如模拟法庭和一些颇受好评的律师执业技能课程，以及一些更加专业化的课程如法律谈判、文书写作和客户咨询等。

毫无疑问，所有这些课程的开设都为学生提供了宝贵的实践机会，让他们能够在解决实际问题的过程中打磨自己，培养自己将来成功执业所需的实践技能。

4. 共同课程活动(Co-curricular Activities)

威斯康星大学法学院的学生除了可参加学校层面的、由学生组织的大量的社会、政治、艺术和宗教方面的社团活动之外，还可参加学校层面的法律职业组织，接受法律职业方面的培训，同时学校也鼓励学生积极参与全美模拟法庭(National Moot Court)大赛决赛的角逐，其中的收获都是课堂上学不到的。对于那些有志于从事法学学术研究的学生而言，《威斯康星法律评论》期刊编辑部为他们进行原创性法学写作训练或法学期刊编辑工作提供了良好的平台。

(1)学生法律职业组织。

法学院的全日制在校生都自动是“威斯康星法学院协会”(Wisconsin Law School Association)的成员，在每半年举行一次的内部选举中享有投票权。法学院协会作为1955年成立的“美国法律学生协会”(American Law Student Association)的一个从属机构，既是一个学生管理组织，也是一个学生服务组织。该协会由经选举产生的7人执行委员会进行管理，扮演学生传声筒的角色。所有学生，无论是作为学生个人还是作为学生群体，都有权直接向法学院申诉，要求学院修订管理规则，或纠正错误做法等。

该组织也给学生群体提供具体的日常服务，如维持常务委员会在工作岗位管理、学习和就业咨询、课程安排及社会事务方面的工作，主办法学报纸、社交事件和体育赛事等。

(2)学生期刊和出版物。

威斯康星大学法学院的旗舰刊物是《威斯康星法律评论》(*Wisconsin Law Review*),1920年创刊,是美国最早完全由学生编辑出版的法律评论之一。另有三种专门性法学刊物:《威斯康星国际法杂志》(*Wisconsin International Law Journal*),1982年创刊;《威斯康星法律、性别与社会杂志》(*Wisconsin Journal of Law, Gender & Society*),其前身是1985年创刊的《威斯康星妇女法律杂志》(*Wisconsin Women's Law Journal*);《威斯康星环境法杂志》(*Wisconsin Environmental Law Journal*),1994年创刊,2002年停刊。

四、结语与启示

因共同关注现实问题,为民众谋福利,“行动中的法”教学思想和“威斯康星理念”紧密结合在一起,虽历经岁月变迁依旧焕发着勃勃生机。现如今,“行动中的法”教育传统已经成为威斯康星大学法学院的一个重要组成部分,并被广泛运用于学院的教学实践当中。大量的诊所课程和实务技能课程的开设,为学生在校园和社会、理论和实践之间架起了一座厚实的桥梁,使他们能够将课堂的理论学习和课外的实务操作完美地结合在一起,对法律和法律制度是如何在实践中实际展开的有更直观、深入和丰富的理解,借此去思考法律更广泛的含义,去分享和反思他们自身的经验、感悟。所有这些,都使威斯康星大学法学院的毕业生在实际工作中比其他地方的毕业生有更充分的准备,因此能更快地进入职业状态并独当一面。面对日益复杂且充满挑战的世界,“行动中的法”教学无疑将继续帮助学生成就自己,成功地迈向未来。

当然,威斯康星大学“行动中的法”教学模式的产生和发展,跟美国社会发达的法治环境和现实的法治需求紧密相关。反观我国法治建设新时期国内高校的法学教育,“行动中的法”的教学理念和方法对我们有诸多可借鉴之处:首先,牢固树立面向实践的职业教育和精英教育理念,以此指导整个法学课程体系的建设和完善,适当增加法律实务课程的比重;其次,面向社会开放办学,积极吸纳社会力量参与课程设置和课堂教学,实现学校人才培养和社会现实需求之间的有效对接,以及学校和社会之间的良性互动;最后,大力加强实践教学和实务培训课程,多给学生提供深入接触社会、全面参与社会实践的机会,充分培养他们运用所学专业知识解决实际问题的能力,从而实现理论和实践相得益彰,法学理论学习和法律实务技能齐头并进、双向发展。相信随着我国的法学教育教学改革的不断深入,中国高校将会出现越来越多的贴近中国实际、具有中国特色的“行动中的法”的教学模式。

The Teaching Idea and Practice of “Law in Action”

—Taking Law School of University of Wisconsin as an Example

Cheng Zhaoyang

Abstract: As a teaching tradition of the Law School of University of Wisconsin, “Law in Action” is not only a reform and innovation of Harvard case method, but also a specific implementation of the “Wisconsin Idea” that education must serve the society. It requires students not only to understand the law in books, but also to pay attention to the evolution and development of law, as well as their actual operation and effect in the society. Under the guidance of this concept, the education at the Law School of University of Wisconsin has its own characteristics and achievements in the United States. The experimental teaching, clinical courses, specialized practical training courses and professional practice cooperate with each other to form a comprehensive practical teaching system of “Law in Action” which successfully keeps the legal education of the University of Wisconsin at the forefront of the United States, making its own contribution in serving local social and economic development. This kind of practice-oriented teaching mode owns great significance for the reform of legal education in the new era of constructing rule of law in China.

Key Words: Law School of University of Wisconsin, Wisconsin Idea, Law in Action, practical teaching

应用型法律人才写作能力培养路径探析

——以美国法学院法律写作教育改革为镜鉴

杜健荣*

摘　要:法律写作能力培养对于应用型法律人才的塑造具有十分重要的意义。美国的法律写作教育在长期实践基础上形成了以专门课程为核心、全方位训练为保障的模式,并通过一系列改革不断进行修正与完善。相比之下,我国的法律写作教育还处于起步阶段,在今后的改革中应当注意借鉴有益经验,着力培育专门化的法律写作课程及其师资、强化专业课程教学中的写作训练以及改进教学方法,以促进法科学生写作水平的有效提升。

关键词:法学教育　应用型人才　实践能力　法律写作

一、问题的提出

作为一个应用型专业,法学专业以培养应用型

---

* 杜健荣,云南大学法学院副教授、法学博士,研究方向:法哲学、法社会学。

法律人才作为主要目标这一定位已经得到了普遍的认同。与理论型、学术型人才相比,应用型法律人才的显著特征在于具有较强的实践能力,而法律实践能力作为一个复杂的体系,包含了一系列相互关联的具体能力。其中,法律写作(legal writing)是十分重要却又没有得到充分重视的一项(值得注意的是,实践能力意义上的法律写作是指法律人从事实际法律工作时撰写各种法律文件、材料的活动,因此也可以称为“法律实务写作”,从而区别于学术写作意义上的法律写作)。

就重要性而言,法律写作能力在各种实践能力中具有十分鲜明的特点:首先,法律写作是法科学生从事法律职业的基础能力。诚如张文显教授所指出的:“写作是法律人的基本功,法律人,无论是法官、检察官,或是律师、法律顾问,在其职业活动中需要以书面的形式表达自己的法律意见,记载特定的法律事实和法律关系。因此,法律表达能力是法律人必备的重要能力。”①对于某些特定法律职业——如法官——来说,法律写作的意义更加重大,因为对判决书等重要法律文书的写作不仅是其工作成果的集中体现,也是其工作能力的首要判断依据。由此看来,要培养具有足够职业胜任力的法律人才,就必须使其具备扎实的写作能力。其次,法律写作能力是多种实践能力的综合。从严格意义上说,法律写作并非只是“一种”能力,作为一系列法律工作的书面化呈现,它不仅涉及文字表达,也考验写作者对基本法律知识的掌握和对分析、推理、论证等具体技能的运用,因此我们也可以把法律写作看作一个实践能力的综合性训练场,只有通过法律写作训练,各种具体能力才有可能得到进一步的融会贯通。基于上述两方面的认识,可以说法律写作能力培养是塑造应用型法律人才的关键环节,对它的意义无论如何强调都不为过。

与这种重要性形成鲜明对比的是,由于受重知识而轻能力、重学术而轻实践的观念影响,实务型法律写作在我国法学教育实践中尚未得到

---

① 张文显:《法律写作的五个要素和四种方法——在“全国法科学生写作大赛”启动仪式上的讲话》,载法制网:http://www.legaldaily.com.cn/Education_Channel/content/content_7969028.html,最后访问日期:2020年7月7日。

与其重要性相匹配的对待。从总体上看，目前大多数法学院系的人才培养标准对法律写作能力都没有设定明确的要求。相应地，在课程设置上，法律写作在法学专业课程体系中一直没有获得独立地位，虽然近年来实践课程地位提升，法律诊所、模拟法庭有了长足发展，但是法律写作课并没有得到同步加强，基本上仍然停留于传统的司法文书课程层面；在仅有的一些写作训练环节（如学年论文、毕业论文）中，由于整体的指导思想倾向于学术写作，学生难以得到实务写作方面的指导和练习；在教学工作中，尽管各种教学方式方法在不断更新完善，但是对写作能力的培养还缺乏有效的工具和手段。在这种情形下，法科学生的写作能力呈现出总体偏低的态势，大量学生由于在学校中未能掌握基本的法律文书写作方法与技巧，毕业后也难以在短时间内满足实务部门的写作要求，这种状况严重制约了人才培养目标的实现，并造成社会对法学专业毕业生的评价降低。这意味着法律写作已经成为当前我国法学教育的一块“短板”。②

难点在于，面对理想与现实之间的落差，我们应当采取何种措施来加以改进？要回答这一问题，显然不能仅根据论者个人的看法，而要以充分的经验和理论作为依据。由于当前我国在这方面的实践探索还较为有限，相关的研究成果也不多，因此尚不足以为问题的解决提供足够的素材。鉴于此，本文将引入美国法学院较为发达的法律写作教育作为参照系，根据其长期以来所形成的基本模式以及近年来的改革经验，提炼、总结其中具有普遍意义的一般原理和发展趋势，并在此基础上结合我国法学教育的实际情况，探寻加强和完善法律写作教育的基本路径，尝试提出具有针对性和可操作性的改革建议。

---

② 参见杨立新：《阅读和写作是我国法学教育的两个短板》，载《人民法治》2018 年第 8X 期。

二、美国法学院的法律写作教育及其改革

(一)法律写作教育的基本方式

与其他国家相比,美国对法律写作教育的重视程度相对较高。长期以来,法学院一直以律师作为主要的人才培养目标(虽然这个判断并不适用于所有法学学位,但是至少就其主要学位类型 Juris Doctor 而言,这一点是十分明确的),正如詹尼森(Jennison)所说:"(法学院的)学生需要准备成为执业律师——不是学者、上诉法院的法官、书记员——而是真实的、活生生的、执业的律师。"③要成为律师,不仅要能够"像律师一样思考",也要能够"像律师一样行动",而实务写作就是业界公认的律师核心技能之一。正是基于这样的原因,美国律师协会将开展基本的法律写作教育作为法学院获得认证的基本条件之一,各法学院也在这一方面开展了大量卓有成效的工作。时至今日,法律写作教育水平已经成为判断法学院办学质量的一项重要指标,著名的《美国新闻与世界报道》每年都在全美法学院排名中编制专门的法律写作教育排名,该排名对法学院的社会声誉和报考生源都有一定的影响。

在大多数法学院中,法律写作教育以专门的法律写作课程作为主要载体。从历史上看,该课程经历了一个从无到有、不断发展的过程,在 20 世纪 50 年代,随着律师界对毕业生实践能力要求的提升,法学院开始出现了专门的法律写作课程,只是由于当时该课程并未得到法学教授们足够的认同,许多法学院不得不将其交由本院教职人员之外的人来讲授;到 20 世纪六七十年代,法律写作课程得到较大发展,形成了基本稳定的教师队伍、教学内容和教学方法。与此同时,其他一些关于法律适用的方法类、研究类课程也开始出现;到 20 世纪 80 年代,一些法学院认识到法律写作与法律适用研究之间的关联,将上述两门课程加以合并,

---

③ Beverly Petersen Jennison,"Beyond Langdell:Innovating in Legal Education",*Catholic University Law Review* 62,Issue 3(2013),p. 661.

形成了后来通行的“法律研究与写作”(Legal Research and Writing)课程,但直到此时该课程还停留在各校自发实践的阶段,尚未形成统一的模式。1992年,美国律师协会发布《法学教育与职业发展——一种教育上的连续统一体》报告,该报告批评了法学院对于法律实务技能的忽视,并进一步强调了法律研究与写作的重要性,由于这份报告代表了当时法律实务界的普遍诉求,因此对法学教育产生了较大的影响,在这份报告的推动之下,法律写作课程成为大多数法学院的常规设置。此后,美国律师协会进一步将法律写作课程纳入法学院设立的基本要求中,在《法学院审批标准和程序规则》中,律师协会明确要求法学院必须对学生在法律情景中写作提供实质性的指导,其中包括第一学年中一次严格的写作经历,以及此后至少一次额外的严格写作经历。④ 在这样的要求之下,几乎所有获得律师协会认证的法学院都向一年级学生开设必须修读的法律写作与研究课程,他们希望这些刚入学的新生能够尽快掌握法律写作的基本技能,从而为后续的课程奠定良好的基础。也有一些法学院在后续的学期中会提供法律写作方面的高阶课程,但是通常没有强制性的要求。这些课程的宗旨在于培养学生“像律师一样写作”,即模拟律师的身份,基于真实的或假设的事实,在特定目的之下创制一份综合了法律与事实的文本。就课程的教学方法而言,首先,是向学生们介绍各类法律文件——包括法律备忘录、上诉状、审前书状、法律意见书、庭审书状等——的基本结构、风格及写作策略,在此基础上,由学生根据教师所提供的案件材料,利用从课堂上获取的法律规定或者自行进行探究,提炼可适用于案件的规则并对其进行阐明和适用。其次,通过书面化的写作预测可能的判决结果或者尝试说服法庭接受特定的结果。⑤ 最后,则由教师对学生完成的文本进行成绩评定。

值得注意的是,专门的课程并非训练写作能力的唯一途径,在大量

---

④ See “2014 - 2015 Standards and Rules of Procedure for Approval of Law Schools”, Accessed February 6, 2020, http://www.americanbar.org/content/dam/aba/migrated/legaled/standards/20072008StandardsWebContent/Chapter 3.authcheckdam.pdf.

⑤ See Ian Gallacher, “Enigma: A Variation on the Theme of Legal Writing's Place in Contemporary Legal Education”, *Journal of Experiential Learning* 1, 2015, p. 68.

的法学专业课程中也包含了法律写作的内容。许多理论课程虽然以讲授和讨论判例、学说为主要工作,但是教师通常也会安排相应的作业,其中“包括各种形式的文章或是简答、论述题、课堂报告、论文以及民事起诉状、动议等法律文书的形式”。[⑥] 同时,相当一部分理论课程的考核并不依赖客观化的考试,而是偏向主观化的写作。也就是说,大多数课程的结课任务以及考核依据都是学生所写作的论文,虽然依据课程性质的不同,这些论文有的偏重于学术,有的偏重于实务,但是都是对学生写作能力的一种训练。与这些以讲授为主的课程相关联,还有多种多样的研究型、讨论型课程也涉及法律写作,如讨论课“seminar”就是“老师事前布置学习材料,学生课前阅读,课堂上老师发表自己的观点,学生发言讨论,完成小论文”。[⑦] 除此之外,一些实践课程也涉及写作,以法律诊所为例,由于诊所式教育的理念就是让学生在教师指导下参与真实案件的处理,因此在此类课程中学生不仅要接触各种类型的当事人,收集整理各类相关诉讼材料,同时也不可避免地要进行各种法律书状的写作。这些情况都说明美国的法律写作教育已经不仅仅是一门课程或一个教学环节,而是深深地渗透进了法学教育的方方面面。

(二)法律写作教育的改革

从上面的描述可以看出,美国的法律写作教育已经形成了一个相对完整的体系,能够培养学生基本的实务写作能力,但是,这并不意味着这套体系已经足够完善。在过去的十余年中,随着社会的发展和律师业务竞争加剧,实务界对于法学院毕业生的能力要求进一步提高,而传统法律写作教育已经不能适应这种变化,并在一定程度上造成“写作是……许多律师和法官认为法学院毕业生最为欠缺的部分”这样一种状况。[⑧] 这使人们开始反思既有法律写作教育模式的缺陷,并尝试对相应的机制

---

⑥ 吴才毓:《美国法学院教学模式与方法:教材、案例与逻辑框架》,载王瀚主编:《法学教育研究》(第 17 卷),法律出版社 2017 年版,第 144 页。

⑦ 汪习根:《美国法学教育的最新改革及其启示——以哈佛大学法学院为样本》,载《法学杂志》2010 年第 1 期。

⑧ See Adam Lamparello, “Toward a Writing-Centered Legal Education”, *Fordham Law Review Res Gestae* 84, 2015 – 2016, p. 11.

进行改革与完善：

第一，增加法律写作课程的学分学时。美国法律写作教育面临的一个常见批评是，法律写作课程的学分学时与其实际的重要性不匹配，造成学生因训练不足而难以达到“准备好实践”（practice-ready）的状态。[⑨]例如，一年级必修的法律研究与写作课程通常只有2学分，每周2学时，相较于其他理论课程动辄3～4个学时的安排显得捉襟见肘。同时，虽然为数不少的法学院都开设了两学期以上的法律写作课程，但是由于二年级的法律写作课程并非必修，且在教学内容上也没有与一年级的课程进行有效对接，因此难以在课程之间形成有机的体系。对于这些问题，普遍的改革建议是增加法律写作课的学分及课时量，并对不同学期的课程进行统一的组织和规划。在各种新提出的方案中，较有代表性的是乔治敦大学蒂尚内（Tiscione）教授所设计的六学期写作课程体系，其中包括在前三个学期开设介绍性质的法律研究与写作课程，在之后的三个学期分别开设实践性写作Ⅰ（包括诉讼文书写作、商业交易文书写作和立法文件起草）、学术写作研讨以及实践性写作Ⅱ（包括法律诊所和实习过程中的写作）。他认为，只有在这样的课程体量之下才能够完整地培养学生的写作能力。[⑩] 此种观点也影响了一些法学院的实践，如印第安纳理工大学法学院就建立了一个贯穿六个学期、总共13学分的法律写作项目，各阶段的侧重点包括学习撰写预测性备忘录、驳回起诉动议、快速判决动议等。其他法学院虽然没有如此激进，但很多也都采取了一定的改革措施，如适当提高学分、增加法律写作课的开课学期以及增加与法律写作有关的选修课门数等，使法律写作课程在整个课程体系中的占比有所提升。与此同时，学分和学时的增加也促使法学院努力去克服课程的分散所带来的碎片化问题，如锡拉丘兹大学法学院就尝试按照循序

⑨ See Kristen Konrad Robbins, “Philosophy v. Rhetoric in Legal Education: Understanding the Schism between Doctrinal and Legal Writing Faculty”, *Journal of the Association of Legal Writing Directors* 3, 2006, p. 108.

⑩ See Kristen Konrad Tiscione, “A Writing Revolution: Using Legal Writing's Hobble to Solve Education's Problem”, *Capital University Law Review* 42, 2014, p. 160.

渐进的方式在不同学期的课程中逐渐增加写作任务的复杂性程度,⑪以增强法律写作教育的连续性和体系性。

第二,在专业课程中融入法律写作教育。对法律写作教育的另一种批评是,法学院的专业课程(包括理论性课程和实践性课程)对学生写作能力的提高贡献不足。在批评者们看来,虽然在专业课程中并不缺少写作的内容,但是由于这些课程的教师与法律写作教师之间存在隔阂,两者很少就教学内容、教学进度进行沟通和协作,因此两种类型的课程之间缺乏必要的衔接,有时甚至还会出现分歧、脱节或重复,导致学生难以将在法律写作课程上学习到的各种技巧和方法运用到专业课程中,最终无法实现知识与能力的有机结合。为了解决这一问题,有的法学院试图改变既有的法律写作课与专业课程相分离的模式,实现写作课对理论课的渗透,如爱荷华大学、范德堡大学、堪萨斯大学以及宾夕法尼亚州立大学的法学院就要求普通教师在一年级的实体性课程中教授法律写作的具体方法,以实现知识传授与技能训练的合一。⑫ 其中爱荷华大学采用小班制课程培养法律分析、研究、写作等基本律师技能的做法成效显著,被称为"爱荷华模式"。还有的法学院则将重点放在两类课程的协作上,通过打破课程壁垒实现教学内容的互通。例如,德克萨斯理工大学法学院在维阿托(Viator)教授等人的推动下,将部分专业课程分为两个学分单元,一个单元是实质性内容的授课,另一个单元则是每周两小时的法律分析与写作学习,两个单元在课程内容和进度上保持着密切的关联性和同步性,以确保在不同类型的单元中所学到的知识和技能能够及时获得融合。⑬ 这种做法较接近于德、法等大陆法系国家所采用的"理论课——案例研习课"的模式。当然,与上述措施相比,更为常见的

---

⑪ See Ian Gallacher, "Enigma: A Variation on the Theme of Legal Writing's Place in Contemporary Legal Education", *Journal of Experiential Learning* 1, 2015, p. 74.

⑫ See Leigh Hunt Greenhaw, "To Say What the Law Is: Learning the Practice of Legal Rhetoric", *Valparaiso University Law Review* 29, 1995, p. 861.

⑬ See James Etienne Viator, "Legal Education's Perfect Storm: Law Students' Poor Writing and Legal Analysis Skills Collide with Dismal Employment Prospects, Creating the Urgent Need to Reconfigure the First-Year Curriculum", *Catholic University Law Review* 61, 2012, pp. 764 - 765.

改革思路是在维持并发展法律写作课程的同时，提高各专业课程的写作要求，通过开设更多研讨类课程为学生提供更多的写作训练机会，试图以较多的练习来巩固和提高学生的写作能力。

第三，采用新的教学材料与教学方式。除了课程设置及内容，法律写作教育所使用的教学材料和方法也在发生改变。在教学材料上，传统的法律写作课程主要以教师预先设计的案例作为素材，批评者认为在这些案例中事实已经被高度简化且预设了特定的答案，与真实的法律职业活动存在较大差距，无法培养学生的“情境感”。对此，一些教师尝试以全真案件来加以替代，如马里兰大学的米勒曼（Millemann）和施温（Schwinn）教授以正在进行中的案件作为法律写作课程的教学材料，他们首先从选定的案件中提炼出若干个实体和程序问题，将学生平均分到各个主题之下，组成研究小组并分别准备基于特定问题的书面上诉材料和口头辩论。[14] 通过一段时间的实验，他们发现全真案例所具有的真实性、开放性等特征的确有助于学生从标准答案的桎梏中解放出来，从而强化法律写作过程中的推理和论证能力。在教学方法上，过去由于学生、班级较多而教师较少，许多法学院的法律写作课都习惯于采用“结果评价法”（product approach）来进行教学，即先由学生根据统一设定的主题自行进行写作，之后由教师针对最终的写作产品进行评价。随着法学教育的发展，越来越多的教师意识到这种做法虽然简单便利，但是由于忽略了写作过程，对学生的能力提高作用有限。于是他们开始转而采用“过程教学法”（process pedagogy）这一在其他专业的写作训练中受到普遍认可的方法，该方法的特征在于将指导的重点从写作成果转移到写作过程上来，教师变被动为主动，全面介入写作的各个环节并及时地提出修改意见，使学生获得对写作各个步骤、关键节点的操作经验和完成能力。此外，还有一些研究者主张引入其他先进的教学方法，如 Mullins 教授认为，“团队学习法”（Team-Based Learning）作为一种被广泛采用的方

---

⑭ See Michael A. Millemann, Steven D. Schwinn, “Teaching Legal Research and Writing with Actual Legal Work: Extending Clinical Education into the First Year”, *Clinical Law Review* 12, 2006, p. 469.

法,也可以应用于法学院一年级的写作课程当中。⑮

上述改革建议和措施虽然具有自发性和试验性的特点,但是它们在促进法律写作教育发展方面的作用不容忽视,即使是那些严厉的批评者也承认近年来美国法学院学生的写作能力获得了提升。同时,由于法律写作训练所具有的辐射性,这种改革也起到了深化理论基础、带动其他智能技能和实务技能提升的效果。对于这一状况,有研究者以"法律写作的一小步,法学教育的一大步"来加以形容,⑯这说明法律写作教育改革的意义不仅在于法律写作本身,更能够及于法学教育的整体。

三、我国法律写作教育的完善路径

对于我国来说,美国法律写作教育的相关经验具有较强的启发性。这不仅是因为中美之间在法律写作教育上面临一些相同或类似的问题,使相应的解决方案有其值得借鉴的价值,更是因为美国法律写作教育的新发展揭示了法律写作能力培养的发展趋势,包括日趋专门化、体系化的课程设置、法律写作课与其他专业课程之间更为紧密的联系以及不断创新的教学材料和教学方法等。通过对我国当前相关现实情况的把握和与上述经验、趋势的比较,笔者认为在我国应用型法律人才培养过程中,法律写作教育的改革与完善应主要从以下几方面展开:

(一)培育法律写作课程及其师资

从前文的描述可以看出,专门的课程是培养法科学生写作能力的基础要件,我国目前在这方面的建设工作还有所不足。在大多数法学院的现有课程体系中,与法律写作相关的仅有一门"司法文书"课程,该课程虽然与实务写作相关,但是其重点在于介绍各类司法文书的属性、作用

---

⑮ See Anne E. Mullins, "Team-Based Learning: Innovative Pedagogy in Legal Writing", *University of San Francisco Law Review Forum* 49, 2014 - 2015, pp. 54 - 55.

⑯ See Sherri Lee Keene, "One Small Step for Legal Writing, One Giant Leap for Legal Education: Making the Case for More Writing Opportunities in the Practice-Ready Law School Curriculum", *Mercer Law Review* 65, 2014, p. 467.

及格式，偏重于形式性，而对法律写作中最核心的推理和论证等内容涉及较少，对学生的能力要求也不高，因而无法与专门的法律写作课程相提并论。少数法学院虽然开设了法律写作课程，但是情况较为复杂混乱，存在教学内容不统一（有的教授实务写作，有的教授学术论文写作）、课程地位低（普遍为选修课）、学分少（有的仅为一学分）、忽视培养过程（仅需提交作业而无须上课）等问题，这说明法学教育界对于该课程尚未形成基本共识。在这样的情形之下，确实有必要提倡一种相对统一的法律写作课程模式：

首先，明确法律写作课程的地位与内容。从课程定位来看，基于法律写作对于应用型法律人才的重要意义，该课程应当被纳入法学专业的必修课当中，而不能仅仅作为选修课处理。如果考虑到整体必修课的规模与结构，至少应当要求学生必须修习第一阶段的法律写作课程，以确保所有学生都能够获得相应的基础性训练。就课程内容而言，在聚焦于“实务写作”的基础上，需要注意两方面的问题：一是写作训练所涉及的范围不应局限于某一特定的法律职业或领域。美国法学院以培养律师为首要目标，因此写作训练也围绕律师业务展开；而我国的法学教育在目标上具有普适性，即培养“具有全方位工作能力的法律人”，因此应当超越“司法中心主义”的传统教学观念，将立法、执法以及法律服务所涉及的法律文件、材料引入到教学当中。⑰ 当然，这并非意味着法律写作训练要面面俱到，而是指各法学院系可以根据自身的定位和人才培养的实际情况，在合理范围中进行选择确定。二是教学内容不应局限于介绍法律文书的形式或格式，而要注意通过开展阅读、讨论、写作、评论等活动培养学生的检索、表达、分析、推理及论证等能力。

其次，构建完整的法律写作课程体系。教育学研究早已表明，能力的培养是一个长期、反复的过程，我们不能奢望通过一次课程就成功地塑造学生的写作能力，而是需要按照从简单到复杂、从初级到高级的发展规律进行课程设置，这意味着法律写作课程应当以整个本科学习阶段

⑰ 参见邓世豹：《超越司法中心主义——面向全面实施依法治国的法治人才培养》，载《法学评论》2016年第4期。

为范围,设计一套贯穿整个学习过程、内容连贯的体系。其中,针对低年级开设的课程由于面对的是缺乏基础知识和能力的学生,只能从最简单、最基本的方面着手——如模仿型写作,这样的课程可以被称为"初阶课程"。在此基础上,还有必要开设"中阶"甚至"高阶"课程,使上一阶段获得的训练得到强化和提升。在"高阶"课程的设计中,特别值得强调的是对本科毕业论文环节的改造。长期以来,法学本科毕业论文写作主要以学术论文为导向,其对于法律实务写作的价值尚未被充分发掘,但是随着应用型法律人才培养理念逐渐深化,近年来毕业论文已经在向多元化方向发展,《法学本科专业教学质量国家标准》就提出:"法学类专业毕业论文(设计)可采取学术论文、案例分析、毕业设计、调研报告等多种体裁形式完成。"⑱在这样的背景下,法学教育者们应当转变观念,鼓励学生选择法律实践中常见、常用的法律文书、案例分析、调研报告作为毕业论文载体,将论文写作更紧密地与学生未来的职业活动相联系,使毕业论文环节成为法律写作课程的合理延伸。

最后,建立专业化的教师队伍。专门化、体系化的课程需要专业化的师资力量作为支撑,美国法学院为法律写作课程提供专门教职就是一个典型的例子。由于过去我国法学教育对此类课程重视不足,因此当前在法律写作教师上存在明显的缺口。为了适应法律写作教育发展的需要,应当着力建设高水平的教师队伍,培育、吸收那些具备扎实的理论功底和教学能力、具有一定法律实践经验、对具体法律工作的基本内容及相关写作要求较为熟悉的人才担任法律写作课程的专任教师,同时也可以聘请实务专家作为客座教师,共同参与到相关教育教学工作中来。

(二)强化专业课程教学中的写作训练

美国法学教育的经验表明,只有将在写作课程中学到的各种技巧反复运用于专业课程所承载的具体制度或实践语境当中,写作能力才有可能得到巩固与提升。这意味着专业课程必须对法律写作课程提供充分有效的支持,二者之间要建立一种互助、共生的关系。而从我国当前的

---

⑱ 教育部高等学校教学指导委员会编:《普通高等学校本科专业类教学质量国家标准》,高等教育出版社2018年版,第36页。

实际情况看，不仅法律写作课程本身较为匮乏，专业课程（包括理论课程与实践课程）在教学中也普遍忽视写作训练，彼此难以形成足够的呼应。因此，当我们在建设专门法律写作课程的同时，也需要采取措施加强其他课程中的写作教育，使二者能够协同发展。这些措施主要包括：

首先，增加专业理论课程教学中的写作要求。理论课程是整个法学专业课程体系的主体和重心，传统上理论课程都是以知识的传授为主要目的，以讲授法作为主要的教学方法。在应用型人才培养背景下，这种模式正在发生改变，一些以能力训练为目标的内容已经被引入课堂，但是由于写作训练耗时较多，许多教师认为并不适宜在理论课中开展。这种观点有其合理性，但是如果转换视角，其实也不难发现我们并没有必要将“教学”的范围局限于课堂，而完全可以通过其他方法引入写作训练，如课后作业和期末考核。就课后练习而言，先前已经有研究者指出法学教育中教师课后作业布置率低的状况反映了教学观念的偏差，不利于人才培养，需要加以改变。而写作就是一种适合的课后练习方式，通过安排学生在课后结合教师讲授的知识要点撰写案例分析等材料，不仅起到了练笔的作用，也有助于学生发现并克服自己的知识盲点，从而实现知识的积累。就期末考核而言，长期以来标准化考试过于呆板僵化、只考察记忆和理解却无法考察学生能力的问题已经饱受诟病，因此近年来对“非标准化考试”的采用范围正在扩大。借助这一契机，教师可以通过考试方式改革的方式选择那些实践性、操作性较强的部门法课程，要求学生撰写案例分析、判决书等法律材料完成考核。当然，考虑到课程之间的衔接问题，专业课的作业与考试所涉及的材料类型以及复杂程度都应该与法律写作课程的教学进度基本保持同步。

其次，通过开设研讨类课程加强写作训练。虽然理论课程可以通过作业和考试增加写作内容，但是也需要看到这种形式较为松散和分散，且受不同课程性质的影响，教学效果并不确定。在这种情况下，一些智能技能类训练课程的价值得以凸显，其中较有代表性的就是美国法学教育中的研讨课，该课程通常采用小班制的形式，强调学生的主导地位，围绕某一法律制度或领域，通过撰写报告、主题发言、辩论、点评等形式训练学生的综合能力。在这样的课程中,法律写作以及与之密切关联的技能能够得到充分的、有针对性的训练。从这个意义上说,研讨类课程可以成为联系理论课程与写作课程的桥梁,使二者更加紧密地联系起来。遗憾的是,此类课程在目前我国的法学本科课程体系中还非常缺乏,其原因不仅在于人们对课程意义缺乏充分认知,也在于现有课程结构的不合理——例如理论课程占比过高——制约了它们的发展。在今后的改革中,应当削减一部分必修理论课程,加大与部门法课程相对应的研讨课的开设力度,并对该类课程中包括写作在内的技能训练项目提出明确要求。我们应当认识到,在法律规定不断细致化、法学理论不断复杂化的当下,追求知识体系的绝对完整、追求在课堂上面面俱到地讲授所有知识点,既无可能,亦无必要。将一部分理论课程的学时用在智能技能训练上,虽然看似缩小了知识的覆盖面,但从另一个方面看是增强了学生对核心知识的理解与掌握,同时也在研究、交流、写作的过程中拓展了知识面,因此这种改变不是对理论基础的削弱,而是一种巩固。

最后,强化实务课程中的写作训练。从本质上说,法律写作是实践能力的重要组成部分,典型的实务课程——如法律诊所、模拟法庭等——对法律写作所能起到的提升作用不言而喻,在一个真实的、进行中的法律环境中写作,是对写作技能最好的实战检验。问题在于,当前我国的法律实践课程对学生的写作能力训练作用发挥不足,主要原因包括课程覆盖面不广、任务分配不当、“表演化”现象严重、对学生要求不够严格等。[⑲] 要改变这种状况,需要改进实践课程的设计和安排,使每个学生都能够参与实践课程并获得进行全真实务写作的机会,如对于法律诊所课程来说,在每个学期所办理的数个案件中,要进行合理的分组和分工轮换,避免学生在团队合作的名义下逃避写作要求;对于专业实习来说,应当改变既有的简单化的实习报告制度,改以法律写作来加以替代。在此基础上,要建立严格的评价制度,对课程中的写作成果进行质量检验,以确保写作训练的效果。

---

⑲ 参见许身健:《卓越法律人才教育培养计划之反思与重塑》,载《交大法学》2016 年第 3 期。

（三）改进法律写作的教学方法

除了课程体系和教学内容的改革之外，教学方法的改进对于法律写作能力的提升也非常重要。由于法律写作是一种包含了多种实践能力的"高阶能力"，因此对于这种能力的培养需要教学方法上的科学化与精细化。过去我国法学教育中的写作训练并没有什么明确的方法可言，在司法文书或其他一些与写作有关的课程中，主要采用的是"教师对文书写作要求进行讲解—教师提供相关案件材料—学生写作—教师打分"这样一种简单的流程，显然，如果不对这种状况加以改变，则无论课程名目和内容如何更改，都难以取得预期的效果。从国外经验看，"过程教学法"是一种值得借鉴的方法，这种方法要求教师从"外部监督者"转变为"内部参与者"，介入学生写作的全过程，不仅在各写作环节中向其提供建设或批评意见，促使其思想趋于完善，同时在写作完成之后对于学生的写作成果进行批改，并要求学生根据批改意见进行修改或重写，以纠正在写作过程中出现的各种问题。这种方法完全符合何美欢教授所总结的法律技能培育基本规律，即"技能培育要求校方不仅提供给学生练习的机会，还必须提供教师实时指出错误，给学生重新再做的机会"。[20] 值得注意的是，这种改变会明显增加教师的工作量，因此通常需要控制班级人数，或者增加教师数量。也正因如此，虽然该方法不仅适用于专门的法律写作课程，也适用于其他课程中的写作训练，但是考虑到不同类型课程的学生人数、工作量有所差别，对这种方法使用的细致化程度也可以进行一定的调整。

总体而言，上述改革建议既涉及课程体系的调整，也涉及教学方法的革新，因而是一种整体性的、综合性的改革。对此，我们不仅要关注各项具体措施的落实，也要重视各项措施之间的协调与配合，只有形成合力，才能够达到提升法律写作能力、助力于应用型法律人才培养的预期效果。

---

⑳ 何美欢：《理想的专业法学教育》，清华大学出版社2016年版，第19页。

Exploration on the Cultivation Route of Applied Legal Talent's Legal Writing Skills

—Taking the Education Reform of Legal Writing in American Law Schools as a Reference

Du Jianrong

Abstract: Legal writing ability has great significance in the cultivation of applied legal talent. Based on long-term practice, the legal writing teaching in the United States has formed a model with specialized courses as the core and comprehensive training as the guarantee, which has been continuously revised and improved through a series of reforms. By contrast, legal writing teaching in China is still in its infancy stage. In future reforms, close attention should be paid to draw on useful experience, focus on cultivating specialized legal writing courses and teaching faculty, strengthen holistic writing training and improve teaching methods in order to effectively improve law majors' writing skills.

Key Words: legal education, applied legal talent, practical ability, legal writing

美国大学研究生助教工会的历史发展和保障作用研究*

孙　琪**

摘　要：由于自由言论运动等外部因素推动，美国大学研究生助教群体在不断壮大的情况下，开始不断寻求合法身份认同，争取与工作时间相匹配的薪资待遇，寻求更多专业培训和职业保障。基于此，加州大学、威斯康星大学麦迪逊分校和密歇根大学中的研究生助教通过罢工、集体谈判等形式率先成立了研究生助教工会，并通过工会协议等形式为研究生助教提供制度保障，如明确研究生助教的"雇员"身份，为助教提供薪资结构保障、职业安全保障、福利待遇保障、申诉和仲裁保障等。

关键词：研究生助教工会　历史发展　制度保障

研究生助教通常都是美国大学内正式注册入学的研究生，其首要身份是学生。研究生助教同时也

---

* 基金项目：北京市教育科学"十三五"规划2018年度课题"'双一流'创建背景下研究生'三助'制度的国际比较研究"（课题批准号CCBA18123）；北京语言大学校级项目资助（中央高校基本科研业务费专项资金）（项目批准号20YJXZ0003）。

** 孙琪，北京语言大学教师教学发展中心讲师、教育学博士，研究方向：高等教育管理。

是大学内的兼职“雇员”,如加州大学洛杉矶分校将研究生助教归为“学术学生雇员”(Academic Student Employee),密歇根大学将研究生助教归为“研究生雇员”(Graduate Student Employee)等。作为“雇员”的研究生助教群体不断壮大,产生了更多有关薪水、福利待遇等方面的诉求,研究生助教工会也随之产生,并代表研究生助教这一群体与大学进行集体谈判、签订协议,从职业安全、薪资水平、福利待遇等多个方面为研究生助教提供制度保障。可以说,研究生助教工会改变了原来大学与研究生助教之间的单一的聘用与被聘用的关系,成为研究生助教制度发展的一股重要保障力量。本文拟通过对美国大学中研究生助教工会的产生、发展及保障作用进行分析,以期对我国研究生助教制度建设有所裨益。

一、美国大学中研究生助教工会成立的原因

20世纪60年代早期,研究生助教已经成为大多数美国大学中的重要工作力量,主要负责辅助大学全职教师的教学工作。到20世纪60年代中期,许多研究生助教开始对工作状况表示不满,同时也有诸多外界因素的推动,研究生助教工会随之产生。

(一)外界环境的推动因素

1.自由言论运动的推动

加州大学伯克利分校是研究生助教最早尝试成立助教工会的场所,这一尝试的直接推动力则是加州大学中爆发的自由言论运动(Free Speech Movement,FSM)。自由言论运动使加州大学伯克利分校的学生意识到,通过集体行动能够“迫使”大学管理部门对他们作出回应,对学生申诉能够起到一定的积极作用。同时,自由言论运动也使研究生们获得了对抗权威和组织同盟的经验,被学生看作“检验集体行动有效性的试验场”。[①] 在自由言论运动的影响下,加州大学伯克利分校的研究生

---

① Robert Dubin and Fredric Beisse,“The Assistant:Academic Subaltern”,*Administrative Science Quarterly* 4,1967,p.521.

助教也开始尝试通过集体行动来争取更多权利。

2. 与研究生助研状况形成鲜明对比

刺激研究生助教成立工会的第二个外界因素，则是研究生助研（Graduate Research Assistant）带来的强烈反差。首先，在获得的资助方面，研究生助教与助研之间存在一定差距。助研奖学金持续增长，而助教奖学金在不断减少。研究生助研有机会获得校外机构的各种资助，而助教的薪水只能来自大学预算。其次，研究生助研所担任的研究工作与他们自己的学业有着更加直接的联系，助教则不然。1965 年一份名为《关于时间和博士学位》（*Of Time and the Doctorate*）的研究报告指出，研究生将自己作为助研的工作成果应用于博士论文中的比例，物理学中比例为 78%，生物科学中为 60%，社会科学中为 30%。相比之下，研究生助教将教学相关经验或成果用于博士论文中的比例在以上三门学科中分别为 9%、16%、17%。[②] 20 世纪 60 年代的一些学者与报告也从另一方面印证了这一点。最早在 1963 年，克拉克·科尔（Clark Kerr）已经发现大学中“最优秀的研究生都选择成为助研而不是助教”。[③] 1965 年，康奈尔大学研究生院的院长指出“随着助研奖学金的增加及大部分有能力的学生获得了更多其他类型的资助，研究生助教的地位在大学内不断降低”。[④]

（二）研究生助教群体的壮大

研究生助教群体的壮大，一方面体现在助教总人数上；另一方面则体现在本科生课程中研究生助教担任教师的比例上。20 世纪 60 ~ 70 年代是美国研究型大学中研究生助教增长速度最快的时期，20 世纪 60 年代中期全美已经约有 35,000 名研究生助教。有报告指出，86% 的研究

---

② See Scott Edward Buchheit, *Unionizing Among Graduate Student Employees in Ameciran Universities*, 1965 – 1975: *Its Causes, Legal, Status, and History*, Ph. D. diss., Cornell University, 1977, p. 56.

③ Scott Edward Buchheit, *Unionizing Among Graduate Student Employees in Ameciran Universities*, 1965 – 1975: *Its Causes, Legal, Status, and History*, Ph. D. diss., Cornell University, 1977, p. 57.

④ Busovne, Bernard, *Orientation to Teaching and Role Conflict of Graduate Teaching Assistants*, Ph. D. diss., Michigan University, 1971, p. 78.

生表示在校期间担任过助教或助研,其中 34% 的人担任过研究生助教,23% 的人既担任过助教又担任过助研。具体到各学科中,社会科学领域的毕业生中约有 51% 的研究生担任过助教,生物学、人文学科、物理学中的这一比例分别是 63%、67% 和 69%。[⑤] 研究生助教人数的增多,直接影响着更多的本科生课程。威斯康星大学麦迪逊分校的研究生助教人数从 1955 年的 624 人增加到 1965 年的 1170 人,到 1969 年则增长至 1950 人,其中大多数都担负着为本科生上课的教学职责。加州大学伯克利分校的学术评议会(Academic Senate)在 1966 年发布的《马斯卡廷报告》(*Muscantine Report*)中指出,在加州大学伯克利分校所有课程中,研究生助教所授课程比例占到 65%;在学生数量少于 15 人的课程中,研究生助教所授课程比例约为 65%;在学生人数为 16 到 30 人的课程及实验室课程中,研究生助教所授课程比例约为 63%;在所有低年级课程中,研究生助教所授课程比例约为 41%。[⑥] 1965 年,密歇根大学文理学院中约有 33% 的课程由研究生助教负责,在低年级课程中这一比例达到了 45%。[⑦] 可以从上述数据中看出研究生助教群体的庞大。

(三)研究生助教自身利益的诉求

研究生助教工会产生的根本原因源于研究生助教对现实状况包括对身份界定、薪资待遇、专业发展等多个方面的不满,必须寻求集体力量以满足自身诉求。

1. 寻求合法身份的认同

在研究型大学中,很多研究生助教承担了原本需要全职教师负责的部分教学工作,却无法获得同全职教师一样的"合法身份"和权利。加州大学伯克利分校的《马斯卡廷报告》中提到,在大学管理者眼中,研究生助教只是接受全职教师指导、做全职教师"替补"的临时工作人员,因

---

⑤ Douglas T. Hall, "Identity Changes during the Transition from Student to Professor", *The School Review* 4, 1968, p. 450.

⑥ Academica Senate, University of California, Berkeley, Education at Berkeley: "The Muscatine Report", Accessed October 30, 2019, http://content.cdlib.org/ark:/13030/kt8b69n9jf/.

⑦ Stanley H. Fuller, "Teaching as Acting: Conclusions of a Graduate Assistant", *College English* 3, 1973, p. 315.

此不能享受与全职教师同等地位的待遇。伯纳德·贝雷尔森(Bernard Berelson)的《美国的研究生教育》(*Graduate Education in the United states*)一书中提及,研究生助教已经沦为"知识分子洗碗工"(intellectual dishwashers)。[8] 罗伯特·蒂宾和费雷德里克·贝斯在《助理:学术下属》(*The Assistant:Academic Subaltern*)一文中也认为"研究生助教运动的抗议运动源于他们承担了教学职责却无法享有相应权利的'不合法'身份。"[9]

2. 争取与工作时间相匹配的薪资待遇

研究生助教对自身状况不满的第二个方面是成为大学中的"廉价劳动力"。在20世纪60~70年代,研究生助教工作10个月的年薪不超过3000美元,其中部分助教的薪水甚至低于2300美元(10个月)。[10] 与这些报酬相应,大学规定研究生助教每周的工作时间为20个小时。然而,许多现实证据表明,"研究生助教的教学工作量与他们的所得不成比例"。一份1965年的官方教育调查发现研究生助教每周正常的工作时间往往都超过了20小时,而20%以上的研究生助教一周需要工作超过30小时,约15%的研究生助教每周要工作40小时或40小时以上。

3. 寻求更多专业培训

学者科恩(Frank Koen)和埃里克森(Stanford C. Ericksen)指出,20世纪60~70年代的大学很少为研究生助教提供专业培训或系统指导,主要是因为全职教师和大学管理部门都不愿承担这一任务。对于全职教师来说,他们既没有时间也没有动力来指导研究生教学。首先,教师晋升和声望基本都取决于学术研究和成果发表情况,而不在于培养出多少成功的教师。其次,全职教师为研究生助教所提供的教学指导通常不会计入正常的教学工作量,也就失去了对助教进行指导的动力。对于大学管理部门来说,他们已经意识到研究生助教缺乏培训这一问题,但是

---

⑧ Bernard Berelson, *Graduate Education in the United States.* McGraw-Hill,1960,p. 14.

⑨ Robert Dubin and Fredric Beisse,"The Assistant:Academic Subaltern",*Administrative Science Quarterly* 4,1967,p. 523.

⑩ See Ann Loretto Darling,*Interaction in the Socialization Process of Graduate Teaching Assistants*,Ph. D. diss. ,University of Washington,1987,p. 44.

在没有额外大型财政支持的情况下也不愿意增加更多工作负担。在这种情况下,研究生助教几乎得不到任何教学指导,这不仅影响了研究生助教为本科生授课的质量,也对助教未来的学术职业发展产生了一定阻碍。

4. 寻求更多的职业保障

很多大学管理部门认为,虽然研究生助教担任着很多教学相关工作,但这一职位设立的初衷只是为研究生攻读学位提供一种资助,没有必要赋予他们与全职教师同等的权利。加州大学伯克利分校的《马斯卡廷报告》也指出,"许多研究生助教在极端简陋的条件下进行工作,居住在狭小的宿舍内、公用办公桌是他们典型的特征"。⑪ 缺乏职业安全感也是研究生助教对工作不满的一个原因。大部分研究生助教没有与大学签订正式的聘用合同或协议。在没有任何合同或协议保障的情况下工作,也就意味着研究生助教随时可能因为各种原因被解雇,大学则可以在需要的时候重新聘用其他研究生担任助教,寻求职业保障的需要则成为研究生助教成立工会的内在原因之一。

二、美国大学中研究生助教工会的发展

加州大学、威斯康星大学麦迪逊分校和密歇根大学的三大研究生助教工会在美国大学中成立较早且运行时间最长,影响和带动了美国其他大学中研究生助教工会的成立,因此这里以他们的成立与发展为例进行分析。

(一)加州大学研究生助教工会的成立与发展

1964年,在自由言论运动影响下,加州大学伯克利分校各学院的研究生助教借此机会相继罢工。罢工结束之后,支持成立研究生助教工会的研究生助教内部分裂为两大派别,其中一派认为助教工会的主要目标

---

⑪ Academica Senate, University of California, Berkeley, Education at Berkeley: "The Muscatine Report", Accessed October 30, 2019, http://content.cdlib.org/ark:/13030/kt8b69n9jf/.

是改善美国大学中研究生助教的专业和个人发展状况,应当成为美国教师联合会这类专业组织的分会;另一派则认为助教工会应当寻求可以依靠的政治和社会力量,如加入州郡县工人工会(State, Country and Municipal Workers Union,后更名为 American Federation of State, Country and Municipal Employees)等组织。对助教来说,相比政治和社会问题,他们在大学中地位的不合法性和专业发展的匮乏才是工会努力改变的重点。基于此,1965 年 2 月,加州大学伯克利分校研究生助教工会成立,并成为美国教师联合会的分会,为研究生助教工会的发展奠定了"专业导向"的基础。

在研究生助教工会最初成立的几个月内,加入工会的研究生助教一度攀升至 500 人,几乎涵盖了伯克利分校各院系中 50% 的研究生助教。1969 年,研究生助教工会与伯克利大学就增加薪水、改善工作待遇等问题达成一致。双方并没有为此签署正式的协议,同时大学一方拒绝承认研究生助教是拥有法律地位的雇员,但研究生助教工会认为大学已经"变相地承认"了工会的合法地位,美国教师联合会也认为这种"一致"属于"事实上有效的工会协议"。⑫ 这种情形一直持续到 20 世纪 70 年代末。1979 年加州通过了《高等教育劳资关系法案》(Higher Education Employee-Employer Relations Act, HEERA),将集体谈判权扩展至州立学院和大学。这一法案为研究生助教最终获得胜利提供了十分关键的基础。20 世纪 80 年代开始,加州大学研究生助教发起成立了学术学生雇员联合会(Academic Student Employees),吸引了洛杉矶分校、伯克利分校、戴维斯分校和圣克鲁兹分校中大部分研究生助教成为其会员。至 20 世纪 90 年代末,学术学生雇员联合会获得了美国汽车、航空航天和农业工人联合会⑬(United Automobile, Aerospace, and Agricultural Workers

---

⑫ Robert Dubin and Fredric Beisse, "The Assistant: Academic Subaltern", *Administrative Science Quarterly* 4, 1967, p. 525.

⑬ 美国汽车、航空航天和农业工人联合会历经数年发展,其会员不仅包括从事汽车、航空航天和农业等领域的工作者,也包括美国众多白领工作者,如记者、电脑专家、社会服务工作者、图书管理员、博物馆工作人员、政府工作者和超过 20 所大学中的工作者,其中大学的工作者中大多数是研究生雇员。

Union,UAW)的支持,并于1998年12月期末考试期间在加州大学8所分校中举行罢工,要求加州大学承认研究生助教的雇员地位和学术学生雇员联合会的合法地位。这次罢工取得了一定成果,最终使研究生助教、助理、评分员等都成为《高等教育劳资关系法案》所界定的雇员。

1999年,学术学生雇员联合会更名为加州学生雇员工会(UC Student-Workers Union),在UAW及《高等教育劳资关系法案》的支持下,与加州大学签署了第一份历史性的协议。学生雇员工会自此隶属于UAW,编号UAW 2865。自研究生助教在加州大学成功成立学生雇员工会以后,便开始为其他高校中的研究生助教提供支持。

(二)威斯康星大学麦迪逊分校研究生助教工会的成立与发展

威斯康星大学麦迪逊分校的助教联合会⑭(Teaching Assistants' Association)吸纳了威斯康星大学麦迪逊分校近3000名研究生助教雇员,是美国最早与大学签订集体谈判协议、最早获得大学认可的研究生助教工会。

1966年5月,威斯康星大学麦迪逊分校的研究生助教组织了一次由35名助教参与的会议,他们认为研究生助教在麦迪逊分校已经成为"被遗忘的人"。⑮ 为了改善研究生助教所受到的不公平待遇,会议决定正式成立助教联合会(Teaching Assistants Association,TAA)。1967年10月,加入助教联合会的研究生助教达到400人。1969年,威斯康星州议会声称要取消外州研究生助教和助研所享受的"与州内学生缴纳同样学费"的政策。虽然最终这一政策并未执行,却引发了研究生助教的强烈不安全感。助教联合会发起投票,要求校方正式认可助教联合会的合法地位。但威斯康星大学麦迪逊分校拒绝了这一要求。

由于《威斯康星州公共雇员劳动法》(Wisconsin Public employee Labor Law)没有涉及研究生助教的条款,大学与助教联合会都无法通过

---

⑭ "助教联合会"与威斯康星大学麦迪逊分校签署的工会协议中指出,"助教联合会"是指"助教工会"。

⑮ See Robert Dubin and Fredric Beisse, " The Assistant: Academic Subaltern ", *Administrative Science Quarterly* 4, 1967, p. 525.

既定法案来解决这一争论。最终双方达成一致,由威斯康星州雇佣关系委员会(Wisconsin Employment Relations Commission)组织投票活动,通过投票结果来决定是否承认助教联合会在大学中的地位。在美国教师联合会、州郡县工人工会、卡车司机工会等其他劳工组织的支持下,助教联合会以 931 对 278 票的绝对优势获胜,并获得了全校 81 个学院中的 51 票。通过投票获得大学认可之后,助教联合会与大学一方立即开始谈判,但很快又陷入了僵局,其中几个议题导致了双方谈判的崩裂。这几个议题包括聘用期限、评估、申诉程序、健康计划、工作量以及"教学规划"。"教学规划"是双方争议最多、最难解决的一个议题,涉及研究生助教是否有权利添加、改动其所教课程的内容。全职教师对这一议题表示强烈反对,大学一方采纳了全职教师的意见,坚决不予妥协。

1970 年 1 月,助教联合会停止谈判并开始罢工。罢工结束后,双方签署了第一份工会协议(Agreement between the State of Wisconsin and the Teaching Assistants' Association)。根据威斯康星州的法律,工会协议每年签署一次,研究生通过签署协议获得了许多新的权益,包括具有保障的薪资结构、健康计划、申诉程序以及助教所负责的课堂规模限制。

威斯康星大学麦迪逊分校的助教联合会的发展产生了全国性的影响,多所大学的研究生助教进行了成立工会的尝试,"这一工会的成立过程可能会比物质所得重要"。

(三)密歇根大学研究生助教工会的成立与发展

1970 年,按照密歇根州的法律,密歇根大学的助教工会(University Teaching Fellows Union)在获得校内 30% 的研究生助教签名授权后,第一次向密歇根州雇佣关系委员会(Michigan Employment Relations Commission,MERC)提出请愿,希望委员会认可大学助教工会作为密歇根大学中所有研究生助教(Teaching Fellows,即现在的 GSI)的唯一集体谈判代表。密歇根州雇佣关系委员会拒绝了这一请愿,判定大学助教工会不是一个合适的集体谈判组织。1973 年秋天,大学助教工会尝试第二次请愿。当密歇根大学与研究生代表、密歇根州雇佣关系委员会代表协商之后,同意在委员会的监督下组织一次投票活动,根据学生投票结果来决定是否认可这一工会。最终,大学助教工会更名为“研究生雇员组织”(The Graduate Employees Organization,GEO),并获得了807票的支持。

1974年4月15日,密歇根州雇佣关系委员会授权研究生雇员组织为密歇根大学中所有研究生助教的唯一集体谈判代表。同年夏天,密歇根大学与研究生雇员组织开始就第一份协议进行协商,经历罢工之后,双方签订了第一份协议(The Regents of the University of Michigan & Graduate Employees' Organization)。为寻求更多外界支持,研究生雇员组织于1976年加盟美国教师联合会,编号为AFL-CIO 3550,此后逐渐吸纳了校内的研究生助研和研究生助管人员。自此,密歇根大学与研究生雇员组织每三年便重新签订一次协议,不断改善研究生助教等群体的工作待遇等条件。

事实上,在20世纪60年代至70年代,不止上述三所大学中的研究生助教做出了成立助教工会的尝试。例如,纽约市立大学、康奈尔大学、明尼苏达大学的研究生助教都曾在同一时期尝试成立获得大学认可的助教工会。但后者的这些尝试最终都失败了,究其根本,原因在于后者的研究生助教组织中没有建立共同的利益目标。首先,助教组织成立的最初动力基本都源自研究生助教对自身待遇或工作环境中某一或某些具体方面的不满。大学一方如果迅速做出回应,稍微解决其中的某些问题,便会在无形中瓦解了助教组织的力量。其次,后者的研究生助教组织中都过早地吸引了研究生助研的加入。研究生助教和研究生助研虽然同是大学聘用的研究生雇员,但二者在获得的薪水、资助与工作条件等多个方面都有所不同,对大学的诉求也更加不同。当把助教和助研放在同一个组织的时候,二者有时并无一致的利益目标。明尼苏达大学研究生助教组织在20世纪70年代的失败便是典型例子。

20世纪90年代以后,更多大学中的研究生助教开始尝试成立工会,如纽约大学、华盛顿大学、加州州立大学等,纽约大学更是美国私立大学中第一个成功成立助教工会(TA Union)的大学。

三、研究生助教工会为助教提供的制度保障

虽然美国各大学中研究生助教工会的具体名称不同，但研究生助教工会这一事物经过长期的发展已经成为研究生助教制度中较为稳定的一部分。通过对工会协议文本的分析，可以为我国高校中研究生助教保障制度的建设与完善提供借鉴。

（一）确定了研究生助教的"雇员"身份

研究生助教的"雇员"身份是保证研究生助教拥有话语权、享受相关福利待遇的基本前提。由于《美国国家劳资关系法案》(National Labor Relations Act, NLRA)中"雇员""劳工组织""正当的交涉单位""雇佣条款和条件"等章节没有涉及研究生助教这一特殊群体，而研究生助教是否是大学中的正式"雇员"这一问题牵扯大学是否应该为研究生助教群体提供正式雇员待遇，因此很多大学拒绝承认研究生助教的"雇员"身份。没有合法身份的研究生助教便不能与大学一方站在同一平台进行沟通，也就无法保障自身合法权益，只能被动接受大学一方的规定。例如，1970年，康奈尔大学驳回了研究生助教要求进行集体谈判的提议，理由是"'助教职务'只是研究生在完成其学术目标过程中的偶然选择，他们不在《美国国家劳资关系法案》的雇员保障范围内"。[16] 1973年，伯纳德学院按照"康奈尔标准"拒绝了研究生助教增加薪水的提议，认定研究生助教聘用方式不同于正式教职工，不能享受同等待遇。

研究生助教工会的成立改变了这一状况，工会要求大学一方通过多种方式认可研究生助教的"雇员"身份。例如，有的大学为研究生助教提供了同正式教职工一样的职位编码，有的大学则借助工会协议条款对

---

⑯ Joshua Rowland, "Forecasts of Doom: The Dubious Threat of Graduate Teaching Assistant Collective Bargaining to Academic Freedom", *Boston College Law Review* 7, 2001, p. 951.

研究生助教身份作出详细说明。加州大学为分校内所有研究生助教都分配了职位编码,初级助教、中级助教和高级助教的职位编码分别为2310、1506、2300。⑰ 拥有职位编码意味着研究生助教已经成为加州大学中的正式“雇员”,有权利享受大学为其他正式教职工提供的同等待遇。威斯康星大学麦迪逊分校则是通过在工会协议中作出声明来认可助教的“雇员”身份。在威斯康星大学麦迪逊分校与研究生助教工会签订协议的第一章中,大学声明,“研究生助教是指在威斯康星大学正式注册入学、受聘于校方、负责教学相关职责的研究生雇员,属于威斯康星州法律36.05(1)或(8)款中所定义的‘雇员’身份”。⑱

(二)对研究生助教薪资结构的保障

研究生助教工会成立的原因之一,即很多大学中的研究生助教认为其所付出的教学劳动与大学所发放的薪水不符,很多学者也指出研究生助教已经成为大学的“廉价劳动力”。研究生助教工会成立之后,工会要求大学提升最低薪水范围,根据研究生助教的具体工作时间、聘用累计年限等对研究生助教的薪水做出细致分类,并且规定了年薪的固定增长率以保证研究生助教的薪水能够支付不断变化的生活水平。例如,密歇根大学中的研究生助教工会通过与大学的协商,在工会协议中规定研究生助教与文理学院的全职教师在薪水方面享受同样甚至更高的增长率。⑲ 表1中可以清晰地看出研究生助教近年来薪水的涨幅。

---

⑰ UCLA Graduate Divison, “Teaching and Research Assistantships”, Accessed October 30,2019, http://www. gdnet. ucla. edu/asis/entsup/ta-rashp. Htm.

⑱ Teaching Assistants in University of Wisconsin-Madison, “Agreement between the State of Wisconsin and the Teaching Assistants’ Association”, Accessed October 2,2019, http://www. ls. wisc. edu/ta. html.

⑲ University of Michigan, “The Regents of the University of Michigan& Graduate Employees’ Organization”, Accessed October 22,2019, http://www. vpcomm. umich. edu/gsi-sa/contract. html.

表 1　密歇根大学研究生助教最低薪水及涨幅(1997～2011 年)

财政年度	最低薪水(美元)	实际增长百分比(%)	协议规定最低增长百分比(%)	美国消费物价指数
1997	10,415	3.10	2.5	2.9
1998	10,832	4.00	2.5	1.8
1999	11,330	4.60	2.5	1.8
2000	11,840	4.50	4.5	2.9
2001	12,416	4.86	3.5	3.5
2002	12,853	3.52	2.5	1.8
2003	13,175	2.51	2.5	2.2
2004	13,570	3.00	3.0	3.0
2005	13,977	3.00	3.0	3.0
2006	14,326	2.50	2.5	3.8
2007	14,756	3.00	3.0	2.6
2008	15,199	3.00	3.0	3.7
2009	16,135	6.16	3.0	1.4
2010	16,694	3.46	3.0	1.0
2011	17,270	3.45	3.0	1.2

资料来源：University of Michigan, "The Regents of the University of Michigan & Graduate Employees' Organization", Accessed October 22, 2019, http://www.vpcomm.umich.edu/gsi-sa/contract.html。

加州大学研究生助教工会也规定,研究生助教的薪水每年应在上年的基础上增长 2%,且大学应当根据研究生助教等级、每周工作时间等限定相对应的最低薪水。(见表 2)

表 2　加州大学研究生助教薪水

助教类别	每周工作 10 个小时的月薪(美元)	每周工作 20 个小时的月薪(美元)	季度薪水(美元)	年薪(美元)	经验年限要求(年)
初级助教	1961.67	3923.33	11,770.00	35,310.00	0

续表

助教类别	每周工作10个小时的月薪(美元)	每周工作20个小时的月薪(美元)	季度薪水(美元)	年薪(美元)	经验年限要求(年)
中级助教	2189.61	4379.22	13,137.67	39,413.00	1
高级助教	2300.00	4600.00	13,800.00	41,400.00	2

资料来源:UCLA Graduate division,"Academic Apprentice Personnel Manual",Accessed May 5,2013,http://www.gdnet.ucla.edu/gss/appm/aapmstudent.pdf。

威斯康星大学麦迪逊分校的研究生助教工会协议规定,大学应当按照每年2%的增长速度增加研究生助教薪水。研究生助教每周的工作时间分为12个等级,最高等级相当于全职教师每周的正常工作时间,标记为1FTE(full-time equivalent),其他等级的依次递减。工会规定,大学应当根据具体等级的工作时间为助教发放不同薪水。具体的工作时间等级划分如表3所示:

表3 威斯康星大学麦迪逊分校研究生助教工会规定的工作时间等级

平均每周具体工作时间(小时)	对应的FTE数据
0~3.49	0.087
3.5~5.49	0.137
5.5~7.49	0.187
7.5~9.49	0.237
9.5~12.49	0.250
12.5~14.49	0.300
14.5~16.49	0.350
16.5~20.00	0.500
20.01~25.49	0.600
25.50~30.49	0.650
30.50~35.49	0.750
35.5及以上	1.000

资料来源:Teaching Assistants in University of Wisconsin-Madison,"Agreement between the State of Wisconsin and the Teaching Assistants' Association",Accessed December 13,2013,http://www.ls.wisc.edu/ta.html。

根据表3中的等级，工会又根据不同助教类型规定了其中三个时间等级的最低薪水标准，大学应当依据时间等级和表4中的各级薪水标准为研究生助教发放薪水。可以看出，自2007年起，威斯康星大学麦迪逊分校的各级研究生助教工资持续增长。

表4　威斯康星大学麦迪逊分校研究生助教薪水标准

助教类型	工作时间（FTE）	2007～2008学年薪水标准（美元）	2008～2009学年薪水标准（美元）	2009～2010学年薪水标准（美元）
常规助教（TA Regular）	1.000	26,310	26,575	这类助教并入标准助教一类
	0.500	13,155	13,288	
	0.350	8770	8858	
有一定经验的助教（TA Experienced）	1.000	27,340	27,615	这类助教并入标准助教一类
	0.500	13,670	13,808	
	0.350	9113	9205	
标准助教（TA Standard）	1.000	—	—	28,175
	0.500			14,088
	0.350			9392
高级助教（TA Senior）	1.000	31,573	31,890	32,528
	0.500	15,787	15,945	16,264
	0.350	10,525	10,630	10,843

资料来源：Teaching Assistants in University of Wisconsin-Madison, "Agreement between the State of Wisconsin and the Teaching Assistants' Association", Accessed December 13, 2013, http://www.ls.wisc.edu/ta.html。

（三）对研究生助教职业安全的保障

保障研究生助教的职业安全，即是保障研究生助教不被无端解聘、不被滥用或合法权利不受侵害。为了实现这一目标，研究生助教工会协议通常会在大学制定的正式的聘用程序之外作出补充。补充的内容一般包括以下几个方面：

第一，很多工会协议规定，在聘用和使用研究生助教的过程中，大学一方要遵守非歧视原则,不能以下列理由歧视、处分或解聘研究生助教。具体理由包括:种族、肤色、宗教信仰、婚姻状况、原始国籍、血统、性别、怀孕、性取向、性别身份、[20]身体或精神残疾、医疗状况、艾滋病人身份、老兵身份、年龄、公民身份、政治立场、工会活动、是否工会成员等。

第二,很多工会协议规定,当研究生助教接受聘用以后,如果由于大学一方出于某种原因撤销了这一职位,那么大学要做出补偿措施,包括为研究生提供类型相同且薪水级别相同的另外一个职位,或保证研究生助教能够获得与之前职位相当的薪水。当研究生助教收到聘用通知但没有接受聘用决定,或由于其他原因无法接受聘用时,聘用合同将会立即失效,大学不应对其作出任何处分决定。

第三,为了避免研究生助教被滥用,工会协议对研究生助教的工作量进行了限制。例如,工作时间为全职教职工的50%的研究生助教,大学为其安排的每学期工作量不得超过220小时(三学期制)或340小时(两学期制)。[21] 工会协议还针对研究生助教超时工作作出相关规定。例如,研究生助教每天、每周或每学期的工作时间持续超过聘用规定时间,大学应当相应增加研究生助教薪水或相应减少助教工作时间。

第四,为了保障研究生助教在工作过程中的安全,工会协议还对聘用过程中可能出现的状况作出了界定,如性骚扰。当研究生助教在以下情况中受到口头或身体接触形式的性侵犯或被要求提供性服务则视为受到了性骚扰。具体情况包括:(1)明示或暗示研究生助教接受上述行为作为聘用或参与大学其他活动的条件;(2)将研究生助教拒绝或接受上述行为作为评估标准或影响有关研究生助教的人事决策;(3)上述行为的目的是影响或干扰研究生助教,为研究生助教制造恐吓、敌对或攻击性工作环境。工会协议还指出,研究生助教受到性骚扰后应及时建立

---

⑳ 性别身份是指与个人性别有关的身份、自我形象、外观、表达、行为,或与性别有关的个人特征,与个人出生时的生理性别无关。

㉑ See UC Student-Workers Union, "UAW and UC Agreement, Academic Student Employees Unit", Accessed September 22, 2019, http://www.uaw2865.org/about/history/.

申诉档案,按照申诉和仲裁条款中的相关程序维护自身权利。

(四)对研究生助教福利待遇的保障

第一,为保障作为大学“雇员”的研究生助教能够顺利开展工作,工会协议一般规定大学要为研究生助教提供与教学相关的设施、服务、文本等支持,具体包括:办公室、办公空间、固定电话、办公电脑、实验室或教学设备、邮箱、办公用品、课本或阅读材料等。“停车与交通优惠”是研究生助教可以享受的又一基本待遇。工会协议规定,研究生助教有权加入面向校内同等级别雇员的停车和停车相关服务计划,享受校内停车费用折扣。乘坐公共交通来往学校的研究生助教则能够享受大学交通补助等。

第二,研究生助教同全职教师一样享有基本的带薪休假权利。例如,加州大学的研究生助教工会的协议中规定了几种可以带薪休假的原因,主要包括:(1)因家庭原因短期请假(Short-term Family-related Leave);(2)因家庭原因长期请假(Long-term Family-related Leave);(3)丧假;(4)因履行陪审员义务而请假。

第三,研究生助教可以享受免费保险福利。这里仍然以加州大学为例。按照工会协议规定,加州大学为符合资格的研究生助教提供了两种免费健康保险,分别是多校区学生健康保险计划(UC Student Health Insurance Program, UCSHIP)和研究生健康保险计划(Graduate Student Health Insurance Program, GSHIP),研究生助教可以自行选择参与。符合资格的研究生助教是指接受助教职位任命、聘期内每周工作时间在10个小时以上的已注册研究生。每位研究生助教在聘期内只能享受一种免费健康保险如学生健康保险计划或研究生健康保险计划。即使保险费用上涨,大学也必须继续为符合资格的研究生助教提供上述免费健康保险。

第四,研究生助教工会关注研究生助教中的每一类个体,并为他们争取更多权益。例如,很多工会协议规定,大学要为已经育有子女的研究生助教提供一定的津贴和其他财政资助。密歇根大学为研究生助教制定了校园儿童保育项目(Campus Childcare Programs)。在正常学年(9

个月)中,符合资格的研究生助教在聘期内可以获得每个学期600美元至900美元的儿童保育费用报销额度。[22] 工会协议规定,研究生助教所生育的非学龄儿童也可以享受这一福利。在夏季学期中,符合资格的研究生助教在此聘期内可以获得不超过600美元的儿童保育费用报销额度。

(五)为研究生助教提供申诉和仲裁保障

研究生助教工会与大学签订工会协议,目的是更好地保障研究生助教的合法权利,同时为这一群体争取更多正当权益。当大学在工会协议有效期内违反了协议条款,侵害了研究生助教的权益,研究生助教便需要依靠申诉和仲裁手段解决与大学的纠纷。因此,很多研究生助教工会都在工会协议中详细制定了申诉和仲裁程序。

仲裁者作出的仲裁决定便是最终结果,对大学、申诉人和研究生助教工会都具有制约性。工会协议还对仲裁过程中涉及的费用作出明确规定,如仲裁人员担任仲裁的费用、仲裁者或大学与申诉人双方共同请求复印相关文件所需费用均由大学与申诉人共同承担,由一方请求复印文件所需费用则由其独自承担。

四、结语

研究生助教制度在发展之初由大学全权负责管理,但是在发展过程中,研究生助教工会的兴起与壮大改变了这一状况。威斯康星大学麦迪逊分校、密歇根大学和加州大学中三大研究生助教工会都经历了与大学艰难的谈判协商阶段,通过与大学签署工会协议,为研究生助教在聘期内提供薪水、福利待遇、职业安全等多方面的保障。与此同时,研究生助教工会的发展也引发了一些争论,如研究生助教工会是否会对大学管理

---

[22] See University of Michigan, "The Regents of the University of Michigan& Graduate Employees' Organization", Accessed October 22, 2019, http://www.vpcomm.umich.edu/gsi-sa/contract.html.

权利、师生关系、学术自由等方面产生影响。批评者认为,由于可能发生罢工或其他中断教学工作的行为,批评者担忧研究生助教工会对研究生与大学之间的关系、研究生与导师之间的关系产生负面影响,进而影响学生接受教育的质量。支持者则认为,制度是长期博弈所选择的均衡结果。[23] 研究生助教与大学之间的权力博弈将不断推动着研究生助教工会制度的良性发展。大学与研究生助教工会签订的"有约束力的协议"能让大学一方制定严格的聘用程序、聘用要求,并提供培训和激励等政策以期能够最大限度地发挥研究生助教的功能,而研究生助教一方也可以在履行教学义务、锻炼教学技能的同时享受应有权利。总的来说,美国大学研究生助教工会制度已经发展成为一个相对完整的制度,对我国的研究生助教体系发展有一定的借鉴作用。

Research on the Historical Development and System of Guarantee of Graduate Teaching Assistants Union in American Universities

Sun Qi

Abstract: Driven by external factors, such as the free speech movement, the growing group of graduate teaching assistants at American universities is increasingly seeking legal identity, salary matching with working hours, and more professional training and job guarantee. As a result, graduate teaching assistants at the university of California, the university of Wisconsin-Madison and the university of Michigan take the lead in forming a graduate teaching assistants union through strikes and collective bargaining. The union of

---

㉓ 参见[美]罗伯特·C. 埃里克森:《无需法律的秩序——邻人如何解决纠纷》,苏力译,中国政法大学出版社 2003 年版,第 22 页。

graduate teaching assistant provides a system of guarantee by signing union contracts with the university, such as confirming the status of graduate teaching assistant as employee, guaranteeing the employees' salary, job, social care, complaint and arbitration.

Key Words: Teaching Assistants Union, historical development, system of guarantee

管理经纬

第五轮学科评估视域下我国法学学术生产力格局研究*

——基于国家社科基金与CLSCI期刊的联合考察

詹海宝**　王　卓***

摘　要：通过分析2016～2019年的法学国家社科基金与CLSCI期刊，全面检视我国法学学术生产力格局，厘清我国法学学科研究力量的地域差异及其成因。通过描述统计与检验分析发现区域间法学生产力水平呈现极不均衡的态势，省域空间变化呈现自西向东、自南向北的趋势；本学科开始偏向应用型研究，期刊作者分布呈现明显的长尾效应；法学生产力在地区层面的布局结构失衡严重，建议实施"强弱结对，定向扶持，优势互补，双赢发展，财力分配，效率优先"的策略。

关键词：学术生产力　国家社科基金　学科评估　CLSCI

---

* 基金项目：本文系陕西省高等教育学会2019年度高等教育科学研究项目"四型四力"卓越新闻人才培养的三通创新模式研究（项目编号：XGH19038）的研究成果。

** 詹海宝，陕西师范大学文艺与文化传播专业博士研究生、西北政法大学新闻传播学院讲师，研究方向：媒介与教育。

*** 王卓，陕西学前师范学院教育科学学院讲师，研究方向：高等教育评价。

学术生产力是在知识演进的过程中,推动社会协同创新,提增知识总量所表征出的促进知识传播与增值的驱动力,①是大学作为一种社会组织得以存在的能量基础,是大学整体学术实力和学术资本的象征,用学术生产力来衡量学科发展,无疑具有较强的合理性和正当性。② 2019 年教育部研究制定并审议通过了《第五轮学科评估工作方案》,③第五轮学科评估将于 2020 年启动,评估周期为 2016 年 1 月 1 日至 2019 年 12 月 31 日,2020 年又恰逢“双一流”建设中期评估,所以第五轮学科评估结果很可能将关系到下一轮“双一流”建设评估以及博士点的审批,其对高校法学学科的影响必定是深远持久的。那么相较于第四轮学科评估,在第五轮学科评估中高校法学学科的学术生产力格局将会发生哪些变化,不同地区及高校间又会产生怎样的差距?基于此,本文以法学国家社科基金项目以及法学 CLSCI 期刊为分析对象,尝试绘制我国法学学科学术生产力地图,并试图从学术生产力视角检视第五轮学科评估期间我国法学学科科学研究水平的分布格局,以清晰把握其发展脉络、现实状况,进而有助于预测并指导未来的发展。

一、研究问题与研究方法

(一)研究问题

现有研究基于法学国家社科基金或法学核心期刊,对我国法学学术生产力格局等方面做了较为深入的探讨,如在国家社科的研究方面,常安④ 通过对法学国家社科基金分析,展现了我国目前法学学术生产格局

① 参见邬伟娥:《知识增值视角的学术生产力分析》,载《生产力研究》2015 年第 6 期。

② 参见张胤:《我国教育学科学术生产力研究——基于 C ~ (100) 指数的分析》,载《北京师范大学学报(社会科学版)》2016 年第 1 期。

③ 参见教育部学位中心:《2019 年十大工作进展》,载教育部学位中心:https://mp.weixin.qq.com/s/ FmZap2S - 2XmJNIK0dftzSA,最后访问日期:2020 年 4 月 10 日。

④ 参见常安:《从国家社科基金立项项目看法学研究状况——一种知识社会学的视角》,载《现代法学》2006 年第 2 期。

的大致状况及其背后动因；姚颉靖等⑤从研究主题、项目机构与地域等方面，呈现了国家社科基金知识产权研究项目的发展趋势、分析了其不足；高毅⑥以法学国家社会科学基金项目为样本，展现了当代中国法学学术生产格局。在法学核心期刊的研究方面，江国华等⑦基于法学CSSCI期刊发现我国法律解释理论研究的繁荣程度与经济水平存在一定的关系；赵磊⑧通过剖析《中国社会科学》30年来刊发的法学论文，发现学术影响力与学术职称与关键词数量正相关；栾春娟等⑨通过对法学CSSCI文献进行分析发现，法学二级学科之间研究成果和研究力量分布不均衡；黄辉⑩以15大主流法学期刊为样本，总结了行政法刊文的总体态势、均衡性、研究热点与方法等。

已有研究从不同视角探讨了我国法学学术生产力分布格局，为我国法学学科的发展作出了重要贡献，但现有研究鲜有以动态视角审视我国法学学术生产力分布格局变迁，并以统计检验的视角审视法学学术生产力格局的差异幅度、成因与化解对策，更没有通过联合考察法学国家社科基金与核心期刊来审视其现状。基于此本文以第五轮学科评估为契机，通过分析2016～2019年的法学国家社科基金与CLSCI期刊，全面检视我国法学学术生产力格局，试图通过回答以下几个主要问题，厘清我国法学学科研究力量的地域差异及其成因：

1. 第五轮学科评估期间，我国法学学术生产力在高校以及地区间分

⑤ 参见姚颉靖、彭辉：《从国家社科基金立项项目看知识产权问题研究发展状况——基于1996～2011年国家社科基金知识产权问题研究立项的统计分析》，载《现代法学》2011年第6期。

⑥ 参见高毅：《知识社会学视阈下的法学知识生产状况——基于国家社会科学基金法学项目的统计分析》，载《内蒙古社会科学(汉文版)》2013年第2期。

⑦ 参见江国华、韩玉亭：《中国法律解释理论演化路径检视——基于法学类CSSCI来源数据库的分析》，载《法学论坛》2015年第1期。

⑧ 参见赵磊：《当代中国法学学术生态分布——基于〈中国社会科学〉(1980～2015)法学论文的考察》，载《清华法学》2017年第1期。

⑨ 参见栾春娟、王续琨：《中国期刊法学文献产出的学科分布和发展趋势》，载《大连海事大学学报(社会科学版)》2013年第6期。

⑩ 参见黄辉：《中国主流法学期刊刊发行政法学文章探讨——以2007～2011年十五大法学类期刊为样本》，载《社会科学家》2013年第11期。

别形成了怎样的格局？此4年间我国法学学术生产力地域差异的变化趋势如何？相较于第四轮学科评估,第五轮学科评估期间我国法学学术生产力机构差异变化幅度大不大？

2. 地域对我国法学学术生产力的影响是否显著？造成地域差异的主要原因是什么？地域差异是否在正常范围内,如果差异失常,该如何应对？

3. 法学国家社科立项与CLSCI期刊发表情况哪个更能反映我国学术生产力的自然状况？

(二)研究方法

CLSCI期刊的数据范围包括2016~2019年我国高校法学研究者在《中国社会科学》《中国法学》《法学研究》《中外法学》《法学家》《法商研究》《法学》《法律科学》《法学评论》《政法论坛》《法制与社会发展》《现代法学》《比较法研究》《环球法律评论》《清华法学》《政治与法律》这16本期刊上发表的学术论文,以及2019年在《当代法学》《法学论坛》《法学杂志》《华东政法大学学报》这4本期刊上发表的学术论文,因为这4本期刊自2019年起才纳入CLSCI来源期刊。[11]

在分析方法与工具方面,主要使用Tableau软件对我国法学学术生产力在高校与地区间格局进行描述统计。在学术生产力地域差异的具体量化上,主要采用SPSS软件以及经济学中衡量地域差异的首位度(S)、赫芬达尔系数(Hn)、变差系数(CV)三个系数进行检验分析。其中,变差系数(CV)是标准差与平均值之间的比值,用以衡量地区科研实力的相对差异情况,变差系数越大,表示地区之间相对差异越大;赫芬达尔系数(Hn),是反映地区规模集聚程度的衡量指标,值域介于0与1之间,其数值越大,表示区域集聚程度越高;[12]首位度(S)是反映地区规模分布集中程度的重要指标,通常用某一指标的最大数值与第二大数值的

---

⑪ 参见《关于中国法学核心科研评价来源期刊(CLSCI)目录动态调整的公告》,载中国法学创新网:http://www.fxcxw.org.cn,最后访问日期:2020年4月10日。

⑫ 参见甘永萍:《广西入境旅游发展的区域差异及影响因素分析》,载《商业研究》2010年第11期。

比值来表示，一般认为首位度小于2，表示地区结构分布较合理，大于2表示地区分布结构失衡。⑬

二、法学学术生产力格局概貌总观

（一）从国家科学基金项目看法学学术生产力格局

1. 国家科学基金项目机构格局

通过对全国哲学社会科学规划办公室官方网站⑭历年资助项目检索，2016～2019年4年间我国法学国家社科基金立项共计1464项。由于法学的学科评估主要以普通高校参评为主，所以在此选取普通高校立项的部分进行分析。这4年间共有278所普通高校获得了法学国家社科基金的资助，表1列举了承担项目数大于7项的高校（表中高校名称其后的档次为第四轮学科评估的结果，下同）。

表1 2016～2019年承担法学国家社科基金项目机构（大于7项部分）

单位	数量（项）	排序	单位	数量（项）	排序	单位	数量（项）	排序
西南政法大学A	62	1	西北政法大学B+	31	4	清华大学A	22	7
华东政法大学A	49	2	中南财经政法大学A-	31	4	东南大学	21	8
中国政法大学A+	49	2	武汉大学A	24	6	湖南大学B	21	8

⑬ 参见王新建、郑向敏：《台胞大陆旅游的空间差异及演变特征研究》，载《经济地理》2010年第11期。

⑭ 参见全国哲学社会科学工作办公室：《国家社科基金项目数据库》，载全国哲学社会科学工作办公室网：http://fz.people.com.cn/skygb/sk/，最后访问日期：2020年4月10日。

续表

单位	数量（项）	排序	单位	数量（项）	排序	单位	数量（项）	排序
厦门大学A⁻	21	8	上海交通大学A⁻	14	22	上海财经大学B	11	31
吉林大学A⁻	20	11	上海对外经贸大学C⁺	13	23	天津大学	11	31
中国人民大学A⁺	20	11	重庆大学B⁺	13	23	郑州大学B	11	31
湘潭大学B⁺	19	13	湖南师范大学B	12	25	福州大学B⁻	10	37
苏州大学B⁺	18	14	暨南大学B⁻	12	25	宁波大学C⁺	10	37
中山大学B⁺	18	14	江西财经大学B	12	25	新疆大学C⁺	10	37
南京师范大学B⁺	17	16	南开大学B⁺	12	25	中国人民公安大学B	10	37
浙江大学A⁻	17	16	四川大学B⁺	12	25	对外经济贸易大学A⁻	9	41
北京大学A	16	18	中南大学B⁺	12	25	广东外语外贸大学C⁺	9	41
华南理工大学B⁻	16	18	北京师范大学B⁺	11	31	上海政法学院B⁻	9	41
南京大学A⁻	15	20	复旦大学B⁺	11	31	扬州大学C	9	41
山东大学B⁺	15	20	海南大学B	11	31	中央财经大学B	9	41

续表

单位	数量(项)	排序	单位	数量(项)	排序	单位	数量(项)	排序
中央民族大学 B^-	9	41	深圳大学 B^-	8	47	华中科技大学 B^-	7	54
安徽财经大学 C^-	8	47	首都经济贸易大学	8	47	南京航空航天大学	7	54
安徽大学 B	8	47	甘肃政法学院 B^-	7	54	宁夏大学	7	54
常州大学	8	47	河南财经政法大学 C	7	54	云南大学 B^-	7	54
广州大学 C^+	8	47	河南大学 B^-	7	54			
辽宁大学 B^+	8	47	黑龙江大学 B	7	54			

从表1可知，在获得立项的278所高校中，位列前15的高校共承担项目426项，占比30.91%，处于法学立项高校群的第一方阵，大部分为法学的老牌名校，在第四轮学科评估中均处于 B^+ 档以上高校。位于第二方阵的46所高校共承担项目480项，占比34.83%，大部分 B^- 以上档高校在此梯队。处于第三方阵的217所高校共立项472项，占比34.25%，属于研究实力有待进一步提高的高校群。从上述分析可知，我国法学科国家社科基金立项高校在三个方阵上的分布，呈现上尖下宽明显的金字塔状，且承担项目数量主要集中于塔尖，即5%的高校所获的项目数超过整个基金项目数的30%。

2. 国家科学基金项目地区格局

表2列举出了各地区法学国家社科基金立项分布情况，以及各地区立项数排名前五的高校（含并列位）。从该表可知，法学国家社会科学基金的地区分布也极不平衡，各地区之间在立项数目上存在极大差异，

经济、科技、文化教育比较发达的地区往往也是获得项目比较多的地区。华东地区远超其他6个地区，华北地区、华中地区、西南地区实力相当，华南地区、西北地区实力稍弱，位列第三梯队，东北地区情况最不乐观，和实力最强的华东地区差距甚大，立项数近乎10倍的差距。且华东地区与华北地区的立项数之和占总立项数的53%，占据了法学国家社科资源的半壁江山，是我国法学研究的中心地区。

表2 2016～2019年法学国家科学基金立项地区分布

地区	前五高校	数量（项）	该地区总计（项）	该地区占比（%）
华东地区	华东政法大学	49	474	34.40
	东南大学	21		
	厦门大学	21		
	苏州大学	18		
	南京师范大学	17		
	浙江大学	17		
华北地区	中国政法大学	49	255	18.50
	清华大学	22		
	中国人民大学	20		
	北京大学	16		
	南开大学	12		
华中地区	中南财经政法大学	31	205	14.88
	武汉大学	24		
	湖南大学	21		
	湘潭大学	19		
	湖南师范大学	12		
	中南大学	12		

续表

地区	前五高校	数量（项）	该地区总计（项）	该地区占比（%）
西南地区	西南政法大学	62	153	11.10
	重庆大学	13		
	四川大学	12		
	云南大学	7		
	贵州大学	5		
	贵州民族大学	5		
	西南财经大学	5		
	重庆工商大学	5		
华南地区	中山大学	18	114	8.27
	华南理工大学	16		
	暨南大学	12		
	海南大学	11		
	广东外语外贸大学	9		
西北地区	西北政法大学	31	111	8.06
	新疆大学	10		
	甘肃政法学院	7		
	宁夏大学	7		
	西安交通大学	6		
	西北师范大学	6		
东北地区	吉林大学	20	66	4.79
	辽宁大学	8		
	黑龙江大学	7		
	大连理工大学	6		
	沈阳师范大学	6		

3. 国家科学基金项目省域格局

为了进一步考察我国法学国家社科基金立项在省域间的分布格局，

本文列举了各省、自治区、直辖市立项分布情况,以及各省、自治区、直辖市立项数排名前三且立项数大于2的高校(含并列位),如表3所示。从该表可知,在承担国家社科基金项目方面,北京作为我国政治、经济、文化中心,在法学研究中占据了十分重要的位置,是本学科的核心地区,其立项数处于绝对优势,超过吉林、甘肃等15个省、自治区、直辖市之总和,这与北京拥有数量众多的高校和全国知名的法学研究基地有着重要关系。而宁夏、青海、内蒙古、河北、西藏在此四年间获得立项数均不超过10,其法学学术生产力仍处于较低水平,很难形成自己的学术影响力。

表3 2016~2019年法学国家科学基金立项省域分布

省、自治区、直辖市	前三高校	数量(项)	该地区总计(项)	该地区占比(%)	排序
北京	中国政法大学	49	199	14.44	1
	清华大学	22			
	中国人民大学	20			
上海	华东政法大学	49	140	10.16	2
	上海交通大学	14			
	上海对外经贸大学	13			
江苏	东南大学	21	126	9.14	3
	苏州大学	18			
	南京师范大学	17			
重庆	西南政法大学	62	92	6.68	4
	重庆大学	13			
	重庆工商大学	5			
湖北	中南财经政法大学	31	85	6.17	5
	武汉大学	24			
	华中科技大学	7			
广东	中山大学	18	81	5.88	6
	华南理工大学	16			
	暨南大学	12			

续表

省、自治区、直辖市	前三高校	数量（项）	该地区总计（项）	该地区占比（%）	排序
湖南	湖南大学	21	81	5.88	6
	湘潭大学	19			
	湖南师范大学	12			
	中南大学	12			
浙江	浙江大学	17	66	4.79	8
	宁波大学	10			
	浙江财经大学	6			
	浙江工商大学	6			
陕西	西北政法大学	31	52	3.77	9
	西安交通大学	6			
	西北工业大学	4			
福建	厦门大学	21	48	3.48	10
	福州大学	10			
	福建师范大学	6			
	华侨大学	6			
山东	山东大学	15	47	3.41	11
	山东师范大学	5			
	中国海洋大学	5			
河南	郑州大学	11	39	2.83	12
	河南财经政法大学	7			
	河南大学	7			
辽宁	辽宁大学	8	33	2.39	13
	大连理工大学	6			
	沈阳师范大学	6			

续表

省、自治区、直辖市	前三高校	数量(项)	该地区总计(项)	该地区占比(%)	排序
四川	四川大学	12	31	2.25	14
	西南财经大学	5			
	电子科技大学	3			
天津	南开大学	12	31	2.25	14
	天津大学	11			
	天津财经大学	4			
江西	江西财经大学	12	30	2.18	16
	南昌大学	6			
	东华理工大学	2			
	江西师范大学	2			
	井冈山大学	2			
吉林	吉林大学	20	22	1.60	17
甘肃	甘肃政法学院	7	22	1.60	17
	西北师范大学	6			
	兰州大学	3			
新疆	新疆大学	10	20	1.45	19
	新疆师范大学	5			
	塔里木大学	2			
	新疆财经大学	2			
安徽	安徽财经大学	8	17	1.23	20
	安徽大学	8			
广西	广西师范大学	5	17	1.23	20
	广西财经学院	2			
	广西大学	2			
	广西民族大学	2			
	桂林电子科技大学	2			

续表

省、自治区、直辖市	前三高校	数量（项）	该地区总计（项）	该地区占比（%）	排序
海南	海南大学	11	16	1.16	22
	海南政法职业学院	2			
贵州	贵州大学	5	14	1.02	23
	贵州民族大学	5			
	贵州财经大学	2			
云南	云南大学	7	12	0.87	24
	昆明理工大学	2			
	云南师范大学	2			
山西	山西财经大学	5	11	0.80	25
	山西大学	4			
	山西师范大学	2			
黑龙江	黑龙江大学	7	11	0.80	25
宁夏	宁夏大学	7	9	0.65	27
	北方民族大学	2			
青海	青海民族大学	4	8	0.58	28
	青海师范大学	2			
内蒙古	内蒙古大学	2	7	0.51	29
	内蒙古科技大学	2			
河北	河北大学	3	7	0.51	29
西藏	西藏民族大学	2	4	0.29	31

4. 国家科学基金项目主题分布

本文利用 NetDraw 构建高频词的社会网络关系，得到如图 1 所示的法学国家社科基金项目高频关键词网络关系图。这些高频词可以分为三类，第一类高频词主要反映的是相关研究主题，如“知识产权”“ 立法”“社会治理”“法律制度”等，体现了这 4 年间立项课题所关注的研究热点。第二类高频词反映了相关课题的研究性质或研究类型,如“改革”“应对”“对策”等,体现了目前法学的研究重心偏向应用型研究项目,着眼于解决现实问题。第三类高频词反映的是相关研究展开的时空技术背景、研究阈限等限制条件,如“中国”“新时代”“现代”“大数据”“互联网”“人工智能”“一带一路”等。从图 1 还可知,居于最核心地位的高频词有“我国”“法律”“知识产权”“实证研究”等。“我国”体现了研究领域聚焦于法学研究的本土化,“知识产权”则体现了当下的研究趋势,“实证研究”则表明现在的法学研究注重经验主义下的实证范式。

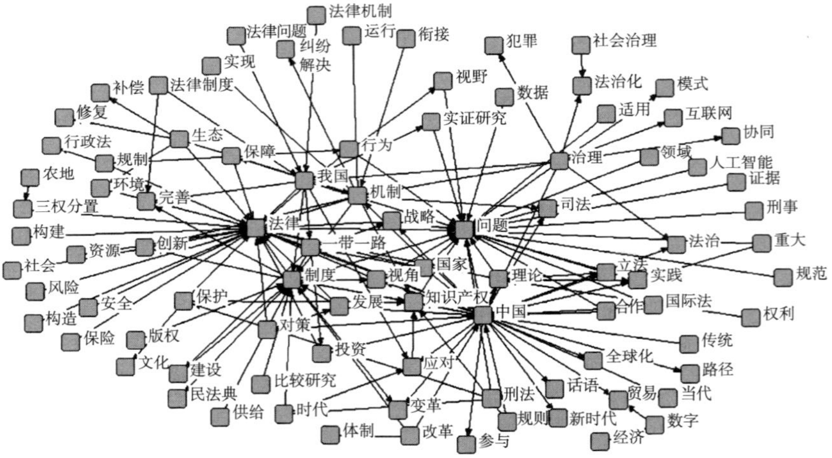

图 1　法学国家社科基金项目高频关键词网络关系

(二)从 CLSCI 期刊看法学学术生产力格局

1. CLSCI 期刊机构格局

2016～2019 年共有 235 所普通高校在法学 20 本核心期刊上发文共计 5832 篇(除公告、通知等非学术研究文章之外),表 4 给出了 2016～2019 年法学 20 本核心期刊发文量在 15 篇及以上的高校,从该表可知我国法学核心期刊的发文量在高校间分布极不均衡,其金字塔分布比国家社科基金更为严重,表现为约 2% 的高校所发表的核心期刊数量占比约 33%,约 6% 的高校发表的核心期刊数量占比约 60%。为了进一步了解我国法学研究机构间的合作情况,本文构建了机构合作社会网络,计算得出此合作网络的密度很低，仅为0.0045，说明我国法学研究的高校间相互合作较少。

表4 2016~2019年法学CLSCI期刊发文量高校分布

单位	数量（篇）	排序	单位	数量（篇）	排序	单位	数量（篇）	排序
中国政法大学A⁺	452	1	山东大学B⁺	134	11	中南大学B⁺	71	20
中国人民大学A⁺	405	2	上海交通大学A⁻	120	12	北京航空航天大学B⁺	62	22
华东政法大学A	359	3	东南大学	108	13	对外经济贸易大学A⁻	59	23
清华大学A	341	4	浙江大学A⁻	107	14	广东外语外贸大学C⁺	59	23
北京大学A	325	5	南京师范大学B⁺	106	15	上海财经大学B	58	25
西南政法大学A	304	6	中央财经大学B	101	16	四川大学B⁺	57	26
中南财经政法大学A⁻	251	7	北京师范大学B⁺	94	17	重庆大学B⁺	56	27
武汉大学A	180	8	厦门大学A⁻	90	18	广州大学C⁺	47	28
吉林大学A⁻	141	9	苏州大学B⁺	74	19	南开大学B⁺	47	28
南京大学A⁻	135	10	西北政法大学B⁺	71	20	华东师范大学	46	30

续表

单位	数量（篇）	排序	单位	数量（篇）	排序	单位	数量（篇）	排序
中山大学 B^+	45	31	中国海洋大学B	25	41	华侨大学 C^+	17	52
复旦大学 B^+	39	32	同济大学B	22	43	华中师范大学 C^+	17	52
华南理工大学 B^-	38	33	上海师范大学 C^-	21	44	云南大学 B^-	17	52
上海政法学院 B^-	34	34	安徽大学B	20	45	广东财经大学 B^-	16	56
天津大学	34	34	海南大学B	20	45	河南财经政法大学C	16	56
中央民族大学 B^-	32	36	首都经济贸易大学	20	45	辽宁大学 B^+	16	56
湖南大学B	29	37	中国青年政治学院	20	45	烟台大学B	16	56
湘潭大学 B^+	29	37	安徽财经大学 C^-	19	49	中南民族大学C	16	56
西南财经大学B	27	39	郑州大学B	19	49	北京理工大学 C^+	15	61
华中科技大学 B^-	26	40	浙江财经大学 C^-	18	51	暨南大学 B^-	15	61
江西财经大学B	25	41	大连海事大学B	17	52	深圳大学 B^-	15	61

如果说高校的高质量论文发表量是其科研实力的显性体现，那么高校的论文被引用量则是其学术影响力的隐性表现，通常来说高校的论文被引量要比发文量更能确切地反映其学术地位和学术影响。表5列举

了2016～2019年法学核心期刊论文被引次数超过200的高校，从表5中可知中国人民大学、清华大学、华东政法大学、北京大学、中国政法大学5所高校被引总量均超过5000，再次体现出了这5所知名高校在全国法学研究中的领跑地位。法学核心期刊的均篇引用量为16.76，在我国人文社会科学中的被引情况较好，但与其他学科相比仍有较大提升空间。

表5　2016～2019年法学CLSCI期刊引用量高校分布

单位	总被引（篇）	排序	单位	总被引（篇）	排序	单位	总被引（篇）	排序
中国人民大学 A^+	9146	1	东南大学	1836	10	厦门大学 A^-	943	19
清华大学 A	7308	2	南京大学 A^-	1782	11	四川大学 B^+	927	20
华东政法大学 A	7077	3	吉林大学 A^-	1721	12	中南大学 B^+	861	21
北京大学 A	6116	4	山东大学 B^+	1674	13	上海财经大学 B	814	22
中国政法大学 A^+	5353	5	浙江大学 A^-	1472	14	北京航空航天大学 B^+	809	23
中南财经政法大学 A^-	3774	6	南京师范大学 B^+	1224	15	对外经济贸易大学 A^-	776	24
西南政法大学 A	3383	7	中央财经大学 B	1221	16	苏州大学 B^+	708	25
武汉大学 A	3009	8	北京师范大学 B^+	1069	17	西北政法大学 B^+	546	26
上海交通大学 A^-	1924	9	广东外语外贸大学 C^+	955	18	重庆大学 B^+	544	27

续表

单位	总被引(篇)	排序	单位	总被引(篇)	排序	单位	总被引(篇)	排序
天津大学	520	28	华东师范大学	351	37	江西财经大学B	232	45
复旦大学B^+	517	29	华中师范大学C^+	347	38	辽宁大学B^+	232	45
南开大学B^+	505	30	中国青年政治学院	334	39	湘潭大学B^+	229	48
华南理工大学B^-	439	31	西南财经大学B	301	40	郑州大学B	228	49
湖南大学B	400	32	安徽财经大学C^-	289	41	上海政法学院B^-	226	50
中央民族大学B^-	370	33	海南大学B	278	42	广州大学C^+	221	51
中山大学B^+	367	34	北京科技大学	262	43	暨南大学B^-	215	52
华中科技大学B^-	362	35	首都经济贸易大学	259	44	浙江财经大学C^-	201	53
中国海洋大学B	354	36	北京外国语大学C^+	232	45			

由表1、表4与表5可知,当下所产生的法学学术生产力格局与20世纪八九十年代"五院四系"格局存在一定程度的差异,主要体现在一些以理工科见长的"985"院校后来居上,以及一些西部法学专业院校稍有落后。造成此现象的主要原因是随着"五院"从司法部划归到地方或者教育部,一些西部法学院校失去了重要的政策与财力支持,划归地方后由于西部当地的经济相对落后,对以人文社科见长的法学院校的财政支持不足,严重制约了当地法学院校的发展,长此以往,当地的法学优势人才逐渐流失,故此有当下的差异格局。

2. CLSCI 期刊地区格局

表 6 列举了各地区法学核心期刊发表量分布情况，以及排序前五且发文量大于 2 的高校（含并列位），从表 6 可知，法学核心期刊的高校发表量在地区间极不平衡，其差异之大远胜国家社科基金的地域失衡度。经济、科技、文化教育比较发达的地区往往也是获得项目比较多的地区，如华北地区的发表量超过了华中地区、华南地区、西南地区、西北地区、东北地区五区之和，是西北地区的近 20 倍，华北地区与华东地区的发表量之和占比高达 68.43%，拥有法学核心期刊的绝大部分发表资源。

表 6　2016 ~ 2019 年法学 CLSCI 期刊发表量地区分布

地区	前五高校	数量（篇）	该地区总计（篇）	该地区占比（%）
华北地区	中国政法大学	452	2140	36.69
	中国人民大学	405		
	清华大学	341		
	北京大学	325		
	中央财经大学	101		
华东地区	华东政法大学	359	1851	31.74
	南京大学	135		
	山东大学	134		
	上海交通大学	120		
	东南大学	108		
华中地区	中南财经政法大学	251	726	12.45
	武汉大学	180		
	中南大学	71		
	湖南大学	29		
	湘潭大学	29		
西南地区	西南政法大学	304	497	8.52
	四川大学	57		
	重庆大学	56		

续表

地区	前五高校	数量(篇)	该地区总计(篇)	该地区占比(%)
西南地区	西南财经大学	27	497	8.52
	云南大学	17		
华南地区	广东外语外贸大学	59	295	5.06
	广州大学	47		
	中山大学	45		
	华南理工大学	38		
	海南大学	20		
东北地区	吉林大学	141	210	3.60
	大连海事大学	17		
	辽宁大学	16		
	黑龙江大学	12		
	东北财经大学	5		
	沈阳师范大学	5		
西北地区	西北政法大学	71	113	1.94
	西安交通大学	13		
	甘肃政法大学	11		
	兰州大学	3		
	西北工业大学	3		

3. CLSCI期刊省域格局

为了进一步考察法学学术生产力在省域间的分布格局,本文列举出了各省市法学核心期刊发表量分布情况,以及各省、自治区、直辖市发表量排名前3且数量大于2的高校(含并列位),如表7所示。从该表可以看出,各地区之间的发文总量极不平衡。北京2012篇,上海、湖北与江苏均超过490篇,这4个省、直辖市是我国法学学科研究的"重镇",对本学科的发展具有举足轻重的作用。位于第二梯队的重庆、广东等8省、直辖市发文量均超过100篇，是我国法学学术生产的“主产区”。位于第三梯队的四川、陕西等6省发文量均超过40篇，是我国法学学术生产的“一般产区”。位于第四梯队的海南、云南等9省、自治区发文量均在30篇以下，是我国法学学术生产的“低产困难区”，内蒙古、宁夏等4个自治区无高校发表记录，是我国法学学术生产的“真空区”，这些地区的经济、文化、教育资源薄弱、人才匮乏等因素是造成此情况的可能原因。

表7　2016～2019年法学CLSCI期刊发表量省域分布

省、自治区、直辖市	前三高校	数量（篇）	该地区总计（篇）	该地区占比（%）	排序
北京	中国政法大学	452	2012	34.50	1
	中国人民大学	405			
	清华大学	341			
上海	华东政法大学	359	745	12.77	2
	上海交通大学	120			
	上海财经大学	58			
湖北	中南财经政法大学	251	505	8.66	3
	武汉大学	180			
	华中科技大学	26			
江苏	南京大学	135	498	8.54	4
	东南大学	108			
	南京师范大学	106			
重庆	西南政法大学	304	372	6.38	5
	重庆大学	56			
	西南大学	6			
广东	广东外语外贸大学	59	267	4.58	6
	广州大学	47			
	中山大学	45			

续表

省、自治区、直辖市	前三高校	数量(篇)	该地区总计(篇)	该地区占比(%)	排序
山东	山东大学	134	202	3.46	7
	中国海洋大学	25			
	烟台大学	16			
浙江	浙江大学	107	188	3.22	8
	浙江财经大学	18			
	浙江工商大学	14			
湖南	中南大学	71	162	2.78	9
	湖南大学	29			
	湘潭大学	29			
吉林	吉林大学	141	144	2.47	10
福建	厦门大学	90	132	2.26	11
	华侨大学	17			
	福州大学	13			
天津	南开大学	47	103	1.77	12
	天津大学	34			
	天津财经大学	14			
四川	四川大学	57	97	1.66	13
	西南财经大学	27			
	成都理工大学	3			
	西南交通大学	3			
陕西	西北政法大学	71	95	1.63	14
	西安交通大学	13			
	西北工业大学	3			

续表

省、自治区、直辖市	前三高校	数量（篇）	该地区总计（篇）	该地区占比（%）	排序
河南	郑州大学	19	59	1.01	15
	河南财经政法大学	16			
	河南大学	10			
辽宁	大连海事大学	17	53	0.91	16
	辽宁大学	16			
	东北财经大学	5			
	沈阳师范大学	5			
安徽	安徽大学	20	44	0.75	17
	安徽财经大学	19			
	安徽师范大学	2			
江西	江西财经大学	25	42	0.72	18
	南昌大学	14			
海南	海南大学	20	22	0.38	19
	海南师范大学	2			
云南	云南大学	17	21	0.36	20
	昆明理工大学	3			
河北	河北大学	11	19	0.33	21
	河北经贸大学	4			
	中央司法警官学院	3			
甘肃	甘肃政法大学	11	16	0.27	22
	兰州大学	3			
黑龙江	黑龙江大学	12	13	0.22	23
贵州	贵州大学	3	7	0.12	24
	贵州财经大学	2			
	贵州民族大学	2			

续表

省、自治区、直辖市	前三高校	数量(篇)	该地区总计(篇)	该地区占比(%)	排序
广西	广西民族大学	2	6	0.10	25
	桂林电子科技大学	2			
山西	山西大学	3	6	0.10	25
	山西财经大学	2			
新疆	新疆大学	2	2	0.03	27

注:内蒙古、宁夏、青海、西藏无高校发表记录。

4. CLSCI 期刊作者格局

在科学研究中,人们始终关心本学科的研究人员和研究机构的情况,尤其是那些知名学者和知名研究机构,更成为人们关注的焦点。⑮ 2016~2019 年共有 2619 位作者在法学核心期刊上发表过文章,这些学者大多数在法学学科中享有盛名,其中既有学术前辈与资深学者,也有优秀中青年学者。这些学者在承担繁重教学任务的同时,为法学学科的发展作出了重要的贡献。此 4 年间在法学核心期刊上发文量不多于 2 篇的作者有 1951 位,占作者总量的 75%,这些作者发表的文章数量占总数的 43%,由此可知法学核心期刊中绝大部分都是"低产作者",这也间接表明能在法学核心期刊上发表文章实属不易。为了进一步了解我国法学研究作者间的合作情况,本文构建了作者合作社会网络,计算得出此合作网络的密度非常之低,仅为 0.0004,说明我国法学研究的作者间几乎没有合作,基本为独作。

5. CLSCI 期刊主题分布

在对法学核心期刊的发表情况进行描述分析后,为了进一步了解法学核心期刊的主题分布,本文利用 CiteSpace 软件对所有论文的关键词

⑮ 参见段京肃、白云:《新闻学与传播学学者、学术机构和地区学术影响研究报告(2000~2004)——基于 CSSCI 的分析》,载《现代传播(中国传媒大学学报)》2006 年第 6 期。

进行了分析,得到如图 2 所示的法学核心期刊主题图谱。从图 2 可知,2016～2019 年法学核心期刊的研究热点可分为以下六个主题:第一大主题,依法治理的研究,高频关键词有“法治”“依法治国”“人类命运共同体”等;第二大主题,民法的研究,高频关键词有“民法总则”“民法典”“民法典编纂”等;第三大主题,行政法的研究,高频关键词有“比例原则”“行政诉讼”“行政行为”等;第四大主题,技术驱动下的法律研究,高频关键词有“人工智能”“算法”“大数据”等;第五大主题,司法解释与司法改革,高频关键词有“司法改革”“以审判为中心”“认罪认罚从宽”“庭审实质化”等。图 2 的高频关键词共现网络整体密度为 0.0325,整体结构比较松散、密度不高,说明研究主题不够聚焦,未来应要求相关研究者做好科研合作,同时还需要在研究主题上保持足够的专注度,选择合适主题展开精准研究、深入研究,避免浅尝辄止。此外,从表 8 展示的我国法学 CLSCI 期刊关键词可以看出,“国家治理”“宪法解释”“人类命运共同体”“人工智能”等关键词的突现值特别高,可能会成为近几年的研究热点。

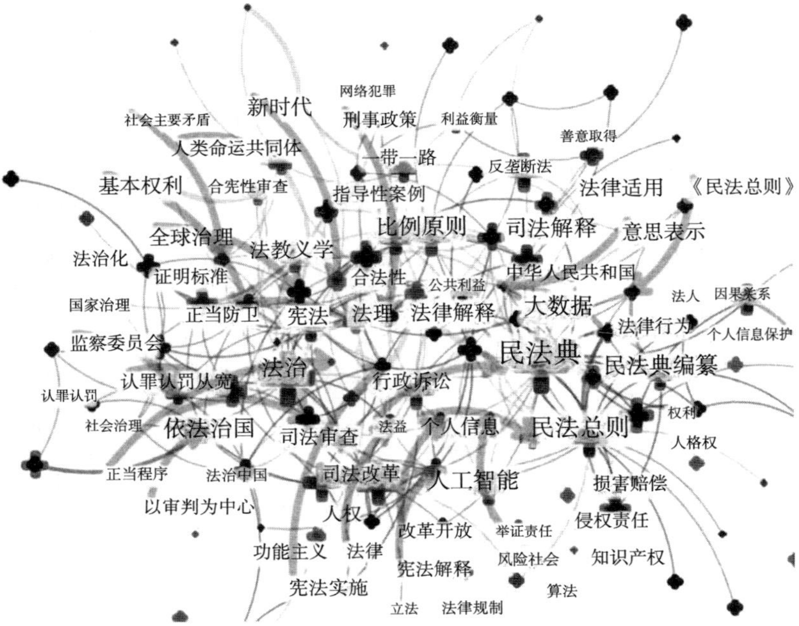

图 2　法学 CLSCI 期刊主题图谱

表 8　法学 CLSCI 期刊关键词

关键词	年份	强度	开始年份	结束年份
法治化	2016	3.8734	2016	2017
国家治理	2016	3.6677	2016	2017
以审判为中心	2016	4.6983	2016	2017
宪法解释	2016	3.8734	2016	2017
规制	2016	3.2569	2016	2017
基本权利	2016	3.3606	2017	2018
意思表示	2016	2.3456	2017	2018
利益衡量	2016	2.5143	2017	2018
善意取得	2016	2.8523	2017	2018
土地经营权	2016	3.5432	2018	2020
个人信息	2016	6.197	2018	2020
正当防卫	2016	5.0551	2018	2020
三权分置	2016	3.5432	2018	2020
人类命运共同体	2016	4.1087	2018	2020
法理	2016	4.2976	2018	2020
功能主义	2016	2.7917	2018	2020
合宪性审查	2016	5.2449	2018	2020
新时代	2016	3.1671	2018	2020
人工智能	2016	14.7847	2018	2020
法益	2016	2.7917	2018	2020

三、法学学术生产力格局内因辨析

（一）地域差异检验

通过第二部分的统计分析发现，2016～2019 年我国法学学术生产力在地域间存在一定程度的差异，但这些差异是否有统计学意义，针对该问题本文对此 4 年间法学国家社科立项数、CLSCI 期刊发表量与地域的相关性进行了检验，检验结果如表 9 所示。

表 9　2016～2019 年法学学术生产力与地域、人均 GDP 相关系数

变量	统计指标	立项数	发表量
地区	斯皮尔曼相关系数	－3.200	－0.409*
	显著性（双尾）	0.079	0.022
省、自治区、直辖市	斯皮尔曼相关系数	－0.925**	－0.999**
	显著性（双尾）	0.000	0.000
人均 GDP	皮尔逊相关性	0.687**	0.917**
	显著性（双尾）	0.000	0.000

注：* 表示统计结果一般显著，** 表示统计结果较为显著。

从表 9 可知，地区差异对立项数的影响不显著，即法学国家社科立项数在地区间无明显差异，这可能和国家社科基金管理方在法学立项时兼顾地区平衡有关；地区差异对 CLSCI 期刊发表量的影响显著，即法学 CLSCI 期刊发表量在地区间有明显差异，这说明，相较于国家社科基金立项情况，法学 CLSCI 期刊发表量由于没有太多行政因素干预，其更能反映我国法学学术生产力的自然状况；省、自治区、直辖市差异对立项数与发表量的影响均显著，即法学国家社科立项数与 CLSCI 期刊发表量在省、自治区、直辖市间均有明显差异，这说明法学国家社科基金立项更多的是在兼顾地区层面的因素，而对省、自治区、直辖市层面的因素兼顾较少。从检验结果还可以看出，我国法学 CLSCI 期刊发表量在省、自治区、直辖市层面的差异程度大于地区层面。

通过上述分析已发现 2016～2019 年我国法学学术生产力在地域间存在明显差异,但究竟是什么因素导致了学术生产力地域间差异的产生,还需要进一步探索。由于经济发达程度是衡量一个地区生产力的重要指标,其在我国也存在较大的地域差异,故本文对各省、自治区、直辖市 2019 年的人均 GDP 与法学国家社科立项数、CLSCI 期刊发表量的相关性进行了检验,由于人均 GDP、立项数与发表量均为定距变量,所以这里采用皮尔逊(Pearson)相关系数进行检验,检验结果如表 9 尾行所示。从检验结果可知,人均 GDP 差异对立项数与发表量的影响均显著,但人均 GDP 与 CLSCI 期刊发表量之间的相关性更强,这说明各省、自治区、直辖市经济发达程度是影响法学学术生产力的重要因素,并且相较于国家社科基金立项数,经济发达程度对 CLSCI 期刊发表量的影响更大一些,和上述地区差异检验结果基本一致,这也再次说明相较于国家社科基金立项数,CLSCI 期刊发表量更能反映我国法学学术生产力的自然状况。

由于各地域经济、政治、文化等方面的差异,法学学术生产力地域差异的现象是不可避免的,其符合自然规律,但过大的、不合常理的地域差异不仅不利于法学学术资源的流动,还有可能造成法学学术资源的绝对垄断现象,非常不利于法学学科的良性发展。为了考察 2016～2019 年我国法学学术生产力地域差异程度,本文列举了这 4 年法学学术生产力地域差异系数,如表 10 所示。

表 10　2016～2019 年法学学术生产力地域差异系数

级别	类别	S	CV	Hn
省、自治区、直辖市	国家社科	1.421	1.028	0.065
	期刊	2.700	2.036	0.161
地区	国家社科	1.859	0.699	0.203
	期刊	1.156	0.988	0.262

从表 10 可知,首先,法学国家社科基金立项数在省、自治区、直辖市

与地区上的首位度(S)均小于2,地域结构分布较为合理;CLSCI期刊发表量在省、自治区、直辖市与地区上的首位度分别为2.7与1.2,说明我国法学CLSCI期刊发表量在省、自治区、直辖市层面上的结构分布不太合理,存在结构失衡现象,应该引起重视。其次,无论是在省、自治区、直辖市层面还是地区层面,CLSCI期刊发表量的变异系数(CV)与赫芬达尔系数(Hn)均大于法学国家社科基金立项数,说明CLSCI期刊发表量的地域差异大于国家社科基金,至此本文已从三角互证的角度阐释了CLSCI期刊发表量更能反映我国法学学术生产力的自然状况这一观点。最后,从表中可知无论是在国家社科基金立项数还是CLSCI期刊发表量方面,省、自治区、直辖市层面的变异系数均大于地区层面,说明我国法学学术生产力在省、自治区、直辖市层面的差异程度大于地区层面。

(二)地域差异变迁

由于前面已基本论证CLSCI期刊发表量更能反映我国法学学术生产力地域差异的自然状况,故此本文对2016~2019年法学CLSCI期刊发表量在高校、省、自治区、直辖市与地区两个层面的首位度(S)、变异系数(CV)与赫芬达尔系数(Hn)进行统计分析,相关系数如表11所示。

表11　2016~2019年法学学术生产力地域差异系数年度分布情况

	高校			省、自治区、直辖市			地区		
年份	CV	Hn	S	CV	Hn	S	CV	Hn	S
2016	2.0253	0.0325	1.0430	1.8185	0.1657	2.5132	0.9568	0.2736	1.0578
2017	1.8754	0.0325	1.0105	1.6772	0.1525	2.2789	0.9183	0.2633	1.0065
2018	1.8779	0.0338	1.0900	1.7640	0.1581	2.7108	0.8964	0.2577	1.1772
2019	2.1724	0.0342	1.4380	1.8997	0.1707	3.2563	0.9069	0.2604	1.3636

从表11可知,在高校层面我国法学学术生产力的首位度、变异系数与赫芬达尔系数的变化趋势在此4年间呈现非常一致的V字形,2017年均为三个系数的极小年,2019年也均为三个系数的极大年,说明在此4年间我国法学学术生产力在高校间的差距在2017年达到最小状态,2019年达到最大状态,并且近3年其差距水平一直在增大,后续继续增大的可能性较大,但此4年间三个系数极大值与极小值的差异并不算太

大,说明其差距水平在缓慢增长。总体来看,2016~2019年我国法学学术生产力在高校层面的格局变化不大,由此推断相较于第四轮学科评估,第五轮学科评估的整体布局不会有太大变化。与高校层面的变化趋势类似,我国法学学术生产力在省、自治区、直辖市层面的首位度、变异系数与赫芬达尔系数的变化趋势在此4年间也呈现非常一致的V字形,2017年均为三个系数的极小年,2019年均为三个系数的极大年,说明在此4年间我国法学学术生产力在省、自治区、直辖市间的差距在2017年达到最小状态,2019年达到最大状态,并且近4年其差距水平一直在增大,后续继续增大的可能性较大,但此4年间省、自治区、直辖市层面的三个系数极大值与极小值的差异也并不明显,说明其差距水平是在缓慢增长。总体来看,2016~2019年我国法学学术生产力在省、自治区、直辖市层面的格局变化不大,但由于首位度系数在此4年间一直大于2,并且2019年此系数已超过3,说明我国法学学术生产力在省、自治区、直辖市层面的布局结构分布在此期间一直处于不太合理状态,结构失衡严重,北京市的首位效应太过于强大;我国法学学术生产力在地区层面差异的变化趋势虽不如前两者那么规律,但基本也能看出其在此4年间有下降的趋势,2016年差异程度最大,2018年差异程度最小,但总体来看2016~2019年我国法学学术生产力在地区层面的格局变化不大,在缓慢下降中保持平稳。

(三)应对策略

通过上述分析发现,我国法学学术生产力在省、自治区、直辖市间存在巨大差异,结构分布不合理,存在结构失衡现象,长此以往不仅不利于法学学术资源的流动,还有可能形成法学学术资源的垄断,非常不利于法学学科的良性发展。要解决该问题首先要明晰产生省、自治区、直辖市层面差异的主要原因,通过上述统计分析已经发现各省、自治区、直辖市的经济发达程度是影响其法学学术生产力的重要原因,其实除了经济因素外,师资差异也是非常重要的原因。如果把我国高校法学学科按照财力因素强弱以及人力因素强弱来划分,可以分为“双强型”、“强弱结合型”以及“双弱型”三种。“双强型”高校是指无论就财力还是人力因素，其优势都非常明显，既拥有雄厚的财政支持，也拥有一支在层次结构、职称结构、年龄结构、学缘结构等方面搭配合理的法学师资，该类型的典型代表有中国人民大学、中国政法大学等。“强弱结合型”高校是指拥有强大的财政支持，但法学师资优势并不是特别明显，该类型的高校主要位于北京、上海等经济发达地区的以理工科著名的高校，如清华大学、上海交通大学等；或者是指拥有优势明显的法学师资队伍，但相应的财政支持远远不够，该类型的高校主要是位于西部地区的老牌法学院校，如西北政法大学、西南政法大学等，此类高校由于当地政府无法给予较为充足的财政支持，严重制约了其法学学科的发展，如不能尽快扭转财力方面的短板，很可能进一步威胁人力优势，最终导致法学优势师资的流失，传统优势学科地位受到冲击，最终可能沦落为“双弱型”高校。“双弱型”高校是指既没有较为充足的财政支持，又没有优势较为明显的法学师资，此类高校多位于西部经济欠发达地区，其学科定位模糊，学科人才梯队失衡。

在以上三类高校中，“双强型”高校处于绝对领跑地位，引领着中国法学学科的发展。“强弱结合型”中的财力充足高校，由于其基础设施完善、科研经费充足、师资待遇优厚，对法学人才有较大吸引力，经过长久自然发展其法学学科实力会逐渐强大，而该类型中的财力欠充裕高校，长此以往其法学学科实力会逐渐由盛而衰。“双弱型”高校由于面临财力与人力的双重困境，在短时期内很难有突破性发展。基于以上分析要尽快改变我国当前法学学术生产力在地区间结构失衡的现象，就应该实施“强弱结对，定向扶持，优势互补，“双赢”发展，财力分配，效率优先”的策略。具体来说就是让“双强型”高校发挥其引领作用，对“双弱型”高校进行定向师资队伍扶持，帮助其逐步建立起一支具有一定优势的法学师资队伍，待其取得一定成效后可逐步适度加大相应的财政支持，以此保证财政投入效率的最大化。对于“强弱结合型”中两种不同情况的高校可以结成联盟，进行深度交流与合作，发挥各自人力或财力方面的优势，最后实现“双赢”发展，当然对于该类型中的财力欠充裕高校还是应该尽可能从各方面寻得更大的财政支持，如校企合作模式也可以尝试,其实对于这类高校财政投入产出的效率最高,适当加大对此类高校的财政支持,对尽快扭转我国法学学术生产力在地区间结构严重失衡的现象有重大作用。

四、结论

本文以我国普通高校在2016~2019年4年间承担法学国家科学基金项目和发表的核心期刊论文为视角,对我国法学学术生产力格局进行了全面分析,主要得出了以下结论。

(一)区域间法学生产力水平呈现极不均衡的态势,省域空间变化呈现自西向东、自南向北的趋势

我国法学科国家社科基金立项在高校间的分布明显呈现上尖下宽的金字塔状,且承担项目数量主要集中于塔尖,即5%的高校所获的项目数超过整个基金项目数的30%。本学科核心期刊的发文量在高校间的分布也极不均衡,其金字塔分布比国家社科基金更为严重,表现为约2%的高校所发表的核心期刊数量占比约33%,约6%的高校发表的核心期刊数量占比约60%。在承担国家社科基金项目方面,华东地区远超其他6个地区,华北地区、华中地区实力相当;西南地区、华南地区实力稍弱,位列第三梯队;西北地区情况最不乐观,和实力最强的华东地区差距甚大,立项数近乎20倍的差距,且华北地区与华东地区的发表量之和占比高达68.43%,占据了法学国家社科资源的半壁江山。北京的立项数处于绝对优势,超过吉林、甘肃、新疆等15个省、自治区、直辖市之总和。法学核心期刊的高校发表量在地区间的分布也极不平衡,其差异之大远胜国家社科基金的地域失衡度,华北地区的发表量超过了华中地区、华南地区、西南地区、西北地区、东北地区五区之和,是西北地区的近20倍,华北地区与华东地区的发表量之和占比高达68.43%,拥有法学核心期刊的绝大部分发表资源。北京、上海、湖北、江苏4个省、自治区、直辖市是我国法学学科研究的重镇,对本学科的发展具有举足轻重的作用。

(二)本学科开始偏向应用型研究,期刊作者分布呈现出明显的长尾效应

从国家社科基金立项标题的关键词来看,“中国”“问题”“改革”“应对”“对策”“路径”等词出现的频次明显偏高,说明目前我国法学的研究重心偏向应用型研究项目,着眼于解决现实问题,研究领域也聚焦于法研究的本土化,知识产权、实证研究成为近4年的研究热点与范式。近4年CLSCI期刊的研究主题只要聚焦于依法治理、民法的研究、行政法的研究、技术驱动下的法律研究、司法解释与司法改革等方面,国家治理、宪法解释、人类命运共同体、人工智能等可能会成为近几年的研究热点。此外,这4年间本学科核心期刊发文量不多于2篇的作者有1951位,占作者总量的75%,这些作者发表的文章数量占总数的43%,由此说明四大A刊中绝大部分是低产作者,期刊作者分布呈现出明显的长尾效应,这也间接表明能在法学核心期刊上发表文章实属不易。

(三)法学生产力在省、自治区、直辖市层面的布局结构失衡严重,CLSCI期刊发表量更能反映其自然状况

通过统计检验发现,法学国家社科立项数在地区间无统计学意义的差异,但法学国家社科立项数与CLSCI期刊发表量在省、自治区、直辖市间均有统计学意义的差异,说明相较于国家社科基金立项数,CLSCI期刊发表量更能反映我国法学学术生产力的自然状况;人均GDP差异对立项数与发表量的影响均显著,这说明各省、自治区、直辖市经济发达程度是影响法学学术生产力的重要因素;此4年间我国法学生产力差距水平在缓慢增长,但总体格局变化不大,说明第五轮学科评估期间我国法学生产力的整体布局不会有太大变化;我国法学学术生产力在省、自治区、直辖市层面的布局结构分布在此期间一直处于不太合理状态,结构失衡严重,建议实施“强弱结对、定向扶持、优势互补、双赢发展、财力分配、效率优先”的策略。

最后需要说明的是CLSCI经过多年的发展,已经成为在我国法学界有较大影响力和公认度的评价体系,为构建具有中国特色的法学评价体系奠定了基础。但也存在一些局限,如 CLSCI 作为一种评价指标,以文献被引情况为重要的逻辑基础,对于法学这样的人文社会学科,文献被引量不一定反映其重要性或价值性,而且批评性的引文在人文社会学科方面要高于理科;由于法学应用类研究成果论文的平均引文量与被引用率均比基础研究方面的论文低得多,且 CLSCI 中没有涉及应用研究成果的相关指标,这样就会造成应用类研究成果评价指标数据的缺失,由此可能会导致法学基础研究和应用研究比例关系的失衡;此外,过分重视 CLSCI 也可能导致一些法学期刊为迎合 CLSCI 而失去了固有的特色。

Research on the Pattern of Academic Productivity of Law in China from the Perspective of Fifth Round of Subject Evaluation

—An Integrated Investigation Based on the National Social Science Fund and CLSCI Periodicals

Zhan Haibao　Wang Zhuo

Abstract: By analyzing the research projects on law in National Social Science Fund of China and CLSCI journals from 2016 to 2019, this paper comprehensively examines the pattern of the academic productivity of the science of law in China, and clarifies the regional differences and causes of the research power of the science of law in China. Through descriptive statistics and test analysis, it is found that the level of productivity of the research on law between regions presents a very unbalanced situation, and the geographical changes of provinces present a trend from west to east, from south to north. The discipline begins to favor application-oriented research, and the distribution of journal authors presents an obvious long tail effect.

The distribution structure of productivity of the research on law at the provincial and municipal levels is seriously unbalanced. It is suggested to implement the serial measures to make up the imbalance, such as, strong weak pairing, directional support, complementary advantages, win-win development, financial allocation, efficiency first.

Key Words: academic productivity, National Social Science Fund of China, disciplinary evaluation, CLSCI

高等政法院校法学一流学科建设论

董 玮* 孙 鹏**

摘 要:高等政法院校法学一流学科的建设要回归到新时代高素质人才培养这一根本任务上来。中华人民共和国成立以来,“五院四系”服务法学教育经住了历史的考验,在新时期应作为法学一流学科建设单位,继续发挥行业的标杆和引领作用。法学一流学科的建设需要构建具有中国特色的法学学科体系,以研究和解决国家及社会需要的重大问题为导向。目前,无论是国际环境变化还是国内战略发展,都对法学建设提出了新的要求。“五院四系”在立足深厚法学教育基础,发展各自优势特色学科的同时,要紧跟时代潮流,积极推动法学与其他学科的交叉融合,开创新兴学科以回应社会治理的需求。

关键词:法学一流学科建设 “五院四系” 人才培养 社会治理

自2015年国务院印发《统筹推进世界一流大学和一流学科建设总体方案》后,我国就开始朝着建设世界一流大学和一流学科的目标前进。在全面依法

---

* 董玮,西安交通大学法学院博士研究生、西北政法大学军民融合发展研究院高级经济师,研究方向:教育经济与管理。

** 孙鹏,西北政法大学法学硕士研究生,研究方向:法学教育。

治国的大背景下,法学教育作为支撑国家法治事业建设的核心动能来源,自然应成为一流学科建设的重点。法学的学科建设和发展,不仅事关国家法治建设、社会治理,更承载着服务国家全球化交流与竞争乃至民族复兴的历史重任。因此,着重推出几所法学实力雄厚、传承久远,同时又能满足国家区域协同发展要求、符合国家战略需要的院校,使其承担法学一流学科建设的任务,是时代应有之义。

一、回归法学一流学科建设的根本任务:培养德法兼修的高素质法学人才

大学首先要具备一流的人才培养能力、一流的本科教学能力,然后才是具备一流的科学研究能力。如果大学无法培养一流的人才,就不能说是一流的大学。[①] 在新时期,法治已成为社会共识的情况下,法学教育必须将培养德法兼修的高素质法治人才作为自身的根本使命,而法治人才的培养则必须以法治建设的需求为引领。[②] 因此,一流学科建设作为"双一流"战略的重要一环,其根本目的就应当在于提升我国的教育水平,使高校有能力和条件扩大人才输出,为社会发展增力。[③] 法学一流学科的建设同样要回归到综合高素质人才培养这一出发点和落脚点上。反过来说,具有综合高素质人才培养的能力则成为评价一流高校、一流学科的主要标准和核心内容。

(一)中华人民共和国70年法学建设与人才培养的历史回顾

十年树木,百年树人。人才培养循序渐进,久久建功,法学建设也是一个长期渐进的过程。历史告诉我们,能够经得住风雨骤变与洗礼的院校,才拥有更深厚的底蕴和传承的能力。回顾中华人民共和国成立以来

① 参见徐显明等:《改革开放四十年的中国法学教育》,载《中国法律评论》2018年第3期。

② 参见郜占川:《新时代卓越法治人才培养之道与术》,载《政法论坛》2019年第2期。

③ 参见张海珠:《基于"双一流"战略的高校法学实践教学体系构建探究》,载《陕西教育(高教版)》2018年第7期。

的法学教育史,被学界统称为"五院四系"的九所高校,在人才培养和文化传承方面的确独具特色。1950年,中国人民大学法律系成立,中华人民共和国就此拥有了第一所正规的高等法学教育机构。人大法律系一经成立就聘请了众多苏联专家,并且举办了由苏联专家直接讲课的法律研究生班。研究生班不仅接收来自全国各地的教师到人大进修,同时还翻译了一大批苏联的法学教材,为中国的法学教育奠定了基础。④ 作为被重点扶持的当时全国仅有的几所法律院系之一,中国人民大学法律系承担了为新生的中华人民共和国培养和输送高层次政法人才的神圣使命,被誉为中华人民共和国法学教育的"工作母机",在20世纪50年代初中国新式法学教育体系的荒芜中,开垦出了一片肥沃的土地。⑤ 自此,在充分完成法律以及思想政治上的准备之后,50年代初的几年间里,针对法学教育革命,全国高等政法院校进行了大规模的院系合并与调整。例如,1952年,北京政法学院和华东政法学院相继诞生,此时设有法律系的综合性大学就有11所。在1953年的调整之后,设有法律系的综合性大学仅剩下了4所,分别是中国人民大学、武汉大学、东北人民大学(吉林大学前身)以及西北大学,不过当年还同时新组建了西南政法学院以及中南政法学院。⑥ 紧接着在1954年,北大法律系重新恢复。随后,1958年,西北大学法律系调入起源自1937年党在延安创办的第一所干部高等学校陕北公学的中央政法干部学校西北分校,成立西安政法学院,传统的"五院四系"格局就此奠定。中华人民共和国的法治事业建设由此获得了源源不断的支持。

尽管在20世纪70年代,法学教育经历了风雨飘摇的一段岁月,一度格局明朗的"五院四系"院校纷纷停办或者被撤销建制,只有北京大学法律系、吉林大学法律系以及湖北财经学院法律系得以保留建制。这三所院校也仅是自1973年起招收了部分"工农兵学员";在党的十一届

---

④ 参见曾宪义:《法学教育六十年》,载《法学家》2009年第5期。

⑤ 参见丁广宇:《始终奋进在时代前列——中国人民大学法学院光影七十年》,载《中国法律评论》2020年第2期。

⑥ 参见李龙、刘青:《改革开放四十年中国法学教育的回顾与展望》,载《武汉科技大学学报(社会科学版)》2018年第6期。

三中全会召开之后,法学教育又迅速迎来了春天。1978 年中共中央批转了《第八次全国人民司法工作会议纪要》,该纪要中明确指示:要恢复法律系,培养司法人才。[⑦] 随着高考制度的恢复,法学教育得以恢复。1978 年前后,传统"五院"相继恢复了招生,与同时期的"四系"争相发展,再度形成了法学教育"五院四系"的主导局面。[⑧] 因此,在法学教育近乎"一穷二白"的时期里,"五院四系"为新时期改革开放培养了大批法律人才,在此后的数十年间,撑起了中国法治事业发展的半壁江山。

改革开放后一直到 20 世纪 90 年代,我国法学教育得到了较快的恢复和发展。尤其是 1992 年邓小平同志南方谈话以后,法学教育更是进入快速成长阶段,全国各地各类法学院校的数量如雨后春笋般增长,设有法学专业的院校激增至 600 余所。这一时期,法学教育规模的发展主要体现在两个方面:一是设置有本科法学教育的学校的数量大幅上升;二是研究生法学教育的种类和规模也得到了增多、扩大。例如,在 20 世纪 90 年代末到 2000 年年初的一段时间里,在全国范围看,具有法学硕士学位授予权资质的高等院校不过 50 余家,拥有法学博士学位授权资质的则仅有 18 家。此时,全国大约有 7000 多人获得了法学硕士学位,获得法学博士学位的则仅有 400 余人。但是这一数据在之后的短短几年里得到了快速增长,单从法学硕士和法学博士的招生规模来看,2008 年就比 2005 年近乎增加了一倍。[⑨] 然而,盲目的扩张也带来了人才培养"粗制滥造"的质疑,由于法学教育规模过于无序增长,诸多问题随之产生。例如,韩大元教授曾指出,一方面,法学已经从当初的热门显学变得冷门降温,高校几乎都开始难以获得最优质的生源;另一方面,法学专业的毕业生开始供大于求,但真正能为国家法治建设和社会问题处理所需的高端法律人才却极难寻求。[⑩] 徐显明教授更是直接指明,法学教育无

---

⑦ 参见曾宪义:《法学教育六十年》,载《法学家》2009 年第 5 期。

⑧ 参见易继明:《中国法学教育的三次转型》,载《环球法律评论》2011 年第 3 期。

⑨ 参见曾宪义、张文显:《中国法学专业教育教学改革与发展战略研究》,高等教育出版社 2002 年版,第 3 页。

⑩ 参见韩大元:《培养具有国际性和人文情怀的法学人才》,载黄达人等:《大学的根本》,商务印书馆 2015 年版,第 214 页。

序扩张的“全民办法学”阶段,是中国法学教育比较混乱的一个时期。[11] 在此种背景下,2010 年中国政法大学校长黄进发起 8 家政法类大学共订“立格联盟”,交流探讨法学人才培养模式,力求增强办学实力和水平,为区域经济、社会发展做出更大的贡献。次年,教育部、中央政法委员会联合下发了《关于实施卓越法律人才教育培养计划的若干意见》(教高〔2011〕10 号),“五院四系”同时作为首批入选的卓越涉外法律人才教育培养基地,开始面向世界多极化的趋势、经济全球化的深入发展以及国家继续扩大对外开放的需要,力争培养一批能够维护国家利益,具备国际化视野,同时又深入了解国际规则的涉外法律人才。由此可见,“五院四系”的法学教育不但历经了历史的检验,也经受住了时代的考验。

(二)学科优势特色的沉淀与精英人才的培养

法学教育的基础是法学专业教育,但同时其还表现出以法律职业作为取向的教育形态。法学教育的教育性和法律性,决定了法学教育的方向、目标和使命。现代法学教育集培养法律人才、开展法学研究和向社会提供法律服务于一体。一国法律教育之得失,事关国家法治建设之前途。因此可以说,一国法学教育程度的高低本身就可以作为衡量其社会治理能力、治理水平乃至文明程度的重要标志。[12] 过去二三十年的法学教育发展可谓是“跳跃式”的发展,但法学教育规模的扩大与确保法学教育质量之间的矛盾却不断加剧,激增的法学专业学生数量没有产生更多的卓越法治人才,人才的培养反而开始呈现质量下降的趋势。[13] 纵使短时间内的法学专业扩张可以为全民普法以及全面依法治国奠定良好的环境基础,但在全球化竞争不断升级的当下,如何在大众教育与精英教育之间进行取舍,是需要审慎思考的。

---

⑪ 参见徐显明等:《改革开放四十年的中国法学教育》,载《中国法律评论》2018 年第 3 期。

⑫ 参见吴汉东:《法学教育发展的历史轨迹与中国道路》,载《中国大学教学》2016 年第 1 期。

⑬ 参见韩大元:《全球化背景下中国法学教育面临的挑战》,载《法学杂志》2011 年第 3 期。

法学教育到底是精英教育还是大众教育,这与社会需求密切相关。二者的平衡与取舍取决于社会需要什么样的法律人才或者法治人才。从当下中国法学教育的发展状况来看,宽泛意义上的法治人才已不再缺乏,真正缺少的,是能够支撑法治国家建设、应对社会重大领域问题的高端或者精英法律人才。从这一情势来看,我们必须着重推出一部分政法院校,使其担负起高端法律人才培养的历史使命。⑭ 换言之,当下国家法治建设与发展所面临的已不再是20世纪70年代法学专业人才短缺的矛盾,而是转向了法治精英人才供给短缺的矛盾。而为化解这一矛盾,法学专业一流学科的建设无疑是一道良方!

一流学科的建设真正考验着各所院校法学学科的实力与发展能力。从当下学科发展建设的角度看,新时期的人才培养要求做到学科交叉、跨界培养,这是社会发展到精细分工阶段的必然要求。而学科建设则必须以学科交叉、协同创新为导向,否则就无法回应复合型人才培养的需求。因此,跨学科以及跨专业领域式的协同创新路径,不仅是学科自身发展建设的方向,也是培养创新人才的重要途径。⑮ 这就表明,有没有学科的长期积淀决定着一个院校的实力,而有没有学科特色优势,则决定了一个院校发展的长远活力。法学学科建设要想引领未来,就必须彰显自己的学科特色。唯有加强创新、打造优势特色学科,才能提出具有原创性的思想理论和概念体系,才能培育出法学专业标志性的学术研究成果,法学教育也才能够得以实现特色化、差异化地发展。⑯ 例如,西北政法大学在重视自身特色学科的建设上,就创建了一系列以稳定国家西北地区安全为目标的新兴法学学科。包括反恐怖主义法学、民族法学和国家安全法学在内,其目前建设的众多新兴交叉法学学科都获得了重大成效。西北政法大学得以凭借这些新兴法学学科的建设,为国家培养具

---

⑭ 参见徐显明等:《改革开放四十年的中国法学教育》,载《中国法律评论》2018年第3期。

⑮ 参见李延保:《“双一流”大学建设中人才培养目标定位的思考》,载《中国高校科技》2017年第Z1期。

⑯ 参见郜占川:《新时代卓越法治人才培养之道与术》,载《政法论坛》2019年第2期。

有特殊领域需求的高端法治人才提供有力支撑。⑰ 又如,2008年,中国政法大学得到了欧盟的资助与支持,联合德国汉堡大学建立了中欧法学院。这一中外合作办学项目为更多法学专业的学生了解和学习欧洲、国际法打开了一扇窗户;西南政法大学也在提升国际化法律人才培养优势。在欧盟"伊拉斯莫"对外合作窗口项目中,西南政法大学是唯一一个获得了中国窗口子项目的政法院校,其得以凭借该项目,资助更多的师生外出访学和研修;⑱华东政法大学则依托其地处金融城市上海的资源优势,积极营造其国际金融法律学院的特色,在金融法等专业领域独占鳌头。由此可见,在法学实力较强的"五院四系"内部,各个院校也都在探索和建设各自的特色学科,在不同领域展现出强劲的发展势头。

"粗放式"发展的高校法学教育以及单向式的法学知识传授,越来越无法满足社会治理的需要和时代发展的要求。而事实上,在法学教育到底应当是大众教育还是精英教育这一问题上,二者的选择并不矛盾。正如黄进教授所述,法律通识(大众)教育和法律精英教育的目标和追求是不同的,前者是想要将全面的法律教育完整地传授给受教育者,后者则是针对具有创新能力的拔尖法律人才,以国际一流的标准进行精英式的培养。⑲ 从过程上来看,精英教育是对大众教育的进一步拓展,大众教育是进行精英教育的基础和前提,二者都是培养法治国家建设所需的各类专业人才的必经过程。⑳ "五院四系"的法学学科优势是在长期知识积累和人才培养的基础上形成的,站在法学高等教育改革的长远角度看,统筹规划,整合资源,促进法学教育健康发展是学科发展的必然要求,㉑而将"五院四系"均纳入一流学科建设当中,则是化解当下法治建设人才供需矛盾的有效举措。

---

⑰ 参见杨宗科:《培养服务国家特殊需求的高层次法治人才》,载《人民法治》2018年第8X期。

⑱ 参见杨力:《国际化法科人才培养格局及协同》,载《法学》2015年第6期。

⑲ 参见黄进:《何以法大》,中国人民大学出版社2016年版,第182页。

⑳ 参见郭玉军:《一位法科名校校长的法学教育思想——评黄进〈何以法大〉一书》,载《法学评论》2017年第1期。

㉑ 参见黄进等:《中国法学教育向何处去》,载《中国法律评论》2014年第3期。

二、突出法学一流学科建设的需求导向：研究解决国家和社会的重大问题

高等院校法学专业学科建设在于培养社会所需求的人才，在于回应国家和社会发展的现实需要。同时，由于法学作为具有社会服务面向的社会科学，其一流学科的建设应以国家法治事业建设的需求为导向。当前，我国发展所面临的问题主要为国际交流与竞争话语权的主导地位把握问题和国内区域经济、文化、社会的协调与发展问题。法学一流学科的建设要切实发挥其服务国家建设、解决社会问题的功能。

（一）中国特色法学学科的体系构建和实践方式

学科体系的完善与发展是一流学科建设与人才培养的连接点。当下中国正在进行有史以来最为广泛和深刻的社会变革，正在推行最为宏大的依法治国的具体实践，也正在面临最严峻的改革挑战。面对世界范围内各种法学思想、文化的交融与交锋，我们必须构建出具有中国特色能够解决中国问题乃至世界性问题、具有国际竞争力的法学学科体系。[22] 中国特色法学学科体系的构建就是要立足于中国特色，解决好中国特色社会主义法治实践面临的新问题。

中国特色法学学科体系的构建必须以一定的理论资源为根基。其中，最能体现“中国特色”的是马克思主义及其中国化的法学思想和法学理论。[23] 这就要求我们要旗帜鲜明地坚持马克思主义的指导地位，特别是要用马克思主义法学思想和中国特色社会主义法治理论全方位贯穿高等法学教育和法学研究的全过程、全领域。在法学学科体系建设上，必须坚定道路自信、理论自信、制度自信、文化自信，要立足于中国大

㉒ 参见张文显：《关于构建中国特色法学体系的几个问题》，载《中国大学教学》2017年第5期。

㉓ 参见付子堂：《构建具有中国特色的法学学科体系》，载《中国高等教育》2017年第10期。

地、中国实践,立足于我们的国情,深入挖掘和传承包括中华法律文化在内的中华优秀传统文化的时代价值,深化法治理论创新成果的学理阐释,提升高等政法院校法学学术的原创能力和水平,推动依法治国学术理论的中国化,体现鲜明的民族性。㉔

马克思主义法律思想是中国特色社会主义法治理论的渊源,中国特色社会主义法治理论的本质特性则是中国性,其产生并服务于中国特色社会主义法治实践。㉕ 作为中国特色社会主义法治理论的有机组成部分,法学学科体系的构建也要以服务中国特色社会主义法治实践为导向。法学学科本身就是实践性很强的学科,一流的法学教育更要坚持理论和实践结合、知识教学和实践教学并重。㉖ 从现实情况看,我国目前的法学教育普遍过于重视理论教学而缺少实践教学。全面推进依法治国,需要更多的实践型法律人才。法学一流学科建设、中国特色法学学科体系构建也应顺势而为,增强实务操作方面的培养和训练。㉗

法学学科体系的实践方式是法学课程体系,㉘自2018年教育部出台《法学类专业教学质量国家标准》及完成法学专业核心课程的调整工作后,法学教学的学科设置得到进一步优化,顺应了法治专门人才培养的时代使命。但要达到一流学科的建设标准,还应进一步打破高校和社会之间的体制壁垒,将实际工作部门的优质实践教学资源引入高校,加强法学教育、法学研究工作者和法治实际工作者之间的交流,尤其是加强法学教育与法院、检察院、司法行政系统等实际工作部门之间的衔接。㉙

㉔ 参见付子堂:《探索政法高校法治人才培养新机制》,载《中国高校社会科学》2017年第4期。

㉕ 参见喻中:《中国特色社会主义法治理论:思想根基、主要特性与学科定位》,载《法学论坛》2020年第1期。

㉖ 参见程铂瀚:《青年法治人才培养要点》,载《人民论坛》2019年第17期。

㉗ 参见付子堂:《完善中国特色社会主义法学体系》,载《学习时报》2017年6月7日,第1版。

㉘ 参见蔡立东:《加快构建中国特色法学学科体系》,载《中国大学教学》2017年第5期。

㉙ 参见付子堂:《探索政法高校法治人才培养新机制》,载《中国高校社会科学》2017年第4期。

(二)"一带一路"背景下法学学科的发展方向

在国际环境日益复杂的情况下,"一带一路"倡议构想无疑为高等教育国际化发展带来了内生动力和外在机遇。在新时代,积极寻求高等教育国际化转型,既成为高等教育谋求新突破与新发展的重要战略举措,同时也是高等教育服务国家发展使命,提高国家全球教育治理体系影响力和话语权的要求和现实需要。[30]

不容忽视的是,尽管我们早已认识到国际型的精英法律人才严重欠缺,并且也一直重视国际型、涉外型法律精英人才的培养,但遗憾的是持续多年的人才紧缺矛盾到目前为止依然未得到根本性的缓解。据悉,现在全国范围内既能熟练运用外语又能掌握相应法律知识,同国际客户洽谈业务、签订合同的仅有3000人左右。而熟知国际法、国际贸易法和WTO规则的律师则更为稀缺。这必然会影响我国继续扩大对外开放战略的实施。为了满足我国当下及未来发展的现实需求,法律人才的培养也必须适时作出回应,有针对性地培养一批熟练掌握国际法规则以及"一带一路"沿线国家法律制度的国际化法律人才。[31] 在当下及今后很长的一段时期里,我国对外开放的程度都会不断增强,将有更多的外国企业进入国内市场,同时也会有更多的中国企业走出国门,涉外纠纷和国际摩擦只会增多不会减少,在这种背景下我国迫切需要的国际型法律人才将更显稀缺。为解决这一矛盾,教育部推出了"卓越法律人才教育培养计划",其法学教育与人才培养方式有别于传统的方法。此举既顺应了我国发展战略的需要,同时又必将进一步地推动新时期法学教育的建设和发展,为探索培养国际型、复合型、应用型法律人才提供有益经验。可以说,"卓越法律人才教育培养计划"为中国法学教育模式的变革带来了深远的影响。[32]

---

[30] 参见陆静如:《新时代我国高等教育国际化转型发展的路径研究》,载《高教学刊》2018年第24期。

[31] 参见洪贺:《"一带一路"背景下涉外法律人才培养问题探究》,载《课程教育研究》2018年第37期。

[32] 参见朱志峰:《由"卓越法律人才教育培养计划"看中国法学教育模式变革》,载《社会科学研究》2013年第6期。

风云变幻,未来不预知,前行的道路上总会伴随新的挑战与风险。进入21世纪以来,由于恐怖主义的兴起,国际社会种种利益差异和文化冲突,以及因贫富差距扩大所造成的各种社会弊端,跨国犯罪在"一带一路"沿线各国频发,在有些国家以及有些领域甚至呈现了高发态势。而"一带一路"倡议所涉及的国家包括三大法系、七大法源,法律文化更是具有复杂化、多样化的特点,国际交流形势更加严峻,这就对法律人才的培养提出了更高的要求、带来了更高的挑战。㉝ 2017年2月,中共中央、国务院印发了《关于加强和改进新形势下高校思想政治工作的意见》,首次在国家层面把"国际交流合作"职能纳入大学的职能当中,使之成为继"人才培养、科学研究、社会服务、文化传承创新"四项职能之外的第五项职能。㉞ 紧接着2018年10月8日,教育部中央政法委颁布的《关于坚持德法兼修实施卓越法治人才教育培养计划2.0的意见》提出了强化法学实践教育,切实提高实践教学质量和效果的要求。这一系列的发展新机遇都将助推高等政法院校国际化办学水平及人才培养质量的提升。高等教育国际化发展要对接"双一流"建设,突出牵引作用,在经济全球化向纵深发展的境遇下,积极扩大与沿线国家在师资培训、人才培养、留学生教育和人文交流等方面的交流合作,抢抓机遇,充分用好国家政策释放的"红利",不断引进国外优质教育资源、加强国际前沿学科建设,积极有效地促进国际化交流与合作。㉟ 在此意义上,"五院四系"作为"卓越法律人才教育培养计划"的成员,均应当被纳入法学专业一流学科的建设当中,促使其各自发挥地缘优势及学科特色优势,积极进行理论创新与人才培养拓展,以此回应国家"一带一路"倡议的需要。

㉝ 参见何佳馨:《"一带一路"倡议与法律全球化之谱系分析及路径选择》,载《法学》2017年第6期。

㉞ 参见赵昊、陈海燕:《国际交流合作在大学的职能定位研究》,载《中国高等教育》2017年第17期。

㉟ 参见周连勇:《"双一流"建设背景下高等教育国际化的发展路径探究》,载《世界教育信息》2018年第20期。

（三）国家区域协同发展中法学人才的培养方式

党的十九大报告指出，中国特色社会主义进入新时代，我国社会主要矛盾已经转化为人民日益增长的美好生活需要和不平衡不充分的发展之间的矛盾。这一矛盾在教育领域同样有所体现，甚至在有些领域十分明显。比如，中西部和东部地区间教育资源的不平衡，就我国法学一级博士点的分布而言，西北地区的法学博士点相对东部地区较为缺乏。法学一流学科高校分布也不均衡，进入“双一流”的法学院校共有6所，其中北京就占据了4所，另外两所位于武汉。[36] 教育资源的匮乏更进一步制约了经济本就薄弱的中西部地区的发展，甚至会造成高校人才流失、教育进一步落后的恶性循环的后果。事实上，不单单是一流学校与学科分布的不平衡，即使是法学教育在20世纪90年代获得了充分的扩张与发展的情况下，依然没能改变东西部法学人才供给失衡的问题。无论是在法律人才的数量上还是质量上，东部沿海地区和中西部地区都存在较大差距。一方面，这使东部地区发达城市法学毕业生就业困难；另一方面，这又导致了中西部地区的基层法院、检察院等部门人才短缺现象严重。[37] 在这种情况下，一流大学与一流学科的建设就更要有战略思维，不能单纯地站在具体大学的角度来考虑，不能仅盯着大学排名或学科评估排名，应当从国家经济社会发展的战略需要来评价和选择。[38]

教育资源倾向于大校名校导致的“马太效应”，对中西部或者说所有部属高校以外的法学教育发展造成了很大的压力和冲击，这不是良性竞争。西部地区的稳定发展关系着国家的稳定、安全，关系着“两个一百年”战略目标能否顺利实现。西部院校对西部地区的法治建设和经济社会发展发挥着不可替代的重要作用。[39] 例如，在长期的办学过程中，西北政法大学通过加强学科建设，组建学科团队，在服务全面依法治国战

---

[36] 参见徐显明等：《改革开放四十年的中国法学教育》，载《中国法律评论》2018年第3期。

[37] 参见徐卫东：《中国高等法学教育三十年发展回顾》，载《当代法学》2008年第1期。

[38] 参见别敦荣：《“双一流”建设应立足国家战略》，载《中国教育报》2017年3月11日，第2版。

[39] 参见黄进等：《中国法学教育向何处去》，载《中国法律评论》2014年第3期。

略重大需求、落实“一带一路”倡议、服务国家安全特殊需求、加快构建中国特色哲学社会科学体系、传承与创新中国优秀传统文化等方面,为西部地区的社会稳定安全、民主法制建设和经济社会发展做出了应有贡献,在服务国家安全、推动法治发展中具有不可替代的重要作用。[40] 当下,“双一流”战略的推进特别是一流学科的建设,必须回应国家整体建设需求的导向,必须回到社会重大问题的解决上来。党的十八大以来,区域协同发展战略不断推进,协同发展不仅仅是区域经济协同发展,也包括教育、医疗、科研等方面的发展。地方院校先天条件不足,后天发展受限,与部属院校整体办学实力差距很大。但国家通过“双一流”建设让入选的标杆高校更加具备示范引领力,特别是京外“双一流”高校可充分带动所在区域地方院校发展。[41] 法学一流学科的建设,将直接引领地方法学的发展,更为重要的是,可以有效弥补欠发达地区法治人才的不足。

事实上,法学高等教育史上所形成的“五院四系”格局,仍然符合当下国家整体的战略布局和发展需求。从“五院四系”的地理分布来看,几乎能够覆盖我国所有战略发展区域。除了目前已有的四所位于北京的法学一流学科院校和两所位于武汉的法学一流学科院校,位于华东地区的华东政法大学、位于东北地区的吉林大学法学院和位于西北地区的西北政法大学都尚欠缺法学一流学科建设的标杆与引领。但实际上,这些院校一直都在凭借各自悠久的办学历史、丰富的法学教育经验、国际化的法学人才培养方式以及自身学科建设特色,充分地回馈和适应各自所在区域经济发展、社会治理的需要。将“五院四系”纳入法学一流学科建设当中,将进一步发挥他们各自的学科引领作用,充分释放他们法学学科建设人才库和思想库的潜力,使之能够充当国家地区建设、社会

[40] 参见杨宗科:《培养服务国家特殊需求的高层次法治人才》,载《人民法治》2018 年第 8X 期。

[41] 参见陈丽平、陶斌智:《“双一流”背景下民族地方高校建设国家级特色法学专业策略研究》,载《教育观察》2019 年第 27 期。

治理的“法律智囊团”。[42]

三、把握法学一流学科建设的未来向度:面向新技术革命时代的历史机遇

当下的社会正处在一个前所未有的大变革时代,社会治理问题越来越复杂化、多样化,这给法学学科建设带来了更高的挑战。法学发展必须立足当下面向未来,面对新的国家战略诉求和社会治理需求,法学学科建设应当及时作出回应。从现实的学科发展态势来看,当前社会科学正呈现出与自然科学结合发展的趋势。这一趋势在跨学科的理论学术研究、科技成果的实践转化与应用,以及具体社会问题治理、经济发展中都有所体现。法学虽属社会科学中较为“保守”的学科,但也已经与众多自然科学领域产生了交叉融合反应,诞生了诸如网络法、人工智能与法学、食品安全治理法学等新兴法学学科。事实上,跨学科的教育理念和方法,已逐渐成为国内外高等教育研究的主流。[43] 这是社会分工日益精确所导致的必然趋势。综观世界一流的法学院,都重视新兴学科和交叉学科的建设,引领法学学科体系创新发展。比如,信息法学、认知法学,法律经济学、法律政治学等,都为全球范围内的法学体系创新作出了贡献。[44]

(一)人工智能引领法学前沿学科建设

从社会整体大背景看,我们正逐步迈入智慧时代,法学教育同样不可能脱离云计算、大数据而独立存在,也不可能游离于“互联网+”、人工智能而单独发展。特别是基于人工智能等新技术革命所带来的社会

[42] 参见李牧、赵衍民:《法学学科的定位与发展》,载《高教发展与评估》2018年第5期。

[43] 参见韩大元等:《跨学科教育与研究:新时代法学学科建设的实现路径》,载《中国大学教学》2018年第4期。

[44] 参见周杨:《在科学和法治的轨道上推进中国特色世界一流法学学科建设——张文显教授访谈录》,载《中国大学教学》2017年第8期。

巨变,高校教育行业在产学研等方面都悄然发生着融合与重塑,由此进一步导致人才培养方式乃至科学范式形态的大幅转变。例如,有人就大胆预言,在不久的未来包括律师行业在内的诸多领域工作都会被人工智能淘汰。这无疑会给法学的建设发展带来巨大的冲击与挑战。因此,当下的法学教育必须紧跟时代发展前沿,既要高瞻远瞩与现代信息技术交流融合,又要脚踏实地有针对性地回应和解决信息科技所带来的新问题。㊺

以人工智能领域为例,“人工智能热”也带动了“人工智能与法律的研究热”,人工智能与法律的结合在我国司法实践领域取得了令人瞩目的成绩,堪称是科技与人文智慧的“完美碰撞”。最高人民法院于2018年推出了“类案智能推送系统”,紧接着上海也做出了刑事案件智能辅助办案系统,随后全国又有多地法院相继推出各类专门的类案指引系统,使司法实践更加充满“智慧”。㊻ 以此看来,法学学科建设若依然故步自封,保持其“保守”“稳定”的特征,则必将会落后于实践。传统法学所采的法律诠释、价值分析等方法固然是根本,但未必能完美回应大数据环境下社会发展的需求。而融合了图形分析、数据处理、计算机模拟等手段发展起来的计算法学等,则可以成为对传统法学的有力补充。西南政法大学在响应《新一代人工智能发展规划》和《高等学校人工智能创新行动计划》的号召上,做法就尤为引人注目,不仅成立了人工智能法学院,而且自主设置了目录外法学二级学科——人工智能法学。这不仅使“人工智能+法律”横向复合型人才的培养有了组织保障,也使其有了学科支撑。㊼ 除此之外,在互联网、知识产权、环境资源保护等领域,法学都应当积极寻求交叉融合和创新发展。

(二)社会治理需求引导法学交叉学科建设

从当下社会的具体问题及领域看,法学与其他学科的交叉融合、协

㊺ 参见郜占川:《新时代卓越法治人才培养之道与术》,载《政法论坛》2019年第2期。

㊻ 参加张妮、徐静村:《计算法学:法律与人工智能的交叉研究》,载《现代法学》2019年第6期。

㊼ 参见陈亮:《人工智能法学学科建设中的几个问题》,载《人民法院报》2018年7月4日,第5版。

同发展也是解决社会治理问题的必然要求。法学与某类重要社会领域问题研究结合,能够形成专门的新兴领域法学,如经济法学、卫生法学、科技法学等。这些新兴领域法学发挥着整合不同法学学科以及法学与其他一级学科知识的功能,并紧跟时代步伐回应社会变迁过程中出现的法学问题。新兴领域法学学科展现了学科划分与部门法划分之间的距离:即使没有制定相应立法,领域学科作为重要的知识体系也有其独立价值,其能够促进基础学科理论的发展和完善,并且预测社会发展中可能出现的新矛盾、新问题。[48]

例如,民族法学作为我国法学研究中的新学科,核心价值在于为我国民族法制建设提供指导与服务。需要研究者走进民族地区,融入当地人民生活,以人类学主张的"当地人的视角",领会法社会学的"活法"精神,脚踏实地地观察当地法律运行情况、了解当地人的法律意识、熟悉其民间法的内容与价值、掌握国家法的实际效用,并将研究成果用于民族法制建设,为民族地区灵活运用自治权、法律变通权提供理论支持。[49]西北政法大学立足"一带一路"倡议需要,依托自身学科建设特色,于2015年成立了民族宗教研究院智库,成为中联部"一带一路"智库合作联盟首批理事单位。长久以来,该智库以推动西北地区社会稳定国家安全法治建设为己任,坚持中国特色社会主义民族宗教理论,聚焦影响西北地区稳定发展的民族宗教问题,重点研究领域包括中国共产党解决民族宗教问题的法制经验、民族区域自治制度的发展和完善、西北地区的地方民族法制建设、西北地区的边疆治理和社会发展、西北地区民族宗教问题的法律治理等,为服务西北地区稳定发展和法治中国建设作出了卓越贡献。与此同时,位于东部地区的华东政法大学积极回应上海建设"国际金融中心"的目标,配合重大国家发展战略,专门设立国际金融法律学院,培养具有法律、金融和外语能力的复合型人才。华东政法大学立足法学学科建设和人才培养深厚的底蕴,守正出奇,谋求创新,打造了

---

[48] 参见解志勇:《法学学科结构的重塑研究》,载《政法论坛》2019年第2期。

[49] 参见曲艳红:《民族法学的学科定位与研究进路——兼与法人类学、法社会学比较》,载《中南民族大学学报(人文社会科学版)》2019年第1期。

一支专业化、国际化、学科交叉的师资团队,[50]为上海市的金融发展保驾护航。

(三)培养复合型法治人才把握时代机遇

应当清醒地认识到,新时代的技术革命及其所带来的社会变迁,既是对传统法学建设的强烈冲击,同时又是法学创新发展的绝佳机遇。面对精细的社会分工及复杂的社会问题,当下政法院校的人才培养方式依然稍显滞后,体现之一就是课程设计的复合程度不够。特别是在法学专业的课程设置上,各政法院校仍多以细化后的基础学科为主,很少能够设置跨法学本专业或者跨交叉专业的课程。这显然不利于法科学生复合型知识的建构,难以达到复合型法治人才培养的目标。[51]

法学作为一门社会科学,不能仅仅依靠自身的学科知识凭空构建社会的行为规范,而是必须面向社会实践并接受实践的检验。正如哈贝马斯所言,现代人类社会生活的方方面面都受到了法律的"殖民化"。因此法学必须对自己开放,对其他社会科学以及自然科学开放。[52] 只有吸收其他学科领域的知识,才能规范和应对其他社会领域的实际问题。故从法学学科建设与发展的角度来讲,法学一流学科的建设既要面向时代潮流,应对新兴问题的出现,同时又要立足重大社会问题治理,为法治国家建设发挥切实的推动作用。只有积极推进跨学科的教育和研究活动,不断融合法学与各领域学科的知识与方法,法学建设才能循时势而发展,将形而上的理论研究和具体的制度设计完美结合,在现实问题的解决过程中实现理论价值。基于此点,前述"五院四系"院校的做法无疑在各自优势法学建设领域起到了良好的标杆及引领作用,值得借鉴与推广。

---

[50] 参见韩强:《法学交叉学科探索与复合人才培养的个案经验》,载《北京航空航天大学学报(社会科学版)》2018 年第 2 期。

[51] 参见王鹏:《论交叉学科在法学本科人才培养体系中的作用》,载《海峡法学》2017 年第 2 期。

[52] 参见韩大元等:《跨学科教育与研究:新时代法学学科建设的实现路径》,载《中国大学教学》2018 年第 4 期。

四、结语

当前,我国正处于实现“两个一百年”奋斗目标的历史交汇期,坚持和发展中国特色社会主义更加需要推行法治。国家法治建设离不开法治人才的培养,而法治人才的培养则有赖于高等政法院校法学学科的建设与发展。新形势下,“双一流”建设着眼于提升我国教育发展水平、增强国家核心竞争力、奠定长远发展基础,对新时期高等教育重点建设作出的重大战略决策。“五院四系”作为中华人民共和国法治人才培养的摇篮,应当把握这一历史机遇,推进法学一流学科建设,继续走在时代发展前列,引领一流法学教育,培养一流法治人才,为实现中华民族伟大复兴的中国梦提供有力支撑和法治保障。

On Building the First-Class Discipline of Law at Universities and Colleges of Political Science and Law in China

Dong Wei　Sun Peng

Abstract: The building of the first-class discipline of law at universities and colleges of political science and law in China should return to the essential task — the cultivation of high-quality legal talent in the new era. Since the founding of the People's Republic of China, the “Five Universities and Four Departments” have been serving legal education in China and they have withstood the test of history. In the new era, as the working units of building the first-class discipline of law, the universities and colleges continue to play a leading role in the discipline. Building the first-class discipline of law requires the construction of a with Chinese characteristics for the discipline of law, guiding by the orientation of researching and solving major issues that are required by the state and society. At present, both the changes in the international environment and the domestic development have put forward new requirements for the construction of the discipline of law. The "Five Universities and Four Departments", based on a deep legal education foundation and developing their respective specialties and characteristic disciplines, must closely follow the trend of the times, actively promote the inter-disciplinary development between law and other disciplines, and create new disciplines to respond to the actual demand of social governance.

Key Words: First-Class Discipline of Law, the "Five Universities and Four Departments", cultivation of legal talent, social governance

新时代我国教师队伍建设政策研究*

——基于《关于全面深化新时代教师队伍建设改革的意见》的文本分析

蒿　楠**　郭一凡***　周　倩****

摘　要：中共中央、国务院《关于全面深化新时代教师队伍建设改革的意见》的印发，指明了未来我国教师队伍建设发展的方向、趋势和主要着力点，拉开了新时代我国教师队伍建设改革的序幕。基于罗斯韦尔和泽福德的政策工具理论以及教师队伍建设诸要素建构理论框架，深入分析意见政策文本后发现：供给型、需求型和环境型政策工具的使用频率、目标对象和表现形式有所不同，教师队伍建设各要素之间呈现差异性。为改善这些问题并追求政策效用的最大化，应持续创造内生动力，补足需求型政策工具，加大资源投入，强化供给型政策工具，深化理

---

* 基金项目：本文系2019年度河南省哲学社会科学规划项目"中小学依法自主办学：内涵、影响因素及其治理机制研究"（项目编号：2019CJY039）和河南省高等学校哲学社会科学创新团队支持计划（项目编号：2019-CXTD-09）的阶段性研究成果。

** 蒿楠，郑州大学教育学院讲师，研究方向：教育政策、教育管理。

*** 郭一凡，厦门大学教育研究院硕士研究生，研究方向：教育政策、课程与教学论。

**** 周倩，通讯作者，郑州大学教育学院教授、博士生导师，研究方向：高等教育学。

论研究,丰富政策工具选择。

关键词:教师队伍建设　新时代　政策工具　文本分析

一、问题的提出

“加强师德师风建设,培养高素质教师队伍,倡导全社会尊师重教”是党的十九大对于新时代全面推动教师教育发展和教师队伍建设的指导思想和基本方略,既指明了我国教师队伍建设未来发展的方向、趋势和主要着力点,也反映出党和国家对于教师教育,尤其是教师队伍自身建设的高度重视与深切关怀。事实上,自20世纪90年代起,“教师队伍建设”已广泛出现在我国教育研究的相关成果中,学界开始从理论上探索系统化建设教师队伍的合理性与可行性,并逐步反映到实践过程中,结合实际提出了一些基本思路和有效举措。此后,随着传统的师范教育逐步向新兴的教师教育过渡,以及与教师相关的一系列法律法规的出台,我国教师队伍建设政策发展进入了以创新发展为核心的内涵建设阶段,①从教师资格认定、遴选任用、职务聘任、培养培训等多个环节为教师队伍建设提供了法制保障。②

回望过去几十年教师队伍建设的发展,我国现今已建成世界上体量最大的教师队伍,并构建起中国特色的教师教育体系,教师管理制度不断完善,③教师师德素养和专业水平不断提升。政府、教师教育机构、院校、社会力量等多主体广泛参与,相互联动,改变了此前关注单个环节或领域、封闭而同质化的教师队伍建设路径。在原有体制基础上,扩充了教师队伍建设的内容和范围,同时引入了一系列新的方法、理念,增强了

---

① 参见王鹏炜、李莹:《改革开放40年我国高校教师队伍建设政策的变迁逻辑》,载《陕西师范大学学报(哲学社会科学版)》2019年第4期。

② 参见韩俊兰、刘爱玲:《新中国70年高校教师队伍建设政策的变迁、成就与启示》,载《中国高等教育》2019年第17期。

③ 参见李廷洲等:《走中国特色社会主义教师队伍建设之路——新中国成立70周年教师队伍建设回眸》,载《人民教育》2019年第17期。

教师队伍建设的开放性和包容性，推动其向综合化和多样化的方向发展。然而在这一过程中，我国教师队伍建设无论是在理论建构还是在实践发展上，都显现出一些问题，如师范教育有所削弱、教师待遇保障不力、教师管理体制机制尚待理顺、教书育人工作需要加强④等。在新的历史阶段，这些问题在一定程度上迟滞了更为开放、灵活且高效的教师队伍建设体系的建设，影响了公平而有质量的教育的实现。

2018 年 1 月，中共中央、国务院印发了《关于全面深化新时代教师队伍建设改革的意见》(以下简称《意见》)。这是中华人民共和国成立以来中央层面颁布的第一部教师队伍建设专项政策文本。《意见》描绘了新时代教师队伍发展的美好愿景，从思想认识引领、师德师风建设、专业素质培养、体制机制改革、地位待遇提高和监督落实保障等六个层面对教师队伍建设提出了明确具体的要求，推动着我国教师队伍建设向新的台阶和历史高度迈进。同年 2 月，中央还颁布了《教师教育振兴行动计划(2018～2022 年)》，提出了十大行动，并对《意见》中诸多内容进行贯彻、细化。此后各地分别颁布地方性政策文本，在同年 6 月至 12 月的半年时间内，27 个省、自治区、直辖市和兵团出台了地方实施意见，以推进政策的落实。可以说，《意见》拉开了新时代我国教师队伍建设改革的序幕，在政策层面具有重要的里程碑意义。

然而，政策目标并不直接等同于政策效果，目标的达成依赖于政策文本自身的科学性和政策执行的现实力度，在社会各界评述《意见》实施近两年以来的成效、展望其前景的当下，我们有必要对政策本身进行深入解读。鉴于此，本文在教师队伍建设新时期变革的背景下，以罗斯韦尔(Rothwell R.)和泽福德(Zegveld W.)的政策工具理论为基础构建理论分析框架，深入分析《意见》的政策文本，探究其中政策工具的运用情况，分析存在的问题和不足，并提出相应的对策建议，以期为相关地方政策的持续出台和教师队伍建设工作的深入推进贡献有益思考。

---

④ 参见王定华：《新时代我国教师队伍建设的形势与任务》，载《教育研究》2018 年第 3 期。

二、文献回顾

追溯相关文献,我国学者对于教师队伍建设的研究既涵盖了纵向时间维度的探讨,又不乏横向维度上的比较,更有理论层面的建构,兼具了宏观微观多重视角,体现了不同区域、不同院校、不同学科、不同阶段教师队伍建设的多样性和差异性。最早将教育问题与政策工具理论相结合的研究始于2006年,殷凤对2005年以前美国教育中的政策工具进行了探讨,将其分为市场本位的政策工具和问责与激励本位的政策工具。⑤ 同年,亦有学者基于政策工具视角研究了教育凭单制的相关问题。⑥ 此后,学界才逐渐开始关注教育政策工具的理论建构和实际运用问题,显现出理论研究和应用研究两大取向:理论研究为政策工具在教育领域运用做了合理化的辨析,基于本土实际开展理论的修正,初步建立起教育政策工具的理论体系;应用研究借助政策工具理论对教育领域内的热点政策进行解读,对相关理论的成熟性和适用性做了检验,其方法和范式也为后续研究提供了借鉴。对于教师队伍建设政策的研究则以回顾性研究为主,多采用历史分析的方法,梳理中华人民共和国成立以来或者改革开放至今教师队伍建设的相关政策文本,检视其成效与问题,并提出相应建议,也有少量研究教师队伍建设政策的国际比较。

已有研究为本文利用政策工具理论对《意见》进行文本分析、研究教师队伍建设问题提供了翔实的参考资料和框架搭建的思路,但仍显现出待完善的不足之处:其一,相关研究少有从政策视角探讨研究教师队伍建设问题,部分研究也仅局限于乡村教师队伍建设政策和义务教育教师队伍建设政策,缺少对国家级宏观政策的关注。其二,政策分析往往涵盖了内容分析、过程分析、环境分析和价值分析等内容,在分析工具上

---

⑤ 参见殷凤:《近年美国教育中的政策工具探析》,载《外国教育研究》2006年第1期。

⑥ 参见简敏:《教育凭单制:创新性政策工具的效用与适用》,载《理论探讨》2006年第4期。

有较为成熟的步骤;[⑦]而已有的教师队伍建设政策研究多属于一般性的教育政策分析,遵循分析背景、政策解读、提出问题、给出建议的普遍思路,缺乏较为成熟的分析工具,研究也多基于经验性事实而非科学实证。其三,现有的教育政策工具研究多关注社会力量参与较多、公益性强的民办教育、特殊教育、职业教育等,少有研究者聚焦政府管控力度较大的教师队伍建设领域,同时,在借鉴国外学者的政策工具分类理论时,往往选择直接套用,缺少基于我国教育实践的本土化的修正。相关研究带有明显的解释性、应用性色彩,对政策效果的预测与改进、理论体系的开拓与创新关注较少。[⑧] 其四,已有研究多呈现理论研究与应用研究的二元化趋势,非此即彼,忽视了理论与现实之间的纽带与桥梁。

为推进和深化此领域的研究,本文将罗斯韦尔和泽福德的政策工具理论与其他学者政策工具理论的适切成分进行融合,基于我国教师队伍建设的本土实践进行分类,作为分析的 X 维度;在广泛阅读文献、考察政策文本的基础上提炼教师队伍建设的若干要素,作为分析的 Y 维度,从而构建起研究的理论框架。在框架的引路下,本文遵循“编码—归类—统计”的步骤,对《意见》进行政策文本分析,梳理其中政策工具的运用情况,分析现存问题,并探究相应的改进路径。

三、基于政策工具的理论框架建构

政策工具是人们为解决某一社会问题或达成一定的政策目标而采用的具体方式和手段。[⑨] 政策工具理论研究的内容主要集中在工具属

⑦ 参见孙绵涛:《专业化教育政策分析探讨》,载《教育研究》2017 年第 12 期。

⑧ 参见马立超:《教育政策工具配置研究的全球视野与中国图景》,载《上海教育科研》2020 年第 3 期。

⑨ 参见陈振明主编:《政策科学——公共政策分析导论》(第 2 版),中国人民大学出版社 2005 年版,第 170 页。

性研究、工具选择研究、工具运用研究和工具绩效研究这四个领域。[10]本文认为,工具选择、运用和绩效研究的展开都建立在对工具属性,尤其是工具类型探讨的基础上,只有明确区分各种政策工具的类型、特征和作用环境,才能进入组合运用以及评价的讨论。

以影响力和成熟度为考察标准,学界具有代表性的政策工具分类理论主要有:豪利特和拉米什以政府介入公共领域发挥影响的程度为划分指标,将政策工具分为自愿性政策工具、混合性政策工具和强制性政策工具;[11]麦克唐纳和埃尔莫尔基于处理具体事务时现有的所掌握的选择范围,各种选择内含的理论基础以及方案、目标和具体问题之间的适切程度等三个维度,[12]将政策工具分为命令、激励、能力建设和系统变革;[13]施奈德和英格拉姆认为,公共政策几乎总是试图让人们去做他们可能不做的事,或者帮助人们去做他们本不会做的事,[14]从而政策工具应分为权威工具、激励工具、能力建设工具、象征与劝诫工具和学习工具。罗斯维尔和泽福德在考察20世纪八九十年代的产业创新政策后,从创新政策产生影响的不同层面,将政策工具分为供给型政策工具、需求型政策工具和环境型政策工具。[15]

教师队伍建设政策本质上是公共政策的一种,具有公共政策的基本属性。为对其进行深入、全面和系统的分析,科学评价其合理性与可行性,对政策执行的关键点和重难点进行预测和评估,并为执行偏差后的政策调整、重组和优化提供理论支撑,亟须构建其政策分析的理论框架。

---

[10] 参见韦彩玲、杨臣:《政策工具理论的研究状况及其在我国的应用前景——以国内外文献为研究对象》,载《江西社会科学》2012年第8期。

[11] 参见[加]迈克尔·豪利特、M.拉米什:《公共政策研究:政策循环与政策子系统》,庞诗等译,生活·读书·新知三联书店2006年版,第144页。

[12] 参见陈学飞主编:《教育政策研究基础》,人民教育出版社2011年版,第321页。

[13] See Lorraine M. Mcdonnell and Richard F. Elmore, "Getting the Job Done: Alternative Policy Instruments", *Educational Evaluation & Policy Analysis*, 1987, pp. 133 – 152.

[14] See Schneider. A. and Ingram. H., "Behavioral Assumptions of Policy Tools", *Journal of Politics*, 1990, pp. 510 – 529.

[15] 参见叶伟巍、王翠霞:《知识:国家创新系统的协同本质》,浙江大学出版社2015年版,第94页。

(一)X 维度

政策工具包含不同的表现形式,分为不同的层次和结构,其中包括基本层、综合层和战略层,[16]政策分析框架的 X 维度对应基本层,实质上是对政策工具进行分类的过程,本文以罗斯维尔和泽福德的理论作为 X 维度的划分依据。首先,就教师队伍建设政策的特点而言,政策主体和政策对象之间的关系较为稳定,一方面,表现在政策作用的目标群体是固定而清晰的,当中不存在模糊的目标机构;另一方面,表现在政府与政策对象之间的权力干预程度、引导方式以及作用机制都是相对明确的,因而需要淡化政策工具强制性的影响。其次,理论揭示了各方面作用力的来源及其与环境的关系,反映推力与拉力在环境的影响下如何刺激相关主体产生行为,实现政策目标,适用于研究政府推动某一领域发展的相关政策而非规范限制型政策,这与教师队伍建设的特性相吻合。最后,改革意味着利益的调整与重新分配,意味着资源、信息、权力在政府、学校、社会组织、教师之间的动态流动和转移,是阶段性和过程性的统一,该理论恰好能够关注政策工具使用与组合的动态过程,体现出演变的特点。此外,该理论突出了各方主体参与政策过程的主动性,更符合当下教师队伍建设改革中各主体积极主动参与的现状。

依据我国教育实践及所关注的政策文本,本文对原有理论进行了修正,以增强其适切性。首先,将原有框架中属于供给型政策工具的教育培训与信息支持进行合并,参考施奈德和英格拉姆的理论,命名为“能力建设”。“能力建设”指的是向个体或目标群体提供产生某种行为所必要的信息、培训、教育等资源,囊括了原有教育培训和信息支持的内容,从来源和推动力的角度看,仍可归属于能力建设工具。其次,剔除原有框架中环境型政策工具下的“财政金融”和“税收优惠”,以及需求型政策工具下的“贸易管理”,因为这三种政策工具显然与教师队伍建设政策的关联性不强。最后,增加“劝告”与“象征”工具,改“服务外包”为“系统变革”工具。“劝告”与“象征”,是指通过对无形价值的呼吁和树

---

⑯ 参见赵筱媛、苏竣:《基于政策工具的公共科技政策分析框架研究》,载《科学学研究》2007 年第 1 期。

立,激起目标群体信念的认同,从而鼓励他们支持相关政策。从性质上来说,“劝告”与“象征”唤起了公众参与相关政策的热情,提高了积极性,优化了政策实施的外部环境,因此将其划分为环境型政策工具;“服务外包”指政府向社会购买相应的公共服务,系统变革指政府权力的转移和下放,后者在内涵上较前者广泛,故而在需求型政策工具中替代前者。如此,本文建立起研究框架的 X 维度,如图 1 所示。

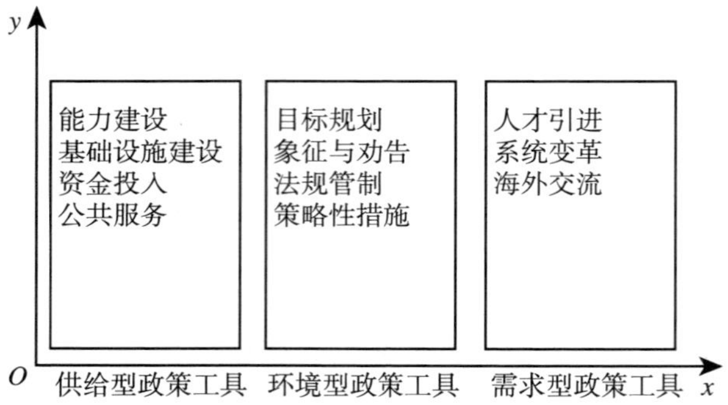

图 1　教师队伍建设政策分析的 X 维度

(二)Y 维度

由于 X 维度并不完全具有分析教育政策的独特特征,它同样适用于分析其他类型的公共政策,因此需要提炼教师队伍建设内在的发展规律的特质,将分析框架的关注点锚定在一定的区域内,以反映教师队伍建设的内在属性。因此,本文在对政策工具进行基本分类的基础上构建 Y 维度,也即教师队伍建设维度。

本文对 Y 维度的构建基于两个方面的考量:一是现有研究在分析教师队伍建设政策时所关注的重点和层次划分;二是对《意见》文本本身进行解读和梳理。笔者在 CNKI 数据库中对标题含有“教师队伍建设政策”的核心期刊论文进行精确检索后发现,虽然现有研究切入点不同,但是在关注对象上呈现一定的交叉性,大体可分为两类:一是从教师群体自身来看,包括思想素质、专业能力和道德建设;二是从教师管理上看,包括管理体制、地位待遇、教师教育以及保障机制等。解读《意见》文本不难发现,该政策主要从指导思想、师德建设、教师培养、体制改革、社会地位、领导落实等六个层面规划教师队伍建设问题。综上所述,本文拟确定“思想引导”“教师培养”“资源投入”“体制改革”“考核评价”“监督保障”六个要素作为Y维度。“思想引导”一方面是指在社会倡导尊师重教的风气;另一方面则意指教师思想建设,是方向上的引导。“教师培养”指的是相关院校培养未来教师以及对教师进行职后培训的过程。“资源投入”指政府为相关事业投入资金、技术、基础设施等,是物质基础。“体制改革”是对现行教师队伍建设管理体制进行理顺的过程。“考核评价”是对教师培养活动和教师队伍建设标准进行衡量的过程。“监督保障”则涉及对相关政策的执行进行监管,确保政策真正得到落实。由此,本文建立起教师队伍建设政策分析的二维框架,如图2所示。

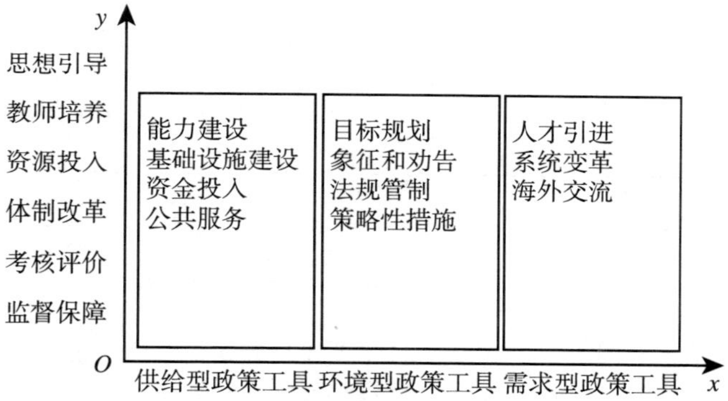

图2　教师队伍建设政策分析的二维框架

四、文本与数据分析

(一)政策编码

编码即“把数据段(通常是文本数据)标上符号、描述性词语或者类别名称的过程”,⑰表现为“在研究期间对编辑好的描述性或推断性信息

⑰　[美]伯克·约翰逊、拉里·克里斯滕森:《教育研究:定量、定性和混合方法》,马健生等译,重庆大学出版社2015年版,第484页。

所赋予的意义单位所做的标记或标签”。[18] 本文将去除引言后的《意见》政策文本作为基本的内容分析单元,遵照意思表达完整、段落不可细分的原则对其进行编码。编码采取三段式,按照“一级段落序号——二级段落序号——单句序号”的形式表述,最终形成《意见》政策文本内容分析编码表,如表1所示。

表1 《意见》政策文本分析编码

一级段落	二级段落	内容分析单元	编码
一、坚持兴国必先强师,深刻认识教师队伍建设的重要意义和总体要求	1.战略意义	教师承担着传播知识、传播思想、传播真理的历史使命,肩负着塑造灵魂、塑造生命、塑造人的时代重任,是教育发展的第一资源,是国家富强、民族振兴、人民幸福的重要基石	1-1-1
		党和国家历来高度重视教师工作	1-1-2
……	……	……	……
六、切实加强党的领导,全力确保政策举措落地见效	27.强化经费保障	制定严格的经费监管制度,规范经费使用,确保资金使用效益	6-2-5
		各级党委和政府要将教师队伍建设列入督查督导工作重点内容,并将结果作为党政领导班子和有关领导干部综合考核评价、奖惩任免的重要参考,确保各项政策措施全面落实到位,真正取得实效	6-2-6

(二)编码归类

根据教师队伍建设政策分析二维框架中X轴和Y轴的不同维度,将已经编码的《意见》文本内容分析单元纳入不同的维度当中,得到《意见》政策工具分析二维频数表,如表2所示。

---

[18] Miles M. B. and Huberman A. M, *Qualitative Data Analysis: An Expanded Source Book*, Thousand Oaks, CA: Sage Publications, 1994.

表 2 《意见》政策工具分析二维频数

政策工具类型	教师队伍建设	思想引导	教师培养	资源投入	体制改革	考核评价	监督保障
供给型工具 49 条 26.92%	能力建设	2－1－5，2－1－7 等（8 条）	3－3－1，3－3－2 等（29 条）	无	3－3－9（1 条）	3－6－10（1 条）	无
	基础设施建设	无	无	4－6－6，5－3－3（2 条）	无	无	无
	资金投入	无	无	3－1－3，4－2－3 等（6 条）	无	无	5－2－1（1 条）
	公共服务	无	无	5－3－6（1 条）	无	无	无
环境型工具 110 条 60.44%	目标规划	1－1－11，1－4－6（2 条）	1－4－2，1－4－3 等（4 条）	无	1－4－4，1－4－1（2 条）	无	无
	象征和劝告	1－1－1，1－1－2 等（13 条）	5－1－3（1 条）	无	无	5－6－1，5－6－3 等（4 条）	5－1－1，5－1－2（2 条）

续表

政策工具类型	教师队伍建设	思想引导	教师培养	资源投入	体制改革	考核评价	监督保障
	法规管制	5-6-6（1条）	3-1-5，3-1-6等（4条）	无	4-1-2，4-1-6等（11条）	4-4-7，4-4-10等（6条）	4-1-5，5-4-2等（10条）
	策略性措施	1-3-1，1-3-2等（11条）	2-1-6，2-1-8等（10条）	无	1-3-4，1-3-5等（8条）	3-1-9，3-1-10等（11条）	2-3-4，5-3-1等（10条）
需求型工具23条12.64%	人才引进	无	4-2-7（1条）	3-1-4，3-6-8（2条）	4-3-4，4-5-5等（3条）	无	无
	系统变革	5-6-7（1条）	3-1-1，3-2-1等（3条）	6-2-4（1条）	3-5-2，3-5-4等（5条）	无	4-6-10，5-4-1等（3条）
	海外交流	无	3-3-12，3-6-6等（3条）	无	4-6-5（1条）	无	无

（三）数据分析

数据分析结果显示，尽管《意见》对于供给型、环境型和需求型工具的使用均有所涉及，总体较为全面，但是所占比例呈现显著的差异性，这在一定程度上反映出政府在推动教师队伍建设事业发展过程中的政策工具偏好，暗含了政府加强教师队伍建设的动力生成机制和内在逻辑。

1. 对环境型工具形成强依赖

环境型工具使用的频数达 110 次，占比为 60.44%，供给型政策工具使用频数为 49 次，占比为 26.92%，使用频数最少的为需求型工具，共 23 次，占比为 12.64%。环境型工具的使用比例远超供给型工具和需求型工具，反映出政府在推动教师队伍建设时，更倾向于将自身定位为服务者角色，承担着教师队伍建设事业发展的环境塑造责任。从动力机制上看，通过对外部环境的调整和改善，创造服务于教师队伍建设的有利条件和良性社会氛围，间接影响内部供给——需求动力机制的生成和转换，促进政策目标的实现。这与近年来政府深入推进的教育管办评分离改革、构建服务型政府的理念相符合，体现出社会治理现代化背景下政府职能变革及其政策工具选择偏好的一般性特点。

2. 将能力建设作为供给型政策工具使用的主要手段

在供给型政策工具中，能力建设工具频数为 39 条，占供给型工具的 79.59%，而基础设施建设、资金投入和公共服务占比分别为 4.08%、14.29% 和 2.04%，这表明政府倾向于在推动教师队伍建设的过程中直接提供教育、培训和信息等形式的资源，以期获得长远的回报，明显的表现形式是教师群体在教学和科研能力上的提升。就能力建设工具的前提假设而言，它假定人们无法产生趋近于政策目标的行为，其原因在于人们缺少必要的教育、培训和信息支持，这从某种程度上印证了当下教师队伍建设发展过程中教师培养专业化水平不高、培养质量有待提升、培养内容与模式亟须改善、职后培训流于形式等现实困境，为增强教育培训力度、推动教育培训体制改革提供了先决条件。此外，师范教育向教师教育转轨后对职前学习、入职培训和职后发展三位一体教育体系构建的强调也对相关教育和培训工作的展开提出了更高的要求，教师队伍建设中教师教育的一般属性对政府能力建设工具的选择偏好产生一定影响。

3. 环境型政策工具的运用不均衡

策略性措施和法规管制分别占环境型政策工具使用的 45.45% 和 29.09%，而目标规划工具和象征与劝告工具则仅占 7.27% 和 18.18%，这说明政府在塑造教师队伍建设的外部环境时倾向于使用带有强制性的法规管制工具和按步骤实施的策略性措施。法规管制的大规模使用，一方面，表现出政府意图通过具有强权威性的规章制度对教师队伍建设外部环境进行改革和重塑的决心；另一方面，则显示出当前教师队伍建设面临的问题较为复杂，一些问题甚至已触及此前制度设计上尚未完善之处，无法单纯依靠体系自身的变革来形成正确的导向。因此，需要国家力量在教师队伍建设中强化掌舵者角色，完善政策法律和制度体系建设。[19]法规管制拥有强制性和高效力，对其使用往往较为简单和直接，然而法规管制也不可避免地面临高昂的强制成本，以及可能产生的政府对其使用的依赖性，这些担忧需要在政策执行和不断修正的过程中被重点关注。策略性措施往往随着政策制定主体对解决问题诸多措施轻重缓急的判断，代表性关键词有“重点”“优先”“倾斜”等。策略性措施的广泛使用暗含政府对教师队伍建设诸多事务中主要矛盾与次要矛盾的分析、不同地区间不充分发展现状的分析以及相关解决措施的步骤和过程性的分析，体现出宏观上的指导性和方向性，也具有现实的可行性和操作性。

4. 需求型政策工具使用不足

无论是频数 6 的人才引进工具，还是频数 13 的系统变革工具和频数 4 的海外交流工具，其占总体政策工具使用的比例分别为 3.30%、7.14% 和 2.20%，均不超过 10%，呈现边缘化的状态。一方面，可归因于政府政策工具选择的偏好，即政府不倾向于借助拉动需求来刺激动力，降低教师队伍建设的不稳定性；另一方面，则是由于需求型工具与教

---

⑲ 参见李福华：《论国家力量介入教师队伍建设的内生性需求》，载《清华大学教育研究》2018 年第 6 期。

师队伍建设自身的契合性尚需探索，即如何借助人才引进、系统变革和海外交流等形式拉动教师队伍建设，怎样规划其具体作用形式，这些问题的改善仍需要相关研究者进行探讨。需求型工具的短缺使得一些解决问题的措施和手段无法在政策执行过程中得到运用，教师队伍建设政策的拉动力不足使得动力系统内部产生不平衡状态，一定程度上迟滞了政策目标的实现。

5. Y 维度各要素呈现出差异性

从教师队伍建设维度上看，《意见》对教师队伍建设维度的各个要素均有所涉及，覆盖较为全面，但各要素所占比重并不平衡，教师培养条目数量最多，达 55 条，占比超过 30%；其次是思想引导和体制改革，频数分别为 36 条和 31 条，占比 19.78% 和 17.03%；监督保障与考核评价的条目数量大致相当，占比分别为 14.29% 和 12.09%；而涉及资源投入的内容最少，仅有 12 条，占比 6.59%。这些数据表明，政府在借助相关政策推动教师队伍建设的过程中，重点关注的是教师培养的问题。这种培养不仅包括师范类院校和综合类院校对师范专业学生的教育教学过程，也包含对在职教师展开的专业发展培训以及教师研修活动，培养的内容包括道德素质、教育思想、教学方法、学科知识、科研能力和信息技术能力等，目的在于全方位提升教师专业素质能力。思想引导在《意见》文本中也同样受到了关注，涵盖的内容较为广泛，它既表现为借助对教师和教师队伍建设地位的强调，在全社会形成尊师重教的氛围，引导社会群体在思想上尊重教师，重视教师的培养过程和培养质量；又体现在借助师德师风建设全面提升教师队伍思想政治素质的过程中，引导教师形成正确的价值观念，坚定四个自信，争做“四有”好教师，从而以国家理想约束和规范自身形象，在教书育人的过程中尽情展现国家的理想和未来。[20] 资源投入在文本中涉及的次数最少，且表现形式多为拨款，即资金投入，缺少其他形式的资源投入，如何丰富资源投入形式、明确具体流程将是政策实施过程中需重点考量的。

---

⑳ 参见李长泰：《论教师国家德性形象的四层逻辑建构》，载《伦理学研究》2019 年第 5 期。

五、结论与建议

（一）基于 X 维度的结论

1. 规模化运用象征与劝告工具

新时代教师队伍建设的有效保障是提高教师的社会地位。[21] 在《意见》文本中，这一目标主要通过象征与劝告工具达成，其使用频数达到 20 条，占总数的 10.99%，已成为政府促进教师队伍建设偏好使用的政策手段之一。同时，象征与劝告工具的运用表现出多样性：第一类象征与劝告工具目的在于引导全社会深刻认识教师队伍建设的重要意义，突出其地位和价值，包含三条路径：对既往教师队伍建设工作所取得的重要成就的肯定、阐明党和国家在教师队伍建设工作上的积极态度以及对照当今社会大变革环境和新时代教师队伍建设面临的重大问题。第二类象征与劝告工具意在强调教师职业的特别重要地位，弘扬尊师重教的社会氛围，且让教师成为让人羡慕的职业。这一类工具的使用主要依靠贴标签的手段。第三类象征与劝告工具则通过树立教师典型，宣传时代楷模和最美教师，提升整个教师群体的美誉度，从而提高教师的社会地位。规模化使用象征与劝告工具，是《意见》文本的一大特色，它直面当下社会环境中普遍存在对教师群体不尊重、不重视、边缘化的现象，反映出政府通过营造尊师重教社会氛围助力教师队伍建设的政策逻辑，其路径呈现多样化的特点，有利于全面而具体地塑造外部环境，推动政策目标的实现。

2. 供给型政策工具的运用有所侧重

数据表明，政府在直接投入资源以推动教师队伍建设的过程中，将教师的职前教育和职后培训作为重点环节，把教育和培训资源作为供给的首要资源。能力建设工具的大规模使用，一方面，是出于现实困境的

---

[21] 参见荀渊：《新时代基础教育教师队伍建设的目标、内容与路径——基于〈中国教育现代化 2035〉教师队伍建设内容的分析》，载《教师教育研究》2019 年第 2 期。

考量，即当下教师队伍建设过程中普遍存在教师培养质量不高、培养机制不健全、职后培训流于形式、培训实效不显著等问题；另一方面，则是教师队伍建设的特殊性质使然，前后衔接、相互联动的教师队伍建设体系的核心目的仍是不断提升教师专业素质能力，教育与培训是其基本手段。能力建设工具所取得的回报较为长远，需要一定的时间才能形成对比和评估，因而对其广泛使用也体现出政府在解决相关问题时的心态，即教师队伍建设具有一定的周期性，不能急功近利，应当稳中求进，立足长远。然而，对于能力建设工具的过分依赖也可能导致政府对自身职责认识的错位和懈怠，忽视借助基础设施建设、信息资源、资金投入和公共服务等推动相关问题解决的必要性和合理性，造成供给型工具内部失衡，不利于相关政策的执行。

3. 需求型工具内部均衡但总量不足

需求型工具的主要目的在于降低教师队伍建设过程中的不稳定因素，刺激内生动力，从而拉动教师队伍建设的进程，其优点在于其手段和形式往往更为直观、具体和便捷，产生效果的途径也更为直接。在《意见》文本中，人才引进工具的使用包含了吸引优秀学生进入师范专业学习、吸引更多人才补充中小学幼儿园师资队伍，以及为高等学校和职业院校引进高端人才和有工业经历的教师等，意图解决不同教育阶段学校师资队伍的数量扩充、质量提升以及后备力量稳定等问题。系统变革工具是《意见》中使用较多的需求型政策工具，其涵盖内容可分为四个部分：第一，经费相关问题，包括社会力量出资奖励教师以及多种渠道筹措教师教育经费等；第二，科研问题，如鼓励相关社会机构参与教师队伍建设重大问题的研究和探讨；第三，教师教育体系变革问题，如鼓励综合类院校参与教师培养活动以及鼓励行业企业参与职业院校教师培训等；第四，权力转移问题，包括评审权和分配自主权的下放以及监管权力和社会保障义务在各部门之间的调整。海外交流工具则主要关注了教师交流和外籍教师认证问题，体现出将“引进来”与“走出去”相结合的教师队伍建设策略。然而综观《意见》文本，尽管需求型政策工具涉及内容众多，但总条目数量较少，表述较为笼统，手段也较为单一，对于如何壮大从事教师队伍建设研究的队伍、补齐落后地区在高等院校师资建设上的短板、系统借鉴国外教师队伍建设先进成果等问题缺少具体的指导意义。因此,如何补充和增强需求型政策工具是未来教师队伍建设政策需要思考的问题之一。

(二)基于 Y 维度的结论

1. 以教师培养为核心环节

从教师队伍建设维度的各个要素上看,涉及教师培养这一环节的内容最多,所使用的政策工具也较为全面和多样,可见教师培养是教师队伍建设重点关注的问题。《意见》将教师的综合素质、专业化水平以及创新能力作为教师能力培养的核心内容,把骨干教师、卓越教师和教育家型教师作为教师培养类型的奋斗目标,在其第三部分,从多个角度对教师培养的具体实施细节做了规划和部署。首先,从承担教师培养任务的师范类院校入手,确立其中国特色师范教育体系的主体地位,保证其师范教育性质,给予政策倾斜,通过确立办学标准、拨款标准以及开展专业认证来保障培养水平,借助招生层面的改革吸引更多优秀学生进入师范专业。其次,对于综合类院校,认可其参与中国特色师范教育体系的重要作用,充分发挥其学科优势、学术优势、教学优势和专业优势,引导其参与教师培养培训工作,造就高素质复合型教师。最后,针对不同层次不同性质的学校,确立不同的教师队伍建设目标,并根据其特点的不同规划了切实可行的建设方案,加强教师培养的实效。此外,在第二部分亦有详尽的关于加强教师队伍思想教育的计划与安排,意在全面提升教师队伍的思想政治素质。总体而言,《意见》对教师培养环节给予了重点关注,切入的视角多元,表述具体而清晰,涵盖培训目标、培训方式、培训组织、培训主体、培训内容和教师参与等诸多要素,全面系统地保障教师的终身学习和专业发展的落实。

2. 资源投入的针对性强但总体关注有限

梳理《意见》中涉及资源投入的内容后发现,文本中资源投入的相关表述大致可以分为三类:第一类以补贴、拨款和公费支出为主要手段,针对师范类院校和薄弱地区的义务教育教师群体,目的在于提高他们的待遇水平，如逐步扩大农村教师特岗计划实施规模，适时提高特岗教师工资性补助标准；第二类以奖励为主要手段，面向高校的优秀拔尖人才以及从事乡村教育贡献特别突出者，如《意见》强调要实施好千人计划等重大人才奖励计划；第三类则是非资金性质的投入，如改善住宿条件和配齐相应精神文化设施等。这三类措施针对的对象较为明确，一定程度上反映政策对紧迫、薄弱和重点发展领域的关照，同时，不同财政手段的针对性运用也暗含政府解决不同教师群体所面临特殊性问题时采取的政策逻辑，有利于保障教师群体的基本生存和发展权利，形成资源投入的组合拳。然而不可否认的是，在教师队伍建设维度的各要素中，涉及资源投入的内容占比例最少，使用的政策工具也较集中和单一，对资源投入的表述并不具体，而是停留于宏观指导层面，尚待进一步的具体化：从内容上看，有关基础设施、公共服务、信息等相关资源的投入存在缺位；从形式上看，现有的资源投入以政府直接投入为主，社会力量参与的门槛与边界仍旧模糊；从联动性上看，有关各部门之间如何联动的问题尚不清晰。因此，如何具体规划资源投入，使其从政策文本的表述转变为具体有效的组合措施，仍需各级政府根据自身实际情况进行探索和构建。

（三）政策建议

1. 创造内生动力，缓解需求型政策工具缺位

（1）扩大社会力量参与，完善系统变革工具。

社会力量参与教师队伍建设是政府简政放权、塑造自身服务者角色、促进权责在教师队伍建设体系中合理转移的重要方式之一，是运用需求型工具中系统变革工具的重要体现。从现实层面看，现有的社会力量参与多集中于职业教育领域和经费筹措方面。新时期需要积极鼓励政策行动与目标主体多元化，以政策要素的调整组合为教师政策创新注入活力，[22]这要求社会力量在更多环节发挥其作用：第一，公益组织与政府、高校形成合力，针对非盈利公益项目普遍面临提供帮助有限、吸引力

---

[22] 参见檀慧玲、刘艳：《教师队伍建设政策创新研究：国际比较的视角》，载《西北师大学报（社会科学版）》2017 年第 6 期。

不断下降的问题,㉓应由政府提供资源支持和宣传帮助,依靠高校学历平台提高公益项目吸引力,助力落后地区教师队伍建设。第二,民间智库主动承担咨询服务和问题研究的职能。从性质上看,民间智库的存在,以非官方的形式为政府机关提供了决策咨询和研究,形成了对官方决策的补充,且"因完全独立于体制之外而享有比政府智库、高校智库更多的自由"。㉔ 民间智库应提高参与教师队伍建设与研究的自发性和自觉性,同时政府机关也应充分肯定其地位,破除体制歧视和身份歧视。第三,社会机构参与教师队伍建设评估和监督。通过竞标和服务提供的方式,社会机构可以在政府许可的情况下定期对教师队伍建设的过程、效率和质量进行评价和监督。尤其是发挥社会媒体的宣传和监督作用,让社会大众了解政策执行的效果,规范相关行为主体的行为,㉕促使其不断调整,形成正向反馈,真正推动管办评体制分离,助力教师队伍建设体系的现代化。

(2)探索国际合作路径,补充海外交流工具。

在《意见》中,海外交流工具少有涉及,现有的表述仅关注了孔子学院和"一带一路"背景下的教师跨国交流和外籍教师认证问题。事实上,倘若将教师队伍建设看作一种思想或者一种模式,西方发达国家已积累了解决问题的丰富经验和成功模式,值得发展中国家进行学习和本土化借鉴。而在新时期我国推动教师队伍建设,也需要与其他国家展开深度交流与合作,吸收先进成果,为我所用。因此,借加强海外交流来补充需求型工具有其合理性与必要性。相关政策主体可从如下几个角度进行探索:第一,鼓励对国外教师队伍建设开展学术研究,促进研究成果的转化。借助高校的科研平台,引导研究者们对国外教师队伍建设理论与实务展开研究,总结其中的先进经验与不足,结合我国实际提出具有本土化和可行性的策略和措施。第二,扩大资助范围,鼓励教师海外访

㉓ 参见焦楠等:《落后地区教师队伍建设的政策创新——新世纪美国联邦政府的政策举措与启示》,载《教育发展研究》2018年第2期。

㉔ 吴康宁:《教育改革需要什么样的国家智库》,载《中国高等教育》2014年第6期。

㉕ 参见邓亮、赵敏:《我国乡村教师队伍建设政策执行困境与突破路径——基于多重制度逻辑的视角》,载《教育理论与实践》2019年第34期。

学和研习,从原先的高校教师群体扩展到中小学教师群体,开展中小学教师的国际交流。第三,延聘在相关领域具有较高声望的外国专家学者,壮大高校的学术队伍,提升学术研究的国际化水平,提升国内研究成果的国际影响力。第四,加强政府间国际合作和非政府组织的国际合作。在全球化背景下,教师队伍建设是全世界教育事业的共同使命,㉖国际社会和组织应加强重视,通过官方与非官方两种渠道开展合作,多角度推动教师队伍建设。

2. 确保资源投入,增加供给型政策工具使用

教师队伍建设维度的资源投入与供给型政策工具中基础设施建设、资金投入和公共服务等工具之间的协调性和对应性,直接决定了政策措施得以实施的程度和对相关问题解决的效果。因此,应密切聚焦于资源这一重要抓手,从根本上强化政府投入资源的主动性和主体地位,唤起各方广泛参与的积极性和责任意识,将平衡供给型政策工具与增强教师队伍建设的资源投入结合起来,突出其对应关系,提升匹配程度。在此基础上丰富相关资源的种类,探索新的资源筹集、供给和使用方式,落实有关主体的责任,从而推动可供使用的供给型政策工具向多元化发展,确保教师队伍建设的长久性和稳定性,从而"让广大教师安心从教、热心从教、舒心从教、静心从教"。㉗ 除了《意见》中涉及的补贴、拨款、公费支出、奖励以及非资金性支出外,资源投入在内容、形式和联动性上仍有较大的拓展空间。就内容而言,在信息化和互联网与教育不断深度融合的时代,教师信息技术能力的重要性日益凸显,需要加大对学校信息技术设施建设的投入,从而利用互联网进一步拓宽教师提供教育服务的渠道,提高人力资源的利用效率。㉘ 此外,为教师提供教学法和最新研究

㉖ 参见李安琪、洪明:《教师队伍建设的国际趋势——基于 2018 年 OECD〈有效的教师政策〉报告的分析》,载《外国教育研究》2019 年第 10 期。

㉗ 《全面贯彻落实党的教育方针 努力把我国基础教育越办越好》,载中华人民共和国教育部网:http://www.moe.gov.cn/jyb_xwfb/s6052/moe_838/201609/t20160910_280694.html,最后访问日期:2020 年 4 月 27 日。

㉘ 参见项贤明:《当前我国基础教育教师队伍建设中的若干问题探析》,载《中国教育学刊》2017 年第 5 期。

成果等信息资源、改善教师办公条件和环境等也应纳入资源投入的考量范围。对于投入的形式,除政府直接拨款外,应对社会力量参与资源供给的条件、途径和优惠等给予确定,激发其参与的积极性和主动性。现有的职业教育相关措施可为此提供借鉴,如对积极参与职业院校教师培训的行业企业给予税收减免等优惠,真正激发其内驱力。对于联动性而言,由于资源投入包括资金、基础设施、公共服务以及信息等形式,因而需要教育部门会同财政部门、住建部门、工信部门等形成有机联动,明确权责范围和所属环节,合力确保相关资源提供到位。此外,各级政府间也应加强联络,对于一些财政状况较为薄弱的区县一级政府,应上移资源投入职责至省政府或中央政府,保障资源的持续性供给。

3. 深化理论研究,丰富政策工具选择

从政策工具选择的角度来看,任何一种政策工具的作用都存在局限性,都有其优势和弊端,对适用范围和条件有一定的要求。因此,在政策制定和选择政策工具的过程中,要充分把握政策工具的基本属性、政策意欲实现的目标、政策实施的具体环境以及政策作用客体的现实状况,分析其中的联系和适切性,从而对政策工具进行筛选和组合,防止因盲目扩大政策工具类别而产生的挤出效应以及因滥用政策工具而造成的溢出效应。[29] 另外,与西方发达国家相比,我国政府在成熟市场机制和社会机制条件下选择和运用多元政策工具的经验和条件相对不足。[30] 这也要求政策制定主体不仅关注具体的执行策略、措施和环节,更要对政策工具的分类理论和选择理论进行深入的研究学习,从理论的高度对政策的制定过程全面掌控。政府可以委托具有学术优势的高校或者专业研究机构,结合教师队伍建设的实际水平和实际问题,探究各项政策工具服务于教师队伍建设的合理性、前提条件、作用机制以及可能产生的不利后果等,充分发挥政策工具趋近政策目标的正向价值,规避其可

㉙ 参见许怀雪、秦玉友:《政策工具视角下农村师资补充政策研究——基于2001~2018年农村师资补充政策文本的分析》,载《教师教育研究》2019年第6期。

㉚ 参见黄红华:《政策工具理论的兴起及其在中国的发展》,载《社会科学》2010年第4期。

能遇到的障碍和容易产生的不利影响,辅助政府作出决策。在这一过程中,政府也不断加强自身对政策工具的系统了解,从而增强面对不同情境时对政策工具的选择和判断能力,切实推进政府公共治理的现代化,提高治理能力。此外,政策工具理论研究具有多样性,不同学者对其分类各不相同,且形成互补。理论研究的深入带来对不同理论下政策工具分类的解读,补充了政策工具的类别,事实上增加了可供选择的政策工具的类型,丰富了政府制定政策时的政策工具箱。例如,结合施奈德和英格拉姆的理论,亦可在《意见》文本中加强学习型工具的使用,让目标群体在学习中不断提高认知能力。这将有利于弥补个别政策工具的使用局限,做到优势互补、综合运用,推动政策执行手段的多样化,追求政策效用的最大化。

A Study on the Policy of Building Teaching Faculty in the New Era of China

—Based on Text Analysis of the "*Opinions on Deepening the Development and Reform of the Teaching Workforce in the New Era*"

Hao Nan　Guo Yifan　Zhou Qian

Abstract: The issue of the *Opinions on Deepening the Development and Reform of the Teaching Workforce in the New Era* by the State Council of CPC indicates the direction, trend and main focus of the future development of the building teaching faculty in China. It also marks the beginning of China's reform of building teaching faculty in the new era. Based on Rothwell and Zegveld's policy instruments theory and the consideration of the elements within the framework of building teaching faculty, this paper analyzes the text of the policy and finds out the differences in supply-side instruments, demand-side instruments and environment-side instruments in terms of its frequency of utilization, target audience and manifestation. Meanwhile, the authors of this paper also point out the differences among the components of the building teaching faculty. In order to solve these problems and maximize the effect of the policy, this study suggests to continue to create endogenetic impetus, supplement to demand-side tools, increase resource investment, reinforce supply-side tools, and deepen theoretical research to enrich the selections of policy instruments.

Key Words: construction of teaching faculty, new era, policy instruments, text analysis

改革开放40年我国研究生教育质量政策的回溯与思考

郭艳利*

摘　要：质量是研究生教育的本质。研究生教育质量政策是研究生教育政策的重要内容之一。回顾我国研究生教育质量政策源起、细化、深化及其体系化发展的过程，梳理我国研究生教育质量政策的标准、内容、调控、工具及演进，反思我国研究生教育质量政策的发展实践，发现我国研究生教育质量政策虽然取得了一定的成效，但仍然存在“创新性”不突出、质量建设与质量保障发展不协调、政策调控的激励性因素不明显、社会性工具运用不鲜明、政策反馈不及时等不足之处。新时代，研究生教育质量政策要更好地应对新形势、解决新问题，就必须在政策制定时强化创新性，引领教育质量政策的价值导向；坚持质量保障，强化质量建设；明晰集中管理与分权辩证统一，关注政策调控的激励性作用；凸显政策工具社会性，追求政策目标群体的利益最大化；着力顶层设计，完善政策评估。

关键词：研究生教育　质量　政策

* 郭艳利：西北政法大学高等教育研究所副研究员，研究方向：学位与研究生教育。

教育质量政策,所要解决的是人才培养的质量标准问题,是要在国家层面制定出最基本的学生培养质量的标准和实现这些标准的最基本的要求。① 研究生教育质量政策要解决的也是研究生培养质量的标准问题以及如何实现这些标准的问题。从 1979 年研究生恢复招生以来,我国研究生教育质量政策体系日益完善,有效地保障了我国研究生教育的质量。

一、我国研究生教育质量政策的发展历程回顾

(一)我国研究生教育质量政策的发端(1980~1990 年)

1980 年,伴随改革开放,《学位条例》正式颁布,这标志着我国研究生教育步入了正规化的发展时期。1981 年,国务院批准实施《学位条例暂行实施办法》,规定了硕士研究生与博士研究生的入学条件、课程考试内容、学位论文要求等一系列学位授予标准,为确保研究生教育质量提供了必要的保障。研究生学科专业目录是进行学位授权审核与学科管理的基本依据。1983 年,国务院学位委员会、国家教育委员会拟定的《高等学校和科研机构授予博士、硕士学位的学科、专业目录(试行草案)》规定了研究生教育学位授权的基本范围,为这一时期的 4 次学位授权审批奠定了基础。② 1984 年,为保障研究生的教育质量,加强研究生教育管理,经国务院批准,由教育部印发了《关于在部分全国重点高等院校试办研究生院的几点意见》,研究生院制的实施,完善了我国研究生教育质量保障体系的组织基础。这一系列在我国研究生教育发展历程中具有划时代意义的文件,标志着我国研究生教育质量在政策层面被给予了应有的考量,成为我国研究生教育质量政策建设发展的出发基点。

---

① 参见孙绵涛:《关于国家教育政策体系的探讨》,载《教育研究》2001 年第 3 期。

② 《我国学位与研究生教育大事记(1983 年)》,载《学位与研究生教育》官网:www.adge.edu.cn/ch/reader/view_news.aspx? d = 20120831110126001,最后访问日期:2020 年 4 月 17 日。

此后，随着这些指导性文件意见的实施，研究生教育质量政策在理论和实践两个方面均得到检验和完善。经过一个时期的发展，我国博士、硕士学位授予单位、学科点、专业点都有了一定规模的增长，研究生教育质量和规模的协调发展问题突出了。在1986年，国家教育委员会发布了《关于改进和加强研究生教育工作的通知》，提出了“稳步发展，提高质量”的方针，回应了这一问题，指出要加强研究生、学位授予质量和管理工作的检查与评价，这是针对研究生教育质量的重要政策，指明了我国研究生教育质量管理的改革与发展方向。在这一方针指导下，1988年，国家教委、国家计委、财务部、人事部联合发文《关于进一步改进研究生招生工作的几点意见》，为保证研究生的培养质量，要求招生专业必须有学位授予权才能招生，使学位授予权的获得成为保证研究生教育质量的前提，从招生层面提出了应对规模扩张与质量保证之间的具体措施。到了1990年，国家教育委员会又进一步修订了专业目录，一批专业拓宽了专业面，删掉或归并了一些划分过细、偏窄的专业，增加了一批新专业，在学科建设的层面，对这一问题进行了回答。这一时期，在我国研究生教育质量政策初步搭建了研究生教育的质量标准和制度。在“稳步发展，提高质量”的方针指导下，质量政策强调稳定性，明确了质量为本的质量观。

(二)我国研究生教育质量政策的细化(1991～1999年)

与经济领域体制改革深化相适应，1991年，为推动研究生教育体制改革，国务院学位委员会出台了《关于实行建立地方学位委员会的几点意见》，先后在16个省、自治区、直辖市试行建立省级学位委员会，并于1995年下发了《关于加强省级学位委员会建设的几点意见》，从组织层面明确了省级学位委员会在研究生教育质量保障中的职责，完善了国家、省级、高校三级质量管理机制。与此同时，研究生培养目标也随着经济发展需求的转变发生了调整。1993年，国家教育委员会、国务院学位委员会发布了《关于学位与研究生教育改革和发展的若干意见》，提出要努力提高培养质量，博士生教育为国家培养跨世纪的学术带头人和业务骨干的后备队伍；在保证质量的前提下，硕士生教育要发展多种规格和多种类型尤其是应用人才的培养。培养目标的细化是适应社会发展的需求,赋予了质量标准新的内涵。伴随培养目标与质量标准的调整,1995年,国家教委在《关于进一步改进和加强研究生工作的若干意见》中提出了“九五”期间改革和发展研究生教育的基本方针,即“立足国内、适度发展、优化结构、相对集中、推进改革、提高质量”。进一步细化了研究生教育的发展方针,明确了适度发展的思路,对结构优化和权力下放提出了具体要求,落脚点仍然是提高质量。为落实这一方针,1997年,教育部再次修订了研究生学科专业目录,增加了一级学科门类,删减了二级学科门类。此后,1998年、2005年和2008年又分别做了目录修订,逐步规范和理顺了一级学科,拓宽和调整了二级学科,从学科专业目录层面对研究生教育质量标准进行了细化。

为保障研究生教育质量,研究生教育质量评估工作逐步细化,相关的质量政策日趋具体化,1993~1997年,国务院学位委员会分别完成了第六批和第七批学位授予审批。在此基础上,为了进一步落实研究生教育质量的保障工作,学位授权点评估工作也逐步启动。1994年,我国研究生教育评估第一个社会中介机构“高等学校和科研院所学位与研究生教育评估所”成立。1995年,国家教育委员会又颁布了《研究生院设置暂行规定》,对不符合要求的研究生院提出了停办、取消资格等相应处理的办法,并对研究生院设置的标准进行了统一规定。1997年,国务院学位委员会分批对前四批批准的学科点办学基本条件进行合格评估。1998年,我国成立了“学位与研究生教育发展中心”开展学位授予权评估,研究生教育评估机构初见雏形。这些政策都是质量保障政策的具体化。

与此相呼应,研究生教育质量建设的相关政策也逐步出台,1995年,国务院批准启动“211工程”项目建设。1999年,国务院颁布了《面向21世纪教育振兴行动计划》,“985工程”正式启动建设。这两大工程项目建设,通过经济利益结构的调整,推动高等教育与研究生教育的重点发展。虽然它并不是针对研究生教育的专门性质量建设政策,却为我国研究生教育的良性发展提供了新的途径,丰富了研究生教育质量政策的内容。这一时期,在适度发展的思想下,研究生教育质量标准逐步细化,质量保障组织机构日趋完善,权力相对下放,政策内容逐步完善,政策调控的激励性作用凸显。

(三)我国研究生教育质量政策的深化(2000~2012年)

2000年,《教育部关于加强和改进研究生培养工作的几点意见》针对研究生教育中存在的一些难点问题,提出这一时期的基本方针是:“深化改革,积极发展;分类指导,按需建设;注重创新,提高质量”,在这一主导思想推动下,研究生教育的规模得到了空前的扩大,使得规模发展与质量提升之间的平衡被打破。

为提高研究生教育质量,深化改革,2005年,教育部下发《关于实施研究生教育创新计划,加强研究生创新能力培养,进一步提高培养质量的若干意见》。作为有关研究生教育质量政策的首个专门性文件,它深化了研究生教育的质量标准,提出了如何提高研究生创新能力和创新意识的具体途径与办法,为研究生教育创新体系的构建指明了方向。同年,教育部学位管理与研究生教育司、国务院学位委员会办公室发出《关于加强研究生教育创新计划项目管理的通知》要求通过项目管理推进整个研究生教育创新计划的实施。2006年,教育部学位管理与研究生教育司又印发了《关于加强研究生教育创新计划区域合作的意见》,这些政策都把研究生教育创新计划进一步引向深入,推动着我国研究生教育质量建设迈入了创新计划实施的新时代。此后,为了延续这一质量建设政策,2010年,《国家中长期教育改革和发展规划纲要(2010~2020年)》针对研究生教育特别提出,通过创新能力培养和机制改革提升研究生培养质量,进一步深化研究生培养机制改革,下放自主权,贯彻我国研究生主要按二级学科设置学位课程的培养模式。同年,教育部办公厅制定并下发了《授予博士、硕士学位和培养研究生的二级学科自主设置实施细则》,为各个学位授予单位自主设置二级学科提供了质量标准,细化了研究生教育质量的标准,丰富了研究生教育质量标准的内涵。

伴随研究生教育的规模发展,为加强研究生教育质量保障,解决研究生教育因快速规模扩张所带来的质量下滑的问题,2000年,《教育部关于加强和改进研究生培养工作的几点意见》提出了“加强学位与研究生教育评估的法规建设,规范各类评估工作”,要求学位授予评估工作与高校自我评估的规范化与常规化。2005 年,国务院学位委员会制定了《关于开展对博士、硕士学位授权点定期评估工作的几点意见》,开展学位点定期评估。2008 年,国务院学位委员会第 25 次会议审议通过《博士、硕士学位授权审核办法改革方案》,提出要重点发挥省级政府的作用,在授权审核工作中扩大学位授予单位的自主权,促进学位授权监管和评估体系的深化和完善,全面提升研究生教育质量。同年 10 月,国务院学位委员会又出台了《关于做好 2008 ~ 2015 年新增博士、硕士学位授予单位立项建设规划工作的通知》,要求硕士、博士授予由集中申报转变为立项建设,是对学位授予审核评估工作的深化。[③]

与此同时,2000 ~ 2010 年教育部分别进行了第八批(2000 年)、第九批(2003 年)、第十批(2006 年)和第十一批(2010 年)学位授予审核工作。2012 年,《教育部关于全面提高高等教育质量的若干意见》中对加强研究生教育质量监控做了特别说明,标志着我国研究生质量保障逐步由周期性的审核评估向常态性的质量监控转变。同年,国务院发布的《教育督导条例》规定对法律、法规规定范围的各级各类教育实施教育督导,首次从法规上明确了研究生教育属于国家督导范围。[④] 特别是这一时期,针对研究生学术规范中存在的深层次问题,2009 年,国务院学位委员会发布了《关于在学位授予工作中加强学术道德和学术规范建设的意见》,提出各学位授予单位应建立有利于提高学位授予质量的、科学合理的学术评价体系,加强学术自律,恪守学术诚信和学术道德。2012 年,教育部又下发了《学位论文作假行为处理办法》,进一步明确了学位申请人员、指导教师、学生培养单位、学位授予单位及相关人员的责任。

这一时期,我国研究生教育规模得到迅速发展。为化解规模发展与质量提升之间的矛盾,构建规范化、常态化的研究生教育质量政策体系

---

③ 《中国学位与研究生教育大事记(2008 年)》,载学位与研究生教育官网:www.adge.edu.cn/ch/reader/view_news.aspx? id = 20120831142627001,最后访问日期:2020 年 4 月 17 日。

④ 参见王战军:《中国学位与研究生教育 40 年》,中国科学技术出版社 2018 年版,第 100 页。

已显得必要且可行。而创新计划的推进，为研究生教育质量政策注入了新的活力，丰富了质量建设的内容。

(四)我国研究生教育质量政策的体系化(2013年至今)

这一阶段以2013年教育部、国家发展改革委、财政部联合发布的《关于深化研究生教育改革的意见》为开始标志，指出了我国研究生教育虽然取得了长足的发展，但研究生教育并没有完全适应多样化的经济社会发展的需求，与国际先进水平相比，研究生教育的培养质量还有较大差距。因此，要加强研究生教育的体系化建设，构建体系化的研究生教育质量政策，全面指导新时期我国研究生教育实践。

2013年9月，国务院学位委员会、教育部发布了《一级学科简介》和《博士、硕士学位基本要求》，在国家层面，构建了研究生教育培养质量的标准体系。此后，沿着体系化的发展方向，2017年1月，教育部、国务院学位委员会印发了《学位与研究生教育发展"十三五"规划》，提出学位与研究生教育改革发展要"继续坚持以服务需求、提高质量为主线"，完善质量监督，全面提升研究生教育水平和质量，从研究生教育大国快速向研究生教育强国迈进，这是首个专门性、规范化的学位与研究生教育发展规划，为研究生教育质量政策的体系化提供了指导方向。2019年，《教育部办公厅关于进一步规范和加强研究生培养管理的通知》则在分流淘汰的思想下系统地梳理了当前我国研究生教育中存在的问题，并提出了系统化的管理意见。

而且，这一时期的质量保障制度建设也进入了体系化的发展阶段，2014年，国务院学位委员会、教育部下发了《关于加强学位与研究生教育质量保证和监督体系建设的意见》，指出要构建"五位一体"的研究生教育内部质量保证和外部质量监督体系。随文件还下发了《学位授予单位研究生教育质量保证体系建设基本规范》，在学位授予单位研究生教育目标与学位授予标准、招生管理、培养过程与学位授予管理、导师岗位管理、研究生管理与服务、条件保障与质量监督、质量管理与质量文化7个方面提出了明确的要求。同年，还出台了《学位授权点合格评估办法》《博士硕士学位论文抽检办法》《国务院学位委员会、教育部关于开展学位授权点合格评估工作的通知》,决定于2014～2019年开展学位授权点合格评估工作,拉开了学位点专项合格评估的序幕。进而在2015年11月10日国务院学位委员会下发了《关于开展博士、硕士学位授权学科和专业学位授权类别动态调整工作的通知》和《博士、硕士学位授权学科和专业学位授权类别动态调整办法》,决定自2016年起,将博士、硕士学位授权学科和专业学位授权类别动态调整工作的实施范围扩大到全国。2017年3月,为规范学位授权审核程序和标准,国务院学位委员会印发了《博士硕士学位授权审核办法》。2018年教育部印发了《关于全面落实研究生导师立德树人职责的意见》,从导师队伍建设层面为研究生教育质量的提升提供保障。这些文件都夯实了研究生教育质量保障政策体系化的基石。

关于质量建设,2015年,国务院印发《统筹推进世界一流大学和一流学科建设总体方案》,整合了"211工程"、"985工程"及"优势学科创新平台"等重点建设项目。2017年,经国务院同意,教育部、财政部、国家发展和改革委员会联合印发《统筹推进世界一流大学和一流学科建设实施办法(暂行)》,我国研究生教育正式迎来了"双一流"发展时期。

新时代,我国研究生教育由教育大国向教育强国迈进,研究教育质量政策的体系化建设势在必行。随着专门性质量政策文件逐步出台,质量政策逐步由分散走向整合、优化。在政策工具的选择上,质量建设管理的思想逐步融入研究生教育质量政策的制定中,质量政策更加科学化、合理化。

二、我国研究生教育质量政策分析

(一)坚持教育质量为核心与服务社会的目标指向,但实践中政策的"创新性"不突出

教育政策是一种价值选择。人们通过观念、信念和价值界定教育政策中存在的问题,这种价值选择也制约着人们解决教育问题的能力

和途径。[⑤] 纵观研究生教育政策的演变过程,无不是适应社会、经济发展的需求的价值选择,这种价值选择最直观的体现就是其中所蕴含的质量观。研究生教育质量观是对研究生教育的质量的基本看法和认识。早在我国研究生教育发展之初,就提出了“稳步发展,提高质量”方针,重视质量的思想贯穿于研究生教育发展的始终。随后“立足国内、适度发展、优化结构、相对集中、推进改革、提高质量”指导方针集中反映了当时研究生规模发展与质量提升之间的问题。随着研究生教育内涵式发展的推进,“深化改革,积极发展;分类指导,按需建设;注重创新,提高质量”的方针在分类培养基础上更注重研究生创新能力的培养。新时期,研究生教育将继续坚持“服务需求、提高质量,寓教于研、激励创新,分类改革、机制创新”的方针。从这些方针可以看出,我国研究生教育重视质量的思想是一以贯之的,同时也是动态调整的,其价值取向的社会服务性日益凸显,以适应不同时期社会、经济发展的需求和研究生教育发展的实际。但从研究生教育的发展来看,研究生教育的“创新性”并不突出,虽然研究生教育质量政策中对“创新”也有一定的凸显,体现在质量观中表现为“注重创新”到“激励创新”“发展创新”。但整个教育政策对“创新”的引领作用还不强,实践层面也缺乏深化的、可操作性强的政策指导。

(二)力求质量建设与质量保障同步协调,但实践中二者发展的一致性不协调

质量建设与质量保障是教育质量政策内容的一体两面,促进教育质量的有效提高必须使两者达到平衡。“质量建设关注利益结构的调整,主要通过经济杠杆来实现,质量保障关注教育教学活动过程中行动准则的规范和调整,主要通过相关的质量制度和质量标准来实现。”[⑥]我国研究生教育质量政策中质量建设相对于质量保障受重视的程度较低,这是因为早期我国研究生教育更注重规模的扩张。因此,在顶层设计层面,

---

⑤ 参见褚宏启主编:《教育政策学》,北京师范大学出版社2015年版,第71页。

⑥ 卢晓中、刘志文:《我国高等教育质量政策的特点及走向》,载《教育发展研究》2008年第Z3期。

更关注教育行动准则的规范和调整,通过相关质量制度和标准的调整来实现质量保障,将保障质量作为研究生教育质量政策的主要内容,从质量标准的制定、学位授权审核到质量检查、监督与评估,从外部质量保障体系到内部质量保障体系,从二级质量管理保障体系到三级质量管理保障体系,从学科评估到教学督导,研究生教育的质量保障体系日益科学化、规范化。而质量建设更关注利益结构的调整,主要通过经济杠杆来实现,通过分配性、激励性的质量政策来调控教育质量,从"211 工程""985 工程"到研究生创新计划的实施,再到"双一流"建设,这些质量建设政策有效地推动了研究生教育质量的提升,但与本科教育相比其专门化不足、针对性不强,研究生教育质量建设相对滞后。

(三)适度地分权,但实践中政策调控的激励性因素不明显

政策调控的层面包括宏观和微观层面。分权可以看作对责任的再分配并共同承担风险。⑦ 为保障研究生教育质量,分担国家在研究生教育管理中的职责,1991 年,全国 16 个省、自治区、直辖市试行建立了省级学位委员。2008 年,《博士、硕士学位授权审核办法改革方案》特别突出了省级政府的作用,并逐步扩大了学位授权单位在授权审核中的自主权。此后,省级政府和高校的地位和作用在研究生质量管理中日益增强。研究生教育质量政策的宏观调控逐渐分权。国家层面承担责任相对减轻,有助于更好地把握宏观调控,促进质量提升和保障;省级政府和高校也可以发挥更有效的作用,促进质量政策的落实与实施。

微观层面,研究生教育质量政策的调控,主要通过规则来调控,通过强制性的政策指令调控研究生教育质量。从培养目标、招生考试制度、学位授权点评估到学术道德规范,研究生教育质量政策的规制特质十分突出。没有学位授予权的单位不能进行招生,不符合要求的研究生院停止办学,不符合条件的学科停止招生,研究生违反学术道德的将受到相应的处罚。通过这些强制性的政策,有效地保障了我国研究生教育的质量。但这些政策的指令性较强,与分配性政策调控相比缺乏一定的激励

---

⑦ 参见涂端午:《权威分裂、价值冲突、反控制——高等教育政策制订中的主要问题分析》,载《教育发展研究》2010 年第 7 期。

性，不利于政策的全面贯彻执行。过于强制性的政策指令，有时会造成上有政策、下有对策的局面。

（四）形成了以行政性工具为主，管理性工具和社会性工具为辅，协同并用的格局，但实践中社会性工具运用不鲜明

教育政策工具是用来解决教育问题，实现政策目标的手段和方式。政策工具的选择是一个复杂的过程。研究生教育质量政策的工具主要包括行政性工具、管理性工具和社会性工具。总体而言，我国研究生教育质量政策的实施主要运用行政性工具实现教育质量提升和保障的目的，具有强制性的特点，通常以行政法规和规章的形式表现。同时，我国研究生教育质量政策更多地运用了管理工具，注重绩效和质量，通过明确培养目标，调整专业目录，制定评估标准等，加强研究生的学科建设、课程建设和导师队伍建设等。近些年，研究生教育质量政策中越来越多地引入了社会性工具，通过社会化手段实现研究生教育服务社会的本质，“五位一体”的研究生质量保障体系中除政府部门培养单位外，学术组织、行业部门和社会机构也协同配合保障研究生教育质量，目前这些机构正积极地参与到研究生教育的质量管理当中。甚至在政策的制定过程中，也有越来越多的公民和社会组织参与其中，根据教育部公布的数据，《国家中长期教育改革和发展规划纲要（2010～2020年）》的制定先后收到征求意见稿的意见和建议210万件。[⑧] 但相对于行政性工具和管理性工具的运用，社会性工具在研究生教育质量政策中的运用并不鲜明，研究生教育政策的制定、执行过程中并没有全面发挥社会性工具的作用。

（五）始终遵循政策演进规律，走渐进式的细化、深化、体系化的道路，但实践政策反馈不及时

我国研究生教育发展初期，质量政策借鉴苏联、美国较多，随着研究生教育的推进，逐步走上了内涵式的发展道路，更注重符合自身发展的特色。研究生教育质量政策也越来越细化，一些专门性的质量建设和保

---

⑧ 参见褚宏启主编：《教育政策学》，北京师范大学出版社2015年版，第144页。

障政策相继出台。随着制度建设的深入,法制化的政策建设也日益强化。同时,研究生教育的体系化发展也初具雏形,“五位一体”的研究生教育质量保障体系,国家、省级政府、高校三级质量管理体系等都体现了研究生教育质量政策体系完善。其中,“稳中推进”是政策制定的基本思路,而质量政策的推行又事关研究生教育的根本,因此,其政策推行大都由试点开始,进而推广到全国,研究生院的试点、省级学位委员会的试点、学位点专项合格评估的试点无一例外。但整个研究生教育政策演进的过程中,政策反馈的环节是相对薄弱的,导致研究生教育质量评估周期较长,虽然目前质量评估的常态化建设正在逐步加强与完善,但整个反馈机制并不健全。

三、对我国研究生教育质量保障政策走向的几点建议

(一)强化创新性,引领教育质量政策的价值导向

研究生教育质量政策以质量为核心,追求效能价值与社会价值,服务于社会发展需求。追求研究生教育的效能价值,应遵循社会发展对更高层次人才的需求,遵循研究生教育自身发展的规律,注重研究生能力的培养,将研究生教育质量的落脚点放在人才培养质量之上,而不是外部条件因素之上。研究生的能力培养包括科研能力、实践能力和创新能力等,其中创新能力是其能力提升的主要标志,因此研究生教育质量的价值追求应该突出强调“创新”。追求研究生教育的社会价值,需要满足社会发展的需求,“按需建设”“服务需求”,这种服务性也是建立在不断适应、创新基础之上,而不是简单地迎合。美国研究生教育之所以能取得非凡的成就,就是源于对“创新”价值理念的追求。随着我国研究生教育改革的深化,只有突出研究生创新能力的培养,研究生教育的创新,将创新性的质量观贯穿于研究生教育的全程,突出研究生教育质量政策对创新性价值的追求,才能真正意义上保障和提升研究生教育质量。

(二)坚持质量保障,强化质量建设

质量建设与保障是研究生教育质量政策的两个重要内容。由于规模扩张,质量保障是我国研究生教育发展过程中缺失而又重视的内容。虽然目前我国研究生教育内部质量保障与外部质量保障体系已经初步建立,也取得了一定的成效,但与发达国家的研究生教育质量保障体系相比,仍然需要不断完善,特别是在质量文化建设、评价标准,引入社会评价等方面,都需要不断进行政策规划。但相对于质量保障,我国研究生教育的质量建设政策更需要完善,在研究生“教学 + 科研”的培养模式中,教学环节一直不受重视,这直接导致了相关质量建设政策的不完善。相较于本科教育,研究生教育的学科建设、课程建设、教材建设等工作一直缺乏专门性的政策指导。因此,在研究生教育的质量政策中应该突出质量建设的内容,通过政策引导,重视研究生教学,实现教学与科研的协调发展。尤其是随着研究生招生规模的不断扩张,面对不同层次的学生,更应该在研究生分类培养、分流淘汰思想的指导下,突出教学的作用,注重培养过程,完善质量建设政策,与质量保障政策形成政策闭环,保障研究生教育质量,促进研究生教育质量的提升。

(三)明晰集中管理与分权辩证统一,关注政策调控的激励性作用

长久以来我国研究生教育主要由国家直接管理,权力集中在国家层面,这有利于研究生教育的统一管理,但也使国家层面承担了过重的责任,不堪重负。随着研究生教育管理权的下放,各省也相继出台了有关的研究生教育政策,但总体上而言仍然是上传下达,政策的针对性和创新性都略显不足,分权管理的效率仍然不高。当然也并非一味地分权就有利于研究生教育的管理。例如,研究生“招考分离”的制度的实施,就是分权后,在质量与公平思想的指导下,面对出现的问题,由分权向集中管理的再次回归。因此,集中管理与分权管理协调统一,才能发挥政策调控的最大作用。

在微观层面,我国研究生教育政策的调控在规制的同时,应该发挥分配性政策调控的激励作用,通过利益分配、激励性政策提高政策实行的有效性,从而落实政策。吸取“211 工程”“双一流建设”的经验,通过利益分配激励研究生培养单位积极地投入研究生教育的发展之中,形成竞争态势,提升政策贯彻执行的力度,通过激励而非一味地强制管理,实现政策目标。

(四)凸显政策工具社会性,追求政策目标群体的利益最大化

政策工具的选择是为了实现政策目标。政策目标群体推动下的政策工具选择和创新,更有利于政策的制定与执行。[⑨] 因此,在政策工具的选择上,政策目标群体的利益是政策执行最大的推动力,在政策制定的过程中,广泛汲取目标群体的需求,才能有效落实政策。研究生教育质量政策以质量提升为目标,其政策目标群体既包括研究生也包括其他社会利益集团。他们的利益是推动研究生教育质量提升的直接因素。所以,需要在选择行政性工具和管理性工具基础上突出社会性工具的重要性,加大社会性工具应用的比重,引导社会因素参与到政策的制定和执行过程之中,满足研究生自身能力提升需求以及社会利益集团对高层次人才的需求,才能有效实现研究生教育质量的提升,否则研究生教育质量只能是指标中的质量,无法落实到实际,政策的执行也不会取得较好的效果。

(五)着力顶层设计,完善政策评估

政策环境是决定政策内容的重要因素,不同历史时期研究生教育质量政策的内容都具有时代的特质,其演进的过程也具有自身的特色和时代性。目前,我国研究生教育的发展正在由教育大国逐步向教育强国迈进,与国际接轨,成为这一时期研究生教育发展的重要内容。因此,只有提升质量才能真正与国际接轨。这就要求研究生教育质量政策具有更高的指导性、更强的执行力和更完善的保障性。实现这一要求,就必须加强研究生教育的顶层设计,加强政策反馈机制建设,引入先进的评估理论、方法和技术,建立第三方评估组织,开展政策评估形成教育质量政策的闭环,完善我国研究生教育质量政策体系。

---

⑨ 参见吴合文:《改革开放以来我国高等教育政策工具的演变分析》,载《高等教育研究》2011 年第 2 期。

Review and Reflections on the Quality Policy of Postgraduate Education in the Past 40 Years' Reform and Opening-Up in China

Guo Yanli

Abstract: Quality is the essence of postgraduate education. Quality policy is one of the important contents of postgraduate education policy. This article reviews the process of the origin, progress, deepening and systematic development of the quality policy of postgraduate education in China and it combs the standards, content, regulation, instruments and evolution of the quality policy of postgraduate education in China. In the meantime, it reflects on the development of the quality policy of postgraduate education in China. The author of this paper found that although the quality policy of postgraduate education in China has achieved certain results, there are still a series of problems, including, " innovation " is not prominent; quality construction and the development of its guarantee system are not coordinated; the incentive factors for policy regulation are not obvious; the societal instruments and inadequate policy feedback are not typical and effective. In the new era, quality policy of postgraduate education in China must implement the following specific reform measures to adjust itself to the new situation and solve new issues: to strengthen innovation in policy fomration and guide the value orientation of the education quality policy; to adhere to quality guarantee and strengthen quality construction; to clarify the dialectical relationship between centralization and decentralization and to focus on the incentive role of policy regulation; to emphasize the social properties of polity formation instruments to pursue the maximization of the interests of target groups; to focus on the top design and improve policy evaluation.

Key Words: postgraduate education, quality, policy

教育法制

依法治教的价值意涵、现实挑战与推进路径*

王洪才** 郑雅倩***

摘 要：教育治理体系与治理能力现代化是我国教育强国建设的重要内涵，依法治教是教育治理体系与治理能力现代化的内在要求。在全面推进依法治教的过程中还遇到不少挑战，集中表现在教育法治思维匮乏、教育立法建设滞后和教育行政执法弱化等方面。为此，必须坚持以人民为中心、从实际出发、以生为本等基本原则，创新立法机制，严格执法程序，普及法治文化。福建省通过率先创制、简政放权、强化研究和多维联动等举措，实现了治理机制建设的突破，对我国依法治教的长效机制探索具有借鉴意义。

关键词：依法治教 教育治理 现代化

---

* 基金项目：教育部人文社会科学重点基地重大项目"中国特色的大学内部治理结构与质量保障机制研究"（18JJD880005）以及"'十四五'福建依法治教和治理体系现代化研究"（JSZ19008）成果；厦门大学2019年度"双一流"建设重点建设项目。

** 王洪才，厦门大学教育研究院教授、博士生导师，研究方向：高等教育理论与现代大学制度。

*** 郑雅倩，厦门大学教育研究院硕士研究生，研究方向：高等教育学。

一、依法治教是教育治理现代化的内在要求

自2013年《中共中央关于全面深化改革若干重大问题的决定》出台以来,“推进国家治理体系和治理能力现代化”成为我国各领域深化改革的重要目标。作为顶层设计的治理体系建设具有内在的系统性,它离不开治理能力提升作为支撑,因此,治理体系与治理能力两者是不可分割的有机体。简言之,治理能力的提升有利于构建科学的、可行的治理体系,而治理体系效能的激发则依赖于治理能力的建设,两者之间是一种相互依存、相辅相成的关系,共同构成治理现代化的基本内涵。

国家治理现代化命题蕴含了行政管理模式转变的内涵。很显然,行政管理模式转变应以先进的治理理念为指导。就其基本点而言,就是要从过去“管控模式”向“协调模式”转变,即从政府唱独角戏向社会多元参与共同治理模式转变,其目的是实现社会多元利益主体相互促进、和谐共存。为此,政府治理理念转变是前提,政府职能转变是关键,政府提高服务能力是根本,实现民众广泛积极参与是手段,促进在社会不同利益群体之间形成良性对话机制是目的。概言之,国家治理现代化就是用先进的治理理念,改造与社会发展不相适应的社会关系,形成一种新的社会关系状态。在其中,必然要对不同群体之间的法律关系进行调整,确立一种新型的法律关系。

教育作为一个关系国计民生的重要领域,是国家治理现代化建设中的重要一环。可以说,教育治理现代化直接影响着国家治理现代化的水平与进程。教育治理现代化也分为教育治理体系现代化与教育治理能力现代化。教育治理体系现代化,核心点在于吸纳社会多元利益主体参与到教育治理过程中,形成以教育行政部门为基础,同时吸收具体办学单位代表、学生和教师代表以及社会各相关利益群体代表参与的教育治理体系。毋庸讳言,由于传统教育体制的固化影响,各种社会力量参与

教育治理的积极性并不高，而且这种状态很难短时间转变过来，如果没有明确的法律赋予社会力量参与教育治理的权能，那么就很难改变由教育行政部门包办一切的状况，因为社会力量已经形成了被动依赖的习惯，缺乏主动参与教育治理的意识，而且也不敢争取参与教育治理的权利。所以，教育治理体系现代化需要通过教育法律体系的完善来推动教育体制机制的改革，进而促进教育治理方式转变。

教育治理能力，既包括各主体参与教育治理的能力，也包括教育治理体系运行能力。[①] 毋庸置疑，教育治理现代化既要反对为追求治理效果而采用不符合规则的治理手段等功利性行为，同时也应该摒弃墨守成规、固化治理体系而导致治理模式失灵的僵化行为。教育治理体系现代化要求为社会多元利益群体提供公平参与治理的机会，但如果法律并未做出相应的规范，那么社会力量参与教育治理的合法性、有效性就很难得到保证。不可否认，现代化是一个动态发展的过程，而且也是一个不断趋于理想的过程，[②]在追求教育参与治理公平化的过程中必然要协调各种利益关系，必然会面临各种矛盾与冲突，要解决这些矛盾和冲突就必须以事实为依据，以法律为准绳，做到有法可依，有法必依，否则会导致社会失序。

进言之，教育治理体系现代化和治理能力现代化既要求具备系统完善的教育法律体系，又要求参与教育治理的各相关主体增强依法办事的思维能力，严格按照法律法规的内在要求参与治理，保证教育治理体系的运行处于和谐有序的状态，善于将法律规则与治理理念的潜在优势转化为现实的治理效能。

---

① 参见余雅风：《以制度为关键和重点，让教育治理更有水平——推进教育治理体系和治理能力现代化》，载《中国电化教育》2020年第1期。

② 参见王洪才：《教育治理体系与治理能力现代化论略》，载《复旦教育论坛》2020年第1期。

二、我国全面推进依法治教所面临的基本挑战

1980年《学位条例》的颁布实施,开启了我国教育立法新征程。[③] 时至今日,我国已经颁布了多部教育法律法规,且部分教育法律法规已开始了修订工作,初步形成了具有中国特色的教育法律法规体系。这些法律法规对教育改革发展发挥了价值引导作用,成为我国教育事业发展中不可或缺的部分,较为有效地保障了我国教育事业的持续稳定发展。[④] 不可否认,通过《义务教育法》的颁布和实施及其修订,对我国教育均衡化发展发挥了重要作用,使我国成为世界上较快扫除文盲并迅速提升人民群众文化教育水平的国家。[⑤] 毋庸讳言,目前我国教育法律体系仍不健全,还不能为社会多元利益主体有效参与教育治理提供法律保障。

目前国家在教育领域也在大力推行"放管服"改革,旨在进一步转变政府职能,调节政府、学校以及社会之间的关系,将为社会多元利益主体参与教育治理提供政策支持,也为后续的教育法律关系调整提供了依据。可以说,治理体系变革,反映了人民群众对高质量教育不断提升的需求,与社会经济领域改革的不断深化的趋势是一致的。当然,要真正满足人民群众对美好生活的愿望,就必须在教育法治建设中抓住重点难点有所突破,完善教育治理体系建设。总体而言,我国在全面推进依法治教的过程中主要面临以下三个方面的挑战。

(一)教育法治思维的普遍匮乏

只有思维的率先转变才能真正带动行动上的转变。治理现代化强

---

③ 参见李连宁等:《改革开放40年教育法治回顾与展望(笔谈)》,载《中国高教研究》2019年第3期。

④ 参见劳凯声:《"依法治教"是推动教育改革与发展的重要力量》,载《人民教育》2014年第21期。

⑤ 参见《〈义务教育法〉全面修订的重大意义及相关政策方向》,载中国教育报:http://old.moe.gov.cn/publicfiles/business/htmlfiles/moe/moe_1166/200609/10388.html,最后访问日期:2020年5月16日。

调从传统的垂直式行政管理模式转向横向式协商治理模式,体现在治理主体上则为从单一的政府治理主体走向社会多元利益相关者共同参与。但就目前实际情况来看,教育治理主体的法治思维仍未真正确立。一是体现在教育行政管理部门仍局限于传统的行政思维模式。由于传统管理方式的惯性使然,教育行政部门仍习惯于下命令,教育决策常常是为了执行上级的指示命令而非通过实际调研并与多元利益主体开展协商而形成。这就反映了教育行政管理部门仍未把社会力量作为教育治理主体看待,也尚未定位好自己的服务职能,其传统的管控意识仍然非常强。

二是体现在社会力量的法治思维尚未真正建立。"权力制约和权利保护是法治思维的重要内容。"⑥在现实生活中,教育主体的教育权利受侵犯、教育权力遭滥用的现象频繁发生。例如,高考顶替案中揭示出一些教育权力机关人员存在忽视规则、蔑视法律现象,而教育权利主体利益受到侵犯后却没能及时保护自身合法权益;又如,高校学术委员会、教师代表大会等本是多元利益主体参与治理的重要渠道,却因程序失范而出现了无效参与;再如,社会中不少人存在"有事找关系"的惯性思维,因而也就导致参与教育治理的主动性、积极性以及能动性都较低。这些现象体现了在社会交往中各利益主体在教育法治思维上的普遍匮乏。

(二)教育立法体系的严重滞后

"良法是善治的前提",⑦法律是调节社会关系的重要手段,在教育转型的关键时期,法律体系的完备性、立法内容的科学性和立法保障体系的有效性,成为教育治理现代化的助推器。就目前来看,我国教育法律体系建设存在严重滞后现象。一是体现在现有教育法律体系中尚存有较多空白地带,部分领域面临着"无法可依"的状况。"一个法制完备

---

⑥ 参见申素平、郝盼盼:《运用法治思维和法治方式深化教育改革》,载《中国高等教育》2019年第Z3期。

⑦ 参见李林:《习近平全面依法治国思想的理论逻辑与创新发展》,载《法学研究》2016年第2期。

的教育体系才是富有效率的、充满活力的教育体系”，[⑧]现阶段我国教育法律体系以《教育法》作为核心，形成了多部专门性的教育法律法规，但在终身教育、家庭教育、学校教育和学前教育等领域上仍存在许多法律缺位。这就会导致难以对相关领域的教育关系进行有效的规范与监督，一旦出现矛盾与冲突，又将因缺乏法律依据而难以有效解决，如此就可能形成恶性循环。

二是体现在立法内容上仍存在不细不新的状况，尚未真正达到“有法可依”的要求。一方面，我国教育立法目前仍以国家立法为主导，出于全国通用性的考量，同时也囿于传统立法技术，教育法往往注重原则性，忽视实践性和具体可操作性，[⑨]从而使教育法律的权威性大大降低；另一方面，不少教育法律规定已经颁布实施多年，但未能随着社会进步和教育理念的更新而调整，已明显不能适应新时代的教育发展要求，亟待进行修订完善与补充。我国自 2010 年提出“六修五立”立法计划后，目前仍有《职业教育法》、《学位条例》以及《教师法》三部法律仍未修订，有关考试、学校、终身学习、学前教育和家庭教育等多项立法工作仍未完成，[⑩]如果等主要法律修订完成再启动的话，那么整体立法修订过程就非常漫长，进而各种教育法律关系就难以得到及时调整，且地方教育法规又须与上位法保持一致，而上位法的滞后在很大程度上将压缩地方立法的实践空间。由此而言，在极具时代性的教育领域，立法的滞后性将阻碍教育事业的现代化、国际化以及法治化。

（三）教育行政执法的严重弱化

法律生命力与权威性的实现在于实施。[⑪] 教育治理体系既包括教育内部治理体系，同时也涉及教育外部治理体系，在复杂的网状治理体

---

⑧ 参见劳凯声：《变革社会中的教育权与受教育权——教育法学基本问题研究》，中国铁道出版社 2003 年版，第 16～41 页。

⑨ 参见侯健：《改革开放四十年教育立法的经验和问题》，载《国家教育行政学院学报》2018 年第 12 期。

⑩ 参见湛中乐：《论我国教育法规范体系的完善》，载《中国高等教育》2019 年第 8 期。

⑪ 参见申素平、郝盼盼：《运用法治思维和法治方式深化教育改革》，载《中国高等教育》2019 年第 Z3 期。

系下,内外部关系的协调不能仅仅依靠德治,更多地需要依靠法律的权威,而法律权威性的实现更多依赖的是执法。可以说,高质量的执法既是实现和巩固教育法治成效的关键,同时又是积极探索教育立法方向的重要举措。我国教育行政执法中存在严重的弱化现象。主要体现在以下两方面:

一是教育行政执法队伍建设不完善。主要体现为执法主体不明确、执法机构不健全和执法人员素质不高。2014 年教育部办公厅发出《关于开展教育行政执法体制改革试点工作的通知》,要求各地设立专门教育执法机构或队伍。为此,各地设立了相应的教育执法机构,如山东省青岛市教育局设立行政审批与执法处、上海市建立“市和区县民办教育联动执法组”,⑫通过这些联合执法机构集中行使教育行政执法权。但目前我国大多数市、县教育行政部门至今尚未建立专门的法制工作机构或者执法机构,“多头负责、多头管理”的现象仍然非常普遍。⑬

二是教育行政执法程序性规定不足。我国地区差异大,中央教育法律大多为原则性规定,无法对每个地区的具体情况作出针对性规定,因此也就要求地方教育行政执法要根据地方的实际情况自主设计与实施。但目前来看,我国大部分省、自治区、直辖市仍未有教育执法相关的程序性规定。⑭ 目前,部分省、自治区、直辖市相关网站仍未设有教育执法公示专栏或其他关于执法队伍、执法范围等相关信息的公示。

三、全面推进依法治教的基本原则

依法治教是教育治理现代化的内在要求,同时也是国家“十四五”

---

⑫ 参见李改、赵京:《教育行政执法体制机制改革实践探索》,载《人民教育》2018 年第 24 期。

⑬ 参见马怀德:《教育法治四十年:成就、问题与展望》,载《国家教育行政学院学报》2018 年第 10 期。

⑭ 参见金东海、蔺海沣:《当前我国县级教育行政执法的困境与对策》,载《教育理论与实践》2014 年第 23 期。

期间教育法治规划的基本方略。因此,提高教育主体的法治思维、完善教育法律体系以及严格教育行政执法等举措是进一步深化全面依法治教的方向和举措。而依法治教方向的确立要以原则为基础,才能实现有效科学的治理效果。

(一)坚持以人民为中心,统筹设计

第一,全面贯彻党和国家教育方针政策。全面提升依法治教水平,推进教育治理体系和治理能力现代化,最根本也是最重要的是要牢牢贯彻党和国家教育方针政策。历史表明,中国共产党代表中国先进生产力的发展要求,代表中国先进文化的前进方向,代表中国最广大人民群众的根本利益,"十四五"规划是我国基本实现社会主义现代化的关键时期,是"两个一百年"奋斗目标的历史交汇期,在这样的关键节点更需要坚持党的领导,确保教育发展道路的方向性和科学性。经验证明,我国教育发展取得的历史性成就与党的坚强领导和国家的教育战略决策是分不开的。因此,开展依法治教的规划设计时要始终坚持党的统一领导,坚持全国上下一盘棋,以进一步推进我国教育现代化和加快教育强国建设步伐。

第二,以现代治理理念引领教育法律体系建设。良法才能达至善治。随着教育治理理念的转变,教育治理主体逐渐从单一走向多元,教育管理方式也从集中式转向民主式,教育法律体系建设难免出现现有法律法规与现代化教育治理理念产生冲突,相关法律法规条款存在内容不明晰的弊端越发明显,甚至出现教育局部冲突乃至发生重大突发性教育公共事件都难以寻求教育法律的支持等现象,而如果教育法律体系未能适应教育治理理念的转变,未能为教育治理理念的实践提供法治支持,那么,教育法治的意义也就随之下降。

(二)坚持从实际出发,因地制宜

第一,坚持教育发展与社会经济发展规划相协调。国家治理体系现代化是与各领域体制机制改革、法律法规体系建设紧密相连的,教育是国家治理中的重要领域,教育的发展离不开社会大环境,同样,推进依法治教的规划设计必须与社会发展大环境紧密协调。具体而言,社会经济的发展大大提升了人民群众对高质量的多样化、多层次的教育需求,也对教育治理体系和教育治理能力现代化发展要求更为迫切。教育治理能力需求提升,又要求参与教育治理的不同主体主动适应时代变化,切身增强法律思维和依法办事意识。

第二,全面推进依法治教,应抓住制约教育发展中的“瓶颈”难题。法律具有引领、保护、评价、保障的作用,[15]教育治理现代化以法治建设为保障,[16]这就指出了依法治教所承载的重要任务,即在教育治理中要立足教育发展中的关键问题、关键领域,从当前教育中最棘手的问题出发,实事求是地解决教育发展中的治理困境。

(三)坚持以生为本,呵护学生身心健康

法律是以国家强制力作为保障的体系,而教育活动则讲究“以情感人、以理服人”,以情感教化说理为基础的,教育与法律关系可谓国家治理的两翼,一柔一刚,两者结合可以做到张弛有度。教育活动主体是人,人的活动是有规律性的,依法治教,就必须遵循教育活动的内在逻辑。教育立法也不能离开人民群众的参与,教育立法必须倾听人民群众的呼声,关心人民群众的根本利益,充分听取人民群众的意见与建议,发挥其在教育治理中的主体作用。不仅如此,在调解教育活动中出现的紧张关系和进行教育法律宣传时,都要注重结合各级各类教育对象的身心发展特点,注意保护他们的身心健康,不能机械简单地开展。

四、全面推进依法治教的福建经验

为建设法治强国,响应国家教育发展规划,探索地方省、自治区、直辖市教育法治建设的新路径,福建省在充分利用已有教育法治建设经验的基础上,积极创新,坚持把“放管服”作为激发福建教育事业的根本动

---

⑮ 参见沈宗灵主编:《法理学》,北京大学出版社2001版,第83~86页。

⑯ 参见陈宝生:《全面推进依法治教　为加快教育现代化、建设教育强国提供坚实保障——在全国教育法治工作会议上的讲话》,载《国家教育行政学院学报》2019年第1期。

力,以“创新地方立法”解决区域内教育发展面临的新问题,以“简化行政审批”创新治理机制,以“助推法治研究”深化立法深度,以“建立多维联动”提升法治思维,收到了较好的社会效益,既为地方省、自治区、直辖市推进依法治教提供了成功的范例,同时也为国家全面推进依法治教提供了实践经验。

(一)以“创新地方立法”解决区域问题

地方立法是在中央立法精神的指导下,根据地方区域特色以及现实需求,通过立法解决和应对本区域教育事业发展所产生的问题,同时也是教育立法的试验田,以其前瞻性、先行性和实践性为中央立法提供素材。[17] 福建省在地方立法“先行先试”上具有代表性。终身教育是个人适应现代社会发展的需要,同时也是国家人口素质提升的需求,但由于历史原因,我国终身教育观念及体系建设并不完善,因而通过法律保障我国公民终身教育权利是客观要求。2005年,福建省率先出台了终身教育法规《福建省终身教育促进条例》。[18] 并在此法律的框架下,福建省成立终身教育促进委员会、搭建“福建终身学习在线”、开展闽台两地终身教育合作交流等,进行了许多走在全国前列同时又紧扣地方特色的改革举措。[19] 不仅于此,福建省于2015年颁布《福建省促进闽台职业教育合作条例》,充分发挥对台交流的独特地理优势,开展交流合作以促进本省区域内职业教育更高质量发展。

(二)以“简化行政审批”创新治理机制

“放管服”是教育治理改革的重要方式,教育行政管理部门是否可以真正做到放权、是否科学合理地放权,以及能否有效监管是落实“放管服”的重点。福建省以“简化行政审批”作为基本点创新治理机制。一是精简行政审批事项,提高治理服务水平。自2013年以来,福建省教育

---

⑰ 参见戴羽、张健:《中国地方教育立法:意义、现状与改革进路》,载《高教探索》2017年第12期。

⑱ 参见国卉男、高晓晓:《我国终身教育立法的特点、偏差与改进——基于地方立法文本的分析》,载《职业技术教育》2019年第31期。

⑲ 参见沈光辉:《我国终身教育立法的主要问题与对策建议——福建省的实践探索与启示》,载《中国远程教育》2014年第12期。

厅先后开展五轮行政审批事项清理工作,截至2019年年底,权责事项由原来的251项精简为97项,精简率达61%;行政许可审批事项由原来的7项调整为4项,精简率达42%。[20] 放权是转变政府职能的第一步,福建省适应角色转化,不断优化服务方式。充分利用网络技术,将行政许可和公共服务事项全部进驻"福建省网上办事大厅"办理,实现一网通办;大力压缩办理环节,推行即办制度和限时办理承诺制度。二是实行重点领域目标管理,保障权力下放成效。放权并不意味着放任不管,毋庸置疑,教育是一个复杂的领域,涉及各方的利益,因此在简政放权下教育行政管理部门更要把握教育大方向,加强市场监管。福建省在简政放权的同时,建设全国首个省级高等院校办学监测体系,并在重点领域和重点事项实行"一校一策"目标管理制度,开展办学绩效考核,保障教育质量。[21]

(三)以"助推法治研究"深化立法深度

依法治教是教育治理现代化的基本目标、基本途径和基本手段,而完善法律法规体系建设是依法治教的前提条件。可以说如果没有一个完备的教育法律体系,那么教育系统自我运行的效能就会大大下降,也会因此变得不堪一击。当然,如果没有一个法律法规体系以适应时代变化,明确教育转型中治理主体的权责利以及制定合理的治理程序,那么教育事业也便难以健康持续发展。教育法学是教育法理论研究的重要领域,同时也理应是推动社会教育法治思维提升的重要阵地,[22]福建省基于省内高校特色研究领域,充分激发人力智力资源,建立法治研究中心,分别在福州大学、福建师范大学以及福建江夏学院建设"教育立法咨询与服务中心""教育政策与法治研究中心""教育法律研究中心"三个智库型研究中心,为福建教育法治建设提供前瞻性意见与建议。

---

[20] 《2019年全国教育领域"放管服"改革推进会在榕召开》,载福建省教育厅官网:http://jyt.fujian.gov.cn/jyyw/ttxw/201905/t20190523_4883081.htm,最后访问日期:2020年7月1日。

[21] 《福建积极推进高等院校监测体系建设》,载教育部官网:http://www.moe.gov.cn/jyb_xwfb/s6192/s222/moe_1745/201508/t20150805_197949.html,最后访问日期:2020年6月1日。

[22] 参见任海涛、张玉涛:《新中国70年教育法治的回顾与前瞻》,载《教育发展研究》2019年第17期。

(四)以“建立多维联动”提升法治思维

法治思维是法治精神的核心,是指在法定的实体规定和程序规范内进行思考与行动。[23] 教育法治思维的培育与提升有利于进一步提升教育治理中多元利益相关者的治理能力,同时也有利于巩固教育治理的成果。福建省重视教育治理主体法治思维的培育。一方面,通过点面结合创新普法工作,提升师生法治意识。例如,福建省通过“学宪法讲宪法”系列活动、“法治教育示范校”创建活动、建立法治副校长机制、开展法治讲座等,这些活动类型不仅多样,而且涉及社会诸多利益群体共同参与。活动主办单位涉及省司法司、省互联网信息办等多个部门,活动主体涉及学生、教师、学校管理人员以及家长,以建立健全学校、家庭、社会三位一体的法治教育网络,多维度高强度地培育社会法治氛围,提升治理主体的法治思维能力与方式。另一方面,通过上下联通丰富培训工作,提升行政人员法治意识。福建省在全省各级教育行政管理系统内部开展法治教育培训,组织行政管理人员参与专题学习以及干部培训,利用信息化平台开展在线学法考试,创新活动形式,提高人员参与率,最大程度上提升行政管理人员的法治思维能力。

五、全面推进依法治教的实施路径

尽管以福建省为代表的部分省、自治区、直辖市在全面推进依法治教上取得了一定的经验,但不可否认,我国在推进依法治教上仍存在现实挑战。因此,应当科学谋划全面推进依法治教的实施路径。

(一)以完善教育法律法规体系为前提,提高制度有效供给

“法律乃治国之重器,良法乃善治之前提。”[24]教育治理体系和治理

---

[23] 参见陈亮:《法治思维引领下的国家教育治理体系创新》,载《河北师范大学学报(教育科学版)》2016 年第 1 期。

[24] 参见申素平等:《新时代我国教育法治建设面临的问题与对策》,载《复旦教育论坛》2018 年第 1 期。

能力现代化的关键在于制度的建设，而教育法律正是制度的具体化，因此，教育治理现代化必须建构完善的教育法律法规体系，通过制度性规定规范教育治理主体的权责关系及其权力运行方式，做到“有法可依”，并不断提高立法质量，发挥立法的前瞻性、先导性作用，实现教育治理多元利益相关者的合作共赢。具体而言可采取如下措施：

一是注重立法研究，提高立法质量。例如，在推进《未成年人保护法》《职业教育法》《教师法》等法律的修订工作时，充分利用法治研究中心开展理论研究以及实践调查，将人民群众的诉求、基层的实践与理论研究相结合，进一步上升为固化的法律制度，充分体现教育法律的科学性。又如，随着互联网的迅速崛起，线上教育如火如荼，应重视并加强此方面的教育立法工作，规范线上教育行为，为教育形态的变革提供保障。

二是提高立法技术，增强地方教育立法的可操作性。一般而言，国家层面的教育立法重原则性以照顾普适性，而地方性教育立法应注重立法的有效性、可操作性。因此，在地方教育立法中应避免过分求大贪多，建议少一些原则性条款，而多一些细化规定，直面地方教育发展中的实际问题。

三是提高释法成效，加强立法后评估工作。教育立法是一个持续推进的过程，提高教育立法质量要坚持做好“立、改、释、废”的立法闭环工作。特别要重视立法后评估工作，建立法律法规评价制度，推进教育立法与其他领域法律的良性互动，才能不断发现不足并予以调整完善，以促进良法善治。

（二）以健全教育执法体制机制为基础，提高执法质量

教育执法体制不顺就无法实现依法治教。[25] 加强教育执法是推进全面依法治教的关键。不可否认，完善教育法律法规体系是依法治教的前提，从而使各利益相关者参与教育治理有法可依，但要做到“有法必依”，就需要加大对教育违法行为的追责，做到执法必严，违法必究，提高

㉕ 参见柴葳：《教育执法体制不顺何谈依法治教：人大代表忧心教育法规执行难》，载中国社会科学网：http://edu. cssn. cn/jyx/jyx_jyqy/201503/t20150309_1537688. shtml?COLLCC=4252717517&，最后访问日期：2020年7月1日。

执法质量,如此才能有效地推进教育事业健康地发展,实现教育现代化。为此,必须在执法队伍建设、执法机制创新和执法程序完善上下功夫。

一是建立专门化教育行政执法队伍。教育行政执法与一般的行政执法不同,教育行政执法人员在具有法律专业知识的同时,也应熟悉教育规律、尊重遵循教育规律,主动积极探索解决教育热点难点问题,依法处理违法违规行为,规范教育秩序。

二是创新执法机制,整合各种执法力量,加强重点领域综合执法。教育活动具有高度复杂性,处理教育问题往往牵涉到多个部门,因此需要积极会同财政、公安、工商等部门,提高多部门合作效能,加强在重点领域开展综合执法。

三是完善教育行政执法程序,推进执法规范化。体制机制的完善是执法公平公正的根本保障。一方面,可以开展教育行政执法的规范化培训,完善教育行政执法程序,明确教育行政执法的操作流程;另一方面,根据教育行政执法中的常态性问题,特别针对校园安全问题以及“高考移民”频发等现象建立执法案例汇编,以执法实践引导完善教育法制体系,进一步实现教育行政执法的常态化、规范化。

(三)以培育法治文化为根本,形成依法治教长效机制

教育改革之路是漫长的,很难取得速效;教育治理现代化同样也是一个漫长过程,在这一过程中必然会遇到各种各样的矛盾和冲突,且这些矛盾冲突可能是现有法律条文所无法解决的。因此,就需要我们始终以法治精神作为指导进行教育法治建设,培育法治文化,使遵法守法内化为人民群众的自觉,由此形成依法治教长效机制。为此,就要注重从两方面突破:

一是要在社会上广泛形成教育治理理念。教育治理体系现代化的核心在于吸纳多元利益相关者参与治理,这不仅需要政府部门“放管服”治理理念与行为的助推,而且也需要其他社会群体理念的转变。而为了深化社会各利益相关者参与治理,除了从教育法律上明晰其权利义务外,更为根本的是让社会各界能够知法、懂法并主动自觉维护自身权利,而这就需要让社会各界都能够及时了解相关的法律规定,以形成对教育法律体系的整体认知和自觉维护,达成以依法治教为核心的教育治理理念。

二是建立人人可以参与的社会监督制度。社会监督是教育执法监督机制中的重要部分,完善的社会监督机制既体现了多元主体参与教育治理的重要性,同时也能提升治理主体持续参与教育治理的意愿。只有人人可以参与的社会监督机制建立,才能形成一种真正的法治文化。所以,全面推进依法治教,一方面,应继续完善信息公开制度建设,提高相关信息的透明度,保障社会的知情权;另一方面,通过建立规范便捷的投诉举报制度,畅通社会监督渠道,保障社会监督情况可以及时有效地传递至相关部门。

On the Value Implication, Realistic Challenge and Advancing Path of Governing Education in Accordance with Law

Wang Hongcai Zheng Yaqian

Abstract: The modernization of education governance system and governance capacity has important implication for China's advancement through the development of education. The governance of education in accordance with law is the inherent requirement of education governance system and governance capacity. In the process of comprehensively promoting the rule of law in education, there are still many challenges, such as the lack of legal thinking in education, the delaying of legislation on education and the weakening of administrative law enforcement in education. In order to overcome those challenges, it should be stick to such fundamental principles as taking the people as the center, implementing measures based on reality and taking students as the essential. In the meantime, a series of measures should also be carried out, such as, innovation of legislative mechanism, strict enforcement of law and popularization of the rule of law culture. Fujian Province has achieved a breakthrough in the above fields by carrying out the measures like comprehensive innovation, downsizing administration and lowering power, strengthening research and multi-dimensional cooperation, which has referential significance for the exploration of the long-term mechanism of governing education in accordance with law.

Key Words: governing education in accordance with law; education governance; modernization

传统中国教育惩戒规则的历史考察与启示*

——以官学学规为主要视角

田振洪**

摘　要:在传统中国教育管理制度中,历代统治者虽然没有制定教育惩戒的专项法规或法典,但在颁布相关的教育法令和学规中,一般包含有惩罚性规则。古代教育惩戒规则自唐代开始系统化,至明清时期逐步走向严密。从传统的教育惩戒规则看,对于学生违规违纪行为,一般按程度轻重分别给予惩戒,如申饬、记过、体罚、退学等。规则内容具有较强的政治色彩、实行惩教结合的惩戒原则与注重对教师权威的保护,是传统教育惩戒规则的重要特点。传统教育惩戒规则关于渐进式惩戒、吸纳学生参与惩戒、维护教师权威地位等内容,对于当前我国建立合理的教育惩戒制度有重要的史鉴价值。

关键词:古代教育惩戒规则　惩戒方式　惩戒

---

*　基金项目:2018年度福建省社会科学规划项目"晚清民国时期福建法律期刊之研究"(项目编号:FJ2018B005)。在中国传统社会,自宋代以后,除了官学学规,还有以书院为代表的私学学规。官学学规是政府对官学实施常规管理的主要手段,代表的是国家管理学校的意志,因此本文以官学学规为主要视角进行考察。

**　田振洪,福建师范大学法学院副教授、法学博士。研究方向:中国法制史。

模式　教师权威

中国教育传统非常悠久,自学校教育产生以来,历代的政府或学校为了达到培育人才的目的,一般都会制定学则或学规,以规范学生行为和管理学校日常教育活动。古代学规作为"中国古代学校管理规则之总称",[①]总是与惩罚相联系,或者说为了保证其实施,学规一般包含有惩罚性条款,尤其是官学学规"大多采用负面的、惩罚学生的方式来维持教学目标"。[②] 这些惩罚性规则一般涉及学生的尊师礼仪、出勤纪律、学习态度、学业考核等方面的禁止性规定,并有相应的惩戒措施。它们与相关的国家法令规定相结合构成了传统教育制度的教育惩戒规则。探讨这些规则的内容、惩戒方式、特点和演变规律,总结传统教育惩戒制度模式和价值,不仅有利于深化中国教育法制史的研究,而且对当前我国建立合理的教育惩戒制度也具有重要的现实借鉴意义。[③]

一、中国古代教育惩戒规则的历史演进

中国古代早在商周时期就已经有学校教育,然而一直到魏晋南北朝时期,无论是中央政府举办的学校,还是地方当局主办的官学,均尚未建

① 李冀主编:《教育管理辞典》,海南出版社1997年版,第451页。

② 李弘祺:《序一》,载邓洪波主编:《中国书院学规集成》(第1卷),中西书局2011年版,第1页。

③ 目前学界对该问题的研究,主要散见于各类中国教育通史专著,但这些论著均并未作重点研讨,如苏谓昌等主编:《中国教育制度通史》,山东教育出版社2000年版;陈学恂主编:《中国教育史研究》,华东师范大学出版社2009年版;孙培青主编:《中国教育管理史》,人民教育出版社1996年版。此外,有少数论文对此进行初步研讨,如程莹:《教师惩戒行为的发展:历史嬗变与现代转型》,载《教育学术月刊》2015年第3期;杨天平:《中国古代的教育惩罚及启示》,载《教育科学》2009年第1期。它们均提出了一些有价值的看法,但在文献梳理和解读方面有许多不足,一些规律性特点也尚待揭示。

立起比较健全的教学和管理制度,④更遑论制定系统化的教育惩戒规则了。不过,教育惩戒是教育管理活动的客观要求,早期学校也订立了初步的教育惩戒规则,对此历史文献有零星记载。例如,根据《礼记·王制》的记载,西周官学对学生的学行已有初步的考核办法,无论是国学,还是乡学,对于不服管教的学生,都先对其进行感化教育,"王命三公、九卿、大夫、元士皆入学;不变,王亲视学;不变,王三日不举,屏之远方,终身不齿",三次教育仍不悔改,就以"屏之远方"即放逐远方作为惩戒办法,这是我国古代有关教育惩戒规则的较早记载。⑤

唐朝时期,中国教育管理走上了制度化道路。为维护正常的教学秩序,实现统治者的教育目的,唐政府以法令的形式规定了通行学规和制度,这些学规内容在律、令、《唐六典》等法律形式中均有体现,从而形成较为完备的学校教育制度,相应的内部管理制度也日益完善。其中,教育惩戒规则是内部管理制度的重要内容,如开元年间制定的《学令》规定:"诸学生,先读经文通熟,然后授文讲义。每旬放假一日休假,假前一日,博士考试。其试读者,每千言内,试一帖三言;试讲者,每二千言内,问大义一条,总试三条。通二为及第,通一及不全通,酌量决罚。"这是一条典型的教育惩戒规则,对适用教育惩戒的情形以及惩戒的方式都作出了具体规定。学业考核是学校管理的必要手段,由令文内容可见,博士主持的旬考主要考查学生 10 日之内所学习的课程,包括诵经、讲经、问大义等,通一及全不通均属不合格,并视其情况将受到不同程度的惩戒处罚,直至退学处理,"其频三年下第,九年在学,及律生六年无成者,并解退"。⑥ 在唐代教育管理的法令中,有关教育惩戒规则还涉及学生的尊师、入学、考勤、请假等内容,对学生"不率师教""假违程限""作乐杂戏""艺业不勤"等违犯学规的情形,均有相应的惩戒方式,教育惩戒规

---

④ 参见俞启定主编:《中国教育通史》(秦汉卷),北京师范大学出版社 2013 年版,第 145、204 页;宋大川、王建军:《中国教育制度通史》(第 2 卷),山东教育出版社 2000 年版,第 2 页。

⑤ 参见毛礼锐、沈灌群主编:《中国教育通史》(第 1 卷),山东教育出版社 2005 年版,第 66 页。

⑥ [日]仁井田陞:《唐令拾遗》,栗劲等编译,长春出版社 1989 年版,第 185 页。

则开始正规化、制度化、系统化。

随着经济和科学文化的发展,宋代政府建立了以中央国子监、太学为中心,涵盖地方州县学校的全国官学教育网络,学校教育发展提高到一个新水平。为加强内部管理,宋代官学十分注重学规在学校教育中的作用,“大多数宋代的教育家和官员大概都认为订立学规是理所当然、甚至于是重要的措施”。⑦ 宋代官学不仅沿袭了唐代以中央法令的形式颁布学规的传统,而且各地方州县官学也制定学规,作为学校的规章制度。从现存的州县官学学规看,我们发现其禁止和惩戒性规则的内容并不是对中央法令的简单重复,而是对其规定的具体细化和延伸。以形式最完备的《京兆府小学规》为例,该学规涉及学生入学条件、教师职责、教学管理以及相关教育惩戒规则等方面,其中教育惩戒规则有三个条款:

……

一、于生徒内选差学长二人至四人,传授诸生艺业及点检过犯。

……

一、应生徒有过犯,并量事大小行罚,季十五以下,行扑挞之法;季十五以上,罚钱充学内公用。仍令学长上簿,学官教授通押。

行止踰违,盗博斗讼,不告出入,毁弃书籍,画书窗壁,损坏器物,互相往来,课试不了,戏玩喧哗。

……

一、应生徒依府学规,岁时给假,各有日限。如妄求假告及请假违限,并关报本家尊属,仍依例行罚。⑧

从该学规制定的惩戒规则可知,在中央政令的框架下,惩戒的内容、方式、执行等规定更为细致和全面。具体而言:其一,学生参与教育惩戒

⑦ 李弘祺:《传统中国的学规:试论其社会性及角色》,载高明士编:《东亚传统教育与学礼学规》,华东师范大学出版社2008年版,第217页。

⑧ (清)王昶:《金石萃编》,载新文丰出版公司编辑部编辑:《石刻史料新编》(4),台北,新文丰出版公司1977年版,第2506页。

的执行。在学生中挑选2到4人登记过错簿,上报学校,参与“点检过犯”,实施惩戒措施。其二,年龄大小是确定适用惩戒方式的重要依据。以15岁为界,分两种处罚情况:15岁以上罚钱充公,15岁以下学生“行扑挞之法”,即体罚。其三,教育惩戒的内容有进一步拓展。不仅考勤、请假、考试等学行学业内容,而且“毁弃书籍,画书窗壁,损坏器物”等破坏学校财物行为,都应依例进行教育惩戒。总之,宋代教育惩戒规则形成了中央法令和州县官学两种系统,州县官学的惩戒规则内容更为精细和具体,制度设计朝着更为充实的方向发展。

明清时期,在承袭前代的基础上,随着新的社会需求,各级官学制定了内容更严密、制度更健全的学规。与前代相比,该阶段的教育惩戒规则呈现了两个显著的变化:首先,惩戒内容愈加严格细密。以国子监监规为例,惩戒范围不仅涉及学生学习生活,而且生活管理活动也纳入其中,显然加强了对学生的管理和控制。例如,明朝监规规定,在住宿、饮食和出入监管理中有违犯学规者,以“痛决”作为惩戒,“生员于各衙门办事者,每晚必须回监,不许于外宿歇,因而生事。若画酉不到,及点闸不在者,痛决”“凡会食,务要礼仪整肃,恭敬饮食,不许喧哗起坐……违者痛决”,⑨惩戒规则的严格细密,反映了集权、专制政治对教育的深刻影响。其次,惩戒执行制度化。与唐宋相比,明清时期国子监内部机构和教职人员的职责分工更为明确。其中,在国子监内成立了绳愆厅,主管监督核查工作,专门负责监督教师教学和学生学习状况,因此教育惩戒是该机构的工作职责,明代学规规定:绳愆厅的职责是“凡教官怠于师训,生员有戾规矩,并课业不精,禀膳不洁,并从纠举惩治”。⑩ 清代绳愆厅的职掌亦是如此,“文庙礼仪,生徒学规,凡肄业诸生及官学汉教习各事宜,均所专司,在监人等悉从纠察”,⑪可见纠举并惩戒违犯学规的学生,是该机构的职责之一。而绳愆厅的长官是监丞,日常管理活动主要

---

⑨ 《中国珍稀法律典籍集成续编》(第3册),杨一凡点校,黑龙江人民出版社2002年版,第402页。

⑩ 《中国珍稀法律典籍集成续编》(第3册),杨一凡点校,黑龙江人民出版社2002年版,第396页。

⑪ 张友渔、高潮主编:《中华律令集成》(清卷),吉林人民出版社1991年版,第561页。

是在“集愆册”(过失登记簿)中对违规学生记录在案,并根据学规对其进行惩戒,“监丞,立有集愆册一本,各堂生员敢有不遵学规,即便究治”。⑫

综上可见,在传统中国教育管理制度中,历代统治者虽然没有制定有关教育惩戒的专项法规或法典,但在颁布相关的教育法令和学规中,一般包含有惩戒性规则,作为教育惩戒的依据。教育惩戒规则内容的发展呈现了从早期的简单、分散,到后来逐步走向规范、系统,在唐代已经有了较为系统化、制度化的规定,至明清时期相关规则更为细致、制度设计更为健全。

二、传统中国教育惩戒的主要方式

传统中国教育惩戒规则主要涉及学生在校期间的学习态度、学业成绩、道德品行、日常规范等方面。对于学生的不良行为和违规现象的惩戒方式,按其轻重程度主要有以下类型:

(一)申饬

申饬,也称戒谕,是对违规过失的学生进行口头训斥,提出告诫,类似于今天的批评教育或口头警告,一般适用于初次犯有较为轻微的过失行为。例如,在元代的国子监中,监生犯有言行失范、学习不勤、告假违限等行为,初犯者以“戒谕”惩戒之,“诸国子生悖慢师长、及行礼失仪、言行不谨、讲诵不熟、功课不办……除悖慢师长别议,余者初犯戒谕,再犯、三犯约量责罚”。⑬ 清代国子监诸生在上课期间出现无故早退或旷课等违纪现象,初犯者也将受到申饬的处分,“凡随课诸生,新补内班者……如有无故离学者,一次传唤申饬,二次记过注集愆,三次改外班”。⑭

⑫ 《中国珍稀法律典籍集成续编》(第3册),杨一凡点校,黑龙江人民出版社2002年版,第399页。

⑬ (明)宋濂:《元史·刑法二》,中华书局1976年版,第2637页。

⑭ 张友渔、高潮主编:《中华律令集成》(清卷),吉林人民出版社1991年版,第562页。

(二)记过处分

记过,是指记录过失,即对于违规违纪行为记载在案。例如,宋代律学馆的学规规定:“生徒犯罚者,依学规;仍犯不改,书其印历或补牒,参选则理为阙失”,⑮对触犯学规的律学生,先依学规处理,犯后仍不改,将违规记录在其档案,作为今后选官任职的参考。明代学校置备“改过簿”,以记录学生过错,“生徒有好酒博奕、逸游骄纵者……录之改过簿内”。⑯ 记过的处分稍重于申饬,例如上文所引清代国子监对擅自离开学校的学生,初犯处以申饬,再犯则以记过作为惩戒。

(三)身体责罚

身体责罚,也称为体罚,即对违规学生进行直接的肉体打击。体罚作为教育惩戒方式,最早可以追溯到我国上古五帝时期,《尚书·舜典》有云:“扑作教刑”,汉时郑玄注云:“扑,挞也”,孔安国传云:“扑,榎楚也。不勤道业则挞之。”⑰唐代官学对学无所成的学生,施以“夏楚”,“其有不率教者,则夏楚扑之”,⑱明确将体罚作为教育惩戒方式。明代国子监在教学管理中,也常以体罚惩戒“不率教”之学生,“入监者,奉监规而训课之……有不率者,扑以夏楚”。⑲

(四)经济处分

经济处分,是指从财产上惩戒学生违犯学规行为的一种手段。具体又包括以下几种形式:

1. 取消经济待遇。在中国古代教育制度中,许多官学学生享有一定的待遇,尤其是经济上的待遇,如免除其赋税徭役、政府提供的免费食宿和生活补贴等。如果学生有较为严重的违犯学规行为,将面临被停止或取消经济待遇的惩戒。例如,在唐代,对于学业怠惰、不堪教诲的学生,

---

⑮ (元)脱脱:《宋史·选举三》,中华书局1977年版,第3673页。

⑯ (明)魏校:《庄渠遗书》,景印文渊阁《四库全书》影印本第1267册,台北,商务印书馆1983年版,第858页。

⑰ 蒲坚:《中国法制史大辞典》,北京大学出版社2015年版,第836页。

⑱ (宋)王钦若等:《册府元龟·学校部》,中华书局1960年版,第7252页。

⑲ (清)张廷玉:《明史·职官二》,中华书局1974年版,第1678页。

就将予以“停厨”或“复本役”的惩戒。[20] 清代国子监监规要求,监生分内外班,内班住监,每年发给膏火费,外班不住监,每年发给衣服银,如果监生无故旷课,将给予经济惩戒,“内班无故不应课者,一次带领上堂申饬记过,二次停一次膏火费,三次改外。外班无故不应课者,一次传唤申饬,二次记过,三次停衣服银”。[21]

2. 追还津贴。对于学业怠惰的学生不仅将被取消经济待遇,而且还可能要追还原先的生活补助,如明代朱元璋为加强学生学业的考核,将追还膳食津贴作为惩戒,“廪膳十年以上,学无成效,增广年二十之上,不通义理者,皆充吏。其托故伪讼革罢不应选者,照卷追征食过廪膳还官”。明宣宗宣德三年(1428年)也规定,“生员廪膳七年之上,学无成效者,发附近布政司……六年以下鄙猥无学者,追还廪米”,[22]法令要求“学无成效”的生员追还“廪膳”“廪米”,显然强化了对生员学业的考察,以促进其学习积极性。

3. 财物处罚。主要有罚金、罚钱等形式。例如,宋代律学馆学生如果考试不合格,要受到“罚金”的经济惩戒,“其犯降舍殿试者,薄罚金以示辱,余用太学规矩”。[23] 前文所举《京兆府小学规》对15岁以上生徒的违犯学规行为主要是金钱处罚,“罚钱充学内公用”。

(五)勒令退学

勒令退学即被学校强令退学,使学生失去在学校继续学习的机会。凡学业成绩太差、品行严重不端的学生都可能被学校退学处理。例如,唐代开元令规定:“诸六学生有不率师教者,则举而免之”、[24]“如有悖慢师长,强暴斗打,请牒府县,锢身递送乡贯”;[25]又如,元和元年(806年)

---

⑳ 参见任育才:《唐人的律法观——以太学生为例》,载严耀中主编:《唐代国家与地域社会研究》,上海古籍出版社2008年版,第79页。

㉑ 张友渔、高潮主编:《中华律令集成》(清卷),吉林人民出版社1991年版,第577页。

㉒ (明)王圻撰:《续文献通考·学校考》,台北,文海出版社1979年版,第3641~3643页。

㉓ (元)脱脱:《宋史·选举三》,中华书局1977年版,第3673页。

㉔ [日]仁井田升:《唐令拾遗》,栗劲等译,长春出版社1989年版,第185页。

㉕ (宋)王溥撰:《唐会要》卷66《东都国子监》,上海古籍出版社2006年版,第1373页。

正月敕令:国子监学生“有艺业不勤、游处非类、樗蒱六博……有一于此,并请解退”。[26] 由这些令文规定可知:中央官学学生如果不尊师教,或者不学无术,都视为严重违反学规行为,均作退学处理。再如,宋代太学实行“三舍法”后,将学生的学业成绩和品行表现作为惩罚的依据和标准,对于考试成绩不合格或操行不良的学生,给予“退送”处理,史载:凡贡士入外舍学习,三经试不与升补,或两经试不入等,又犯学规者,削籍“退送”。[27] 元代学规也有类似的要求,“汉人生员,三年不能通一经,及不肯笃勤者,勒令出学”。[28]

(六)刑罚

这是最严厉的惩戒方式,一般适用于违规违纪情节严重的行为。例如,宋代政和三年(1113 年)制定的州县学规规定,“州县学生有犯,在学,杖以下从学规,徒以上若在外有犯,并依法断罪”。[29] 明代官府对生员的管理非常严厉,议论饮食之美恶被视为严重违纪,洪武年间颁布的监规就规定,在学生员“不行求师问道,专务结党恃顽,故言饮食污恶。……具实奏闻,令法司枷镣禁锢,终身在学役使”。[30] 清朝顺治九年(1652 年)颁布学规要求学生不能议论时局、上书陈言,否则将“黜革治罪”。[31]

综合上述惩戒方式可见,其内容既涉及物质惩罚,又有精神手段;不仅有言语上的训诫,而且有身体上的责罚,直至最严厉的刑罚。在具体实施中,对惩戒方式的选择一般根据学生违规的轻重程度而定,同时还会考虑其他因素,采用适当的措施,以实现最佳教育效果。这些因素主要有:其一,行为动机。即对学生的违规行为进行惩处时,先考虑其有意

㉖ (宋)王溥撰:《唐会要》卷 66《东都国子监》,上海古籍出版社 2006 年版,第 1370 页。

㉗ (元)脱脱:《宋史·选举三》,中华书局 1977 年版,第 3665 页。

㉘ (明)宋濂:《元史·刑法二》,中华书局 1976 年版,第 2637 页。

㉙ (清)徐松辑:《宋会要辑稿·崇儒二》,中华书局 1957 年版,第 2197 页。

㉚ 《中国珍稀法律典籍集成续编》(第 3 册),杨一凡点校,黑龙江人民出版社 2002 年版,第 398~399 页。

㉛ (清)素尔讷等纂修:《钦定学政全书校注》,霍有明、郭海文校注,武汉大学出版社 2009 年版,第 8 页。

还是无意为之,无意者不处罚,如上文提到清代国子监对学生的旷课行为,进行经济惩戒,同时也规定:“大小课如系患病……回堂准其免课”,[32]相应的惩戒也将免除。其二,年龄大小。根据学生的年龄大小,选择不同的惩戒方式,如上文所举北宋《京兆府小学规》对小龄学生的惩戒是体罚,而对 15 岁以上的学生则主要是罚钱。其三,过错性质。例如,不尊师长的行为既违背礼制规范,又触犯师道尊严,因此历代学规对该行为一般都严厉惩戒。

三、传统中国教育惩戒规则的基本特征

由上文分析可知,中国古代以官学学规为主要载体的教育惩戒规则,对教育惩戒权的适用范围、原则、方式、执行等内容都有较为具体的要求和规定。细究这些教育惩戒规则,我们发现有以下几个重要特征:

(一)惩戒规则内容的设定往往带有较强的政治色彩

制定官学学规是古代官府教育政策和教育控制的一种手段,因此学规中除了涉及尊师规范、学习考核、请假制度、纪律等学校日常事务管理内容之外,还会介入学生的社会生活和思想言论,扮演了政治控制角色,相应的教育惩戒规则内容也带有这种政治色彩,这在古代社会后期表现得尤为突出。例如,宋代太学为了加强学生的控制和管理,颁布了五等罚规,“学规以谤讪朝政为第一等罚之首”,[33]即将学生“谤讪朝政”定为五等罚规的第一等,该规定与宋代的政治变化有关,正如学者指出:“这是政治上加强对学生控制的体现,禁止学生对朝政发表异论,反映了宋代太学对于士论的控制与时政的密切联系。”[34]

至明清时期,官学学规增加了对学生思想言论、行为自由的管制,并制定了严厉的惩戒规则,政治色彩更为强烈。例如,明代洪武十五年

---

[32] 张友渔、高潮主编:《中华律令集成》(清卷),吉林人民出版社 1991 年版,第 577 页。
[33] (宋)施宿:《嘉泰会稽志》,台北,成文出版社 1983 年版,第 6166 页。
[34] 乔卫平:《中国教育制度通史》(第 3 卷),山东教育出版社 2000 年版,第 170 页。

(1382 年)颁布学规禁例,其中规定:"今后府州县学生员若有大事干于家己者,许父兄弟侄具状入官辨诉。若非大事,含情忍性,毋轻至公门""军民一切利病,并不许生员建言",㉟学规明确要求学生恪守言行,禁止妄言国家军政大事和干预地方政务,违者将"以违制论"惩戒。清朝承袭了这一惩戒规则,一些规定内容更甚于前,在顺治九年(1652 年)所颁布的州县学校学规中,我们发现其所涉及的学规禁令,既有传承明代学规关于言行惩戒的内容,如"军民一切利病,不许生员上书陈言。如有一言建白,以违制论,黜革治罪"等,同时又有新增限制行为自由的规定,如"生员不许纠党多人,立盟结社,把持官府,武断乡曲。所作文字,不许妄行刊刻,违者听调官治罪",㊱即禁止学生出版和结社,违者以"听调官治罪"作为惩戒。在官学的学规中,以限制学生的思想、言论、出版等方面的自由作为重要内容,并对违规行为厉行惩戒,甚至付诸刑罚,其所体现出来的严格和冷酷品格,显示出统治者控制、禁锢学生思想行为的意图,与明清日益加强的君主专制制度的政治因素不无关联。

(二)惩教结合、以教为先,是传统教育惩戒规则所体现的重要惩戒原则

教育惩戒和社会对违法犯罪的惩罚不同,教育惩戒的根本目的是教育,是为了戒除、防止失范行为,不是惩罚,因此传统教育惩戒一般采取教育惩戒和感化教育相结合的原则,在具体实行过程中,采取先教后惩、教惩并举、寓教于惩等做法。如上文所述,早在西周的学校管理中,对违规学生的惩戒采取的就是惩教结合、先教后惩的原则,对"不率教"的学生,先后通过多次示之以礼教,仍不悔改,才进行驱逐作为惩罚。

惩教结合的原则一直为后世所沿袭。以清代为例,无论是御制的学规,还是皇帝的训文,无不是先将"孝悌忠信""隆重师儒""忠厚正直"等儒家的纲常伦理、道德规范对生员予以教育,而后才明确相应的学规禁

㉟ (明)申时行、赵用贤等纂修:《大明会典》,中国国家图书馆编:《原国立北平图书馆甲库善本丛书》,国家图书馆出版社 2013 年版,第 1802 ~ 1803 页。

㊱ (清)素尔讷等纂修:《钦定学政全书校注》,霍有明、郭海文校注,武汉大学出版社 2009 年版,第 8 页。

令,依惩戒规则处理。如上文所述,顺治九年(1652 年)颁布的学规中,有 4 条强调的正是儒家的纲常道德,诸如“生员立志,当学为忠臣清官”“生员居心忠厚正直,读书方有实用,出仕必作良吏”“为学当尊敬先生。若讲说皆须诚心听受,如有未明,从容待问,毋妄行辩难”等。[37] 另外 4 条规定的则是违规惩戒规则,提出明确惩戒要求,实行教惩并举。而皇帝的训文以康熙四十一年(1702 年)的《御制训饬士子文》为典型,为了整顿当时许多学校学生出现“蜚语流言,挟制官长”“隐粮包讼,出入公门”等学风衰颓、违规失范的现象,康熙帝采取先教后惩的原则进行治理。在训言中,他从品行、学业、文章等方面先对生员进行耐心的教育、言辞恳切的道德劝谕,“从来学者,先立品行,次及文学”,希望生员“务共体朕心,恪遵明训,一切痛加改省,争自濯磨,积行勤学,以图上进”,强调要遵守朝廷颁布的各项学规和禁令。最后他对生员警示说,“若仍视为具文……既负栽培,复干咎戾,王章具在,朕亦不能为尔等宽矣”,[38] 学生教导无效,不遵守法度,将按照惩戒规则进行处罚,体现的正是教育警示在前、惩戒处罚在后的惩戒原则。

(三)注重对教师教育权威的保护,保障教师教育惩戒权的实现

在中国古代社会中,尊师重教一直以来是重要的伦理道德,许多王朝不仅在礼制上制定了尊师规则,同时在法律上赋予教师教育惩戒权。惩戒权的实现,最重要的前提是保障教师的权威和地位,为此统治者还制定了一些特别的法规制度,维护教师人格和地位尊严。在唐代法律制度中,从学生的“不率师教”“悖慢师长”行为,到殴打甚至杀害师长行为都有特定的条文规制和惩罚规定,一些行为还从重处罚。以殴伤师长为例,唐律云:“殴伤见受业师者,加凡人二等。”殴伤“见受业师”即官学教师,加殴凡人二等处罚。对于加重处罚的原因,疏议解释云:“礼云:‘凡教学之道,严师为难。师严道尊,方知敬学。’如有亲承儒教,伏膺函丈,

---

[37] (清)素尔讷等纂修:《钦定学政全书校注》,霍有明、郭海文校注,武汉大学出版社 2009 年版,第 8 页。

[38] (清)素尔讷等纂修:《钦定学政全书校注》,霍有明、郭海文校注,武汉大学出版社 2009 年版,第 9 页。

而殴师者,加凡人二等"。[39] 根据疏议的解释,殴打授课师长行为违背了礼制对于维护师道尊严的要求,理应加重处罚,"加凡人二等",应杖八十。[40] 在实际执行中,对殴伤师长行为可能还会根据实际情况提高刑罚尺度,据《旧唐书》卷185下《阳峤传》载:在唐睿宗统治时,国子祭酒阳峤对违规学生进行体罚,招致学生的报复殴打,"上闻而令所由杖杀无理者,由是始息"。学生殴打师长造成伤害的行为,依律仅处杖刑,罪不至死,然而睿宗却"令所由杖杀无理者",处死闹事的学生,足见对此类行为处置的严厉程度。

后世继承了教师教育权威保护的保障制度,并有进一步加强之趋势。以明朝为例,法律基本继承了唐律关于杀害、殴伤"见受业师"行为的规定,不过对于普通辱师行为的处罚明显加重。洪武年间制定的国子监监规要求"在学生员……敢有毁辱师长及生事告讦者,即系干名犯义,有伤风化,定将杖一百,发云南地面充军",对普通辱师、告发师长行为也以"干名犯义"论,处以"杖一百,发云南地面充军"。[41] 与此同时,诽谤师长的行为,处罚更严厉,"诽谤师长的,许诸人出首……将那犯人凌迟了,枭令在监前,全家抄没,人口迁发烟瘴地面",[42]法律严厉处罚学生挑战教师地位和尊严行为,有力地强化了对教师权威的保护。总之,在我国传统教育惩戒规则中,在赋予教师教育惩戒权的同时,还注重在法律上对教师进行特别的保护,以促进教育惩戒权之实现。

四、结语:传统中国教育惩戒规则的史鉴价值

由上可知,教育惩戒在我国古代教育发展运行中是一种客观而普遍

---

[39] (唐)长孙无忌:《唐律疏议》,刘俊文点校,法律出版社1999年版,第453页。

[40] 唐律规定:"诸斗殴人者,笞四十,伤及他物殴人者,杖六十。"(唐)长孙无忌:《唐律疏议》,刘俊文点校,法律出版社1999年版,第414页。

[41] 《中国珍稀法律典籍集成续编》(第3册),杨一凡点校,黑龙江人民出版社2002年版,第398页。

[42] (明)黄佐:《南雍志》(影印本)卷10《谟训考·授国子助教敕》,载金沛霖主编:《太学文献大成》(2),学苑出版社1996年版。

的存在,其设定的规则在维持学校正常的教学活动和秩序中,发挥着不可替代的作用。诚然,在传统教育制度所构建的教育关系中,学校、教师具有绝对权威,学生往往处于被支配的不平等地位,统治者制定教育惩戒规则,更多的是将其作为管理学生的工具,为维护专制统治的教育制度服务。因此,从现代的眼光看,许多规则内容和惩戒方式不符合现代教育所提倡和追求的平等、民主以及对学生人格尊严的尊重等基本精神。

然而我们还应当看到,传统中国教育惩戒规则也有一些内容规定反映了教育与管理的客观规律,部分制度设计亦具有合理内核,因此有着超越时空的价值和意义。当前,明确和落实教师的教育惩戒权,已成为我国社会各界的基本共识,部分地区已率先进行相关立法的尝试,[43]从地方立法的层面上赋予教师教育惩戒权。与此同时,“教育惩戒”的全国性立法也被提上日程,如教育部于2019年11月出台的《中小学教师实施教育惩戒规则(征求意见稿)》(以下简称《惩戒规则》),规定了教育惩戒实施范围、程度、形式等,赋予教师正当实施教育惩戒权,努力构建合理、规范的教师教育惩戒制度。笔者认为,传统中国教育的一些惩戒模式和制度设计对于当前我国积极推进的教育惩戒制度化建设仍具参考价值,值得借鉴。为此,本文主要结合《惩戒规则》的相关内容,试举几例如下:

其一,渐进性的惩戒模式。即当学生出现违犯同一种行为,遵照循序渐进的原则,违规次数越多,惩罚越严厉。正如前文所述,根据元代的惩戒规则,国子监生员若多次出现“违戾规矩”的行为,惩罚程度逐级抬高,“初犯戒谕,再犯、三犯约量责罚”;清代对国子监学生旷课行为也遵照这一原则设置惩戒规则,“内班无故不应课者,一次带领上堂申饬记过,二次停一次膏火费,三次改外”,一开始是口头训斥,接下来是停止待遇,最后是降级到外班。教育惩戒的重点在“戒”,即惩罚是手段,戒除、

㊸ 例如,山东青岛市政府于2017年2月颁布了《青岛市中小学校管理办法》,提出教师可以实施“教育惩戒”。又如,广东省人大常委会在2019年4月公布的《广东省学校安全条例(草案)》,以立法的形式赋予了教师惩戒权。

教育才是目的,对于同一种违规行为,根据学生违规的频次、时间、范围和造成的影响,进行渐进性的升级惩戒,这一过程也意味着给学生提供多次改正、戒除的机会,更有利于达到最终的教育目的。

当前我们在制定相关教育惩戒法律制度或实施细则中,也可以将"循序渐进"作为教育惩戒的原则,并将该原则融入规则设计,体现在具体惩戒措施中,采用适当的渐进式惩戒模式对违规学生进行干预。例如,根据《惩戒规则》的内容,对于学生在课堂上喧哗、打闹、随意进出等较为常见的破坏课堂秩序行为,其渐进性惩戒模式可以作如下设计:初次违犯者,教师进行点名批评教育;再犯者,令其口头或书面检讨;三犯,课后留校教导;继续再犯的,交给学校按照"较重惩戒"措施处理。在具体实施中,还应注意两个问题:对违反校规校纪学生的行为和原因进行详细记录,并一次次累加,根据规则结合主观动机逐渐增加实施惩戒的力度;每次在采取必要的惩戒措施之后,教师进行耐心劝导,并告知学生若继续违规将面临依次升级的惩戒方式和不利后果,引导学生积极改正。

其二,吸纳学生参与教育惩戒之制度。在我国古代教育中,一些官学学规为学生参与学校管理进行了制度设计,让学生通过学校提供的途径参与教育惩戒的执行,以达到提高学生的自律、自觉意识,促进惩戒规则实施。上引宋代《京兆府小学规》就规定吸纳学生参与惩戒实施的过程,包括登记过错、上报学校、"点检过犯",此种举措在一定程度上既可以帮助学生自我管理、自我教育,又能促进教育惩戒规则的执行。明代监规亦有类似的制度,国子监为加强对学生的管理,选任品行兼优、威望较高的学生来充任斋长,每日有四名斋长值日,"各堂教官,每班选重厚勤敏生员一名,以充斋长,表率诸生。每日各斋通轮斋长四名,于彝伦堂直日,整点礼仪,序立班次,及催督各斋工课",[44]这些斋长的职责主要是协助学校的日常管理,参与监督学校纪律的执行,同时也让学生进行自我监督,体现的正是学生参与管理的原则。

---

[44] (明)申时行、赵用贤等纂修:《大明会典》,载中国国家图书馆编:《原国立北平图书馆甲库善本丛书》,国家图书馆出版社 2013 年版,第 1802~1803 页。

学生作为被惩戒对象,吸收学生协助管理、参与教育惩戒,也符合当代教育管理的发展趋势和要求,因此可为我国构建教育惩戒制度借鉴运用。在《惩戒规则》中,由第10条和第11条内容可见,不仅要求学校在制定教育惩戒的实施细则时应当广泛征求学生意见,而且还规定学校建立的校规校纪执行委员会等组织机构,注意“吸收教师、学生及家长、社会有关方面代表参加”,并赋予相应的职责和权利。与此同时,为增强惩戒决定的可接受性,学校拟对学生实施教育惩戒措施的,还应当“听取学生的陈述和申辩,必要的应当举行听证”。应当肯定的是,这些规则设计充分尊重了学生的参与权,所体现出来的学生参与教育惩戒的内涵,更符合新时代的教育要求和法治品格。不过规则要落实落地,关键在于有相应的实施细则和制度安排。就学校的角度而言,一方面,根据《惩戒规则》第10条关于学校应当制定、完善校规校纪落实教育部规则的要求,学校要制定更加明晰细致、可操作性强、符合本校实际的实施细则,具体内容应包括学生参与教育惩戒的措施、程序、途径、形式、保障等;另一方面,学校还要积极推进学生参与学校管理、惩戒实施的相关制度建设,譬如建立健全学生议事、听证、申诉制度,以及完善学生会制度、学生干部制度,并明确具体的操作步骤和程序,为学生参与惩戒提供切实可行的制度通道,从而推动教育惩戒权的实施更加理性、有效。

其三,建立教师教育权威的保障制度。教师的教育权威不仅事关师道尊严,而且影响教育惩戒权的实施。正如上文所述,在传统社会中,统治者在加强对教师管理的同时,注重赋予教师权威,强调敬师规范,从法律上对教师人格尊严进行特别保护,在制度上对其地位待遇进行保障,使之成为传统教育惩戒规则实施的一项重要配套制度。

传统中国关于对教师地位和权威保障的做法亦可启示当下。在当前我国的教育实践中,一段时期以来不少教师存在对学生的惩戒采取回避或放弃的态度,教育惩戒面临诸多困境。究其原因,与教师地位得不到应有的提高、教师合法权益没能得到充分的保障有一定的关联。为此,我们可以借鉴传统模式,从法律和制度层面构建教师权威、权益和地位保障制度。具体而言,首先,完善尊师立法。从立法的角度说,笔者认为不但需要有专门的教育惩戒法律法规,依法赋予教师、学校的教育惩戒权,而且针对一些学生或家长不尊师教、伤害教师甚至侵害教师合法权益的行为,还要设置针对性、可操作性的法规条文进行干预,维护师道尊严和教师权威。为此可以在《惩戒规则》中,对学生或家长威胁、侮辱、伤害教师行为,以列举性条款直接进行规制。其次,健全教师申诉制度。为确定教育惩戒的边界,《惩戒规则》对教育惩戒标准进行了清晰的界定,在第 13 条和第 14 条规定了教师在实施教育惩戒中的禁止情形,以及违反禁止情形将受到的学校处分或其他不利处理。这些规定明确了教师权责,有利于教师惩戒权的规范行使,但仍有待完善之处,即未规定教师对处分持有异议的救济制度,因此需要增设教师对处分享有陈述、申辩和申诉权相关内容,才能更有效地保护教师权益。最后,提高教师经济待遇和社会地位。目前应当主要以中共中央、国务院于 2018 年 1 月发布的《关于全面深化新时代教师队伍建设改革的意见》为指引,一方面,持续有效地提高教师经济待遇,完善教师经济待遇保障机制;另一方面,建立健全尊师公共服务和教师优待制度,营造尊师重教的社会气氛。

Historical Research and Reflections on the Rules of Educational Punishment in Ancient China

—From the Perspective of Official School Rules

Tian Zhenhong

Abstract: In the traditional Chinese education administration system, although the ancient rulers of previous generations did not formulate special regulations or codes on educational punishment, they are generally included in the punitive rules in the promulgation of relevant education laws and regulations. Ancient education disciplinary rules began to be systematic from the Tang Dynasty, and gradually became stricter during the Ming and Qing Dynasties. Judging from the traditional education disciplinary rules, students' disciplinary violations are generally punished according to their severity, such as, cautions, demerits, physical punishment, termination the education and so on. The content of the rules has a strong political color and the principle of disciplinary punishment and education and the protection of teachers' authority are the important characteristics of the traditional disciplinary rules of education. The content of the traditional disciplinary rules of education, such as progressive discipline, students' participation in disciplinary punishment and the maintenance of teachers' authority, has important historical value for the establishment of a reasonable educational disciplinary system in China.

Key Words: rules of educational punishment in ancient China, retribution, punishment pattern, teachers' authority

法务反哺

立法工作者人才培养问题研究

汪全军*

摘　要：立法工作者是法律职业共同体不可或缺的一员。然而，当前的法学教育无法在法律知识、法治思维、立法技术以及职业伦理等方面有针对性地提升立法工作者的职业能力。究其原因，主要是当下的立法工作者培养活动存在学科定位偏低、课程开设不足、教材侧重理论、师资力量薄弱以及教学方法单一等问题，并导致立法工作者人才培养与立法实践需求严重脱节。为了解决上述问题，可以采取提高立法学学科定位、强化立法学相关课程、编写立法学实用教材、优化立法学师资队伍以及丰富立法学教学方法等措施改善我国的立法工作者人才培养工作，进而推动建立一支正规化、专业化、职业化的立法工作者队伍。

关键词：立法工作者　立法学　法学教育

---

* 汪全军，湖南大学法学院助理教授、法学博士。研究方向：立法学。

一、问题的提出

立法工作者是法律职业共同体的重要组成部分。[①] 法律职业共同体是以法律为纽带而形成的意义共同体、事业共同体、解释共同体和利益共同体。[②] 通常,法官、检察官以及律师等被视为法律职业共同体的主要成员。值得注意的是,“法律职业共同体最大的‘共同’点,并不仅仅在于他们具有共同的法律知识,同时在于他们运用法律专业知识的方式的共同性”。[③] 知识背景和思维方式的同质性是法律职业共同体得以聚合的关键因素,也是其区别于其他职业共同体的主要指标。从这个角度来看,法律职业共同体的成员绝不仅仅局限于法官、检察官以及律师。立法工作者也是法律职业共同体的一员。党的十八届四中全会通过的《中共中央关于全面推进依法治国若干重大问题的决定》指出,法治工作队伍包括法治专门队伍、法律服务队伍和法治人才培养队伍。其中,法治专门队伍包括立法队伍、行政执法队伍、司法队伍。中共中央办公厅、国务院办公厅印发的《关于完善国家统一法律职业资格制度的意见》进一步明确了法律职业共同体的范围,并列举了法官、检察官、律师、公证员、法律顾问、仲裁员(法律类)、立法工作者、行政执法人员、法学教育研究工作者等法律职业人员。可见,在全面推进依法治国的大背景下,立法工作者是法律职业共同体中具有独特价值的成员。而作为法治人才培养的主要阵地,法学院校则不仅应当承担司法人员和执法人员的培养任务,还应当承担立法工作者的培养任务。基于此,本文试图从法

---

① 值得注意的是,立法工作者与立法者是两个完全不同的概念。立法者是指依法享有立法权的主体,如人民以及人民的代表所组成的代议机关等;而立法工作者则是指在立法过程中从事立法辅助工作的人员,如议员助理、全国人大常委会法制工作委员会的工作人员等。参见汪全军:《论立法工作者的职业伦理》,载《法学教育研究》2018年第3期。

② 参见张文显、卢学英:《法律职业共同体引论》,载《法制与社会发展》2002年第6期。

③ 葛洪义:《一步之遥:面朝共同体的我国法律职业》,载《法学》2016年第5期。

学教育的角度探讨我国立法工作者人才培养的目标与现状,分析其背后的原因,并在此基础上进一步提出完善意见。

二、立法工作者人才培养的目标与现状

(一)立法工作者人才培养的目标

立法工作者是指在立法过程中从事辅助工作的人员。在立法实践中,可以从三个层面理解立法工作者:在广义上,立法工作者包括有立法权的人大及其常委会的工作人员、有立法权的行政机关中从事立法辅助工作的人员以及最高人民法院和最高人民检察院中从事司法解释起草工作的人员;在中义上,立法工作者主要是指有立法权的人大及其常委会的工作人员;而在狭义上,立法工作者仅指有立法权的人大常委会法制工作委员会的工作人员。④ 其中,狭义层面的立法工作者最具典型性。在立法过程中,立法工作者最重要的工作便是起草法律草案。法律草案奠定了法律的基本框架和主要内容,是立法者审议与表决的基础。可以说,法律草案的起草水平对立法质量具有决定性影响。因此,在法学教育中,应当着力培养立法工作者的法案起草水平。具体而言,立法工作者人才培养应该围绕如下几个方面展开:

一是法律知识。从实体层面来说,法律体系内部的融贯一致是立法的底线之一,因此立法工作者应当熟知既有的法律规定,避免破坏法律体系的融贯性。尤其是在上位法与下位法之间,下位法不得与上位法相抵触,否则将会导致下位法被改变或撤销。从程序层面来说,“立法程序是法律生成的主要场域,也是合法性‘流入’法律的管道”,⑤因而立法工作者应当重点掌握《立法法》中的程序性规定以及其他法规规章的制定

④ 参见卢群星:《隐性立法者:中国立法工作者的作用及其正当性难题》,载《浙江大学学报(人文社会科学版)》2013 年第 2 期。

⑤ 汪全军:《合法性视角下的立法程序及其完善》,载《湖南大学学报(社会科学版)》2016 年第 2 期。

程序。

二是法治思维。立法工作者应当具备“良法思维”、“程序思维”和“技术思维”。⑥ 所谓良法思维是指立法工作者应当以良法的实质要求和形式要求为标准起草法律草案;所谓程序思维是指立法工作者应当秉持“无程序即无立法”的原则,严格遵守立法的程序性规定,避免程序违法或者走过场等情形;所谓技术思维是指立法工作者应当充分认识到立法技术的重要性,并从技术理性的角度反复打磨法律草案。

三是立法技术。立法工作者应当熟练掌握各项立法技术,包括法的总体框架设计技术、法的基本品格设定技术、法的名称构造技术、法的规范构造技术、非规范性内容安排技术、具体结构技术、法的语言表述技术以及有关常用字、词的使用技术等。⑦ 对于这些立法技术,全国人民代表大会常务委员会法制工作委员会先后颁布了两部立法技术规范,即《立法技术规范(试行)(一)》(法工委发〔2009〕62号)和《立法技术规范(试行)(二)》(法工委发〔2011〕5号)。在这两部技术规范中,全国人大常委会法制工作委员会共明确了42项立法技术。

四是职业伦理。除了一般的法律职业伦理之外,立法工作者还应当遵循特殊的伦理规范。立法工作者特殊的职业伦理规范主要包括“忠实规范”、“中立规范”、“审慎规范”以及“谦抑规范”。⑧ 所谓忠实规范是指立法工作者应当忠实地反映立法者、民意代表以及社会公众的意见;所谓中立规范是指立法工作者应当客观中立地处理立法事务,避免个人主观因素的干扰;所谓审慎规范是指立法工作者应当审慎对待立法活动,规避可能出现的立法风险;所谓谦抑规范是指立法工作者应当摒弃立法万能主义,避免激情立法。

在立法过程中,立法工作者主要从事立法辅助工作。其中,法案起草是立法工作者最重要的工作。因此,在立法工作者人才培养中,应当围绕法案起草等立法工作者的工作内容,从法律知识、法治思维、立法技

---

⑥ 章志远:《立法工作者的三重法治思维》,载《学习论坛》2018年第3期。

⑦ 参见周旺生主编:《立法学教程》,北京大学出版社2006年版,第416~417页。

⑧ 汪全军:《论立法工作者的职业伦理》,载《法学教育研究》2018年第3期。

术以及职业伦理等方面着力培养立法工作者的能力和素质。

(二)我国立法工作者人才培养的现状

我国的立法工作者人才需求量正在进一步增加。实践中,立法工作者主要分布于人大专门委员会、人大常委会法制工作委员会、政府法制工作部门以及政府各部门的法制工作处室等。特别是2015年《立法法》修改之后,设区的市的人大和政府获得了地方立法权,立法工作者队伍进一步扩容。在立法过程中,立法工作者的作用也不可或缺。尤其是在立法规划、法案起草、法案审议以及立法解释等领域,立法工作者的角色十分关键,甚至被称为“隐性立法者”。⑨ 不过,虽然实践中对立法工作者的需求正在不断增加,但立法工作者的培养却远远无法满足立法工作的实际需要。

在当前的法学教育中,并未形成具有针对性的立法工作者人才培养机制。实际上,当前的法学教育带有强烈的司法中心主义色彩。“司法中心主义体现在当下法学院校教育的各个环节、各个方面,从法学教育目标确立、人才培养方案制定、教学资源组织与管理、教育的考核和评价等法学教育全过程。”⑩一方面,当前的法学教育以培养法官、检察官和律师为主要目标。甚至有学者认为,“法学教育应以训练法官能力为主”。⑪ 以在第四轮学科评估中评估结果为 A^+ 的两所法学院校为例,中国政法大学法学专业培养目标中关于专业能力的表述为“能较熟练地应用有关法律知识和法律规定办理各类法律事务,解决各类法律纠纷”,具有明显的司法色彩;而中国人民大学法学院法学专业培养目标中虽然全面提及“培养从事立法、行政、司法、法律服务等法律实务人才”,但在培养计划中仅将立法学安排为一门2学分的选修课。另一方面,当前法学院校的教学活动是围绕司法展开的。在教学内容上,法学专业核心课程(10+X)中,除法理学、宪法学以及中国法律史等少数课程之外,其余大

---

⑨ 卢群星:《隐性立法者:中国立法工作者的作用及其正当性难题》,载《浙江大学学报(人文社会科学版)》2013年第2期。

⑩ 邓世豹:《超越司法中心主义——面向全面实施依法治国的法治人才培养》,载《法学评论》2016年第4期。

⑪ 葛云松:《法学教育的理想》,载《中外法学》2014年第2期。

部分课程均与司法活动直接相关。并且,在教学过程中,案例讨论也以司法案件为主。同时,在实践教学中,法律诊所、模拟法庭、专业实习等均围绕诉讼程序展开。此外,"双千计划"等理论界与实务界的师资交流也主要存在于法学院与法院、检察院、律师事务所之间。简言之,当前的法学教育忽视了司法之外的其他法律职业,尤其是无法胜任培养立法工作者的重大任务。面对这种情况,立法机关不得不主动承担起立法工作者的培养任务。"实际上,我国各级各类有权立法机关,都非常重视立法工作人员的培训",⑫甚至形成了"地方立法人才培养过分依赖地方人大常委会"的局面。⑬可见,法学院校的立法工作者人才培养机制亟须变革。

三、立法工作者人才培养的问题剖析

(一)学科定位偏低

长期以来,立法学并非一个独立的二级学科,仅仅是一个研究方向。根据1997年教育部学位管理与研究生教育司颁布的《授予博士、硕士学位和培养研究生的学科、专业目录》,法学一级学科下设法学理论、法律史、宪法学与行政法学、刑法学、民商法学、诉讼法学、经济法学、环境与资源保护法学、国际法学以及军事法学等10个二级学科,其中未见立法学。2009年,国务院学位委员会和教育部颁布了《学位授予和人才培养学科目录设置与管理办法》。其中第10条规定,博士、硕士学位授予单位可以在一级学科学位授权权限内自主设置与调整二级学科。然而,截至2019年5月31日,仅华东政法大学、中山大学以及广西师范大学自

⑫ 刘风景:《需求导向的立法人才培育机制》,载《河北法学》2018年第4期。

⑬ 参见胡弘弘、白永峰:《地方人大立法人才培养机制研究》,载《中州学刊》2015年第8期。

主设置了立法学二级学科。[14] 可见,立法学的科学定位普遍偏低,与其重要性不相匹配。

同时,作为一个研究方向,立法学的学科属性也不甚明确。在立法学未能成为一个独立的二级学科之时,应当将其纳入哪一个二级学科之下呢?有的法学院校将立法学归入宪法与行政法学二级学科,如华东政法大学等。[15] 也有法学院校将立法学归入法学理论二级学科,如西南政法大学、江西财经大学法学院等。[16] 一方面,立法权是一项宪法权力,而立法权的配置则应当属于由宪法规定的事项。“在一切国家权力中离宪法最近的是立法权,宪法直接管束的是立法权,而宪法对其他国家权力的管束通常是通过立法机关制定的法律实现的。”[17] 通常,《立法法》也被称为宪法相关法。从这个角度来看,立法学是可以被纳入宪法与行政法学二级学科的。另一方面,立法活动的直接目的在于制定法律规范,因而一切立法活动都是围绕法律文本展开的。在法律文本的起草、修改等环节,法律概念、法律规则、法律原则、法律关系、法律责任、法律程序以及法律体系等理论是制定一部良法所不可或缺的。从这个角度来说,将立法学归入法学理论二级学科也是可以接受的。正是由于立法学并非一个独立的二级学科,因而其被迫归入相近的二级学科之中。这种做法不仅模糊了立法学的研究对象,而且进一步降低了立法学的学科独立性。

(二)课程开设不足

立法学课程并非专业核心课,且远未实现全覆盖。以教育部学位与

---

⑭ 参见教育部:《学位授予单位(不含军队单位)自主设置二级学科和交叉学科名单》,载中华人民共和国教育部网:http://www.moe.gov.cn/s78/A22/A22_gggs/s8476/201907/t20190724_392053.html,最后访问日期:2019年7月31日。

⑮ 参见《华东政法大学2019年招收攻读硕士学位研究生专业目录》,载华东政法大学网:http://yjsy.ecupl.edu.cn/2018/0913/c3799a92079/page.htm,最后访问日期:2019年7月31日。

⑯ 参见《西南政法大学2019年硕士研究生招生简章》,载西南政法大学网:http://yjsy.swupl.edu.cn/zsgl/qrzssszlxx/251775.html,最后访问日期:2019年7月31日;《江西财经大学2019年硕士研究生招生简章》,载江西财经大学网:http://grs.jxufe.cn/news-show-2639.html,最后访问日期:2019年7月31日。

⑰ 马岭:《宪法权力解读》,北京大学出版社2013年版,第31页。

研究生教育发展中心公布的第四轮学科评估结果为参照,通过收集、分析各高校法学专业人才培养方案和教学计划等文件资料,可以得出如下几个结论:一是立法学课程开设比例不到一半。在培养方案或教学计划中明确列出立法学课程的法学院校仅占44%,而未明确列出立法学课程的法学院校则高达41%。二是已开设的立法学课程均为选修课。根据教育部发布的《普通高校法学本科专业教学质量国家标准》中有关课程体系的规定,立法学课程并未纳入法学专业核心课程(10+X)之中。因而在各法学院校的培养方案或教学计划中,立法学课程均以选修课的形式出现。由于师资力量薄弱、选课人数不足等主客观原因,选修课可能面临无法开课的窘境。因此,虽然有44%的法学院校将立法学课程列入培养方案或教学计划,但实际开课比例可能还要更低。三是以学科评估结果为参考,排名靠前的法学院校开设立法学课程的比例高于排名靠后的法学院校。在A档(包括A^+、A和A^-)法学院校中,立法学课程开课比例达71.43%;在B档(包括B^+、B和B^-)法学院校中,立法学课程开课比例为48.84%;而在C档(包括C^+、C和C^-)法学院校中,立法学课程开课比例仅为30.23%。可见,是否开设立法学课程与法学院校的办学质量具有一定的关联性。四是鲜见立法学课程之外的其他立法学相关课程。立法活动纷繁复杂,涉及面极广,这对立法工作者提出了更高的要求。除了立法学基础理论之外,立法工作者还需要接受立法程序、立法技术、立法解释等知识的专门教育。

表1　立法学课程开设情况

学科评估结果	已开设	未开设	数据缺失	总计
A^+	2	0	0	2
A	4	1	0	5
A^-	4	3	0	7
B^+	9	2	3	14
B	6	8	1	15
B^-	6	6	2	14

续表

学科评估结果	已开设	未开设	数据缺失	总计
C^+	5	7	3	15
C	6	6	3	15
C^-	2	8	3	13

资料来源：根据各法学院校官方网站所公布的培养方案、教学计划、课程表等文件资料整理。

(三)教材侧重理论

通过分析常用的立法学教材可知，当前的立法学教材侧重于构建完备的立法学理论体系。[18] 一般认为，“立法学体系应当由立法原理、立法制度和立法技术三要素构成”。[19] 在当前常用的立法学教材中，有些教材直接将其内容划分为立法原理、立法制度和立法技术三编，[20]而有些教材虽未明确划分为立法原理、立法制度和立法技术三编，但其章节内容却并未超出上述三编的范围。[21] 就立法原理部分而言，一般包括立法的概念、立法的指导思想与基本原则以及立法的历史发展等内容；就立法制度而言，一般包括立法主体、立法程序、立法监督、立法解释以及中央立法、地方立法、授权立法等具体立法制度；就立法技术而言，一般包括立法方法、立法预测、立法规划、立法决策、法案起草、法的构造、立法语言，以及立法完善等内容。一方面，上述内容是从理论视角归纳整理的，基本遵循了“本体论—认识论—方法论”这一理论体系建构框架；另

---

⑱ 本文主要分析了六种常用的立法学教材，即周旺生：《立法学教程》，北京大学出版社2006年版；朱力宇、张曙光主编：《立法学》，中国人民大学出版社2009年版；徐向华主编：《立法学教程》，北京大学出版社2017年版；邓世豹主编：《立法学：原理与技术》，中山大学出版社2016年版；刘莘主编：《立法法》，北京大学出版社2008年版；曾粤兴主编：《立法学》，清华大学出版社2014年版。

⑲ 周旺生：《立法学教程》，北京大学出版社2006年版，第5页。

⑳ 参见周旺生：《立法学教程》，北京大学出版社2006年版；徐向华主编：《立法学教程》，北京大学出版社2017年版。

㉑ 参见朱力宇、张曙光主编：《立法学》，中国人民大学出版社2009年版；邓世豹主编：《立法学：原理与技术》，中山大学出版社2016年版；刘莘主编：《立法法》，北京大学出版社2008年版；曾粤兴主编：《立法学》，清华大学出版社2014年版。

一方面,对上述内容的具体阐释也是从理论到理论的,采取了"内涵—外延"这一惯常的理论阐释路径。对立法工作者而言,当前常用的立法学教材虽然能够给予一定的理论支撑,却无法指导具体的立法工作实践。可以说,当前常用立法学教材的受众主要是立法学研究者,而非立法工作者。

(四)师资力量薄弱

整体而言,当前立法学的教学与研究队伍相对较弱。一方面,立法学课程教师数量不足、类型单一、专任化程度低。以中国人民大学法学院为例,该院在职教师共129人(教授78人、副教授36人、助理教授/研究人员15人),其中并无教师专门从事立法学的教学研究工作,而仅有朱景文和冯玉军两位教师的研究方向涉及立法学,占全院教师比重仅为1.55%。[22] 同时,在高等院校法学院从事立法学教学工作的教师一般为专职教学科研人员,鲜见立法工作者兼任。另一方面,立法学研究的学术资源投入不足。以2019年国家社科基金法学类立项情况为例,涉及立法学的重点项目立项1项,占比3.85%;一般项目立项2项,占比0.93%;青年项目立项1项,占比1.16%。[23] 国家级科研项目立项不足极大地削弱了科研人员从事立法学研究的积极性。此外,立法学论文发表数量也比较少。以"三大刊"为例,2018年度仅《中国法学》发表了1篇立法学论文(金梦:《立法性决定的界定与效力》,载《中国法学》2018年第3期),而《中国社会科学》与《法学研究》则没有发表立法学论

---

[22] 根据中国人民大学法学院官方网站公布的数据统计而来。参见中国人民大学:《在职教师名单》,载中国人民大学法学院:http://www.law.ruc.edu.cn/sz/shizhi.asp,最后访问日期:2019年8月26日。

[23] 涉及立法学的项目分别为重点项目:《新时代加强道德立法的理据与进路研究》(19AFX001);一般项目:《公共利益的立法表达与司法考量研究》(19BFX001)、《西藏民族自治地方立法理论与实践研究》(19BFX014);青年项目:《地方性立法事务与央地立法权分配研究》(19CFX025)。参见《关于2019年国家社科基金年度项目和青年项目立项名单的公示》,载全国哲学社会科学规划办公室网:http://www.npopss-cn.gov.cn/n1/2019/0625/c219469-31187315.html,最后访问日期:2019年8月26日。

文。[24] 可见，立法学研究的学术资源投入是不足的。而学术资源投入不足必然影响立法学师资的成长，从而导致立法学师资力量进一步弱化。

（五）教学方法单一

当前，立法学课程主要以课堂讲授为主。在教学过程中，任课教师以教材为基础，通过口头讲授的方式进行教学，并辅之以多媒体进行教学内容展示。实际上，这种传统且单一的教学方式并不适合立法工作者的培养。立法工作者应当“熟悉立法实务，通晓立法理论和技术，能够有效地认识、判断、处理和解决各种立法问题”。[25] 立法是一项实践性很强的工作，仅仅通过课堂讲授无法让立法工作者充分获取从事立法工作所必须具备的知识。然而，在课堂讲授之外，当前的立法学教学鲜有实践教学环节。通常，高等院校法学院的实践教学主要围绕司法活动展开。不仅校外实践教学主要通过选派学生赴法院、检察院以及律师事务所等单位实习的方式进行，而且校内实践教学也主要是采取模拟法庭、法律诊所等案例教学的方式展开。鲜有法学院选派学生赴人大常委会法制工作委员会、政府法制机构等立法机关实习，也少有法学院开展模拟立法等实践教学活动。可以说，当前法学院的立法学教学方式过于单一，且不适应立法工作者的人才培养要求。

总体而言，从法学教育的角度来说，我国立法工作者人才培养存在学科定位偏低、课程开设不足、教材侧重理论、师资力量薄弱以及教学方法单一等问题，而这些问题也正是导致我国立法工作者人才培养跟不上立法工作实际需要的主要原因。

㉔ 参见《〈中国法学〉2018年总目录》，载《中国法学》2018年第6期；《〈中国社会科学〉2018年总目录》，载《中国社会科学》2018年第12期；《〈法学研究〉第四十卷（2018年）总目录》，载《法学研究》2018年第6期。

㉕ 刘风景：《需求导向的立法人才培育机制》，载《河北法学》2018年第4期。

四、立法工作者人才培养的完善建议

(一)提高立法学学科定位

根据我国高等教育管理相关规定,学科目录是高等学校进行人才培养和学科建设的重要指导依据。能否被纳入学科目录之中以及在学科目录中的具体定位是某一专业能否独立开展人才培养的决定性因素。在本科教育与研究生教育阶段,学科目录的编制各有不同。在本科教育阶段,学科目录即专业目录,划分为学科门类、专业类和专业三级。依据《普通高等学校本科专业目录(2012 年)》,法学门类下设 6 个专业类,即法学类、政治学类、社会学类、民族学类、马克思主义理论类以及公安学类。其中,法学类下设一个基本专业(法学)和两个特设专业(知识产权与监狱学)。从知识体系、人才培养、招生就业等多个因素来看,立法学并不具备从法学专业中独立出来的必要性与可能性,因而无法像知识产权与监狱学一样成为一个独立的本科专业。

在研究生教育阶段,学科目录划分为学科门类、一级学科和二级学科,而立法学应当成为一个独立的二级学科。一方面,立法学具有成为二级学科的必要性。从社会需求来看,立法工作者人才缺口很大。仅就地方立法层面而言,2015 年《立法法》修改之后,设区的市获得制定地方性法规和地方政府规章的权力。“截至 2018 年 3 月,已有 273 个设区的市经相应省、自治区确定开始行使地方立法权。”[26]这些获得地方立法权的立法机关需要补充大量掌握立法学知识的立法工作者。从知识结构来看,立法学与民法、刑法等学科具有明显的区别,即立法学是以立法为中心的,而非以司法为中心。从人才培养的角度来看,只有成为二级学科,立法学专业才能够制定专门的培养方案并独立招收研究生。总的来说,立法学应当独立于传统的法学二级学科,成为一个独立的二级学科。

㉖ 毛雨:《设区的市地方立法工作分析与完善》,载《中国法律评论》2018 年第 5 期。

另一方面,立法学具有成为二级学科的可能性。根据2018年4月更新的《学位授予和人才培养学科目录》,法学门类下设的6个一级学科与本科教育阶段的专业类一致。根据1997年颁布的《授予博士、硕士学位和培养研究生的学科、专业目录》,法学一级学科下设法学理论、法律史、宪法学与行政法学、刑法学、民商法学、诉讼法学、经济法学、环境与资源保护法学、国际法学以及军事法学等10个二级学科。在目录外,许多高校在法学一级学科之下又自主设置了一批二级学科,如中国法(中国人民大学)、体育法(武汉大学)以及金融服务法(中央财经大学)等。目前,共有59所高校在法学一级学科下自主设置了123个二级学科。㉗ 其中,华东政法大学、中山大学以及广西师范大学自主设置了立法学二级学科。可见,将立法学设置为二级学科是完全可行的。

(二)强化立法学相关课程

应当积极争取将立法学列入法学专业核心课程体系之中。立法学是法学知识拼图中不可或缺的一块。在法学专业"10+X"核心课程体系中,立法学既不在法学专业学生必须完成的10门专业必修课之中,也不在各院校根据办学特色开设的其他专业必修课"X"之内。然而,立法是执法与司法的前提。作为研究法律规范之立改废的学科,立法学的重要性并不亚于列入"10+X"之中的核心课程。因此,应当积极争取将立法学列入法学专业核心课程体系之中。实际上,法学专业核心课程体系并非一成不变的。在1998年教育部高等教育司发布的《全国高等学校法学专业核心课程教学基本要求》中,法学专业核心课程共14门。㉘ 而在2012年教育部高等教育司发布的《普通高等学校本科专业目录和专业介绍(2012年)》中,法学专业核心课程则增至16门,其中环境资源法

㉗ 根据《普通高等学校自设二级学科名单(截至2019年5月31日)》中的数据统计而来。其中,虽然某些高校自主设置的二级学科名称相同,但培养方案等却不一定相同,因而均作为单独的二级学科处理。参见教育部:《学位授予单位(不含军队单位)自主设置二级学科和交叉学科名单》,载中华人民共和国教育部门户网:http://www.moe.gov.cn/s78/A22/A22_gggs/s8476/201907/t20190724_392053.html,最后访问日期:2019年9月3日。

㉘ 参见中华人民共和国教育部高等教育司:《全国高等学校法学专业核心课程教学基本要求》,高等教育出版社1998年版,"前言"。

和劳动与社会保障法为新加入的核心课程。[29] 在2018年教育部高等学校教学指导委员会发布的《普通高等学校本科专业类教学质量国家标准》中,法学专业核心课程则演变为"10+X"体系,其中法律职业伦理、证据法和财税法成为新的核心课程。[30] 那么,在下一次法学专业核心课程体系调整时,应当积极争取将立法学列入核心课程之中。而在立法学列入法学专业核心课程之前,应当全面提高立法学选修课的开课比例,实现立法学课程全覆盖,避免立法工作者人才培养课程出现空白。

另外,还应当开设一批与立法学相关的选修课程。通常,一门专业课为2~4学分,换算成课时量则为32~64课时。可以说,单独一门立法学课程的容量是有限的,其无法全面覆盖立法学的重要知识点,也无法满足立法工作者人才培养的需求。因此,在立法学课程之外,还应当进一步开设一批立法学相关课程作为补充。总体而言,立法学相关课程应当主要涉及如下几个方面的内容:一是立法体制。相关课程应当以《立法法》所确立的立法权限为核心,重点讲述各类立法主体的立法权限范围,以及各类法律规范之间的位阶效力等内容。二是立法程序。相关课程应当以《立法法》以及地方立法程序条例所确立的立法程序为核心,重点讲述立法程序的各个步骤,以及该步骤所应当完成的立法任务。三是立法技术。这一类课程占立法学相关课程的比例最高,是立法学相关课程中内容最细致、可操作性最强的课程。主要包括立法规划、草案起草、公众参与、立法解释、法的完善、备案审查等内容。通过开设一批立法学相关课程可以更加全面地讲授立法学知识,进而培养更加优秀的立法工作者。

(三)编写立法学实用教材

在立法工作者人才培养过程中,不仅需要体系完备的理论教材,还需要紧贴立法工作实践的实用教材。实际上,目前已经出现一些由立法

---

[29] 参见中华人民共和国教育部高等教育司编:《普通高等学校本科专业目录和专业介绍》(2012),高等教育出版社2012年版,第67页。

[30] 参见教育部高等学校教学指导委员会编:《普通高等学校本科专业类教学质量国家标准》(上),高等教育出版社2018年版,第34页。

学研究者与立法工作者合作编写的实用教材。例如，惠州学院地方立法研究院与惠州市人大常委会法制工作委员会联合编写的《设区的市地方立法实用教程》。[31] 该书并未采取立法原理、立法制度和立法技术三编模式，而是从设区的市地方立法实践出发，针对设区的市地方立法实践中的具体问题进行阐释。除了概述部分之外，该书还包括设区的市地方立法体制、立法程序、立法立项、立法调研、地方性法规起草、立法论证与听证、立法技术、立法清理、立法评估、立法监督以及立法能力建设等内容。同时，针对每一部分的内容，该书并未进行过多的理论阐述，而是紧扣立法实践。以设区的市地方性法规起草为例，该书并没有大篇幅论述地方性法规起草的概念、特征以及意义等内容，而是直接阐述了政府部门起草、人大主导起草、委托第三方起草和联合起草等四种起草模式，以及"提前介入机制"这一《立法法》第 53 条规定的并且在立法实践中必须面对的立法工作机制。同时，该书在设区的市地方性法规起草一章中还直接提供了设区的市地方性法规的起草流程，包括组建起草班子、开展起草基础工作、起草草案文本及说明、起草条文注释稿、征求各方意见、报送送审稿并进行审查以及形成正式议案等。《设区的市地方立法实用教程》这类教材是围绕立法实践编写的，具有很强的实践指导价值。对于立法工作者而言，其在立法实践中面临的问题可以从《设区的市地方立法实用教程》这类教材中得到解答。

总的来说，编写立法学实用教材应当满足三个要求：其一，从编写人员来说，立法学实用教材应当由立法学研究者与立法工作者联合编写。一方面，只有立法工作者实质参与立法学实用教材的编写工作，才能保证立法学实用教材真正符合立法工作的实践；另一方面，立法学研究者往往是教学经验丰富的法学院教师，其参与编写工作有助于立法学实用教材贴合教学规律。其二，从教材内容来说，立法学实用教材应当围绕立法过程编写。通常，立法过程可以划分为立法准备、由法案到法、立法完善三个阶段，包括立法规划、立法决策、法案起草、提出法案、审议法

---

[31] 参见惠州学院地方立法研究院、惠州市人大常委会法制工作委员会编：《设区的市地方立法实用教程》，中山大学出版社 2019 年版。

案、表决法案、公布法、法的解释、法的修改、法的废止以及法的编纂等具体制度。立法学实用教材应当针对立法过程中每一阶段的具体制度进行阐释,而不应仅仅停留在宏观理论叙事层面。其三,从教材受众来说,立法学实用教材的受众应当以潜在的立法工作者为主。这也就是说,法学院开设立法学课程的目的不应仅仅局限于培养立法学研究者,还应当包括培养立法工作者。那么,立法学实用教材的逻辑体系、具体内容以及语言表达都应适应培养立法工作者的需求。

(四)优化立法学师资队伍

一是有计划地开展师资培训工作。鉴于当下立法学课程教师数量少,且大多为理论法学、宪法学等其他专业教师兼任,因而有必要开展立法学师资培训。作为一个立法学教学活动中的普遍性问题,立法学师资培训工作可以由全国性的部门或机构统一组织。实际上,自 2010 年成立以来,中国法学会立法学研究会已经成为联系立法学理论研究者和立法工作者的重要平台。以中国法学会立法学研究会 2018 年学术年会为例,该次年会共有 300 余人参加,收到论文 250 余篇。其中,不仅有全国各高校从事立法学理论研究的专家学者参会,还有来自全国人大常委会法制工作委员会、地方人大常委会法制工作委员会以及地方政府法制办的立法工作者参会。会议讨论的主题既有科学立法与民主立法、立法理论与立法方法、法律体系的完善等理论性较强的问题,也有改革问题与新兴立法问题的立法探索、设区的市立法以及海南国际自贸区、自贸港立法与区域立法创新等紧贴立法实践的问题,还有人大主导立法与立法体制创新、监察立法与备案审查制度、地方立法的理论与实践等理论与实践紧密结合的问题。可见,中国法学会立法学研究会已经得到理论界与实务界的广泛认可,其有能力承担立法学师资培训的组织工作。

二是加大立法学博士生培养力度。法学博士毕业生是高校法学教师的最主要来源。从长远来看,要解决立法学师资不足的问题就必须加强立法学博士生的培养力度。一方面,应当增加立法学博士生招生名额。在自主设置立法学二级学科的三所高校中,广西师范大学没有法学专业博士点,中山大学 2019 年没有安排立法学专业博士生招生计划。[32] 只有华东政法大学在2019年的招生计划中将立法学作为一个研究方向纳入法政治学专业招生,并与民主与法治、法政治传播学共享2个招生名额。[33] 在拥有法学专业博士点的其他高校中,仅有厦门大学等少数高校在法学理论专业下招收立法学研究方向的博士生。可见,立法学博士生招生名额还有很大的增长空间。另一方面,应当增加立法学专业的学术资源投入。首先,在国家社科基金项目、教育部人文社科研究项目、中国法学会部级法学研究课题等课题项目的招标中,应当将立法学与民法、刑法等法学二级学科同等对待,而不应将其纳入法学理论或宪法学与行政法学之中。同时,可以在中国法学会立法学研究会之下增设青年学者研究项目,支持青年教师、博士生从事立法学研究。其次,应当鼓励创办立法学学术刊物。目前,仅有中山大学和广东省立法研究所共同主办的《地方立法研究》一种专业的立法学学术期刊,以及北京大学立法学研究中心周旺生主编的《立法研究》和浙江大学法学院郑春燕、田梦海主编的《立法前沿》等几种以书代刊的连续出版物。立法学学术刊物的数量与立法学学科的重要性是不符的。立法学界应当进一步创办更多的立法学学术刊物,并且争取尽快出现立法学核心期刊。

三是加强与立法实务部门的人才交流。为了解决立法学师资不足,特别是立法学实务师资严重匮乏的问题,法学院校应当进一步加强与立法实务部门的合作。一方面,可以通过“双千计划”等人才交流项目,聘请经验丰富的立法工作者到法学院任教、兼课。通过立法工作者给本科生或者研究生讲立法学课程的方式,可以让学生及时掌握最实用、最前沿的立法知识。另一方面,可以通过选派立法学教师赴立法实务部门挂职、共同开展课题研究等形式,鼓励立法学教师直接参与立法活动,弥补其实践知识不足的缺陷。通过立法学理论研究者与立法工作者之间的双向交流,既促进了立法学师资队伍的成长,又有助于学生全面掌握立

---

[32] 参见《中山大学2019年博士研究生招生简章及招生学科专业目录》,载中山大学研究生招生网:http://graduate.sysu.edu.cn/zsw/article/185,最后访问日期:2019年9月4日。

[33] 参见《华东政法大学2019年招收攻读博士学位研究生简章》,载华东政法大学研究生院网:http://yjsy.ecupl.edu.cn/2018/1108/c3800a94520/page.htm,最后访问日期:2019年9月4日。

法学理论与实践知识。

(五)丰富立法学教学方法

在立法学课堂教学中,应当进一步强化案例教学。在法学专业教学活动中,案例教学被广泛应用于刑法、民法等部门法,但在立法学课程中则比较少见。究其原因,主要是因为我国的立法活动长期以国家立法为主,立法过程和立法资料公开程度较低,案例素材不足以支撑立法学案例教学。但是,随着2015年《立法法》的修改,设区的市获得制定地方性法规的权限,立法案例呈现爆发性增长。“从2015年3月立法法修改至2018年3月底,设区的市共制定并经省级人大常委会批准的地方性法规621件,其中立法条例205件,三个事项范围的地方性法规413件。”㉞地方立法工作的快速发展为立法学案例教学提供了丰富的素材。其一,地方立法过程的可参与性较强。实际上,地方立法主体与高等院校的联系十分密切。地方立法主体经常以专家论证会、委托立法等形式邀请法学教师参与地方立法实践。相较于国家立法而言,立法学教学和研究人员参与地方立法过程的可能性更大、难度更低。其二,地方立法资料的可获得性较强。通过参与地方立法实践,立法学教学与研究人员可以十分便捷地接触原始立法资料。特别是,在委托立法情形下,许多立法资料就是由立法学教学与研究人员直接收集、整理和起草的。其三,地方立法活动的可批判性较强。尤其是在备案审查工作持续强化的情况下,部分地方性法规或地方政府规章被备案审查机关公开督促纠正。例如,在《全国人民代表大会常务委员会法制工作委员会关于2018年备案审查工作情况的报告》中就提到了《上海市道路交通管理条例》《江苏省工程建设项目招标范围和规模标准规定》等地方性法规和地方政府规章中存在的立法问题。㉟ 官方的公开否定拓展了立法学案例教学的讨论空间。可见,在设区的市获得地方立法权的背景下,案例讨论可以被广泛

㉞ 毛雨:《设区的市地方立法工作分析与完善》,载《中国法律评论》2018年第5期。

㉟ 参见《全国人民代表大会常务委员会法制工作委员会关于2018年备案审查工作情况的报告》,载中国人大网:http://www.npc.gov.cn/npc/c12491/201812/afbfcb16af1d455b86dfb0cb4175ba2a.shtml,最后访问日期:2019年9月2日。

应用于立法学教学过程之中。

此外,实践教学应当成为立法工作者人才培养的重要方法。一般而言,实践教学包括校内实践教学和校外实践教学两个部分。就校内实践教学而言,模拟立法应当成为模拟法庭之外另一种重要的实践教学形式。所谓模拟立法是指在教师的指导下,由学生分别扮演人大代表或常委会委员、立法工作者、专家学者以及社会公众等角色,严格按照立法过程模拟立法活动的一种教学方式。实际上,模拟立法以立法政策辩论等形式广泛存在于英美国家的法学教育过程之中。我国澳门科技大学法学院也曾举办过模拟立法提案比赛等模拟立法教学活动。[36] 通过模拟立法教学活动,可以让学生更加直观地认知和理解立法过程,提高学生的立法实操水平。就校外实践教学而言,立法实习应当成为一种重要的实践教学方式。法学院应当有计划地选派学生赴有立法权的人大常委会法制工作委员会、政府法制机构等立法机关实习。一方面,法学院应当在有立法权的人大常委会法制工作委员会和政府法制机构建立实践教学基地,为学生开展立法实习提供有力的保障。另一方面,法学院应当与实习单位共同协商,为立法实践教学配备相应的实习指导教师。实习指导教师应当从立法工作者中遴选,并全程指导学生参与立法实践活动。通过立法实习可以进一步加强学生对立法工作者这一职业的认识,并进一步加深学生对立法活动的理解。总的来说,在既有的以司法为中心的实践教学活动之外加入以立法为中心的实践教学环节,对于立法工作者人才培养具有重要的意义。

五、结语

立法工作者人才培养机制的完善是建立一支正规化、专业化、职业化立法工作者队伍的基本前提。法治专门队伍的正规化、专业化与职业化建设是全面推进依法治国的重要保障。其中,立法工作者队伍的正规化、专

[36] 参见《法学院模拟立法提案比赛成功举行》,载澳门科技大学网:https://www.must.edu.mo/cn/fl/news/20603 - article11290810 - c,最后访问日期:2019 年 9 月 2 日。

业化与职业化显得尤为迫切。就法学教育而言,可以从学科定位、课程设置、教材建设、师资队伍以及教学方法等方面完善我国的立法工作者人才培养机制。在建立完善的立法工作者人才培养机制的基础上,才有可能进一步推动建立立法工作者准入制度、职前培训制度、人员管理制度、职业保障体系、单独的职务序列以及专门的招录和遴选制度,甚至制定“立法工作者法”,进而实现立法工作者队伍的正规化、专业化与职业化。

Study on the Cultivation of Legislator Talent

Wang Quanjun

Abstract: Legislators are the indispensable members in the community of legal professions. However, the current legal education is unable to improve the professional capabilities of legislators in terms of legal knowledge, rule of law thinking, legislative technology and professional ethics. The primary reason lies in that the current legislators' cultivation and training have problems, such as low subject position, insufficient curriculum programs, theory-focused teaching materials, weak teaching faculties, and solitary teaching methods. This has led to serious disconnections between the cultivation of legislators and the actual demand of legislative practice. In order to solve these problems, a series of measures are provided by the author of this article, including improving the subject position in the science of law, replenishing relevant courses and programs on legislation, compiling practical teaching materials, optimizing the teaching faculties, and enriching the teaching methods. With these measures, the improvement of the cultivation of Chinese legislators and the establishment of a specialized and professional legislator team can be expected.

Key Words: legislator, legislative science, legal education

《法学教育研究》稿约

《法学教育研究》创办于2009年,是国内较早系统关注法学教育研究的专门性学术出版物,由西北政法大学高等教育研究所主办、法律出版社定期出版。2017年起本书每年出版4卷,现已入选CSSCI收录集刊目录。

宗旨:本书恪守科学性、实践性、创新性、开放性原则,集中出版法学教育教学研究成果,探索法学教育教学规律,促进法学教育事业的发展。

主要栏目有:理论探讨、教学研究、比较研究、教材体系、管理经纬、学问人生、教育法制、法务反哺、法学资讯、书评等栏目。

《法学教育研究》致力于搭建高水平的学术探讨平台,所有来稿均以学术价值为遴选标准。敬请作者来稿时提供:(1)中英文题目及作者姓名,标题尽量确切、简洁;(2)中英文摘要(不超过200字);(3)中英文关键词(3~5个);(4)作者简介(含姓名、工作单位、职称、学历学位、研究方向、通信地址、邮政编码、联系电话、电子邮箱),如果来稿系作者承担的省级以上科研基金项目,请注明项目名称和编号;(5)正文;(6)注释。

注释:是对文内某一特定内容的进一步解释或补充说明。用①②③……数字标注序号,采用当页脚注整篇连续编号形式。著作类包括“序号,著者:《书名》,出版社出版年,起止页码”。论文类包括“序号,作者:《题目》,载《报刊名》出版日期或期号”。

声明:《法学教育研究》已许可中国学术期刊(光盘版)电子杂志社在中国知网及其系列数据库产品中以数字化方式复制、汇编、发行、信息网络传播全文。《法学教育研究》已许可北大法宝法学期刊数据库以电子形式对本书进行制作、以不脱离于数据库的形式进行传播和销售;《法学教育研究》被北京万方数据股份有限公司、万方数据电子出版社数据库收录,相关著作权使用费和稿费一并支付;《法学教育研究》已被维普网全文收录。如无特别说明,作者提交文章发表的行为即视为同意上述声明。

本书的微信公众号为 fxjyyj-xfd,定期发布相关信息,敬请关注,官方网站为 http://ler. nwupl. cn/。本书的网络采编系统现已开通,网址为:http://fxjy. cbpt. cnki. net,请通过网络采编系统投稿。

联系方式:

E-mail:fxjyyj@126. com

电话:029 - 88182796

地址:西安市长安区西长安街558号

西北政法大学长安校区80号信箱

邮编:710122

图书在版编目(CIP)数据

法学教育研究. 第31卷 / 杨宗科主编. -- 北京 : 法律出版社, 2020
ISBN 978-7-5118-9622-3

Ⅰ. ①法… Ⅱ. ①杨… Ⅲ. ①法学教育-研究-中国 Ⅳ. ①D92-4

中国版本图书馆CIP数据核字(2020)第270768号

法学教育研究(第31卷)
FAXUE JIAOYU YANJIU (DI-31 JUAN)

杨宗科 主编

责任编辑 黄琳佳 曲 杰
装帧设计 李 瞻

出版 法律出版社
总发行 中国法律图书有限公司
经销 新华书店
印刷 三河市龙大印装有限公司
责任校对 周合芝 周诗湄
责任印制 陶 松

编辑统筹 学术·对外出版分社
开本 710毫米×1000毫米 1/16
印张 28
字数 381千
版本 2020年12月第1版
印次 2020年12月第1次印刷

法律出版社/北京市丰台区莲花池西里7号(100073)
网址/www.lawpress.com.cn
投稿邮箱/info@lawpress.com.cn
举报维权邮箱/jbwq@lawpress.com.cn
销售热线/400-660-8393
咨询电话/010-63939796

中国法律图书有限公司/北京市丰台区莲花池西里7号(100073)
全国各地中法图分、子公司销售电话:
统一销售客服/400-660-8393/6393
第一法律书店/010-83938432/8433 西安分公司/029-85330678 重庆分公司/023-67453036
上海分公司/021-62071639/1636 深圳分公司/0755-83072995

书号:ISBN 978-7-5118-9622-3 **定价**:98.00元
(如有缺页或倒装,中国法律图书有限公司负责退换)